Helga M. Novak
Vogel federlos

Schöffling & Co.

Erste Auflage 1998
© Schöffling & Co. Verlagsbuchhandlung GmbH,
Frankfurt am Main 1998
Alle Rechte vorbehalten
Die Erstausgabe erschien 1982
im Luchterhand Verlag, Darmstadt
Satz: Reinhard Amann, Aichstetten
Druck & Bindung: Pustet, Regensburg
ISBN 3-89561-113-1

*Es flog ein Vogel
– federlos*

Die gekalkte, zweimeterhohe Mauer war gekrönt von etwas Zackigem, scharf und blitzblank. Doch was da schimmerte, waren keine einzementierten Glasscherben. Von der Mauerkuppe leuchtete geschmiedetes Eisen, als sei es mit Silberbronze überzogen. Eine Reihe Spieße, Speere und Lanzen ragte in den Septemberhimmel, und spitze Schatten überquerten die Dorfstraße. Es war ein glänzender Salut.

Vielleicht, wäre das Eisen nicht neulich entrostet worden, gabs überhaupt keinen Grund, für einen Augenblick vor den Piken und Partisanen Angst zu haben.

Ich lehnte mein Gepäck an die Mauer und sprang hoch. Zwischen alten Bäumen sah ich die Dächer dreier Häuser. Hier war alles gut in Schuß.

Meine Sachen hatte ich in zwei frisch gewaschenen Mehlsäcken untergebracht, Halbzentnersäcke, die noch ein bißchen staubten. Sie waren schwer von Büchern und Broschüren. Den einen trug ich in der Hand, den anderen auf der Schulter. Die sommerliche Hitze nahm noch zu, und mir lief der Schweiß in die Augen und hinten vom Kopf in den Hals und die Zöpfe runter.

Ich bezog die Landesoberschule, das Internat mit allem, was ich besaß.

In der einen Jackentasche befand sich mein Zeugnis aus der 9. Klasse, in der anderen steckte ein Brief der Abteilung für Volksbildung: meine Einweisung in das Internat. In Potsdam hatten sie gesagt, die Schulleitung sei informiert, man erwarte mich.

Schritte, Klingeln, Gelächter, Satzteile wehten über die Mauer herüber, und ich empfand Vorfreude. Das schmiedeeiserne Tor war von innen mit Blech beschlagen; die Metallplatte verstellte den Blick durch das Gitter, zwischen den Rosetten, dem Blattgewirr, den gekreuzten Klingen hindurch. Dahinter mußte ein beschütztes Leben sein.

Das Internat lag am südlichen Rand des Dorfes W. Das Dorf W. liegt am südlichen Rand der Märkischen Schweiz, die Märkische Schweiz liegt zwischen Berlin und Küstrin, genauer: östlich von Strausberg, westlich von Seelow, nördlich von Müncheberg. Die Schule, bei meiner Ankunft aus sechs Häusern bestehend, war schon in den 20erJahren ein Pädagogium, damals mit zwei Häusern.
Die Märkische Schweiz und das Dorf W. gibt es noch. Die Landesoberschule mit Internat gibt es nicht mehr.

Die rechte, eisenbeschlagene Hälfte des Eingangs ließ sich leicht öffnen; ein Schild VERWALTUNG leitete mich in einen einstöckigen Bau, der aus drei Zimmern bestand. Das barackenförmige Haus wirkte neu, und trotz Sonne strömte der Verputz Feuchtigkeit aus. Ich betrat das Büro, setzte mein Gepäck ab und sagte meinen Namen.
Drei Frauen standen mir gegenüber und unterzogen mein Gesicht einer stummen Prüfung. Ich blickte von einer zur anderen, bis eine von ihnen, die Sekretärin, sich niederließ und einen Fragebogen entfaltete. Ich reichte ihr meine wenigen Papiere. Die zweite, die sich als Wirtschafterin vorstellte, nahm die Papiere an sich, während die Sekretärin nach der Aufzeichnung meiner persönlichen Daten dazu überging, meine Herkunft zu ergründen.
Die Wirtschafterin las sich mein Zeugnis durch, die dritte Frau lächelte, beugte sich über meine Mehlsäcke und befühlte ungeniert die Ecken und Kanten. Dann drückte sie mir die Hand, strich mir über die Schulter, die sie dabei ganz leicht nach hinten bog.
Ich bin Schwester Lydia, eure Krankenschwester. Wenn mal was ist, wende dich an mich.

Sie trat hinter mich, faßte nach meinen Schultern und drehte sie in den Gelenken. Ich richtete mich auf und zog den Bauch ein.

Dann verschwand die Wirtschafterin in das angrenzende Büro und vertiefte sich in ein Telefonat über außen grüne Kartoffeln und deren Schälweise. Vor mir die Sekretärin fragte. Ich bemühte mich um Ehrlichkeit; in den Ohren der Sekretärin stimmten meine Auskünfte mit der Wirklichkeit nicht überein. Wenn ihr etwas glaubhaft erschien, war ich prompt außerstande, es genauer zu erklären.

Eltern?
Keine.
Nächste Anverwandte?
Concordia.
Was heißt hier Concordia?
Meine Tante.
Verwandtschaftsgrad?
Sie ist die Schwester meines Vaters.
Sterbedatum deines Vaters?
Gar keins.
Ich denke, du hast keinen Vater?
Ich hatte sogar zwei.
Hier wird ein Fragebogen ausgefüllt, merk dir das.
Also meinen wirklichen Vater kenne ich nicht. Ich habe ihn nie gesehen, er ist auch schon tot.
Vater tot, schreibe ich.
Nein, nein. Ich wurde adoptiert, also hatte ich dann einen zweiten Vater.
Hatte? Also ist es doch richtig: Vater tot.
Er lebt ja noch, aber er ist gar nicht mein Vater, wie ich schon sagte.

Nochmal! Ich nehme jetzt ein neues Formular, vielleicht kriege ich endlich klare Antworten.
Ich habe ihn verlassen.
Verlassen kannst du nur einen Mann.
Er ist ja ein Mann.
Es handelt sich doch um deinen Adoptivvater, und der gilt, solange der Adoptivvertrag nicht gelöst worden ist.
Wie löse ich einen Adoptivvertrag?
Du?
Schwester Lydia, fast sechzig Jahre alt, grauhaarig, selbstbewußt, bestimmt einsfünfundsiebzig groß, unterbrach die Prozedur und riet uns zu einem Termin am nächsten Tag. Dann schob sie mich zur Wand und deutete auf einen Lageplan: sechs Häuser, verstreut auf zwei Hügeln, Haus eins, zwei und drei auf dem Terrain, auf dem wir uns befanden, die Häuser vier, fünf und sechs lagen auf einer benachbarten Anhöhe.
Nimm dein Zeug, sagte Schwester Lydia, und melde dich in Haus fünf. Dort wohnen die Mädchen der 10. Klasse.

Ich bin angekommen. Warum zucke ich zusammen? Warum gaffen die mich an und machen Stielaugen? Habe ich mir vielleicht beim Anziehen den Rock in den Schlüpfergummi gesteckt? Würde mich doch endlich eine von den blöden Puten ansprechen, damit ich zeigen kann, wer ich bin! Auf keinen Fall ängstlich wirken, hier auf dem Vorplatz der Villa, die sie Haus 3 nennen. Gerade gehen! Meine Nase macht mich verrückt. Oben schwitzt sie, unten läuft sie, und kein Taschentuch.
Ein dickes Mädchen will einen meiner Säcke aufheben. Ich trage alles, mein Vater ist Bauer.
Laß stehen! Ich trage mein Zeug selber.
Du suchst Haus fünf, stimmts?

Ja, und ich weiß auch schon, was ich nach der Schule mache.
Hier die Treppe runter, und dort den Steg wieder rauf.
Ich werde studieren: Politische Ökonomie!
Was ist denn das?
Ach, laß dich begraben.
Ich nehme mein Gepäck und gehe auf die Treppe zu. Das Mädchen sagt hinter mir her: Jeeeesuß!
Ich rufe zurück: Ist hier »Heim Gottesschutz« oder ein Zentrum antifaschistisch-demokratischer Erziehung?
Sie schreit: Jedenfalls kein Irrenhaus! Wenn du das suchen solltest.

Von Haus drei aus führte bergrunter eine Steintreppe durch den Garten. Dann war eine geschotterte Straße zu überqueren. Und bergrauf ging ein Waldweg, die Stufen aus Knüppelholz und keinen Meter breit.
Ein Mädchen schnitt mir den Weg ab, stellte sich breitbeinig hin und griff nach dem Sack, den ich in der rechten Hand trug. Ich schüttelte den Kopf. Sie zog, ich zog. Der andere Sack auf meiner Schulter schwankte nach vorne, nach hinten.
Laß das.
Gib schon her.
Brauchst du nicht.
Will dir doch helfen.
Na gut.
Ich ließ den Sack fahren, sie hob ihn an, und der Sack knallte auf die Erde.
Puuh, haste da Bleisoldaten drin?
Sie bückte sich, ich zog sie an einem ihrer Zöpfe wieder hoch.
Schmeißte immer so mit Büchern rum?
Waaas?

Bücher!

Spuck doch nich so.

Geh vor und zeig mir den Weg!

Hoher Kiefernwald, paar Tannen dazwischen, kein Unterholz, wenig Gebüsch, Himbeerstauden, die nachwachsenden Sprossen im September schon ellenbogenlang. Die tragen nächstes Jahr. Hier und da ein Büschel Gras, Bärenfellgras. Zerstreutes Licht und eine Handvoll Salomonsiegel, und Pilze wahrscheinlich.

Das Mädchen hüpfte den Hügel rauf, ich keuchte. Oben nochmal eine Straße.

Das ist Haus fünf, das ist dein Zimmer, das ist dein Bett, die Schränke stehn im Flur.

Und zu den Mädchen, die uns im Nu umkreisten: Die Neue hatse nich alle, die is nich ganz dicht, die hatn Flitz.

Das wurmte mich erst.

Das Mädchen, das mir den Sack getragen hatte, hieß Irene.

Eine Frau Mitte dreißig kam die Treppe herunter und begrüßte mich: Fräulein Gerloff. Sie sei die Erzieherin von Haus fünf und gleichzeitig meine Deutschlehrerin.

Ich fragte sie erstmal nach dem neuesten Stand der Waffenstillstandsverhandlungen in Korea.

Sie hatte wohl nicht richtig gehört: Bitte, was? Wo?

Korea! Haben Sie heute noch keine Zeitung gelesen?

Wir hatten natürlich Unterricht, sagte sie.

Das genügt nicht, antwortete ich, Zeitung lesen ist unerläßlich, und zwar für alle.

Die Mädchen rissen ihre Mundwinkel hoch, klatschten sich auf die Oberarme, stießen sich gegenseitig ihre Fäuste in die Rippen, und eins sagte laut heraus: Heiliger Strohsack, 'ne Hundertfünfzigprozentige!

Ich ging einen Schritt auf sie zu und fragte sie nach ihrem Namen.
Lotte, sagte sie, ich schlafe in dem Bett neben dir.
Fräulein Gerloff nickte zweimal und sagte: Der Tiger macht aus Angst Angst.
Sie zeigte mir meine Schrankhälfte und ging wieder die Treppe hinauf, in ihre Wohnung.

Ein Igel ruschelt vorbei kratzt über den Uferkies
mit Spektakel trägt er die ersten gefallenen
Blätter weg und meins das sich gewendet hat.
Das benebelte Wasser wird morgen den Himmel
blau widerspiegeln und lange mein Alltag sein.

Süßwasser zwischen Buchen und Kiefern
mit Haubentaucher und Ente drauf
das schlägt an die gewaschenen Wurzeln
gräbt spült streichelt bohrt und zieht ab.
Der umgedrehte Kahn daneben
unter dem möcht ich liegen bis es tagt.
Ich fürchte mich ins Zimmer zu gehen
ein Zimmer mit fünf Betten
fünf Leiber fünf Schläferinnen.

Bei solcher Ankunft zittert die Luft im Halse.
Die Wörter versagen den Dienst
in den Fingern und Zehen ist Ebbe
ankommen ein Schweben Tasten kein Auftritt
und wie ragen die Nasen
aus den fremden Gesichtern hervor
und wachsen erst spät in die Profile zurück.

Unterhalb von Haus eins hatten sie auf der Uferwiese einen Kahn umgedreht und aufgebockt. Ich saß auf dem Kahn und ließ die Beine baumeln, als ich von einer starken Taschenlampe geblendet wurde. Das Licht schwankte. Dann stach es mir wieder in die Augen. Die Lampe wurde ausgeknipst, und ich sah einen jungen Mann auf mich zukommen. Er hatte einen dunklen Anzug an, dunkler als die einbrechende Nacht. Er rauchte und pustete beim Ausatmen.
Du da!
Ja bitte?
Es ist nach zehn.
Ja und?
Welche Klasse?
Zehnte.
Um zehn wird Licht ausgemacht.
Ist gut.
Na, beweg dich.
Jadoch.
Wer bist du eigentlich?
Die Neue.
Aha, weiß Bescheid. Komm, ich bring dich nach Hause.
Ich finde den Weg selbst.
Komm, habe ich gesagt.
Wer sind Sie denn?
Ich bin dein Schulleiter. Kurt.
Wie alt bist du?
Vierundzwanzig. Ist dir zu jung fürn Direktor?
Durchaus nicht. Die alten haben abgewirtschaftet.
Viele jedenfalls.
Von den Lehrern sehr viele.
Gehn wir.

Ich weiß schon, was ich studieren werde.
Das hat doch noch Zeit.
Politische Ökonomie!
Donnerwetter.
Wenn wir die volkseigene Wirtschaft nicht auf die Beine kriegen, können wir gleich einpacken.
Zweifellos. Aber zuerst erzählst du mir was über deine Klassenzugehörigkeit.
Ich bin Kommunistin. Das heißt, ich trachte danach, mich zu vervollkommnen, um eines Tages eine richtige, gute, zuverlässige Kommunistin zu sein.
Ich meinte deine soziale Herkunft.
Die habe ich abgeschrieben.
Verstehst du nicht? Ich möchte wissen, was dein Vater ist!
Der ist für mich erledigt. Ich bin weg von zu Hause.
Er muß doch einen Beruf haben. Was macht er?
Nichts, er ist Rentner.
Und früher?
Er war Angestellter, aber er ist nicht mein richtiger Vater.
Was denn nun?
Ich bin adoptiert.
Demnach ist er doch dein Vater. Außerdem bist du bei ihm aufgewachsen, also ist deine soziale Herkunft: das Kleinbürgertum.
Das hört sich ja an wie Erbsünde.
Oh nein. Materialistisch ausgedrückt: Umwelt prägt den Menschen! Aber deswegen habe ich dich nicht gefragt. Wenn du ein Arbeiter- und Bauernkind gewesen wärst, hättest du sechzig Mark monatlich gekriegt. So sind es nur fünfundvierzig.
Ich kriege von Zuhause keinen Pfennig, keine Kleider, gar nichts mehr, seitdem ich abgehauen bin.
Wir haben unsere Direktiven.

Was erhalten denn zum Beispiel Waisenkinder?
Auch bei ihnen wird die Herkunft überprüft.
Mir unbegreiflich.
Im Lichtschein vor der Tür von Haus fünf blieben wir stehen. Kurt war piekfein angezogen, weiße Kragenecken leuchteten, und die Hose des braunen Anzugs war messerscharf gebügelt. Kurt war sehr dünn und hatte eine Hand in die Hosentasche gesteckt. Er trug frisch geputzte schwarze Lederschuhe. Seine dunklen gescheitelten Haare berührten den Anzugkragen, es sah lässig aus. Ich sah Kurt nicht an, welch straffe Disziplin er in Internat und Schule hielt. Ich sah ihm nicht an, daß er über uns Macht ausübte – nicht er allein, aber er war ein Teil der Macht.

Haus fünf hatte die einfachste, wirklich primitivierte, daher schmale Vorderfront eines Gutshauses. Überm Eingang war ein gläserner Regenschutz, darüber der hochgezogene Mittelgiebel, der nur ein Fenster aufwies; zur Rechten und Linken des Eingangs lagen die zum An- und Weiterbau bestimmten Seitenflügel, jeder zwei Fenster breit und jeder aus nur einem Zimmer bestehend. Unklar bleibt, ob der Besitzer von einer Verbreiterung geträumt hatte. Er hatte ein Einfamilienhaus hinterlassen mit zwei großen Zimmern und ausgebautem Dach. Der Vorgarten zwischen der Hauswand und der sandigen Straße war kaum zwei Meter breit und verwildert. Vom Zaun war nichts geblieben als die viereckigen backsteingemauerten Pfeiler, in deren Angeln sich Heu verfangen hatte. Beleuchtet wurden Haus und Eingang durch eine Straßenlaterne, die oben an einem Mast befestigt war, der links von unserer Haustür stand und eine Stromleitung zum Ende der Straße führte. Im Lichtkegel dieser Straßenlampe aus Emaille, außen schwarz und innen weiß, endete die Außenwelt, das Dorf, begann Haus fünf. Die Lampe schien breit über die Straße und war noch höher angebracht als das Giebelfenster von Fräulein Gerloff. Sie bewohnte den ausgebauten Dachboden und übersah alle vier Richtungen.

Das Rätsel ist eine beschreibende Umschreibung von Begriffen oder Inhalten.
Und jetzt tritt Fräulein Gerloff wieder vor uns hin und drangsaliert uns mit ihren Rätseln.
Na, ratet mal. Da ist guter Rat teuer, was? Also Rätsel kommt von althochdeutsch ratan. Das bedeutete: Vergangenes, Gegenwärtiges oder Zukünftiges zu deuten, zu verstehen, darüber nachzudenken. Beim Rätsel hat das Wort eine Magie angenommen. Noch die Parole, die die Menschen einander zurufen, ist ein Rätsel. Ein nicht ratbares Rätsel nämlich. Wers weiß, hat Macht, gehört dazu, darf rein oder raus oder herbei oder weg. Des Rätsels Lösung zu wissen hieß Einfluß, Geltung, Gewicht und Gewalt haben. Um Kopf und Kragen haben sie sich gerätselt. Ob Odin, Odysseus oder die Bewerber der Turandot. Was andern ein Rätsel ist, macht den Wissenden überlegen. Ja, sagt sie, Wissen ist Macht, also macht schon. Sie dreht sich um, geht an die Tafel und schreibt: Vogel federlos.
Unter ihrem erhobenen Arm hat sich die weiße kunstseidene Bluse in einen Schweißfladen verwandelt. Ihr Hintern wackelt, während sie schreibt: Flog Vogel federlos, saß auf Baum blattlos, kam Frau fußlos, fing ihn handlos, briet ihn feuerlos, fraß ihn mundlos.
Aus der Klasse kommt nichts. Keine Sinndeutung. Wir beugen uns über die Hefte und schreiben den Vers ab. Fräulein Gerloff geht vorne hin und her, strahlt mächtig, ist im Besitz der Antwort. Sie studiert unsere Scheitel, sagt: Irene, dein rechter Zopf löst sich auf. Fragt: Und? Was denn nun? Habt ihrs? Sagt: Von diesem

Rätsel sind in Mecklenburg noch elf andere Fassungen zu finden. Und sagt: 9. Jahrhundert, mündliche Überlieferung noch älter.
Wir rätseln noch so rum, da schiebt sie schon eine lateinische Fassung hinterher: volavit volucer sine plumis, Kloster Reichenau.
Ich sage: Latein ist mir sowieso ein Rätsel, und die deutsche Fassung, die schreibe ich erstmal um.
Fräulein Gerloff sagt: Bevor du hier was umdichtest, liest du uns dreimal die lateinische Fassung vor.
Ich sage: Nee! Ich mach mich doch nicht lächerlich.
Sie grinst und sagt: Dann erfahrt ihr heute auch nicht die Lösung, wenn ihr nicht richtig mitarbeitet.
Ich sage: Na, das is ja wie inner Zeitung. Wenn einen was interessiert, erfährt man's 'ne Woche später. Oder gar nicht.
Plötzlich fragt Lotte, sie hat nachgedacht, ohne Ergebnis, und es klingelt schon: Was sollen wir eigentlich raten?
Die Gerloff sagt: Wer oder was der Vogel ist!
Ich sage: Komisch. Ich möchte viel lieber wissen, wer die schreckliche Frau ist.
Sie sagt: Ich gebe dir eine Gedankenstütze: ohne sie kann man nicht leben.
Ich sage: Dem Vers nach zu urteilen, mit ihr doch auch nicht.

Es flog ein Vogel
– federlos
der setzte sich auf einen Baum
– blattlos
da kam eine Frau
– fußlos
und nahm ihn gefangen
– handlos

sie hat ihn gebraten
– feuerlos
und hat ihn gefressen
– mundlos

Nichts gegen Aufsätze. Nichts lieber als Aufsätze. Egal zu welchem Thema. Rätselpoesie? Warum nicht. Scharfsinnsprobe, Denksportaufgabe, Unterhaltung. In Skandinavien haben sie vor tausend Jahren nächtelang Rätselwettbewerbe veranstaltet. Und das war kein primitives Quiz.
Gleich, wenn ich anfange, rennt mir die Phantasie davon. Ein Einfall jagt den anderen. Warum also nicht aufschreiben? Warum nicht umdichten, reindenken und rausholen? Unmöglich wird es, wenn sie uns mit Abgabeterminen tyrannisiert. Unmöglich, den Gedanken freien Lauf zu lassen, wenn sie alles schriftlich, also doppelte Arbeit verlangt. Einfach unmöglich, sich reinzuknien, nachzulesen, in Zweifel zu ziehen, zu rätseln, wenn es heißt: Nächsten Montag! So nicht, nicht mit mir, dann kann ich es auch bleiben lassen.
Ich lasse es nicht. Ich habe Kerzen gekauft.
Was heißt überhaupt Rätsel? Kommt von raten. Nun ist raten ja nicht nur Ungewißheit, sondern auch Gewißheit. Raten setzt genauso Bescheidwissen voraus, durchschauen, verstehen, Erfahrung gesammelt und verwertet haben. Rat erteilen, raten können. Das ist der Unterschied: der eine *muß* raten, der andere *kann* raten. Soll, wer auf Rat angewiesen ist, gar nicht erst raten? Und sind Raten nicht wiederum Teile, Abschlag, Stückwerk?
Licht aus!
Punkt zehn ruft die Gerloff die Treppe runter, ruft von ihrer Wohnungstür aus ins Treppenhaus. Es schallt. Sie wird nicht kommen und nachprüfen.

Licht aus!
Wer ist die Frau im Rätsel? Sie hat Macht und ist nicht zu fassen. Sie ist Jemand und doch abstrakt.

Die sich einen Karton neben das Bett stellt und eine selbstgenähte und bestickte Kaffeedecke drauflegt, die sich eine schwarze, üppige, abwesende, abweisende Medea von Anselm Feuerbach übers Bett hängt, die sich eine eigene Ecke einrichtet – die soll ich sein.
Die da Heftseiten mit Büroklammern auf einer dicken Pappe befestigt, damit sie auch im Bett schreiben kann, die den Atem anhält und horcht, ob die andern endlich schlafen, die erst zu sich kommt, wenn Ruhe eintritt, die davon gehört hat, daß es im ganzen Internat nur ein Einzelzimmer gibt, die hin und her überlegt, wie sie an dieses Einzelzimmer rankommt – die bin ich.
Die sich im Bett vorsichtig aufsetzt und langsam die Beine anzieht, damit das Stroh nicht raschelt, die eine Kerze auf den selbstgebauten Nachttisch stellt und anzündet, die jede Nacht mit offenem Feuer zwischen Strohsäcken hantiert – die kann nur ich sein.
Bis Fräulein Gerloff den flackernden Schein bemerkt, hereinkommt, Luft holt und toben will, mich lieber auf den Flur hinausruft, auch dort das Schimpfen unterläßt und mich stattdessen mit rauf in ihre Wohnung nimmt.

Sie hatte große Ohren
und hörte besser als sie sah.
Mit einer aufgeblähten Nase
roch DIE DEUTSCHLEHRERIN
über sich selbst hinweg
auch ihre Augen ließen nicht locker

das Gesicht eine Ansammlung
einzelner Teile die uns entgegen
sprangen großporige
Haut
Saugnäpfchen.
Sie hatte weder den Hasen
noch Dürers Gefaltete Hände an der Wand
dafür die Lesende von Renoir
und ein Seestück aus dem Mittelmeerraum
auf ihrem Teetisch Zaubersprüche Rätselpoesie
Geißler- Eremiten- Ketzergeschichten
Kreuzfahrers Aufschnitt
und jene Dichter zur Laute
die im Lande blieben
die Vertreibung des Teufels zu Eisenach
mit einer Handvoll Tinte
Fürstenpredigt und Lalebuch.
Wenn sie ihre blinde Mutter anbrüllte
– wir kannten ihre Mutter nicht als sie noch sah –
standen uns die Haare zu Berge.
Welche Flüsse trieb DIE DEUTSCHLEHRERIN
hinunter wenn wir schliefen
wo baute sie sich ein Nest und woraus
was trällerte sie vor sich hin
im Hemd vor dem Spiegel
oder winters im Schalkragen.
Eine Zeit schwerer Mäntel
Schneeschieber Schweißfänger
und eine Zeit voller Brotbäuche
jeden Herbst
den Gürtel um eine Lochbreite erweitern.

Zehn Jahre später
sah DIE DEUTSCHLEHRERIN
zehn Jahre jünger aus.

Obwohl ich mich noch nicht eingelebt habe und nicht weiß, ob und mit wem ich mich vertragen werde, habe ich doch erstmal mein Ziel erreicht – weg von zu Hause, weg von Karl und Kaltesophie. Und, liebe Concordia, wenn Du richtig hinhörst, wirst Du ihren Äußerungen entnehmen, daß auch sie ganz froh über meinen Auszug sind.
Wo ich jetzt bin, sind wir von einer hügeligen Landschaft umgeben, überall Wald, und Seen dazwischen.
Wir sind fast zweihundert Schüler und leben in richtigen Villen, die enteignet worden sind, weil die Besitzer sich nach dem Westen abgesetzt haben oder Nazis waren oder gar beides.
In den drei Häusern auf dem einen Hügel wohnen die Jungen, dort befinden sich auch die Klassenräume, Speisesaal, Küche und Aula. Wir Mädchen wohnen auf der nächsten Anhöhe. Unsere Häuser haben Balkons, hier und dort eine Veranda, manche Zimmer sind getäfelt, und das Portal von Haus sechs ist mit steinernen Kugeln und Schmiedeeisen verziert. Zu Haus sechs gehört auch ein Bassin mit Springbrunnen. Ich wohne in Haus fünf.
Unser Zimmer hat ein Blumenfenster, dieser Glaskasten ist ein Gewächshaus für sich und eignet sich gut zur Anzucht von Sämereien. Kannst Du mir ein Päckchen Majoran schicken? Zu unserem Haus gehört ein Garten, der zum Seeufer runterführt, er ist in einem Dutzend Terrassen angelegt und mit Pfirsich-, Kirsch- und Apfelbäumen bepflanzt. Die Beete sind leider kahl, kein Wintergemüse.
Ich habe vorgeschlagen, jetzt Möhren zu säen, die wären dann

im Mai so weit, vielleicht Spinat als Frostschutz dazwischen. Die Reaktion der andern war gleich Null. Als ich gesagt habe, das Jahr des Gärtners fängt im Herbst an, nicht erst im Frühjahr, haben sie mich mächtig ausgelacht. Vielleicht hat das auch an der Art gelegen, wie ich es gesagt habe. Jedenfalls werde ich nun alleine im Boden rumwühlen, und die Zicken stehen daneben. Wenns kalt wird, kann ich die Beete ja mit Tannenreisern abdecken. Soll ich Dir ein Bündel mitbringen?

Mach mir mal ein Paket Blumenzwiebeln zurecht, Schneeglöckchen, Krokusse und so viel Narzissen, wie Du entbehren kannst. Blausterne! Keine Gladiolen, die kann ich nicht ausstehen. Und Lilien? Nein, ich weiß noch nicht, wie es hier mit Mäusen ist.

Vormittags haben wir Unterricht, nachmittags Schularbeiten, außerdem bauen wir uns einen Sportplatz selber, abends ist Chorprobe, Volkstanz, FDJ-Schuljahr, Zirkelabende. Du siehst, wir haben nicht nötig, Zeit zu vertreiben, sondern könnten noch welche dazukaufen.

Unser Schulleiter ist erst vierundzwanzig, aber er hält alle und alles fest in der Hand. Er gibt Gegenwartskunde, und wir duzen ihn. Die Deutschlehrerin wohnt in Haus fünf über uns. Der Geschichtslehrer legt Wert auf Zusammenhänge und hat gesagt, das mechanische Auswendiglernen von Zahlen sei Quatsch. Wir haben auch einen Musiklehrer, der hat ein Holzbein, das sich manchmal mit lautem Zischen vom Beinstumpf löst. Der Französischlehrer kratzt sich dauernd die Handrücken und läßt, wenn wir deutsch reden, keine Dialektfärbung zu. Er hat mir sofort das Berlinern verboten. Dagegen hat er nichts gesagt, als ich mal eingeschlafen bin. Die Physiklehrerin glaubt an Gott, obgleich sie Naturwissenschaftlerin ist. Die Russischlehrerin geht wie eine Ente.

Das Essen ist so einigermaßen. Wir beschmieren morgens die Brotscheiben von beiden Seiten mit Marmelade, bis es auf den Tisch tropft.

Concordia, sollten Karl oder Kaltesophie bei Dir vorbeischauen, dann laß mich aus dem Spiel und gib ihnen gar nicht erst meine Adresse. Die sind für mich gestorben.

Birken, Eichen, Buchen, alles da. Meistens Kiefern, oder gemischte Wälder. In den feuchten Gründen Erlen noch und noch. Die Seen sind von breiten Schilfgürteln umgeben. Auf manchen Wiesen wachsen Sonnentau, Bärlapp, Wollgras und Wintergrün, auf anderen steht Sumpfporst. Sogar eine abgeblühte Türkenbundlilie habe ich gesehen. Am Wochenende gehen die Dorfjungs rudern und schwenken Bierflaschen überm Wasser und kippen fast um.

NIEDER MIT DEN TITO-FASCHISTEN!

am ehesten wollte ich noch Partisanin gewesen sein, geliebt, geschätzt, hochverehrt, in Spanien bei den Interbrigaden oder in der Ukraine gegen Hitler, dann würde mein Name klingen wie Soja Kosmodjemjanskaja, geachtet und wertgehalten, wovon ich wenig gehabt hätte, nach dem Tode, und dennoch, gekämpft zu haben für die Befreiung des eigenen Landes vom Joch eines Kolonialherrn, eines Putschisten, eines Diktators, eines Aggressors, war das nicht das Höchste, Erstrebenswerteste, sein Leben hingegeben zu haben, was heißt »zu haben«

sein Leben hinzugeben, und sei es in einem Land, wo die Bäume anders aussehen und ich die Stauden nicht kenne, ganz zu schweigen von den Menschen, wie zum Beispiel in Korea

wir Deutschen haben uns ja von den Hitlerbanden nicht selber befreit, das haben wir die Sowjetsoldaten für uns tun lassen, unsere eigenen Antifaschisten sind in den Lagern verhungert, und andere sind abgehauen, sogar bis nach Amerika, die Feiglinge, dafür stehen sie bis heute vor den Kontrollkommissionen unserer Partei und sind vor Ausschluß nicht sicher

und das deutsche Volk, war es dagegen, konnte es nichts machen, das Volk war faschistisch, und der Faschismus war das Volk, deswegen sind die Russen für uns verblutet und helfen uns nun, langsam wieder auf eigenen Füßen zu stehen, von der Butter bis zum Traktor

was geben sie uns nicht alles, dabei haben sie selber nichts, diesen Herbst herrscht bei uns eine frappante Kartoffelknappheit, weil die Bauern so reaktionär sind und nach dem Westen rennen, in Dresden haben die Leute protestiert und Kartoffeln verlangt, nun, auch dort wird wieder die Rote Armee einspringen und Abhilfe schaffen

hach, und sind nicht erst im Juni vorigen Jahres die Nordkoreaner mirnichtsdirnichts über den 38. Breitengrad rübermarschiert, um die amerikanischen Imperialisten und Kriegsbrandstifter aus dem Lande zu schmeißen, und haben sie nicht innerhalb von zwei Monaten, von einem lächerlichen Zipfel im Südosten abgesehen, also hulladibulla und in nullkommanix die ganze Halbinsel erkämpft

bloß keine Angst haben, einfach anfangen und ran an den Feind

der Genosse Neubert von der Kreisleitung hat mich daraufhin zurechtgewiesen, so dürfe ich das nicht ausdrücken, es sei falsch und schädlich, wenn vom koreanischen Befreiungskampf die Rede sei, zu sagen, Nordkorea habe »angefangen«, zuerst behauptete er sogar, sie hätten gar nicht angefangen, da habe ich gesagt, jetzt benutzt du ja auch das Wort »angefangen«, gleich hat er sich verbessert also bei Revolutionen und Befreiungsbewegungen gäbe es überhaupt kein Anfangen, die Arbeiterklasse habe tagtäglich das Recht zu kämpfen, denn sie führe keine gewöhnlichen imperialistischen Kriege, bei denen der eine dem anderen Kolonien, Rohstoffquellen und Absatzmärkte abjagen wolle und das Volk nur passiv unter der Kriegsfurie zu leiden habe

also, so ein imperialistischer Krieg um ökonomische Macht sei das in Korea schließlich nicht, deshalb habe der Norden, den es übrigens auch nicht gäbe, nur ein einziges koreanisches Volk, das sich gegen die amerikanischen Unterdrücker und deren Lakaien zur Wehr setze

den Norden als solchen solle ich mir also aus dem Kopf schlagen, der existiere nicht, demnach könne er gar nicht »angefangen« haben

unter uns dürfe ich doch alles sagen, sagte ich, eben nicht, erklärte mir der Genosse, von »angefangen« zu reden, offenbare falsches Bewußtsein, und die Wörter und Begriffe hätten sehr genaue Inhalte, die man nicht durcheinander bringen dürfe, es sei denn, man würde diese Inhalte nicht kennen oder etwas verqueren wollen, sie extra verkehrt anwenden, um mit Absicht feindliche Ideologie zu verbreiten, das treffe ja wohl bei mir nicht zu, deswegen müsse er mir einfürallemal begreiflich machen, daß: ungerechte Kriege nicht einfach Angriffskriege sind! Und gerechte Kriege sind nicht einfach Verteidigungskriege! Das ist eine formalistische und undialektische Auffassung, wenn nämlich die fortgeschrittene, hochentwickelte, revolutionäre und außerdem noch siegreiche Arbeiterklasse *eines* Landes der revolutionären Arbeiterklasse eines *anderen* Landes hilft, auch mit militärischen Formationen hilft, sich von einer reaktionären und morschen Ausbeuterclique zu befreien, dann sind diese Armisten doch keine Aggressoren keine Aggressoren! Sondern Brüder, die im Sinne des proletarischen Internationalismus handeln! Auch wenn sie zu diesem Zwecke die Grenze einer bürgerlichen Nation – Proletarier kennen keine Grenzen – übertreten haben, sind sie keine Aggressoren, sondern führen einen *gerechten* Krieg, unterstützen eine revolutionäre Bewegung, Klassenkampf ist das und kein Angriffskrieg

müßtest du doch, sagte er, kennen, die Passage bei Stalin, verstanden haben, einverstanden sein

jadoch, sagte ich, ich habs nicht so gemeint

die Sprache, sagte Neubert, die Sprache verrät einen, denn es gilt, was man sagt

warum, fragte ich, sagen die Genossen halbe Sätze oder bestimmte Wörter immer doppelt

die gelten dann eben doppelt, sagte er, eine Frage der Betonung, nochmals: wenn du was anders meinst, sag es auch anders

ist richtig

wer ein Bollwerk des Friedens darstellt, wie die Sowjetmacht, kann einfach kein Aggressor sein, ist das logisch

aber immer

das zu bezweifeln, würde heißen, die Sowjetmacht als zwiespältig, gar doppelzüngig, umgotteswillen, entschuldige, siehst du, die Wörter

andererseits habe ich doch niemals behauptet, die Russen hätten von Nordkorea aus

was heißt denn hier Russen, fragte er, es geht doch bei unserem Gespräch längst nicht mehr um Korea, sondern um deine ideologische Klarheit, na, über gerechte und ungerechte Kriege rede ich später nochmal mit dir, vielleicht nach Weihnachten, auf dem Zirkelleiterlehrgang in Wriezen, ich käme doch hin

Klar schlägt unser Herz mit den koreanischen Arbeitern und Bauern. Spenden und Unterstützung sind Ehrensache für uns. Aus diesem Blickwinkel ist es auch zu verstehen, daß das chinesische Brudervolk den Koreanern mit Freiwilligen zu Hilfe geeilt ist – so wie die chinesische Befreiungsarmee, sofort nach dem Sieg der Revolution im eigenen Land, sich nicht gescheut hat, rein nach Tibet zu gehen und Licht in das tibetanische Dunkel zu bringen, eine Finsternis zu bekämpfen, die ohne Beispiel ist. Tibet ist befreit worden, Korea noch nicht. Es sieht sogar so aus, wenn der Krieg genau dort endet, wo er angefangen hat, daß alles umsonst war, aber »umsonst« gibt es nicht im Befreiungskampf. Niederlagen sind nur scheinbar, und ein Sechstel der Erde sind wir schon. Also abwarten, noch ist nicht aller Tage Abend. Vielleicht gibt es auch nochmal einen Spanienkrieg, wo sie uns brauchen. Dann bin ich aber da!

Meine Tante Concordia hat mir eine Karte geschrieben mit nichts als einem Vers drauf: »Krieg hat den Harnisch weggelegt, der Friede zieht ihn an. Wir wissen, was der Krieg verübt, wer weiß, was Friede kann?« Fein säuberlich in deutscher Schrift geschrieben. Warum gibt sie sich solche Mühe? Will sie mich etwa vom Klassenkampf abhalten?

Bei klarem Wetter erinnerte mich der Aufstieg zu Haus drei an Bilder aus Griechenland. Die helle, vor mir aufragende Steintreppe, links oben die weiße Rückfront von Haus drei, rechts der weiße Zementbau, unser Schweinestell, der von unten gesehen nicht als Stall erkennbar war, vor und hinter den Gebäuden das herbstliche Dunkelgrün der Laubbäume, darüber der wolkenlose, zyanblaue Himmel: so stellte ich mir Griechenland vor. Dieses Blickfeld verwandelte sich in Kulissen zu Büchern und Figuren. Die Zusammensetzung aus Grün, Weiß, Blau führte mich heute nach Korinth, morgen nach Messina, übermorgen nach Sotschi. Mal war ich Elektra, selten Iphigenie, meistens Medea, weil sie aus Rache über ihre Verlassenheit die eigenen Kinder getötet hatte. Eine tiefere Wunde konnte sie dem Mann nicht schlagen, der ihr weggelaufen war.

Sonntags Atempause, fast alle weg, heimgefahren, und ich gehe in den Keller, meine Wäsche waschen. Pulver geben sie mir in der Küche, aber wer sagt mir, wie ich was machen soll, kalt oder lau oder heiß, kochen kann ich die Wäsche sowieso nicht. Und die blutigen Schlüpfer, längst verkrustet und zusammengeklebt. Und ich kriege sie einfach nicht sauber. Und die anderen fahren nach Hause und nehmen ihre luftige, gar nicht richtig mistige Wäsche mit und kommen mit frischen, schneeigen, gefalteten, geplätteten Stapeln zurück. Und ich stehe im Keller, vorne beim Ofen, bei der flachen Bank, bei den flachen Zinkschüsseln, die immerzu überschwappen. Und dann ist die Ruhe hin. Dann hat Gabi Besuch, dann hat plötzlich Irene Besuch.
Kommt dich nie einer besuchen?
Nee.
Deine Eltern?
Hab keine.
Oder sonstwer?
Wer denn!
Aber du kriegst doch Post.
Von meiner Tante.
Und warum kommt die nicht?
Zu alt.
Und dann ist Lotte früher eingetroffen, begleitet von ihrer Mutter, und beide tigern durchs Haus und bleiben vor mir und der

Waschbank stehen. Und ich heule gerade in die Schüssel und schlage heftig Schaum und reibe die alten farblosen Teile, die noch aus den ausgekochten Landkarten genäht sind. Und ich rubble unter dem Schaum weiter, daß ja keiner was erkennt, und stehe da, über die Zinkschüsseln gebeugt, knallrot. Und Tränen fallen in den grauen Schaumberg, und der Schaum fällt in sich zusammen, und ich blicke nicht auf und verstelle mich und sage was von »Schnell-noch-fertigwerden«, damit sie bloß nicht länger neben mir stehenbleiben.
Was für eine Tante?
Die Schwester meines Vaters.
Ich denke, du hast keinen.
Mein Adoptivvater.
Und warum kommt der nicht mal?
Ich rede nicht mehr mit ihm.
Komisch, und immer so alleine.
Was ist denn daran komisch?
Und ich stelle mir die Wäsche vor, die sie anhaben, die Gabi anhat, die Irene anhat, die Lotte anhat, die besonders, die haben Verwandte im Westen, und was Berta anhat. Und ich habe seit zwei Tagen überhaupt nichts drunter an, weil alles verdreckt und verkrustet ist. Und ich weiß nicht, ob mehr Seife noch was hilft. Ich wasche und wasche und scheure mir die Hände wund und halte durch bis nach zehn. Nachdem das Licht oben aus ist, mache ich noch eine Weile weiter, bis alle fest schlafen, und hänge die oft und ewig lange gespülte Wäsche rund um den Ofen auf, der noch gar nicht geheizt wird, aber dort ist der einzige Platz. Und morgens fahre ich hoch, bevor die anderen wach werden, und stolpere in den Keller, vor sechs. Und ich raffe mein Zeug zusammen, das ist noch feucht, und knülle es in meinen Schrank und klettere nochmal ins Bett.

Fräulein Gerloff hatte mir erlaubt, abends nach zehn zu ihr raufzukommen und an ihrem Sofatisch weiterzuarbeiten. Ich hatte keine Terminschwierigkeiten mehr. Meine Aufsätze wurden immer länger und trotzdem rechtzeitig fertig. Die Wärme ihres Zimmers beruhigte mich, der persönliche Kram, die Bilder, alles, was herumlag, die Bücher. Ich fühlte mich geborgen, sie hatte jemanden zum Reden, ich hatte jemanden zum Reden.
Damit wirst du dich abfinden müssen.
Womit.
Daß aus dir eine Frau wird.
Was heißt abfinden? Hört sich an wie ein Schicksalsschlag. Ach ja, manchmal ist es das vielleicht.
Sehe ich nicht ein. Ich denke doch nicht daran, was über mich ergehen zu lassen, weil ich ein Mädchen bin, weil ich eine Frau sein werde.
Aber du hast ja geklagt und gejammert, du hast dich aufgeregt darüber.
Ja, ich bin geladen. Ich habe nicht gejammert, ich bin böse.
Daß du ein Mädchen bist!
Deswegen nicht. Es ist, weil alle vier Wochen was aus mir rausläuft, weil ich nicht richtig gehen kann, weil mir der Rücken und der Bauch wehtun, weil ich mir ein Bügeleisen auf den Bauch gestellt und mich verbrannt habe. Und das soll mich nicht ankotzen?!
Hast du überhaupt Watte oder Binden?
Ich habe kein Geld für irgendwelche Watte!
Schrei hier nicht so rum! Hier hast du eine Binde, die machst du dir um!
Was? So'ne Matratze soll ich mir zwischen die Beine klemmen? Ich bin doch kein Wickelkind! Davon krieg ich ja Reiterbeine!
Ruhe jetzt! Du weckst das ganze Haus auf.

Wenn ich die Dinger schon sehe, treibt es mich zum Wahnsinn!
Setz dich mal wieder hin. Dich treibt eine Menge – und weißt du, was treiben auf Mittelhochdeutsch heißt?
Interessiert mich jetzt nicht!
Ich zähle dir ein paar Wörter auf, die alle zusammengehören: hessen, hetzen, hezzen, Hetze, hezzelich, Haß, gehässig, hazzen. Und hazzen wieder bedeutet: etwas ungerne sehen. Und haz ist eine feindliche Gesinnung. Fällt dir nichts auf?
Nee, nüscht.
Treiben und hassen sind verwandt, und Haß ist oft dasselbe wie Antrieb.
Na und?
Ich wollte dir klarmachen, daß deine Energien zu oft einem Haß entspringen. Mach keine Treibjagd, schon gar nicht auf dich selber.
Na, gute Nacht.
Vergiß es nicht!

Also jeden Abend rauf zur Gerloff und reden und lesen und schreiben und schweigen und wieder reden, noch eine Woche und noch eine Woche und noch eine.

Als Gegenwartskundelehrer erklärt Hawelka nicht, er doziert.
– Schon im September 1950 hatten die drei Außenminister der Westmächte sich in New York zusammengesetzt und über die Aufstellung einer europäischen Armee beraten. In diesem Zusammenhang erklärten sie, allein die Bundesrepublik als deutsche Regierung anzuerkennen. Die Deutsche Demokratische Republik bezeichneten sie weiterhin als Besatzungszone. Mit der neu zu erstellenden europäischen Armee sollten Westdeutschland und Westberlin gegenüber dem Osten verteidigt werden.

– Einen Monat später, im Oktober 1950, schlug der französische Außenminister Pleven vor, westdeutsche Truppen aufzustellen und in die neue europäische Armee einzugliedern. Dieser Vorschlag wurde als »Pleven-Plan« weiterverfolgt.

– Während in Korea die UN-Truppen die nordkoreanische Grenze erreicht hatten und chinesische Soldaten den Nordkoreanern halfen und die UN-Truppen an den 38. Breitengrad zurückwarfen, beschloß die NATO endgültig, eine europäische Armee aufzustellen. Die Beteiligung Westdeutschlands wurde dabei fest vorgesehen. Und der Oberbefehlshaber dieser europäischen Armee heißt General Eisenhower.

– Im Januar 1951 schlug die Volkskammer der DDR vor, einen »Gesamtdeutschen Rat« zu bilden, in dem Vertreter der Volkskammer und des Bundestages die zukünftige Einheit Deutschlands vorbereiten sollten. Als Antwort darauf begannen im Februar Beratungen in Paris über jenen Pleven-Plan, der die Remilitarisierung Westdeutschlands vorsah.

– Im September 1951 vereinbarten die Westmächte eine »Neue Politik« gegenüber Westdeutschland. Wenn die sich an der europäischen Armee beteiligen, soll das Besatzungsstatut aufgehoben werden. Ebenfalls im September schlug die Volkskammer noch einmal die Bildung eines Gesamtdeutschen Rates vor. Bundestag und Bundesregierung dagegen verlangten sogenannte freie Wahlen in ganz Deutschland unter internationaler Kontrolle. Das wollten wir nicht.

– In Paris berieten im November 1951 die Außenminister von Italien, Frankreich, Belgien, den Niederlanden, Luxemburg und Westdeutschland wieder über den Pleven-Plan, aus dem der Begriff der »Europäischen Verteidigungsgemeinschaft« hervorgegangen war, Abkürzung »EVG«. Zur selben Zeit und über Weihnachten hinaus tagte die 6. UN-Vollversammlung. Sie bil-

dete eine Kommission für Abrüstungsfragen, in der auch über Atomwaffen verhandelt werden sollte. Außerdem setzte die Vollversammlung eine Kommission ein, die sich in Deutschland über die Möglichkeit freier Wahlen informieren sollte. Die Vertreter dieser Kommission durften die DDR nicht besuchen.
– Was war sonst noch los? England verlor Ägypten und den Iran. Italien verlor Libyen. Wir gewannen China und verloren Jugoslawien. Ausgetragen wurde der Krieg zwischen Ost und West in Korea, dort hatte sich das Blatt gewendet, seitdem die UN-Truppen Südkorea unterstützten. Dafür traten die Chinesen den Nordkoreanern bei und warfen die UN-Truppen zurück. Dieselben Vereinten Nationen, deren Truppen Nordkorea besetzten, wollten nun gesamtdeutsche Wahlen in der DDR prüfen und beaufsichtigen.
Hawelka braucht uns nicht zu zwingen, die Zeitungen zu lesen. Wir lesen sie gründlicher, als ihm lieb ist.

Haus drei stand unter der Obhut unseres Geschichtslehrers, Egbert Paruch: ein korpulenter, nachlässiger Mann, der zu behäbig war, an unseren Bauarbeiten auf dem Sportplatz teilzunehmen, obwohl er erst achtundzwanzig Jahre alt war. Er hatte sein Zimmer neben den Räumen der Jungen unserer Klasse. Sie wohnten über dem Speisesaal.
Paruch belehrte uns über Spartakus, Bauernkrieg und formale Logik. Er war Parteisekretär und zitierte Epikur: »Gibt aber einer ein Gesetz, das nicht zum Nutzen der gegenseitigen Gemeinschaft wirkt, dann hat es nicht mehr die Natur des Gerechten.«

Ein Fleischturm in ausgebeulten Hosen
Potiphar ohne Weib aber stolz
DER GESCHICHTSLEHRER – Nicht raten

nicht auswendig lernen: denken denken –
ein Lehrer ohne Gängelband
groß mittelblond Genosse
und viel zu schwer von Bier
Rumäniendeutscher mit harter Aussprache
und weichen Händen Sohn eines Apothekers.
DER GESCHICHTSLEHRER hat Könige gestürzt
und kam auf Menschenmassen zu sprechen
die Geschichte machen und ließ
durchblicken wie Geschichte
gemacht wird mit Menschenmassen.
Er hat die vorgeschriebene Interpretation
oft verlassen und ist umgestiegen
zu Leuten die keinen Namen trugen
Geschichten statt Geschichte Unterholz
weitgereiste Durchreisende
unkundige Kundschafter
Jäger auf der Flucht vor dem Wild.
Übler Leumund? Gerüchte?
Die sagten was von Bessarabien oder Katyn
die erzählten von Wilna vor den Deutschen
nach den Deutschen vor den Deutschen und
wieder nach den Deutschen.
Diesem GESCHICHTSLEHRER war der Balkan
kein brauner Balken im Atlas
und das Baltikum war bei ihm mehr als eine
von den Junkern befreite Kornkammer
Geschichte als Völkerwanderung
ob Curzonlinie ob Oder-Neiße-Grenze.
Doch alles was Blüten trieb
unbestätigte Meldungen halbamtliche

Nachrichten Halbwahrheit und Fälschung
nahm er an die Kandare
während er von Hegel sprach:
Denn die Weltgeschichte ist nichts
als die Entwicklung des Begriffs der Freiheit.
Sie ist das Werden des Geistes
unter dem wechselnden Schauspiele
ihrer Geschichten.
DEM GESCHICHTSLEHRER war Geist
gleich Vernunft
und Freiheit hieß Einsehen.
Und dann ließ er uns allesamt
auf der Preußischen Verfassung sitzen.

Ein Schwein alleine langweilt sich. Frühreif, fruchtbar, gefräßig und faul soll es sein, aber nicht einsam. Wir haben zwei. Die haben ein dickes Fell und sind doch furchtbar schnell nervös. Beide haben steile Ohren und Himmelfahrtsnasen, deutsche Hausschweine, die in dem Stall neben Haus drei wohnen. Ob sie jemals fett werden, das ist die Frage. Lieber öfter füttern und dafür weniger? Zu wenig ist es immer. Statt gekochter Kartoffeln sind es meistens Schalen. Statt Schrot sind es meistens Grannen. Gebrühtes Heu geben wir ihnen, Lebertran brauchen wir selber, und mal Klee, mal Gras. Molke? Erstmal haben, und ein Ende mit weg sein. Und zweihundert Schüler geben nicht genug Essenabfälle her. Deswegen beginne ich einen ermüdenden Kampf ums erste Abwaschwasser, damit den Schweinen wirklich kein Gramm entgeht.

Tut mir leid, aber ab heute wird kein Seifenpulver mehr ins Abwaschwasser geschüttet!

Das ist ja das Neuste. Kommt 'ne Schülerin in unsre Küche gestürzt und will uns Vorschriften machen.
Wir brauchen das Abwaschwasser für die Schweine.
Ausgerechnet!
Da schwimmt noch genug Fett drin, das wird nicht mehr weggegossen.
Bis jetzt haben wir alles abgekratzt und in eure Kübel gekippt. Da ist nichts mehr zu holen, so leer wie die Teller sind.
Beim ersten heißen Abspülen kommt noch 'ne Menge Nährstoff zusammen.
Was heißt erstes Abwaschen. Sollen wir alles doppelt machen ab jetzt?
Eigentlich ja.
Du bist wohl verrückt. Ihr setzt euch an die gedeckten Tische, wir machen die Dreckarbeit, und dann noch doppelt.
Unter erstem Abspülen verstehe ich nicht fertiges Abwaschen, sondern ein schnelles Eintauchen aller Teller, Schüsseln, Platten in relativ wenig, aber sehr heißes Wasser. Dabei kommt dann eine konzentrierte Suppe raus, die wir ihnen zu saufen geben.
Nein! Das kommt nicht in die Tüte, zweimal abwaschen.
Und bisher, haben Sie da das Geschirr nur einmal durchlaufen lassen?
Aber sicher!
Und wir durften mit den Kohlrüben die Seife auslecken?
Entschuldige mal, wir spülen doch hinterher.
Wo ist dann der Unterschied, wenn Sie ab jetzt vorher spülen?
Und danach mit Seife? Und dann nochmal alles durchs Wasser ziehen?
Wenn Sie vorher heiß abspülen, brauchen sie überhaupt keine Seife mehr zum Abwaschen. Die können Sie sparen.

Nach dem Mittagessen zogen wir runter zum Waldrand, um an unserem Sportplatz weiterzubauen. Wir rodeten, buddelten Stubben aus, schleppten Stämme zur Seite. Wir planierten mit handgezogenen Walzen: den Platz zurichten, ausrichten, einrichten. Immer hatten wir etwas geschultert. Der geschulterte Spaten, die geschulterte Harke, der geschulterte Besen, das geschulterte Luftgewehr, das geschulterte Beil. Angetreten und geschultert und geschlossen und in Marschordnung
  im Gleichschritt marsch
  links schwenkt marsch
  geradeaus
  links zwo drei vier
  rechts schwenkt marsch
  geradeaus
  ohne Tritt marsch
  ein Lied
  von vorne nach hinten durchsagen
  stillgestanden
  rührt euch.
Wir steigerten uns, verdoppelten die Anstrengung, dösten nicht, standen nicht rum, atmeten nicht durch, atmeten nicht auf. Wir walzten, planierten weiter, der Sportplatz erhielt ein Gesicht. September, und viel zu früh, um die Bäume zu fällen, achwas, weiter, weiter. Der Sozialismus wird nicht nach Jahreszeiten errichtet, ritsch, ratsch, und runter, und weg damit. Wir brauchen das Holz sofort für Bänke, in vierzehn Tagen haben wir Gäste von der sowjetischen Fliegerschule. Die sollen mal sehen. Krumme Wege und Begradigungen. Aschenbahn, Startlöcher, die um den Rasen gelegte 400-Meter-Bahn wird mit rotem Schotter belegt. Kampfrichterplatz, Hochsprung- und Weitsprungkuhlen, stell das mal alles her, buddel das mal alles, heb das mal alles

erst aus und decke es wieder ab. Schaffen wir, uns kann keiner. Ist es nicht doch zu früh, die Bäume im September abzusägen? Bei aller Einsicht und Begeisterung, aber ich will es wissen. Nachlesen über Holz. Holz in der Hand, Holz auf der Schulter, Holz fällen, Holz kennenlernen.
Holz ist lebendig gewachsen. Die Zellen sind ungleich gebaut. Ihre Masse im aufrechten Stamm ist ein oben und unten geschlossenes Röhrchen. Sind die Zellen mit Feuchtigkeit gefüllt, schwellen sie an, werden dicker und d warum nicht länger? Die Nässe ruft dauernd andere Formen hervor. Auch wenn wir es schon gefällt haben, arbeitet das Holz weiter. Immer nur in der Querrichtung? Ja.
Holz schrumpft, wirft sich, wird hohl, rinnenförmig hohl. Im Frühling schießt Saft rein, der ist im September noch nicht raus. Ist am Ende alles umsonst, wenn wir aus diesen Stämmen gleich die Bretter für die Sitzreihen schneiden lassen? Die zur Stamm-Mitte gerichtete Seite wird rund, sie heißt die »rechte Seite«. Die nach außen liegende Seite wird hohl, die müßte also beim Aufnageln nach unten kommen. Nägel brauchen wir, Schrauben, eiserne Klemmen.
Bei Holz heißt es »rechts, wo das Herz ist«.
Vor der Verarbeitung müßten wir das Holz imprägnieren. Unmöglich. Es sind weder Beize noch Leinöl zu kriegen. Und kein Augenblick Zeit, es trocknen zu lassen. Die Sitzbänke trocknen schon von ganz alleine. Und wenn nicht? Wäre es machbar, Pfeiler einzusetzen und die Bretter nur bei Gebrauch aufzuschrauben? Wo willst du denn das ganze Holz ablegen, lagern? Später vielleicht, alles nochmal neu, später besser. Erstmal fertigwerden, es soll ja auch nach was aussehen. Jadoch. Warum riecht es im Sägewerk nach Essig? Muß doch Gründe haben. Keine Ahnung. Unwichtig jetzt. Schneller. Beeilung.

Wer erleuchtet uns
wer erwärmt uns
wer nährt uns
wer zeigt uns den Weg:
die Partei.

Wer ist unser Höchstes
wer ist uns heilig
wer steht im Mittelpunkt:
die Partei.

Unseren Feinden
wer heizt ihnen ein:
die Partei.

Wer ist für uns da
auch bei Wolken
immer da
wenn auch mal unsichtbar:
die Partei.

Wer steht uns zur Seite
täglich und überall:
die Partei.

Unseren Feinden
wer brennt ihnen eine aufs Fell:
die Partei.

DIE PARTEI IST UNSERE SONNE

Als der Sonntag in Septembersonne zerfloß und sich hinzuziehen drohte wie auslaufender Honig, als ich meinen Streifenrock fertiggenäht hatte, als das Internat dalag wie ausgestorben, als Irene nörgelte, warum sie nicht auch nach Hause gefahren sei, hielt es uns nicht länger.
Raus, raus, unter Leute, und rein ins Dorf, und Gesichter sehen.
Ein Tag ohne Kopfzerbrechen, den füllten wir mit Lappen und Lappalien.
Sag, was du willst, aber die Seife kratzt wie 'n Reibeisen. Da ist Bimsstein drin oder Knochenmehl oder Seesand oder vielleicht zerriebene Fischgräten.
Duschen, Haare waschen, Geld zählen.
Das reicht für kein Stück Kuchen. Dafür kriegen wir weder 'n rohes Ei noch 'n gekochtes und schon gar keinen Eierlikör.
Eierlikör! Erstmal raus, beeil dich!
Was treiben die Lehrer an so 'nem Septembersonntagnachmittag?
Die halten Nachmittagsschlaf.
Alle? Auf der ganzen Welt?
Und später? Im Kommunismus auch?
Tralala, komm jetzt.
Nein, Moment mal, ich will das wissen.
Schreib doch mal an die Junge Welt – oder frag beim Komsomol an.
Der Komsomol befaßt sich nicht mit solchen Nebensächlichkeiten!
Salbe ins Gesicht, bißchen Ruß unter die Augen.
Pfui Teufel, wisch das wieder ab.
Borg mir mal 'n Paar Zopfhalter.
Die Haare ausnahmsweise offenlassen?

Niemals!
Aber runterlassen, ich steck sie heute nicht hoch.
Hast du aber locker geflochten.
Wieso?
Na, die offenen Enden.
Das Stückchen, dafür ist dein Rock zu lang.
Der ist richtig, zu eng ist er.
Und das Bündchen?
Breit wie 'ne Schärpe, 'n Korsett haste dir genäht, kannste 'nem Torero schenken.
Dem schenkt man doch 'ne Rose und keine Korschose.
Kolchose, Matrose, Fimose, Franzose, Mimose, Narkose, Tuberkulose.
Ba – de – ho – se!
Wir hatten Schuhkrem verspritzt, Irene rutschte aus und hatte schwarze Kleckse auf den Schenkeln.
Sieht doch keiner.
Du immer mit deiner Bürste, anstatt 'n Stück Stoff zum Einschmieren zu nehmen!
Fang noch an zu meckern!
Grade jetzt!
Einen Spiegel vorm Gesicht, einen seitlich.
Das soll ein Scheitel sein?
Die Bluse geht nicht zu.
Natürlich geht die zu. Näh sie mit ein paar Stichen fest, da, zwischen den Knöpfen.
Aua!

Überm Eingang zur Bürgermeisterei flatterte eine endlose, noch frische Losung. Sie schien an der Dachrinne befestigt, nahm die ganze Breite des Hauses ein und verdeckte drei Fenster.

WIR DEUTSCHEN FRAUEN UND MÜTTER
STEHEN GEMEINSAM MIT
UNSERER STOLZEN FDJ UND SEITE AN SEITE MIT
ALLEN FRIEDENSKÄMPFERN DER WELT
AUF FRIEDENSWACHT
UM DEN FRIEDEN BIS ZUM ÄUSSERSTEN ZU VERTEIDIGEN!

Der helle rote Stoff mit den schnurgeraden, ein wenig rissigen weißen Buchstaben mußte die dahinterliegenden Zimmer in mildes abgeblendetes Sonnenlicht tauchen.

Irgendeiner muß doch auf uns lauern
irgendeiner wartet auf uns
irgendeiner winkt uns
irgendeiner will mit uns mitlachen
irgendeiner will was von uns
irgendeiner wartet bloß darauf, daß wir kommen.

Wir tippeln die Dorfstraße rauf und runter, untergehakt und gemessen, dann spielen wir Greife. So gehts an abgeernteten Gärten vorbei, an offenen Fenstern vorüber, aus denen Frauen lehnen, die sich ein Sofakissen unter die Brüste geschoben haben. An einer Ecke stehen drei alte Knacker und rauchen, die veralbern wir.
Zurück oder weiter bis Vogelsang, Forsthaus, Mühle oder ganz rum zur Schwedenschanze?
Wir sind doch nicht blöd! Da wo kein Mensch ist, wollen wir heute nicht hin, wir wollen was sehen.
Runter und am Seeufer entlang: da rufen doch welche, da wird doch im Garten gefeiert.
Pure Einbildung.
Nein wirklich, hör doch mal.

Was geht uns 'ne Feier an?
Ich meine ja nicht feiern, aber da ist was los.
Terrassengärten wie bei Haus fünf.
Wie sieht denn das aus, wenn wir einfach stehenbleiben?
Lieber gehen wir nochmal langsam vorbei.
Mitten im Garten, auf halber Höhe sitzen zwei Jungs. Der eine spielt Gitarre und singt, ein langer Laban, der andere johlt den Kehrreim mit und klatscht dazu. Endlich haben sie uns entdeckt, und zehn Minuten später sitzen wir vier im Kahn und rudern übern See übern See übern See übern See, und der Gitarrespieler stottert.

Wieso stottert einer, der stottert, nicht, wenn er singt? Ist er, wenn er singt, kein Stotterer?

Hawelka zitiert mich ins Lehrerzimmer.
Du machst mir ein schlechtes Gewissen.
Das sollst du auch haben – vielleicht kein schlechtes, aber ein Gewissen.
Aber ich hab doch nichts getan.
Nichts getan haben, das ist oder wäre schlimm genug. Doch ihr habt was getan. Eure Kontakte zu Außenstehenden schwächen unser Ansehen, unsere Moral.
Die beiden, mit denen wir rudern waren, arbeiten ja. Sie sind Lehrlinge.
Wo?
Der eine wird Förster, der andere lernt bei seinem Vater Tischler.
Bürgerlicher Kleinbetrieb. Wir befinden uns in einer Phase erhöhter Wachsamkeit, gesteigerten Klassenkampfes. Der Feind mobilisiert alle Kräfte; Sabotage und bezahlte Agententätigkeit überziehen unser Land wie Krebsgeschwüre. Wir stehen mitten

in einer Revolution, und ihr werdet hier zu Kadern, zum Vortrupp, zu denen erzogen, die unsere antifaschistischdemokratische Ordnung einmal lenken und leiten sollen. Wie schnell passiert es, daß ihr bei Geschwätz mit Außenstehenden Nachrichten und Mitteilungen weitergebt, die dem Feind Tor und Tür öffnen.
Wir haben nichts aus der Schule erzählt.
Ich spreche jetzt nicht von der Ruderpartie, ich versuche dir klarzumachen, daß ihr zur Verantwortung erzogen werdet, zur Zuverlässigkeit. Ich will auf dich rechnen, mit dir rechnen können. Spontaneität ist nicht am Platze. In allen deinen Handlungen sollst du »zurechnungsfähig« sein.
Willst du damit sagen, daß ich unzurechnungsfähig war, als ich mit denen ins Boot stieg?
Im gewissen Sinne, ja! Mindestens unberechenbar, undiszipliniert. An dieser Schule zu lernen, ist ein großes Privileg. Die Partei unterstützt uns materiell und ideologisch und gibt uns alles, was wir brauchen. Wir sind ihr verpflichtet, wir sind der Zukunft verpflichtet, und wir sind verpflichtet, es in Deutschland nie wieder zu Faschismus und Völkermord kommen zu lassen.
Ja, du hast recht, aber das kann doch nicht bedeuten, daß wir uns von dem Dorf fernhalten, in dem wir leben.
Ihr lebt nicht im Dorf, ihr lebt in einer Landesoberschule, und wir haben genug Freunde in der Umgebung. Nimm die Leute vom Staatsgut, nimm die Freunde von der Kreisleitung, nimm die sowjetischen Freunde vom Fliegerhorst, nimm die Besten vom Jugendwerkhof. Wir sind von Zentren umgeben, in denen Menschen mit neuem Bewußtsein leben und unserer Sache dienen. Du willst doch sicher mal in die Partei eintreten, und das bedeutet: Selbstkritik lernen, Verpflichtungen eingehen und halten, die Massen leiten. Vor allem heißt das, die persönlichen

Interessen und Eingebungen zurückstellen und der Partei ganz und gar zur Verfügung stehen!
Vielleicht werde ich nie eine gute Kommunistin.
Du stehst nicht allein. Wir alle werden an deiner und unserer Vervollkommnung arbeiten.

Nichts wie weg, erstmal für eine Weile verschwinden! An den See runter und stillsitzen. Der Hunger, den ich habe, ist nicht mehr mit Marmelade auf beiden Brotseiten zu stillen. Ich möchte mich selber einschmieren, ganz und gar in was Süßes tauchen.
Ich trete auf den Steg hinaus und sage mir den Prometheus auf, lauter und immer lauter. Ich schreie den Prometheus übers Wasser, brülle über den verschilften See, brülle den Prometheus rüber ans andere Ufer, wo Buchen stehen. Kein Echo, nichts kommt zurück. Aber mir ist wohler, schon gehts mir wieder besser.
Also nie wieder mit den Dorfjungs rudern gehen. Ja, nein, ja, nein, ja – auf uns warten andere Aufgaben! Wirklich, stimmt ja! Sehe ich ja ein. Er hat ja recht. Ich hab eben nicht nachgedacht – vorher überlegen! Nie wieder!

Wir sprangen aus den Federn, und ich sagte Guten Morgen; keine meiner Zimmerkameradinnen antwortete mir. Ich lief hinter den Mädchen her in den Keller und suchte eine Waschschüssel; keine war frei. Sie schwatzten, und ich stand unschlüssig am Ofen, mischte mich ins Gespräch; sie nahmen keine Notiz von mir. Ich wurde verlegen, verstand auch nicht, wovon sie redeten. Sie freuten sich auf etwas, aber auf was? War ich eingekesselt oder ausgeschlossen? Als eine Schüssel leer war, füllte ich sie nicht mit Wasser und stellte mich nicht in die Reihe der panschenden, platschenden Mädchen. Ich blieb reglos auf dem glitschigen Steinfußboden stehen und trat erst an die Waschbank,

als die anderen rauf in ihre Zimmer liefen.
Beim Anziehen fragte ich laut: Habt ihr Lust, bei dem Wetter wieder auf dem Sportplatz herumzugondeln?
Und noch einmal: Ob wir auch bei Regen Stämme schleppen müssen?
Dann: Ich hab euch was gefragt!
Was ist denn? Hast du was?
Ich hab nichts, aber ihr hört wohl nicht mehr zu.
Nee, wir hören nicht mehr zu. Brauchst gar kein Gesicht zu ziehen. Ab heute kannst du dich oben mit der Gerloff unterhalten.
Wieso denn, was hab ich denn mit der Gerloff zu tun?
Die scheint dir doch sehr am Herzen zu liegen. Jeden Abend rauf und tuscheln und wer weiß was erzählen. Wir müssen Licht ausmachen, und du rennst rauf und quatschst mit der noch stundenlang.
Ich quatsch nicht viel mit ihr, und über euch schon garnicht.
Nana. Wir sind schließlich nicht dabei. Überhaupt, du kommst hier neu an und kriechst gleich der Erzieherin untern Rock.
Ich habe geschrieben und gelesen bei ihr oben.
Denkst du etwa, wir sind abends immer schon mit Schularbeiten fertig? Denkst du, wir hätten nicht auch noch was zu bereden, nach zehn? Du bist nichts Besseres als wir, und wenn du lieber mit ihr redest und dir Vorteile verschaffst – bitte!
Und deswegen wollt ihr nicht mehr mit mir sprechen?
Du hast es erfaßt. Geh zu deiner Freundin rauf und zieh über uns her. Aber laß uns in Frieden.
Ich blieb unschlüssig neben meinem Bett stehen und kaute auf den Lippen rum. Ich gehörte schließlich zu den Schülern.
Also, sagte ich, ich hatte allerhand nachzuholen, deswegen bin ich raufgegangen. Um gründlicher zu lernen. Aber ihr habt ja recht. Irgendwie gehts vielleicht wirklich nicht.

Berta sagt: Stimmt, es geht wirklich nicht.
Und Lotte: Entweder oder. Die oder wir.
Und ich: Ich geh nicht mehr rauf. Schaff ich auch so, meinen Kram.
Und Irene: Einsicht ist der erste Weg zur Besserung!

Westdeutschland will gesamtdeutsche Wahlen, wenn es freie und geheime Wahlen sind und sie unter internationaler Kontrolle stattfinden.
Ich will keinen Kapitalismus, und ich möchte nicht, daß die Fabriken und Häuser an die ehemaligen Besitzer zurückgegeben werden. Wo soll ich denn wohnen, woher kriege ich Schulgeld, wo soll ich denn arbeiten, wenn die Reaktionäre wieder ans Ruder kommen? Dann gehört mir ja nichts mehr von dem, was uns jetzt, was jetzt allen gehört.

Hawelka gab Anweisung, noch vor dem Abendessen einen außerordentlichen Fahnenappell durchzuführen. Wir wußten nicht, warum, und gingen davon aus, er habe den Appell zu Ehren des rechtzeitig fertiggestellten Sportplatzes einberufen. In aller Eile suchten wir nach einer Losung, die wir beim Hissen der Fahne verlesen konnten. Neu mußte sie sein, aktuell, trotzdem allgemeinen Charakters; wir waren ja nicht sicher, ob es tatsächlich um den Sportplatz gehen werde. Deshalb entschlossen wir uns für einen Satz, den Stalin in einem Interview gesagt hatte: »Der Friede wird erhalten und gefestigt werden, wenn die Völker die Wahrung des Friedens in ihre eigenen Hände nehmen und es den Kriegshetzern nicht gelingt, die Volksmassen in einen neuen Weltkrieg hineinzuziehen.«
Das ging, konnte gar nicht falsch sein.
Wir bildeten unser vorgeschriebenes Karree, bildeten drei Flügel

gegenüber dem Fahnenmast. Still und unbeweglich standen wir nebeneinander und hintereinander, richteten unsere Blicke aus, strafften unsere Rücken. Dann ließ Hawelka die Klassensprecher, die beim Bau gleichzeitig als Brigadiere fungierten, Bericht erstatten.
Hawelka lächelte und lobte uns, kündigte als nächstes den Bau einer eigenen Freilichtbühne an, sprach kurz, aber begeistert. Plötzlich brach er ab, sein Gesicht wurde ernst.
Unser Kollektiv ist schmerzlich beleidigt worden, sagte er, die Disziplin grob verletzt. Konsequenzen sind unvermeidlich. Elisabeth Gauditz – vortreten! Detlef Horath – vortreten! Ihr packt noch heute abend eure Sachen und fahrt nach Hause! Schüler und Lehrer sind gleichermaßen verantwortlich für die Sauberkeit und die moralische Reinheit unseres Kollektivs. Unsere Mißbilligung, ja Verachtung hat nichts gefruchtet, euch nicht zur Einsicht bekehrt. Ich werde dafür sorgen, daß ihr eure schulische Ausbildung an zwei voneinander entfernten Schulen fortsetzt!
Wir rührten uns, traten weg und gingen wortlos zum Essen.
Elisabeth und Detlef, eine Schülerin der 9. und ein Schüler der 11. Klasse, von denen wir längst wußten, daß sie unzertrennlich waren, galten als gute, wißbegierige Schuler. Sie durften also weiter zur Schule gehen, getrennt und nicht bei uns: Hawelka, der abends oft auf Einzelwache zog, nur mit einer großen Taschenlampe ausgerüstet, hatte beide beieinanderliegend im Gebüsch am Seeufer aufgefunden. Nackend können sie nicht gewesen sein, dazu war es schon zu kalt. Und wie weit ihre Unmoral gegangen war, das haben wir nie erfahren.

dauernd ein schlechtes Gewissen haben, immer und ewig, stets und ständig, Tag und Nacht ein schlechtes Gewissen

Versprechungen abgeben, sich verpflichten, geloben und dann wortbrüchig werden
Disziplin verletzen, sich nicht unterordnen, sich nicht beherrschen, unüberlegt handeln, Vertrauen nicht rechtfertigen
also das schlechte Gewissen
Vortrupp, Kampftrupp, Stoßtrupp sein oder werden
aber wie
Stalin sagt: Die Kader entscheiden alles
Stalin sagt: Die Kader sind die goldene Reserve
aber wie
Selbstverpflichtung genügt nicht
sie zu erfüllen genügt nicht
Verantwortung übernehmen genügt nicht
sie zu tragen genügt nicht
Selbstkritik genügt nicht
sich zu bessern genügt nicht
Kommunist zu werden, Kader zu werden – dazu gehört mehr
mangelnde Einsicht, Zweifel, kleinbürgerliche Wünsche schlagen durch
wo kommen die her
wie damit umgehen
ich müßte anders werden, anders sein, ganz anders
ich darf morgen nicht vergessen, was ich heute dem Kollektiv und mir versprochen habe
ich vergesse es einfach
dauernd das schlechte Gewissen

Eines Morgens rief uns Kurt Hawelka ins Lehrerzimmer. Laurids, ein Mitschüler, und ich sollten dabei sein als Delegierte des Kollektivs, wenn der Schulrat seine Aufwartung macht.
Als wir eintraten, berichtete Kurt gerade vom Bau unseres Sport-

platzes. Er fuchtelte mit Händen und Armen in der Luft herum und stellte dem Schulrat plastisch dar, was aus einem Brachfeld und einem Waldrand geworden war und in welchem Tempo und mit welchem Einsatz. Der Schulrat schob seine brüchige Aktentasche vor sich hin und her. Die Tasche roch nach Schuhkrem. Der Schulrat strich sich über die blanke Kopfhaut, sprang auf, lief zur Tür und zurück und blieb vor Hawelka stehen, der sich am Kopfende des langen ovalen Tisches niedergelassen hatte.
Der Schulrat: Entschuldigen Sie bitte, Genosse Direktor. Sie lassen hier einfach roden, buddeln, bauen. Mal abgesehen davon, daß Klagen von der Forstverwaltung eingegangen sind – ich muß auch von meiner Seite Bedenken anmelden. Sie stiften die Kinder zu Arbeiten an, die viel zu schwer für sie sind. Durch körperliche Überanstrengung dämpfen Sie die schulischen Leistungen ihrer Schüler!
Ich: Erklär ihm doch mal genau, Kurt, daß wir keine Unterrichtsstunde versäumt haben, daß wir bis jetzt den Lehrplan genau erfüllt haben, trotz Sportplatzbau.
Laurids: Es wird niemand sitzenbleiben, und die Prüfungskommission, die ja sowieso vom Schulamt kommt, kann dann über unsere Leistungen Bericht erstatten.
Der Schulrat: Moment mal. Kurt – sind Sie das?
Hawelka: Ganz richtig, das bin ich.
Der Schulrat: Ich weiß nicht, was es da zu lachen gibt. Wer hat den Schülern gestattet, Sie beim Vornamen zu nennen?
Hawelka: Ich habe meinen Schülern angeboten, mich Kurt zu nennen, ja!
Der Schulrat: Sie haben einfach die Anrede in der dritten Person wegfallen lassen?
Hawelka: Jadoch! Und die Bezeichnung Direktor auch.

Der Schulrat: Das alles vermindert die Distanz und somit die Disziplin der Kinder.

Laurids: Herr Schulrat, wir sind keine Kinder mehr, und Kurt ist kaum älter als wir.

Der Schulrat: Ruhe, jetzt rede ich!

Laurids: Wir sind die Delegierten des Kollektivs, und niemand verbietet uns den Mund.

Ich: Bis jetzt hat die Disziplin nicht darunter gelitten, daß wir unseren Mund aufmachen dürfen.

Der Schulrat: Ich gestatte es einfach nicht, den Direktor zu duzen. Ab heute wird das anders.

Hawelka: Nichts wird anders Ich habe die Erlaubnis eingeholt und bleibe für die Schüler weiterhin Kurt.

Der Schulrat: Wo haben Sie diese Erlaubnis eingeholt? Beim Rat des Kreises?

Hawelka: Bei der Kreisparteileitung.

Der Schulrat: Ja so. Es muß ein gutes Gefühl sein, auf gleicher Ebene mit den Schülern zu verhandeln. Sicher erhöht die persönliche Nähe sogar Ihren pädagogischen Einfluß. Bleibt noch zu klären, daß die Forstverwaltung dagegen protestiert hat, den Waldrand schon im September zu fällen.

Hawelka: Das kläre ich mit dem Förster direkt.

Der Schulrat: Gut, ich bin erleichtert, wenn Sie mir das abnehmen.

Der Schulrat wedelte sich Luft zu mit einem Schnellhefter; Hawelka rieb sich flüchtig die Hände.

Nach dem Unterricht stürzten wir die Treppe von Haus drei runter und den Hügel rauf und rein nach Haus fünf. Im Hausflur, vor den Schränken, stolperten die ersten über einen Haufen Wäsche und Kleidung. Fräulein Gerloff wartete neben dem verstreuten

Zeug, wartete, bis wir alle reingekommen waren, und zeigte auf mich. Mir wurde kalt auf der Brust und heiß auf dem Rücken, und meine Zöpfe schienen sich aufrecht zu stellen, als ich die Sachen erblickte. Die Gerloff hatte meinen Schrank gestürmt.
Ihr Gesicht war aus Holz, als sie loslegte.
Sowas hat es hier noch nicht gegeben. Seht euch mal den Schrankinhalt eurer Klassenkameradin an! Berge dreckiger Wäsche, einfach reingestopft. Seht her, wie eine von euch aus ihrem Schrank eine Mülltonne macht. Nichts als schwarze, graue, blutverkrustete Lumpen! Sollen wir uns durch deine Liederlichkeit Krankheiten ins Heim holen? Soll hier eine Epidemie ausbrechen, frage ich dich? Seht euch das an, und vergeßt es nicht! Das sollen Handtücher sein! Das soll ein Hemd sein! Das will ein Schlüpfer sein! Und damit nicht genug: alte Monatsbinden dazwischen, Papiertaschentücher. Dagegen ist ja die Müllkippe noch hygienisch! Und wißt ihr, wie ich drauf gekommen bin? Ich habe es gerochen! Gerochen bis rauf zu mir. Gestunken hat es aus ihrem Schrank heraus! Na, bück dich, bück dich! Wir wollen Zeuge sein, wie du diesen Dreck beiseite schaffst! Runter mit der Nase! Oder soll ich den Schulleiter holen und ihm das zeigen? Soll ich ihm deinen gesammelten Schmutz vorführen? Na los, wir gehen nicht in die Zimmer, bevor wir nicht sicher sein können, daß du diesen Seuchenherd nicht wieder in den Schrank zurückstopfst. Wir lassen doch aus Haus fünf keinen Schweinestall, keine Sudelküche, keine Latrine machen. Na, bück dich schon! Hinter mir gluckste es. Die Gerloff machte plötzlich ein ratloses, besorgtes Gesicht und sah mich prüfend an. Ihre Wut war schnell verflogen, meine nicht. Statt mich zu bücken oder irgendetwas zu antworten, blies ich die Backen auf und stieß Luft aus. Ich blieb einfach stehen und versuchte, nicht auf den Berg Wäsche runterzublicken.
Als sich die anderen verlaufen hatten zum Mittagessen, drehte

sich die Gerloff um und stieg ihre Treppe hoch. Da erst bückte ich mich und ramschte alles zusammen. Ich trug Arme voll in den Keller zu den Waschschüsseln und sortierte dort. In der darauffolgenden Nacht wusch ich alles durch, auch das, was ich schon die Woche vorher durchs Wasser gezogen hatte. Niemand kam und schickte mich ins Bett. Ich schämte mich; trotzdem hatte ich den Eindruck, die Gerloff habe die Razzia nur gemacht, weil ich meine Besuche nach zehn plötzlich und wortlos eingestellt hatte.
An manchen Wochenenden besuchte ich Concordia und Onkel Egon. Einmal holte ich ihn ab und begleitete ihn nach Westberlin zu einem Treffen Alter Kameraden. Concordia fühlte sich wohler, wenn ich ihren Mann durch den Stadtverkehr lotste.
Selbstzufrieden und fidel saßen die alten Kerle in ihrer Stammkneipe zusammen und rauchten, der eine Zigarre, der andere Pfeife, und der Tabakgeruch mischte sich mit den Ausdünstungen ihrer Stiefelfette. In blitzblanken, fettigen Stiefeln hatten sie sich eingefunden, lachend trugen sie ihre Erinnerungen auf. Ich hätte mich kaum gewundert, wären sie in verwitterten Safarianzügen herbeigeeilt, mit blutigen Sporen. Ich studierte die braune, faltige, wettergegerbte Haut ihrer Gesichter: immerhin lag ihr Einsatz als Kolonialsoldaten fünfzig Jahre zurück. Wie hatten sie sich ihre so windigen, sonnenbraunen Gesichter erhalten? Wär es möglich, daß sie wie Onkel Egon den ganzen Tag im Garten arbeiteten, bloß um draußen zu sein? Keiner war unter fünfundsiebzig, keiner schwärmte als sei er schon über zwanzig. Den Geruch von Handelsschiffen, nach Faktorei, Wüste und schwarzen Haushälterinnen hielten sie mit ihren Tabaksorten fest, während sie ihre Erinnerungen abklapperten wie Diamantenfelder.
... ich war damals neun, Ihr wißt ja, der 12. Januar Nullvier, das war der Tag, an dem es anfing. Aber wer hatte schon an einen

Aufstand der Hereros gedacht. Mein Vater kriegte die Nachricht vom Bezirksamtmann übermittelt und hat sich sofort aufs Pferd geschwungen. Ich mit. Als wir an die große Hererosiedlung bei Otjisewa kamen, begrüßten uns wie üblich der Häuptling Kanagura und sein Schulmeister Kabihayo .
Was gibt es denn? fragten sie scheinheilig.
Das wollte ich euch fragen, antwortete mein Vater, ich höre, ihr wollt Krieg gegen uns führen?
Wer sagt das?
Eure eigenen Leute.
Was für Leute?
Die in Okahandja.
Woher weißt du das, Herr?
Vom Bezirksamtmann.
Nein, sagte Kanagura, das stimmt nicht.
Da sah mein Vater ihn scharf an.
Kanagura! Du bist Christ und läßt deinen Lehrer Kabihayo Gottes Wort predigen. Kennst du das Bibelwort: Seid untertänig der Obrigkeit?
Gewiß, das kenne ich.
Dann sag mir mal, wer ist die Obrigkeit? Ist das nicht der Gouverneur, der hier das Heft in der Hand hat?
O sempa, o sempa – Jawohl, jawohl, sollte das heißen.
Und mein Vater darauf: Seht Ihr, wir alle, Schwarze und Weiße, sind Schützlinge des Gouverneurs. Wer seinen Anordnungen folgt, geht den rechten Weg. Und der Gouverneur hat nicht nur das Recht, sondern auch die Macht, uns alle zu schützen. Vor wem es auch sei.
O sempa, o sempa, riefen die Umstehenden. Sich überstürzend und verhaspelnd beteuerten sie meinem Vater, dem Gouverneur treu ergeben zu sein.

Reden alle von euch so?
O sempa, ja, ja, alle!
Nun, so werden wir auch in Zukunft Freunde bleiben.
Die Freundschaft wurde mit strahlenden Gesichtern und Händedrücken besiegelt.
Aber wie erging es denen, die gleich nach uns in Otjisewa vorbeikamen? Sie wurden von einer Horde bewaffneter Hereros empfangen. Sie wurden in die Büsche getrieben, mit Keulen totgeschlagen und ausgeraubt. Die Patrouille, die einen Morgen später nach Otjisewa kam, fand nur noch verstümmelte Leichen vor. Das verstanden diese Bestien unter Freundschaft ...
Als die Veteranen anfingen, Grußadressen zu verfassen an ihren General Lettow-Vorbeck, der es vom Kommandeur der Schutztruppe bis zum führenden Teilnehmer am Kapp-Putsch gebracht hatte und immer noch lebte, verließ ich den Versammlungsraum und wartete vorne im Lokal auf Onkel Egon.

Auf der Rückfahrt mit der S-Bahn nach Köpenick sagte ich: Ihr Kolonialsoldaten habt als erste Deutsche ein ganzes Volk, nämlich die Hereros ausgerottet.
Onkel Egon sagte: Komm du mir mit Vorwürfen, so jung und unwissend wie du bist. Dein russischer Oberhirte, dem ihr alle huldigt, dein Vater aller Werktätigen, der watet bis zum Hals in Blut.
Ich: So kriegst du mich nicht, ich kenne die Quellen, aus denen ihr eure Lügen schöpft. Bei mir prallen alle Verleumdungen ab, kannst erzählen, was du willst.
Onkel Egon: Euer teures Vorbild hat dreißig Millionen in seine Lager verfrachtet und einen Großteil davon umbringen lassen. Dreißig Millionen!
Ich: Da kann ich ja nur lachen.
Onkel Egon: Weil du dir dreißig Millionen nicht vorstellen

kannst, deswegen lachst du. Aber das wird dir noch vergehen. Vom Aufrührer bis zum Reaktionär, vom Kleinkind bis zum Greis, vom Gottgläubigen bis zum Zweifler, vom Moskauer Krämer bis zum Krimtataren, vom engsten Mitarbeiter bis zum fernsten Bauernlümmel – alle hat er sich geschnappt, und wer nicht erschossen oder totgeschlagen wurde, der hat geschuftet. Dein Stalin hat seinen sogenannten Sozialismus aufgebaut mit einem Sklavenheer, das er nicht zu entlohnen brauchte.
Ich: Onkel Egon, ich möchte nicht ausfallend werden. Schweig bitte bis Ostkreuz, da steig ich nämlich gleich nach Strausberg um. Ich denke nicht daran, dich nach Hause zu bringen und mich und meine Überzeugung von dir beleidigen zu lassen.
Onkel Egon: Schon gut, ich find meinen Weg auch allein. Aber ich hab dich nicht beleidigt, ich wollte dir die Augen öffnen.
Ich: Die sind offen, aber nicht für die Hetzblätter, die du liest, mitsamt deinen alten Kameraden. Ihr habt die Hereros umgebracht, die Juden, die Kommunisten. Das wascht ihr nicht mehr von euch ab. Seid doch froh, daß es uns gibt, die wir dafür sorgen, daß sowas nicht mehr vorkommt in Deutschland.
Onkel Egon: So begeisterte Kommunisten wie dich hat dein Väterchen übrigens am liebsten verspeist.
Ich: Bestell Concordia Grüße!
Dann stieg ich um und setzte mich bis Ostkreuz in einen anderen Wagen.

Im Oktober kriegten wir Ernteferien. Ströme von Bauern verließen das Land. Die einen hatten den Sprung vom Tagelöhner zum selbständigen Bauern nicht geschafft, bearbeiteten den eigenen Boden eher nachlässig, trauten der Bodenreform nicht. Die anderen waren noch nicht seßhaft geworden und beklagten dauernd ihre Verluste in Pommern, Schlesien, Ostpreußen.

Eine dritte Gruppe hatte sich aufhetzen lassen und befürchtete eine Kollektivierung, von der nach der Landaufteilung absolut keine Rede sein konnte. Und alle zusammen taten so, als würde sie der Westen mit Teppichen im Kuhstall erwarten. Bei uns aber ließen sie das Getreide auf dem Halm und die Früchte im Boden.

Wir marschierten zur Kartoffelernte auf das benachbarte volkseigene Staatsgut, das uns hier und da mit Grundnahrungsmitteln für die Internatsküche ausgeholfen hatte. Es regnete fast täglich, während wir über die breiten Äcker herfielen. Eine ausgeleierte Rodemaschine zog vor uns her durch die Furchen. Wenn sie die Stauden nicht nur abgerissen hatte, sondern etwas tiefer griff, sahen wir mehr Schlamm als Knollen; kaum eine Kartoffel lag sauber und trocken auf dem Erdreich. Wir mußten auf allen Vieren kriechen und suchten und wühlten bis zu den Ellbogen im klebrigen Boden herum. Kartoffelhacken fehlten dauernd; die Geräte der nach Westdeutschland geflüchteten Klein- und Großbauern hatten sich längst die Nachbarn geholt, die auf ihrem Land geblieben waren.

Die Säcke nicht nachziehen! Sie schleifen zu sehr am Boden!
Also mit jeder Handvoll Kartoffeln sich aufrichten, den Rücken strecken und zum Sack zurückgehen. Der stand auf einem zusammengefallenen Krautberg, wo er genauso Wasser zog. Ich nahm mir einen Sack und schnitt ihn mit dem Taschenmesser zu einer großen Schürze, in der ich die Knollen sammelte. Dadurch hatte ich mein Tempo beschleunigt. Und schon kam die Gerloff angelaufen.
Du bist wohl total verrückt geworden, Volkseigentum zu zerschneiden!
Das mache ich durch meine Leistung wieder wett.

Wenn jeder einen Sack zerschneiden würde!
Es kommt ja nicht jeder auf die Idee.
Dafür werde ich sorgen, daß es niemand nachmacht!
Und schon kam Berta dazu, wischte sich übers Gesicht, sah selber wie eine Kartoffel aus und sagte: Wenn du so weitermachst, kriegst du viel mehr Bons pro Sack als wir. Solange wir uns keine Säcke zurechtschneiden dürfen, ist das eine Gemeinheit dem Kollektiv gegenüber.
Hätte einer von euch die Idee gehabt, wären es eben seine Bons.
Wir hätten nie einen Sack zerschnitten, der uns nicht gehört.
Und selbst wenn es falsch war, kriege ich die Bons trotzdem – für den Einfall!
Ich stapfte zurück in meine Furche. Bücken, bücken. Nach einer halben Stunde bot ich Berta die Sackschürze an. Die wechselte dann von einem zum andern, und ich war heilfroh. Mit der Schürze war ich aus dem Bücken nicht mehr rausgekommen: es ging zwar schneller, war aber viel schwerer. Ich hätte nicht länger durchgehalten, den schweren Sack vorm Bauch, der runterhing, als würde ich Neunlinge kriegen.
Gegen drei wurde Vesper gebracht. Ein Trecker kam mit einem leeren Anhänger und einem Haufen leerer Säcke vom Gut angefahren; der Anhänger schleuderte, rumpelte, sprang und drohte umzukippen. Vorne im Trecker stand ein Deckeleimer mit Malzkaffee, der halb ausgelaufen war. Zum Kaffee gab es dick mit Leberwurst bestrichene Brote.
Während wir vesperten, zog am Rand des Feldes langsam Hilde, die Schäferin vom Staatsgut, mit ihrer Herde vorbei. Als sie die Schafe in den Pferch gesperrt hatte, kam sie zu uns.
Nee, sagte sie, wie ihr hier rumkraucht, das wär doch nichts für mich. Gehört hab ich aber, daß die Russen eine Pflanze züchten, bei der unten Kartoffeln und oben Tomaten wachsen.

Hilfe, sagte ich, dann kommen wir ja das ganze Jahr nicht mehr vom selben Feld runter.

Andererseits, sagte sie, seid ihr zu mehreren und könnt euch unterhalten.

Ich würde vielleicht mit dir tauschen, sagte ich.

Bei Licht besehen, ich nicht, sagte die Schäferin.

Herbst, und gestern ein knallendes, betäubendes Gewitter. Ist das bis zu Euch gedrungen, Concordia, oder hat es sich auf unser kleines Gebirge beschränkt? Herbst, und wir dreschen mehr Phrasen, als daß wir Kartoffeln rausholen. Es ist eine uferlose Diskussion in Gang geraten: die Suche nach dem Sinn des Lebens. Wir rätseln, behaupten, verwerfen, stellen Thesen auf, und das Tag und Nacht. Ich sitze stundenlang da und döse und lasse meinen Kopf auslaufen wie einen Eimer. Der Sinn des Lebens? Mir kommt keine Erleuchtung, kein Blitz erhellt mir den Sinn, und ich hege den Verdacht, es gibt ihn gar nicht. Wenn es ihn aber nicht gibt, können wir ihn auch nicht finden. So, wie Geschichte von Menschen gemacht wird und wir uns darauf vorbereiten, Geschichte zu machen – so werden wir den Sinn des Lebens neu formulieren, ihn überhaupt erst formulieren, uns demnach selber Handlungsanweisungen geben. Schwierigkeiten sehe ich allerdings darin, gemeinsam auszuarbeiten, welchen Sinn wir unserem Leben verleihen wollen. Gilt es nicht zu verhindern, daß jeder für sich alleine herumwirtschaftet und sodann private Ziele ins Auge faßt, den Sinn des Lebens vom Interesse des Kollektivs trennt?

Im November 1951 wurde der Führer der Kommunistischen Partei der Tschechoslowakei, Slansky, wegen Titoismus verhaftet. Ein Jahr später wurde er hingerichtet.

Hilde ist da, Besuch in klobigen Gummistiefeln. Wo sie hingetreten ist, bleiben lehmige Klumpen und Pfützen liegen. Ihr Gesicht sieht aus wie eine Wintersonne. Sie rollt mit den Augen, die ebenso rund sind. Suchend, offen, aufmerksam saugt sie alles auf, was es im Internat zu sehen gibt. Was sie zu kritisieren hat, hört sich happig an, aber sie lächelt dabei, zieht keine Falte, riffelt die Stirn nicht.

So viele Gärten, sagt sie, und weder Rosenkohl noch Grünkohl für den Winter? Ich sehe keinen Sellerie, ich sehe kein Porree!

Ist genau das, sage ich, was ich hier täglich predige.

Und rein in den Schweinestall.

Tadellos, sagt sie, sauber, sauber. Könntet mal mit Karbol ausspülen.

Ich bin dagegen, es geht auch so, sage ich. Aber uns fehlt Unterlage.

Was, sagt Hilde, ihr wohnt mitten im Wald und habt keine Streu?

Haben wir nicht.

Weil ihr zu blöd seid, sagt sie. Geht raus und holt Farnkraut, das steht in dicken Büscheln, das legt ihr den Schweinen unter. Und stets an Salz denken, sie brauchen Salz.

Und wie gefallen sie dir im allgemeinen?

Vitamine! sagt Hilde.

Jetzt im Spätherbst, da steht es schlecht mit Vitaminen. Wir haben nicht genug Rüben, und Kartoffeln schon gar nicht.

Noch wächst Gras nach, immer abschneiden, nichts stehen lassen, sagt Hilde, und Brennesseln.

Die trocknen Strünke wollen sie nicht, sage ich.

Na, sagt Hilde, gerade Brennesseln sind doch immer gemäht worden, die sind doch immer nachgewachsen. Also die Spitzen nehmt ihr. Müßt eben suchen: Feldränder, Wiesenränder, an manchen Dorfstraßen. Auch sind die Koben zu groß, die Schweine ferkeln doch nicht.

Prima alles, sage ich, aber wir haben auch sonst noch was zu tun, gesellschaftliche Arbeit leisten zum Beispiel. Wir sind schließlich keine Bauern.

Hawelka: Wer steht dir am nächsten?
Ich: Concordia natürlich.
Hawelka: Wer ist das?
Ich: Meine Tante, die Schwester meines Ziehvaters.
Hawelka: Also hast du doch Verwandte.
Ich: Sie ist meine Freundin, Verwandte habe ich keine.
Hawelka: Wie alt ist die Frau?
Ich: Gleich achtzig.
Hawelka: Bißchen alt für eine Freundin.
Ich: Wieso zu alt?
Hawelka: Die stammt ja noch aus dem vorigen Jahrhundert.
Ich: Wer wollte, hat auch im vorigen Jahrhundert eine Menge begriffen.
Hawelka: Und in diesem?
Ich: Nazi war sie nie, Faschistin war sie nie. Wenn du das wissen willst.
Hawelka: Was war sie dann?
Ich: Sie hat viel gelesen, vielleicht war sie ein bißchen kaiserlich, aber bloß aus Erinnerung an ihre frühe Jugend.
Hawelka: Monarchistin? Na, das geht ja noch.
Ich: Ich hätte gedacht, du regst dich darüber auf. Komisch, ich verstehe eure Einstellung zu den Klassen und Schichten noch immer nicht.
Hawelka: Überlebte Klasse, da sind wir großzügiger.

Ich: Sie hat nichts besessen, und ihre Bildung stammt aus der Volkshochschule.
Hawelka: Na prima, noch besser. Hol deine Concordia her und stell sie mir vor.
Ich: Neinnein, lieber nicht. Dazu ist sie zu alt, und ihre Augen lassen auch schon nach.
Hawelka: Ich will wissen, wer Einfluß auf meine Schüler hat.
Ich: Sie ist wirklich zu alt, sie kann einfach nicht kommen.

Hawelka leitet uns an. Er arbeitet nicht gerne körperlich, denn er hat zwei linke Hände. Er versteht es, uns zu begeistern. Er hat Ideen, die wir in die Tat umsetzen.
Hawelka ist mittelgroß und geht sehr grade.
Hawelka hat Stachelbeeraugen.
Wenn er selber Hand anlegt, sagt er schnell: Reicht! Ist gut genug!
Er pfuscht.
Er ist 1927 geboren, hat drei ältere Schwestern, ist der einzige Sohn. Er sagt, mein Vater war sehr streng. Der Vater ist im Volkssturm gefallen. Hawelka hat früh den Haushalt beherrscht.
Hawelka liest wenig. Er ist nicht wißbegierig, aber neugierig.
Er ist stets ordentlich angezogen: Anzug, Bügelfalte, enge Hosen, sauberes Hemd, kein Schlips, keine steifen Kragen. Er wechselt nicht selten dreimal täglich das Hemd. Vielleicht will er nicht riechen, vielleicht kann er sich nicht riechen.
»Die Durchsetzung der Disziplin erfordert den zwingenden Blick«: Hawelka hat ihn. Nie ist ihm alles egal. Nichts ist ihm egal. Er sieht alles. Er nimmt uns beiseite. Er fragt uns ganz nebenbei aus. Er merkt sich alles. Er verschafft sich Überblick. Verletzungen, Niedergeschlagenheiten, Freundschaften, Feindschaften, Phantasien, Wünsche, Träume – wir sind ihm geläufig.

Hawelka will geliebt werden. Er bemüht sich darum, er legt es darauf an, er zieht alle Register. Wir lieben ihn. Wer ihn nicht liebt, dem zeigt er sich erschöpft, mitleiderregend, überanstrengt; er gebärdet sich schwach und liefert sich scheinbar aus. Wir lieben ihn, alle.

Wer gegen die Disziplin verstößt, wer widerspricht, wer ihn auslacht, verspottet, ihn gleichgültig behandelt, den bestraft er mit Liebesentzug.

Hawelka ißt gerne und viel. Trotzdem setzt er nicht an, wird immer dünner. Er ißt mit uns, wie alle anderen Lehrer, zusammen im Speisesaal. Er paßt auf seine Portionen auf. Er hat Angst, zu wenig zu kriegen. Er vergleicht sein Stück Fleisch mit dem der anderen. Auch bei Tagungen, Lehrgängen, im Gasthof oder auf Delegiertenkonferenzen vergleicht er die Gerichte, selbst wenn er dasselbe wie alle anderen bestellt hat.

Hawelka ist bewegungsfreudig, unternehmungslustig, gesprächig. Er kann organisieren. Er besorgt Geld bei der Abteilung für Volksbildung. Er besorgt eine siebente Villa, weil wir Platz brauchen. Er gibt an mit dem BMW der Kreisleitung.

Hawelka hämmert uns ein: »Wir sind keine bürgerliche Oberschule, wir sind keine borniete Lehranstalt, wir sind eine KADERSCHMIEDE. Und es ist eine Ehre, eine Auszeichnung, an dieser KADERSCHMIEDE zu leben, zu arbeiten, zu lernen.«

Unterricht, Schularbeiten, Grundausbildung, Zirkelarbeit, Einsätze. Gejagt von einer Kampagne in die andere: Beethovenjahr, FDJ-Schuljahr, Vorbereitungen auf das »Abzeichen für Gutes Wissen«, Sportabzeichen »Bereit zur Arbeit und zur Verteidigung des Friedens«, Schuljahresabschlußprüfungen, Landeinsätze, Werbeaktion zum Abonnieren der »Jungen Welt«, Chor- und Orchesterproben, Volkstanz, Auftritte in den Dörfern, Kreisausscheid, Kreisdelegiertenkonferenz. Dauernd in Atem gehalten an der Bewußtseinsfront, an der Arbeitsfront, an der Verteidigungsfront, an der Wissenserweiterungsfront. Keine Stockung. Atmen im jeweils vorgelegten Tempo, Rhythmus.

»Die Wahlleiter und ihre Beisitzer sind Menschen verschiedenster Parteirichtungen, aber Ihr seid als Instrukteure für den ordnungsgemäßen Ablauf der Wahl voll verantwortlich. Wir werden jeden von Euch zur Rechenschaft ziehen, wenn in seinem Wahllokal die Wahl nicht so durchgeführt wurde, wie ich sie Euch jetzt im einzelnen schildere. Eine Vertretung gibt es nicht. Paßt gut auf, was ich Euch jetzt vortrage, eine Diskussion darüber ist ausgeschlossen. Wir haben dafür keine Zeit, denn um 15 Uhr sind von mir die Funktionäre der CDU und LDP, die als Wahlvorstand und Beisitzer tätig sein sollen, eingeladen worden. Ihnen werde ich nur sagen, daß Euch die Partei auf Grund einer Verfügung des Wahlleiters der DDR zur Abwendung von Terror- und Sabotageakten als Instrukteure eingesetzt hat und daß Ihr beauftragt seid, den Wahlvorgang entsprechend zu beobachten. Beachtet dabei folgende Anweisungen, ich wiederhole sie im Anschluß noch einmal, unter allen Umständen müssen diese durchgeführt werden.
1. Die Stimmzettelpakete müssen verschlossen vom Wahlleiter in Empfang genommen werden.
2. In allen Wahllokalen ist dafür zu sorgen, daß Kabinen vorhanden sind. Wo diese stehen und wie sie beschaffen sind, ist gleichgültig; Ihr versteht mich doch?!
3. Es ist darauf zu achten, daß kein Wähler in die Kabinen hineingeht; geht er trotzdem hinein, so wird er dort
4. keinen Bleistift vorfinden. Bleistifte liegen nur auf dem Tisch des Wahlvorstandes aus – Ihr versteht mich doch?!«

Aus einer Rede des Vorsitzenden der SED-Kreisleitung Gera vor Parteifunktionären.

Schon als ich ins Internat kam, war ich Mitglied aller wichtigen Organisationen, hatte einen politischen Lehrgang besucht und in Potsdam Erfahrungen als Instrukteurin gesammelt. Deshalb wurden mir in der Schule Funktionen innerhalb unserer Jugendorganisation angeboten; ich war bald verantwortlich für Agitation und Propaganda und leitete auch zwei Zirkel während des FDJ-Schuljahres. Als Zirkelleiterin lernte ich die Schüler der anderen Klassen kennen. Manche konnten mich gut leiden, anderen schauderte vor meinen ideologischen Hammerschlägen.
Für Hawelka und Paruch stand von Anfang an fest, die holen wir in die Partei.

Mit Laurids' Rad nach Strausberg fahren, Material für das FDJ-Schuljahr holen. Stapelweise Bücher auf dem Gepäckständer, zu beiden Seiten der Lenkstange, in einem kleinen Rucksack auf dem Rücken. Zirkelleiter sein ist mehr. Die Bücher ranholen, verteilen, studieren, Exzerpte ausarbeiten, verständlich machen, unterbreiten, diskutieren: Geschichte der deutschen Arbeiterbewegung, Konjunktur-Krise-Krieg, Die Verelendung der westdeutschen Arbeiter, Auf des Fünfjahrplans Bahnen, Noten sogar und Liederbücher.

> Feindliche Stürme durchtoben die Lüfte
> Seht wie der Zug von Millionen
> Bald weicht der Feinde Wall
> Wir sind die erste Reihe
> Die Arbeit kann uns lehren
> In Kümmernis und Dunkelheit.

Atlantische Tiefausläufer, zehn Grad, der unvermeidliche Durchzug eines Regengebietes. Es pladdert, die Landstraße steht im Nu unter Wasser. Schlamm, Morast, Laubhaufen stauen den Abfluß; vergammeltes Stroh, handtellergroße Ahornblätter, die Rippen der Kastanienblätter verstopfen den Chausseegraben. Auch der läuft über, und nicht nur in Richtung des Waldes. Auf den Feldern sitzen Krähen und Elstern, getarnt durch grau und weiß schimmernde Feldsteine. Keine Wildspur, keine Trittsiegel sind auszumachen, alles steht unter Wasser. Am Strauchwerk hängen verschlammte Büschel aus Heu. Traurige, öde, endlose Fahrt durch die Mark. Strampeln, strampeln, ich komme nicht vorwärts, bleibe stecken, gebeugt wie ein Hase, der sich in Furchen drückt. Das Fahrrad kriegt die Kurve nicht, fährt sich fest in alten, weichen Spuren, ein Schlenkern, Rutschen. Bevor ich falle, fällt das Paket vom Gepäckständer, vierzig Exemplare der »Geschichte der KPdSU (B).«

»Die ›linken Kommunisten‹, die zusammen mit den Sozialrevolutionären und Menschewiki vorgingen, führten auch in den Fragen sozialistischer Produktionsverhältnisse einen Kampf gegen Lenin. Bucharin, Ossinski und andere wandten sich gegen die Einführung der Arbeitsdisziplin, gegen die individuelle Leitung in den Betrieben. Gleichzeitig propagierten die ›linken Kommunisten‹ die trotzkistischen Auffassungen, daß der sozialistische Aufbau und der Sieg des Sozialismus in Rußland unmöglich seien. Hinter den ›linken‹ Phrasen der ›linken Kommunisten‹ verbarg sich die Verteidigung der Kulaken, der Spekulanten, der Tagediebe.«

Wissen ist Macht, und wenn ich jetzt nicht aufpasse, ist die Kampagne der intensiven Wissensaneignung im Eimer. Kampagne

heißt auch die Hütte auf dem Wasser, der hintere, geschlossene Aufbau eines Schiffes. Jetzt nicht wegschwimmen!
Die Verpackung der Bücher muß schon unterwegs geplatzt sein. Alles gelöst und fliegt rum und saugt sich sofort mit brauner, lehmreicher Brühe voll. Ich liege mittendrin, der Rucksack zieht und zieht, der ist noch vor mir unten angekommen. Ich zapple mit Händen und Füßen in der Luft herum, löse die Tragriemen, ziehe den Rucksack aus der Modderpampe. Das Rad liegt auf der Seite, eines der vorne hängenden Pakete gibt seinen teuren Inhalt preis. »Der Große Vaterländische Krieg« wellt sich, quillt, verdoppelt sein Gewicht.
Reisig aufhäufen, die Bücher einsammeln, alles neu verpacken, so gut es geht. Ein Pferdewagen kommt vorbei, ich winke, der hält nicht. Er hat Weihnachtsbäume geladen, auch das noch. Ich muß das schwerbeladene Rad ganz allein durch den Morast schieben, wechsle von Wegmitte zu Wegrand, überquere fließende Ströme. Ich stelle mir die gegenüberliegende Wegseite immer wieder trockener, härter vor. Stimmt gar nicht.
Die Luftpumpe ist verlorengegangen, die Gabel des Gepäckträgers ist verbogen, das hintere Schutzblech schief. Vorne taucht das Rad fast bis zur Strebe, hinten bis zum Rückstrahler in den Matsch.
Ich träume mich weg, nicht vorwärts, nicht rückwärts, einfach weg, erträume mir rund um mein Rad eine gläserne Kugel, ein Glaskugelfahrrad.

Über Weihnachten hatte ich mir aus Haus zwei ein Radio geborgt. Das Radio und ich waren allein, und ich sperrte die Ohren auf. Der Sprecher sagte: »Der große Tschaikowski-Tänzer, der heute Beethoven gewählt hat, möchte sich Gold holen. Wer kann ihn«, fragte der Sprecher, »daran hindern? Und jetzt die

Schrittpassage, Schattenlaufen, eine rein tänzerische Pose, das ist Kunst, ist Gold. Da brauchen wir gar nicht mehr hinzuschauen, jetzt, hasch mich, küß mich. Wundervoller Dreiklang aus Mensch, Musik und Schlittschuhen! Was mag er empfinden, dieser Dreiklang Mensch, Musik, Schlittschuhe bei der Todesspirale?«

Wo waren meine Schlittschuhe geblieben? Ich hatte sie nach dem Krieg bei Zigeunern gegen einen Hund eingetauscht. Nun ging ich nach Haus drei und in die verödete Küche hinunter. Dort holte ich mir ein Braten- und ein Brotmesser, und band die Messer unter meine Schuhe und tanzte zur Musik aus dem Radio die Todesspirale.

der setzte sich auf einen Baum
  – blattlos

Wir hatten genug Instrumente. Was wir auch brauchten, wurde uns geliefert. Jeder durfte kostenlos spielen lernen und sich ein Instrument aussuchen. Unserem Chor und unserer Volkstanzgruppe stand ein Orchester zur Seite. Die Volkstanzgruppe wurde von Zeit zu Zeit neu eingekleidet, Trachten nach Maß. Der Chor trat in FDJ-Hemden auf oder in weißen Blusen. Ein Schüler der elften Klasse, der mehrere Instrumente spielte, war unser Dirigent. Er schüttelte seine blonden Haare, dirigierte mit langen dünnen Fingern und führte uns die Mimik vor, die wir dem Publikum darzubieten hatten. Wenn wir nuschelten, riß er den Mund auf. Senkten wir die Köpfe, zuckte sein Kinn mehrmals hintereinander hoch. Ließen wir die Mundwinkel hängen, stellte er einen Vollmond dar. Das Kulturensemble bestand aus mindestens hundert Schülern, die er alle in der Hand hatte.
Der Dirigent hieß Laurids.
Laurids war 1946 mit seinen Eltern aus der Westemigration nach Deutschland zurückgekehrt. Sie lebten in Karlshorst und kauften in einem Laden, in dem es alles gab, auch Westwaren. Laurids war heiter, lebhaft, begeistert, beliebt, ausgeglichen. Er war gut angezogen und sah gut aus. Er hatte keinen Krieg erlebt.
Laurids hatte ein Fahrrad mit Dynamo und Kilometerzähler, ein Westrad. Laurids besorgte mir Lux-Seifenflocken und eine Packung Waschmittel, darauf stand: Ohne Kochen! Er schenkte mir eine kleine Dose Nivea. Er hat mir zweimal sein Rad geliehen.

Eines Tages im März kam die große Note, gespickt mit unerhörten Angeboten und Vorschlägen, die bald darauf unerhört verklungen sind.
Die SU schlug vor, einen Friedensvertrag auszuarbeiten »unter unmittelbarer Beteiligung Deutschlands, vertreten durch eine

gesamtdeutsche Regierung«. Die SU schlug vor, daß die vier Mächte, »die in Deutschland Kontrollfunktionen ausüben, auch die Fragen der Bedingungen prüfen müssen, die die schleunigste Bildung einer gesamtdeutschen, den Willen des deutschen Volkes ausdrücken sollenden Regierung fördern«. Die SU fügte einen Entwurf für einen Friedensvertrag bei, der »die Entwicklung Deutschlands als eines einheitlichen, unabhängigen, demokratischen und friedliebenden Staates in Übereinstimmung mit den Potsdamer Beschlüssen fördern« sollte. Der Entwurf sah den Abzug aller Besatzungstruppen vor.

Und dann fiel nach Zwischenregen Märzsonne ins Blumenfenster und saugte an den Kräutersamen, die ich auf flachen Tellern in feingesiebte Erde gestreut hatte. Und dann las ich nochmal die Zeitung durch und die Note. Und dann stellte ich mir wieder unser Land vor, satt wie Schweden, neutral wie die Schweiz, unschuldig wie die Eskimos und fleißig wie eine Schiffsbesatzung. Und ich blätterte, las mich fest, schlug um und raschelte mit der Zeitung. Und dann rutschte die Logarithmentafel vom Tisch, und ich hob sie nicht auf, denn hier stand es schwarz auf weiß: Friedensvertrag, Einheit Deutschlands, Abzug der Besatzungstruppen. Und ich nickte Concordia fröhlich zu, die meilenweit entfernt, wahrscheinlich im Garten herumpöterte und Rillen zog für ihre Radieschen. Und das Kurvenlineal fiel runter. Und ich warf das Vokabelheft hinterher, mit seinen ewigen geteilten Seiten, links deutsch und rechts russisch. Und ich dachte gar nicht daran, das Heft aufzuschlagen und zu lernen. Und ich hatte Angst, daß sie ihre Fabriken wiederhaben wollten. Und ich sah schon, wie sie uns die Häuser wegnehmen wollten. Und ich nahm mir vor, in meiner Verteidigungsbereitschaft um keinen Millimeter zurückzustecken. Und ich sagte mir, die werden noch alle froh sein, wenn sie merken, daß Schluß ist mit der Ausbeutung der Menschen durch den Menschen. Und ich würde nach dem Abitur ohne weiteres nach Westdeutschland gehen und Überzeugungsarbeit leisten, und wenns unter Tage wäre. Und die Geschichte der Französischen Revolution flog in die Ecke, mitsamt dem Termidor. Wir halten Frieden. Und es wird kein Blut mehr fließen. Und wir gehen erhobenen Hauptes durch die Welt. Und alle werden vergessen, was alles im Krieg passiert ist. Und die Märzsonne stand so flach, daß sie blendete. Und ich stellte mir eine Kartoffelrodemaschine fürs Staatsgut vor. Und ich dachte an die Riesenfarmen in Afrika, von denen Concordia erzählt hatte. Und das mußte Spaß machen, als »freier Mensch auf freiem Grunde« stehen. Und ich hielts nicht länger in den vier Wänden aus. Und ich stellte mir die Volkskammer vor, wie sie gesamtdeutsche Ausschüsse bildet. Und ich sah, wie die Ausschüsse reden und rauchen und beratschlagen und überall Wahlen vorbereiten. Und ich rannte rüber zu Haus zwei, wo die 11. Klasse wohnte. Und ich bettelte Laurids das Rad ab, und er hat es mir nicht gerne geborgt, aber egal.

Dann fuhr ich los, der Sonne entgegen, immer nach Südwesten. Ich trampelte, und das Rad wurrte und quietschte. Ich summte, trällerte, schwitzte, überquerte die Chaussee und die Bahnlinie und radelte am Roten Luch entlang, befand mich schon auf der Höhe der Ostsee-Nordsee-Wasserscheide, und »Alle Menschen werden Brüder«. Dann stieg ich ab und ging rein in den Jugendwerkhof. Diesen Besuch hatte ich mir schon lange vorgenommen.

Plötzlich kam ein Pferdewagen angerattert, auf dem ein Junge vom Jugendwerkhof stand. Stehend fuhr er über den weiten Platz, sang einen Schlager und wedelte mit den Zügeln, und die Pferde rasten.

Ich fragte mich zu Katharina durch, die ich ein Jahr zuvor auf einem FDJ-Lehrgang in Drepkau kennengelernt hatte. Sie saß mit den Mädchen im Keller und sortierte Kartoffeln in drei Riesenberge: Das sind die Saatkartoffeln, das sind die, die wir später essen, das sind die, die gleich wegmüssen, weil sie schon Stellen haben. Es roch trocken und faulig; ich setzte mich auf eine Kiste und half. Die Mädchen brachten mir einen Schlager bei, und während wir sangen, schallte es im Keller wie in einer leeren Oper.

> Das rote Licht am Backbord ist die Liebe,
> das grüne Licht am Steuerbord das Glück,
> und wenn es Glaube, Liebe, Hoffnung nicht mehr gäbe,
> mein Schatz, dann kämst du nie zu mir zurück.
> Die Masten in dem Schiff,
> die sind der Glaube.
> Die Hoffnung sind die Segel und der Wind.
> Die Liebe aber bin und bleib ich selber,
> weil unsre Herzen so verbunden sind.

Und was ist aus deinem Freund Paul geworden, den sie auf dem Lehrgang in Drepkau verhaftet haben? fragte ich Katharina.
Alles in bester Ordnung, antwortete sie. Ich hab geleugnet, Stein und Bein und behauptet, ich hätte ihn nur aus Rache denunziert, weil er den blinden Sebastian angeschwärzt hat.
Ist Paul wieder frei?
Ja, aber nicht zurück in den Werkhof. Keine Ahnung, wo er jetzt steckt.

Am Anfang überfallen die Japaner chinesische Bauernhütten und stechen mit kurzen, handbreiten Bajonetten um sich. Obwohl überall Frauen und Kinder aus ihren Verstecken hervorge-

krochen kommen, brennen die Japaner das ganze Dorf nieder. Die Hütten brennen wie Zunder. Dann sehen wir eine Gruppe bewaffneter Chinesinnen, die sich auf den Weg zur Achten Armee machen. Unterwegs werden sie von Japanern umzingelt. Von den sieben Frauen, die nach dem Kampf noch am Leben sind, trägt jede eine Tote oder eine Verwundete auf dem Rücken. Die Japaner sind hinter ihnen her. Die Frauen gehen langsam in einen still, zwischen belaubten Hügeln dahinziehenden Fluß und ertränken sich.
An dieser Stelle zündet sich Katharina eine Zigarette an.
Der Lehrgangsleiter ruft empört: Raus aus dem Kino! Wer da noch rauchen kann, raus aus dem Saal!
Katharina verläßt den Saal. Sie hat noch in keiner Versammlung Selbstkritik geübt. Sie ist überheblich und verlogen, sagen die anderen Lehrgangsteilnehmer, sie ist unzuverlässig, hinterhältig, boshaft, nachtragend, rachsüchtig. Außerdem lebt sie auch nicht von Klee und Sauerampfer wie wir, sondern läßt sich von ihrem Freund Paul etwas zustecken.
Wochen später liest der Lehrgangsleiter die Prüfungsergebnisse vor. Sebastian hat mit sehr gut bestanden. Da steht Paul plötzlich auf und sagt: Sebastian hat abgeschrieben. Der Saal dröhnt von unserem Gelächter. Warum soll ein Blinder nicht genauso gerissen sein wie einer, der sieht.
Der Lehrgangsleiter lächelt. Er möchte es überhört haben, daß Sebastian abgeschrieben hätte, denn Sebastian hat, obwohl blind, schon während der Gefangenschaft einen Antifa-Lehrgang absolviert. Wir werden undiszipliniert, einige rufen sogar: Denunziant! Paul ist ein Denunziant!
Mitten im Lärm steht Katharina auf und meldet sich zu Wort. Mit ausgestrecktem Arm zeigt sie auf Paul. Im Saal wird es ruhig; der Lehrgangsleiter sieht sie erstaunt an.

Katharina sagt: Paul hat bei der letzten Nachtübung einen Soldaten erschossen.
Nach drei, vier Sekunden bricht der Tumult los. Wir toben, brüllen, johlen, trampeln.
Der Lehrgangsleiter sagt: Das ist unmöglich, das hätten sie doch bei seiner Einheit gemerkt.
Katharina sagt: Er hätte auch ausgerückt sein können.
Der Lehrgangsleiter sagt: Trotzdem hätte seine Einheit Bericht erstattet, wenn er gleich nach der Geländeübung verschwunden war.
Katharina sagt: Paul hat ihn erschossen, als wir mit den Schlauchbooten draußen waren.
Katharina setzt sich wieder hin. Wir brüllen und toben. Der Lehrgangsleiter versucht, uns mit Handzeichen zu beruhigen; dann verläßt er schnell den Saal. Paul klettert über einige Stühle und läuft hinter ihm her zur Tür. Wir verstellen Paul den Weg, hängen an ihm wie Trauben, halten ihn fest und zwingen ihn in die Knie.
Es ist drückend heiß. Die Fenster stehen offen. Obwohl wir einen mörderischen Krach schlagen, hören wir ein Auto die Auffahrt hochkommen. Schritte in der Diele, im Treppenhaus; dann betreten zwei Männer den Saal. Sie haben einen Schäferhund bei sich. Der Lehrgangsleiter folgt ihnen auf dem Fuß und deutet auf Paul. Der stürzt an ein offenes Fenster. Die beiden Männer nehmen ihn in ihre Mitte. Paul wehrt sich nicht länger und geht vor den Männern her zum Saalausgang. Der Lehrgangsleiter sagt, es darf geraucht werden, und sieht dabei Katharina an.

Als wir aus dem Kartoffelkeller die Treppe rauf in den Hof kamen, sahen wir einen kleinen, runden, schwarzhaarigen Mann laut mit einem Mädchen reden.

Wie siehst du denn aus? Hast du nichts anzuziehen?
Nein, sagte das Mädchen, kein Geld. Sie wissen ja, daß ich keine Eltern habe.
Eltern? sagte der Mann. Wozu brauchst du da Eltern? Du kannst doch nähen.
Kann ich nicht!
Dann lernst du es!
Ich hab keine Maschine!
Wann ist eigentlich die Nähmaschine erfunden worden?
Weiß ich nicht, vielleicht vor hundert Jahren.
Und vorher? Sind da die Leute nackend gegangen?
Sie haben mit der Hand genäht.
Na also.
Katharina sagte zu mir: Das ist Felix Gara, unser Heimleiter.

Musterverkehrt tapezierte Wände, morsche Dielen, hier und dort ein Fetzen Teppich, den man früher als Brücke bezeichnet hätte, eine halbaufgetrennte Polstergarnitur – aber ein umfangreicher, polierter Schreibtisch und polierte, überladene Bücherregale, die bis zur Decke reichen: das ist Garas Arbeitszimmer.
Felix Gara ist ungefähr fünfzig Jahre alt. Er ist klein, breit, hat runde weiche Schultern, ein rundes Gesicht und trägt eine runde Brille. Er sieht träge aus, ist massig, aber sehr beweglich, schnell, geschmeidig, dabei niemals hastig. Er spricht leise, deutlich, ein akzentuiertes Hochdeutsch. Seiner Sprache ist nicht anzuhören, aus welcher Gegend er stammt. Er kann plötzlich sehr laut werden, ohne dabei die Wörter zusammenzuziehen oder sich zu überschlagen. Selbst wenn er schnell spricht, hört es sich langsam an. Er hat schwarze Haare, hellbraune Augen, kurze Arme, kurze Beine und geht ganz grade.
Seinem Gesprächspartner sieht er immer in die Augen. Felix

Gara kann zuhören und flößt Vertrauen ein. Obwohl er nie beschwichtigt oder tröstet, strömt er Zuversicht, Optimismus, fast Glauben aus. Trotz seines weichen Körpers wirkt er stets beherrscht und gefestigt.

Als Jugendwerkhofleiter kennt Felix Gara keine Nebensachen. Er kümmert sich einfach um alles. Wie Karl der Große täglich an seinem Hof die Eier zählen ließ, so läßt Felix Gara sich abends über alle Vorräte in Küche und Keller Bericht erstatten. Wie Karl der Große sich Überblick verschaffte über die Tragfähigkeit der neugepflanzten Apfelbäume, so weiß Felix Gara genau, wieviel Zentner Rüben in Sand eingeschlagen, wieviel Kohl eingesäuert, wieviel Kartoffeln in Mieten, wieviel Zentner Birnen auf Horden untergebracht worden sind. Er bestimmt, wieviel und wann es verbraucht werden darf, und gibt Anweisungen für den wöchentlichen Speiseplan. Es scheint, als habe er eigene Münzen, Maße und Gewichte entwickelt.

Seine Zöglinge haben viel mehr Freiheit als wir im Internat. Wenn wir mit unserem Kulturensemble in einem Dorf aufgetreten sind, besteigen wir nach der Vorstellung den Lastwagen und fahren nach Hause, während die Dorfbewohner zur Blasmusik tanzen. Die Jugendlichen vom Jugendwerkhof kommen abends zusammen und singen, was sie wollen. Und wenn sie Lust haben, machen sie sich selber Musik und tanzen drauflos. Sie haben kein Ensemble wie wir, sie dürfen jeden Abend bis elf aufbleiben, sie sind an den Filmvorführ-Ring des Kreises angeschlossen, sie kriegen manchmal Besuch von Schauspielern, Sängern, Rezitatoren oder kleinen Kapellen – vielleicht nur deshalb, damit sie den Hof nicht verlassen. Wenigstens geht ihr Leiter abends nicht mit einer Taschenlampe auf Pärchensuche.

Dafür steht Gara im Speisesaal, mitten beim Essen, auf und fragt laut: Wollt ihr Knechte sein? Kriecher, Diener werden?

Nein! ruft der ganze Saal.
Wollt ihr selbstbewußte, verantwortungsvoll handelnde, aufrechte Menschen werden?
Ja! ruft der ganze Saal, und alle lachen.
Und was ist die Grundlage der Unabhängigkeit?
Arbeiten! rufen die Zöglinge.
Mahlzeit!
Mahlzeit! antworten alle, fröhlich und mit vollem Mund.
Sehr oft kommt Gara mit einem Wälzer unterm Arm zum Mittagessen und läßt eine Passage vorlesen. Er schimpft nicht, obwohl dabei geschwatzt und gelacht wird. Er lacht selber gern.
Felix Gara ist ein gerissener, überzeugender, raffinierter, geriebener, spitzfindiger, betörender, verlogener, irreführender, lavierender, diplomatischer, blendender Lehrer. Er schwört auf die Makarenko-Methode.

Makarenko-Methode hieß bei uns im Internat:
Frühappell
Abendappell
Fahne hissen
Tagesspruch
Vergatterung
Zwei »Schüler vom Dienst« einteilen
Disziplinierte Selbstverwaltung
Regelmäßige und öffentliche Kritik und Selbstkritik
Nie beleidigt sein, wenn Kritik nicht berechtigt ist, da sie exemplarischen Wert hat
Wachsamkeit
Schulischer Fleiß
Sport- und Körperkultur
Verteidigungsbereitschaft

Stete Bereitschaft zeigen zum manuellen Arbeitseinsatz
Höchste Achtung vor unserm Volkseigentum zeigen

Uns begleitete eine Galerie Vorbilder. Eins dieser leuchtenden Vorbilder hieß Felix Edmundowitsch Dzierzynski. Wie man Würdenträger, vom Volke umringt, auf Sänften trug, so trugen wir bei Demonstrationen auf hölzernen, doch den Sänften ähnlichen Gestellen unsere Führer und Vorbilder vor uns her. Bei Schritt und Tritt, mit Blumen oder Gewehren, vor und nach breitwandigen Transparenten, zwischen Fahnenblöcken trugen wir Sänften die Straßen entlang und trugen Sänften in unseren Köpfen.
Felix Edmundowitsch gehörte zu den heiligen Vorbildern in unseren Köpfen. Ihn auf die Straße zu bringen, dazu lag kein direkter Grund vor. Er war lange tot, ein russischer Pole. Seine hohe asketische Gestalt, der schmale Kopf, die eingefallenen Wangen, der spitze Bart: sein Gesicht war uns sehr vertraut. Er war kein Klassiker, und dennoch war er einer. Hatte er nicht die Tscheka, die Vorläuferin der GPU, gegründet? Hatte er nicht den verwaisten, halbverhungerten Kindern ein Zuhause gegeben? Hatte nicht die Tscheka die Patenschaft über die sowjetischen Jugendwerkhöfe übernommen? Hatte auch unser Staatssicherheitsdienst die Patenschaft über die Jugendwerkhöfe, gar über unsere Internatsoberschule?

Wie wir sein sollten: lebhaft, fügsam, arbeitsam, am besten ohne Herkunft, ohne Bindungen, einsatzfreudig, lernbegierig, dabei nicht grüblerisch, nur nicht von Zweifeln geplagt sein, zuverlässig, ernsthaft und fröhlich zugleich, selbstkritisch, aber nicht unterwürfig, selbstkritisch, aber nicht gleich beleidigt, ehrlich, offen, hilfsbereit, einsichtig, gesund, ein bißchen naiv konnte

nicht schaden, lustig war immer gut, aber deswegen nicht die Wissenschaft aus den Augen verlieren, denunzieren war gar nicht nötig, aber sich ausfragen lassen, nicht maulen, einfach antworten, wenn man gefragt wurde, über andere befragt wurde, fleißig, offen, verteidigungsbereit sollten wir sein, wachsam, vor allen Dingen wachsam, vorsichtig, umsichtig, besonnen, beflissen, aufmerksam, hellhörig, nicht lange fragen, anpassungsfähig, verschwiegen, erkenntlich.
Felix Edmundowitsch war der Heilige der wilden Waisen, derer, die nur vom Staat für den Staat erzogen wurden.

Felix Gara hat mich mit fast allen Utopien bekannt gemacht, die Philosophen so »erstellt« haben. Er hat mir stapelweise Bücher unter den Arm gedrückt: Fourier, Campanella, Morus.
Lafargue, »Die Jesuitenrepublik von Paraguay«, die christliche Republik der Jesuiten, 1610-1768:
150 000 Einwohner also, Methoden der Inkas, um die Republik zu regieren; andere behaupten, die Jesuiten hätten ihre Anweisungen der Bibel entnommen. Es war eine theokratische Republik, in der es keine geschriebenen Gesetze gab. Das Gewissen ersetzte die Paragraphen; es gab keine Strafgesetze, nur Vorschriften, deren Übertretung durch Beten und Fasten gebüßt wurde. Kein Eigentumsrecht, da den Indianern Eigentum sowieso fremd war. Die Kollektive hießen »Missionen«, »Niederlassungen«, »Doktrinen«. Von Gegnern wurden sie heftig angegriffen, weil keine Fremden Zutritt hatten, weil die Jesuiten angeblich einen von Spanien unabhängigen Staat durchsetzen wollten.
Paraguay war 1536 von Nunez erobert worden. Das Hauptvolk, die Guaranis, lebten in Clans, waren Jäger und Ackerbauern. Cataldino war einer der ersten Missionare. Er riet den Indios,

sich zusammenzuschließen, um sich gegen die Macht der Spanier wehren zu können. Er brachte den Clanführern Geschenke, errang Sympathie und Vertrauen. Ein Kazike, welcher die Taufe empfangen, dann aber seine Nebenfrauen wieder zu sich genommen hatte, verbrannte in seiner Hütte: Gottes Zeichen! Die Jesuiten traten einen Siegeszug an, der Statthalter von Paraguay verbot 1612 die Menschenjagd, es wurden keine neuen Komtureien als Lehen vergeben. Durch ideologische Arbeit entmachteten die Jesuiten langsam die weltlichen Beamten und gingen an die Umgestaltung der Komtureien. Sie gingen bis vor die spanische Krone, dem König stand ja immer ein Jesuit als Beichtvater bei, und klagten empört die Greuel an, die die Indios zur Flucht trieben.

Wegen ihres Eintretens für die Indios wurden die Jesuiten von allen europäischen Siedlern angefeindet. Sie lernten die Sprache der Guaranis, gingen in die Urwälder, lebten mit den Indios, waren beliebt, hatten sich in die Herzen der Indios buchstäblich eingeschlichen. Basisarbeit, Grundlage für Agitation und hoch entwickelte Rhetorik. Weil die Guaranis seßhaft wurden, konnte man Arbeitssklaven aus ihnen machen. Sie waren sanft und lenksam, hatten schon dem Nachbarvolk als Arbeiter gedient.

Die Spanier betrachteten die Indianer als Zwischenstufe zwischen Mensch und Tier. Papst Paul III. erkannte in einer Bulle 1537 die Indianer als Menschen an: in Paraguay und am Rio Plata wurden die Rothäute nicht mehr niedergemetzelt, sondern milder Sklaverei unterworfen. Hatten sie vielleicht doch genug menschliche Vernunft, waren sie reif für die Christianisierung? – und so weiter in Garas Buch.

und Concordia steckt mir neuerdings ausgerissene Zeitschriftenseiten und Artikelstücke zu über das, was Tito wirklich gesagt hat, worüber ich mit niemandem mich aussprechen kann, weil ich das gar nicht gelesen haben darf

wenns aus dem Westen kommt, wie kann ich dem Braten trauen, wo die doch den Friedensvertrag, die Wiedervereinigung sabotieren und nichts anderes im Sinn haben, als gegen uns aufzurüsten und zu hetzen, hetzen, hetzen

nicht umsonst sind in unseren befreundeten Nachbarländern sogar hohe Parteifunktionäre verhaftet, eingesperrt worden, die haben saftige Prozesse vor sich, weil sie die Ansichten von Tito gelesen, vielleicht geglaubt, vielleicht verbreitet haben

und Concordia denkt, sie täte mir was Gutes, indem sie mir seine Ansichten unterjubelt

er behauptet, Verstaatlichung sei überhaupt keine Enteignung, es gebe auch nach 30 Jahren SU noch Privilegien und eine hierarchische Verteilung der Güter, aber nie und nimmer Volkseigentum im Sinne des Sozialismus, weil die Arbeiter nicht ein Gran zu bestimmen hätten über den Charakter ihrer Arbeit, über die gerechte Verteilung der Produktion, über die Verteilung des Mehrproduktes, womit Tito das meint, was wir im Kapitalismus Mehrwert nennen

ja, Tito erdreistet sich, von Ausbeutung zu reden, und der Erlös würde in die Taschen der Partei, der Bürokratie, des NKWD und der Milizen fließen, die würden in besonderen Läden einkaufen wie Laurids Eltern in Karlshorst, wo alles zu haben ist, während die Leute draußen auf dem Lande nach einem Paar Stiefel anstehen und in den Großstädten nach einem Pfund Fleisch oder Tomaten

irgendwie unglaublich, und warum lasse ich mich darauf ein das zu lesen, warum ziehe ich es in Betracht, ich stürze mich in Zweifel und habe nichtmal die Möglichkeit, in Diskussionen meine Argumente zu sortieren, nicht mal mit Felix Gara traue

ich mich, offen über diesen Titoismus zu diskutieren obgleich ich in seinem Arbeitszimmer eine Broschüre von Tito gesehen habe
beim ganz kurzen Aufschlagen, was stand da gleich
daß Stalin ganze Völker, Nationalitäten, Minderheiten nach Sibirien deportiert habe
unmöglich, auch das mit der ungerechten Verteilung des Volkseinkommens, wer bezahlt denn die Großbauten des Kommunismus, den Wolga-Don-Kanal
sieht doch jeder, wohin das Geld fließt, nachdem der Krieg alles zerstört, in Schutt gelegt hat, da wird es doch so weit nicht her sein mit dem Überfluß, an dem die Direktoren und Parteisekretäre sich angeblich dick und dun fressen
andererseits höre ich dauernd das mit den Umsiedlungen und Verbannungen nach Sibirien, auch aus der DDR haben sie Leute dorthin verfrachtet, war es nicht möglich, sie bei uns im Lande hinter Schloß und Riegel zu setzen
gewiß, aber wenn es sich um richtige Kriegsverbrecher handelt, dann natürlich ab durch die Mitte
Riesengehälter, Prämien, Sonderläden, Extrapakete nur für die leitenden Beamten, nein und nochmals nein, glaube ich nicht
Tito schimpft auf die »unfehlbare« Staatsmaschinerie, Fehler werden überall gemacht, und mit Sicherheit ist das eine Übergangsperiode, die durch Kritik von unten, durch revolutionäre Wachsamkeit der Arbeiter bald überwunden ist.
was micht stört, ist nicht nur, daß einige aus unserer Partei diese Sachen von Tito lesen dürfen, und ich darf es nicht
die, die an die Informationen rangelassen werden, weil sie genügend politische Reife zeigen, die reden auf ihren Versammlungen doch sicher auch über alle feindlichen Ideologien, warum ich nicht, warum hilft mir da keiner

ob sie wirklich ganze Minderheiten nach Sibirien vertrieben haben

das ist mir unvorstellbar, schon wieviel Eisenbahnen man dazu braucht, wir haben es ja 45 gesehen, wie die Flüchtlinge alle Waggons gefüllt haben und die Straßen dazu, und jemanden nach Sibirien laufen zu lassen, nein, so saftige Lügen hab ich noch nicht aufgeschnappt

trotzdem erinnert mich das an den Plan, die Deutschen aus dem Sorbengebiet auszusiedeln, dabei wohnen dort mehr als 80% Deutsche, und die Sorben lernen erstmal wieder Sorbisch reden, was ich richtig finde, aber warum die Gegend entvölkern, warum die Deutschen aus dem Spreewald rausholen, wer soll dann die Felder bestellen, das Leben aufrechterhalten, wo unsere Dörfer sowieso schon ausgeblutet sind wegen all der Flüchtlinge, verstehe ich nicht, wem so etwas auch nur einfallen kann

von Polen hat Tito auch gesprochen, das habe ich aus einer Zeitung, die in der S-Bahn rumlag

er hat behauptet, die SU habe Polen zur selben Zeit von Osten her überfallen wie die Faschisten vom Westen her, die hätten zusammengearbeitet und Polen unter sich aufgeteilt wie früher Preußen und der Zar

naja, daran sieht man, daß Tito zum Verräter am Kommunismus geworden ist, auch soll er ja Geld von Amerika angenommen haben

er ging sogar soweit zu behaupten, die Rote Armee hätte den Warschauer Aufstand im Blute ersticken lassen, hätte die Deutschen den Warschauer Aufstand in aller Ruhe niederschlagen lassen, bevor sie ihre Truppen über die Weichsel geschickt hätte

lassen wir das mal alles beiseite, mich interessiert nur, wie die Arbeiter in Jugoslawien selber über die Fabriken bestimmen, was sie dort zu sagen haben, wo der Unterschied zwischen deren und

unserem Volkseigentum liegt, würde ich mir gerne mal aus der
Nähe ansehen, jedenfalls sehe ich keinen Grund vor Tito Angst
zu haben, nicht drüber sprechen zu dürfen

Weder Krankenschwester noch mütterlich
vielleicht als Schutzpatronin zu bezeichnen
das war SCHWESTER LYDIA die in Haus sechs
die Schüler betreute die in Haus sechs wohnten
und für uns alle
das Krankenzimmer unter sich hatte.
SCHWESTER LYDIA schrieb uns auch krank
wenn die Seele kaputt war wenn Ängste
vor Arbeiten vor Prüfungen vor Menschen
wenn Ängste vorm Leben uns zu zerfetzen
drohten. SCHWESTER LYDIA
konnte Drohungen abwenden sie war
sechzig und respektlos und witzig und obszön
sie trug ihr dickes schweres graues Haar
zusammengedreht und hochgesteckt
sie ging an unsere Krankheiten
psychologisch ran und meinte das sei billiger.
SCHWESTER LYDIA war lustig und lüstern
sie war groß verständnisvoll ungeniert
und nannte Kurt Hawelka einen Rüpel
sie flirtete mit den Jungen und studierte
Kalorientabellen und rechnete Eiweiß und Vitamine
und Kohlehydrate aus. Heilkräfte
zog sie aus Tees Brühen Säften Alkoholika:
Nicht kauen nicht stopfen
wer krank ist braucht die Flasche.
Das Krankenzimmer war Abrahams Schoß

und wurde sogar der Kontrolle durch die Partei
entzogen. SCHWESTER LYDIA organisierte Medikamente
wenn einer in den Westen fuhr
oder über Laurids' Eltern die in Karlshorst
in einem Extraladen einkaufen durften.
Sie organisierte Penicillin überhaupt Antibiotika
und Gelbsuchtmittel und Grippemittel
und Hustenmittel und Allergienmittel und
Schnupfenmittel. Ihre Form von Parteinahme war
nicht Partei zu nehmen.
SCHWESTER LYDIA nahm nicht an den Sitzungen
des Pädagogischen Rates teil
sie ließ sich nicht ausfragen ließ sich über
keinen Schüler befragen. Sie kümmerte sich
um den Speiseplan und verteilte
beim Mittagessen die Post.
Wer nicht zum Zahnarzt ging konnte lange
auf seine Briefe warten so erpreßte sie uns.

Die Götter standen in dauerndem Funkverkehr. Daneben widmeten wir uns dem Andenken Beethovens: Huldigungen, Festakte, Grotewohlrede, Aufführungen, Gepränge, Nachrufe, Gedächtnisfeiern. Ein Lied an die Freude jagte das andere. Alle Menschen konnten Brüder werden, an jenem runden deutschen Tisch sitzen.
Am 13. Februar 1952 schickte der DDR-Ministerrat eine Note an die USA, Großbritannien, Frankreich und die SU, den Abschluß eines Friedensvertrages mit Deutschland zu beschleunigen.
Am 11. März nahm das ZK Stellung zu Beethovens Todestag:
DIE AMERIKANISCHEN KULTURBARBAREN UND IHRE LAKAIEN SCHÄNDEN DAS ANDENKEN BEETHOVENS

Am 20. Februar beantwortete die SU die Note der DDR vom 13. Februar. Die SU betonte, »daß der unverzügliche Abschluß eines Friedensvertrages mit Deutschland in Übereinstimmung mit den Potsdamer Beschlüssen und unter Teilnahme Deutschlands notwendig ist«.

VON BONN AUS WIRD DIE FREMDHERRSCHAFT GEGEN MILLIONEN DEUTSCHER MENSCHEN AUSGEÜBT

Am 22. Februar äußerte die Bundesregierung, der erste Schritt zu einer Friedenskonferenz und zur Wiedervereinigung müßten freie und geheime, gesamtdeutsche Wahlen sein, die international überwacht werden.

NACH 1813/14 ERLEBTE BEETHOVEN DIE ZWEITE GROSSE POLITISCHE ENTTÄUSCHUNG SEINES LEBENS: DIE RESTAURATION

Am 10. März richtete die SU eine große Note an die Westmächte. Sie schlug vor, einen Friedensvertrag auszuarbeiten »unter unmittelbarer Beteiligung Deutschlands, vertreten durch eine gesamtdeutsche Regierung«. Die SU fügte einen Entwurf für einen Friedensvertrag bei, der »die Entwicklung Deutschlands als eines einheitlichen, unabhängigen, demokratischen und friedliebenden Staates in Übereinstimmung mit den Potsdamer Beschlüssen fördern« sollte. Der Entwurf sah den Abzug aller Besatzungstruppen –

BEETHOVEN: »FREIHEIT ÜBER ALLES LIEBEN / WOHLTUN, WO MAN KANN! WAHRHEIT NIE, AUCH SOGAR VORM THRON NICHT VERLEUGNEN!«

– binnen eines Jahres vor. Deutschland sollte sich verpflichten, »keinerlei Koalitionen oder Militärbündnisse einzugehen, die sich gegen irgendeinen Staat richten, der mit seinen Streitkräften am Krieg gegen Deutschland teilgenommen hat«. Es sollte Deutschland gestattet sein, eigene nationale Streitkräfte zu besitzen.

VON BONN AUS WERDEN DIE KOSMOPOLITISCHEN ZERSETZUNGS-
VERSUCHE JENER GROSSEN DEUTSCHEN KULTURWERTE

Am 25. März entgegneten die Westmächte auf die Note der SU, »eine gesamtdeutsche Regierung könne nur auf der Grundlage geheimer freier Wahlen in der Bundesrepublik, in der SBZ und in Berlin geschaffen werden«. Die Voraussetzungen für die Wahlen müßten von einer Untersuchungskommission der UN geprüft werden.

ALS VON DEN VÖLKERN DER SU 1936 DIE STALINSCHE VERFASSUNG
ANGENOMMEN WURDE, ERKLANG BEETHOVENS 9. SINFONIE

Am 9. April wiederholte die SU in einer 2. Note an die drei Westmächte ihre Erklärung vom 10. März. Sie schlug vor, »die Durchführung freier gesamtdeutscher Wahlen auf einer Viererkonferenz zu erörtern. Eine Untersuchung durch die UN-Kommission sei im Hinblick auf Art. 107 der Satzung der UN unzulässig«.

WOFÜR BEETHOVEN KÄMPFTE UND WAS ER FÜR DIE ZUKUNFT VOR-
AUSAHNTE UND ERSTREBTE, DAS WURDE DURCH DIE GROSSE SO-
ZIALISTISCHE OKTOBERREVOLUTION, DURCH DIE SOWJETMACHT
ECHTE WIRKLICHKEIT

Am 13. Mai antworteten die Westmächte und lehnten »die Bildung einer Viermächtekommission zur Prüfung der Voraussetzungen für freie gesamtdeutsche Wahlen als eine Rückkehr zur Viermächtekontrolle ab«. Sie legten der SU die Frage vor, »welches Maß an Souveränität sie einer aus freien Wahlen hervorgegangenen Regierung bis zum Abschluß eines Friedensvertrages« gewähren wolle.

VON NAPOLEON, DER IHM WIE EIN HELD DER FRANZÖSISCHEN RE-
VOLUTION ERSCHIEN, WAR ER SPÄTER TIEF ENTTÄUSCHT

Am 24. Mai schlug die SU in einer 3. Note »gleichzeitige Verhandlungen über einen Friedensvertrag, die Vereinigung Deutschlands und die Bildung einer gesamtdeutschen Regie-

rung vor. Die unparteiische Untersuchungskommission zur Prüfung der Voraussetzungen für die Durchführung freier Wahlen soll durch ein Abkommen der vier Besatzungsmächte gebildet werden«. Im Schlußteil ihrer Note erklärte die SU, »daß eine gesamtdeutsche Regierung, die den Friedensvertrag unterzeichnet, alle Rechte besitzen wird, über die die Regierungen anderer unabhängiger und souveräner Staaten verfügen«.
Nie sind soviele Noten hin und her geschickt worden wie im Beethovenjahr 1952.

1950 begannen wir mit der Aufstellung bewaffneter Seestreitkräfte, 1951 mit dem Aufbau einer eigenen Luftwaffe, im Januar 1952 gab die Volkspolizei ihre deutschen Waffen ab und wurde mit sowjetischen ausgerüstet. Die Volkspolizei verfügte über ca. 70 000 Mann, die Grenzpolizei zählte ungefähr 9 000 Mann, die Transportpolizei hat es bis 1952 nur auf 8 000 Mann gebracht.

Wir haben im 1. Stock von Haus drei eine Waffenkammer eingerichtet, gesägt, genagelt, Stellagen gebaut für die ersten zehn Luftgewehre, die eingetroffen sind. Dazu sind drei lebensgroße menschliche Silhouetten aus Sperrholz geschickt worden, die anstelle des Gesichtes ein großes rundes Loch aufweisen. In dieses Loch werden wir zielen. Auch in der Herzgegend befindet sich eine kreisrunde Öffnung, die aber etwas kleiner ist als das Loch im Kopf. Die hölzernen Figuren sind am Fußende in ein schweres Standbrett eingefügt, sie sind leicht transportabel, fallen aber nicht gleich um, wenn wir nicht in die Löcher treffen. In Kürze erhalten wir auch zwei Dutzend Kleinkaliber-Gewehre und ein Dutzend Pistolen. Doch ehe wir richtig mit dem Schießen anfangen, auch Schießscheiben sind schon da, werden wir die Montage lernen, Kolben, Kolbenhals, Schaft, Kimme, Korn,

Knickgelenk, Abzug und Lauf, und exerzieren üben. Ich habe den anderen gegenüber einen ziemlichen Vorsprung, da ich auf verschiedenen FDJ-Lehrgängen im vorigen Jahr schießen gelernt habe und auch die Haltung der Waffe beim Marschieren und im Gelände schon einigermaßen beherrsche. Die Grundausbildung ist mir also gar nicht neu. Das kriegen wir schon hin. Handgranaten sind uns ebenfalls zugesagt worden: kompakte, gußeiserne Zylinder, nicht länger als meine Hand, die an dicken hölzernen Stielen befestigt werden. Die Handgranaten werfen zu lernen, das ist schon schwerer, da der Wurf in erster Linie aus dem Liegen heraus erfolgt, seltener, wenn die Deckung es erlaubt, aus der Hocke.

ADENAUER IST DER TOD
DER UNSERE KINDER BEDROHT

Jung, schön, KUBA würde sagen: grade gewachsen: Stephan Hermlin. Ein Dichter mit den Manieren eines Adligen, aus der Resistance hatte er Lorbeer mitgebracht, von unserer Regierung ist er ausgezeichnet worden mit der Ehrenmedaille der Spanienkämpfer.
1952, als die Kriegsgefahr groß war, hat Stephan Hermlin auf der außerordentlichen Tagung des Weltfriedensrates eine Rede gehalten, um des Friedens willen:
– Bonner Regierung...
– Unterzeichnung des Generalvertrages...
– Eroberungskrieg...
– gegen die Deutsche Demokratische...
– Spionageorganisationen...
– in letzter Zeit haben die Organe...
– der Deutschen Demokratischen...
– Agenten und Spione unschädlich...
– konnte der Kriegsverbrecher Burianek...

– wir alle haben vor kurzem nicht daran gedacht ...
– Aufstellung einer Streitmacht ...
– die große helfende Sowjetunion ...
– neue Menschen emporwachsen lassen ...
– wir dachten nicht an Waffen ...
– was wir verteidigen ist unsere junge Demokratie ...
– die erste wahre Demokratie ...
– unser neues Selbstbewußtsein ...
– unsere neue Bescheidenheit ...
– die Freundschaft unserer polnischen ...
– wir verteidigen unsere neue Republik, weil sie ganz Deutschland repräsentiert ...
– weil sie das Leben ist die Hoffnung und der Friede ...

Kaltesophie beschäftigt mich in letzter Zeit wieder, und daß sie ihr Leben lang nicht über sich selber nachgedacht hat. Bei Dir ist das anders, Concordia, ich weiß. Kaltesophie dagegen hat sich, so wie ich das sehe, nie selber beobachtet, hat sich nie genau befragt oder bezweifelt, hat nie über sich nachgedacht. Kommt es daher, daß sie sich so unschuldig fühlt? Selbst als der Krieg zu Ende war, hat sie sich nicht schuldig gefühlt. Sie hat einfach gedacht, der Führer, das haben wir alles dem Führer zu verdanken, der hat uns reingeritten. Dabei hat sie bei seinen Reden vorm Radio gesessen und geweint. Sie hat auch kein Mitleid gezeigt, als wir das erste Mal zu Dir gekommen sind, weißt Du noch, wir mußten nach Köpenick laufen, die S-Bahn fuhr noch nicht, als wir damals Frauen getroffen haben, die halb verhungert aus einem Konzentrationslager kamen. Sie sind neben uns auf der Straße durch Rahnsdorf gegangen und haben erzählt, wie es war. Das hat Kaltesophie überhaupt nicht gerührt. Sei mir nicht böse, Concordia, aber ich hasse die Erwachsenen so furchtbar, und ich hasse sie nicht wegen der Verbrechen, das auch, aber viel mehr wegen ihrer Vergeßlichkeit. Ja, ich hasse sie. Sie wußten nichts, sie erinnern sich an nichts, sie wissen nichts, sie werden nichts erinnern. Sie sind in meinen Augen vollkommen verdorben. Verzeih mir, Concordia, und sage mir, daß es anders ist.

Das IV. Parlament der FDJ, Pfingsten 1952, war ein großes Fest des Friedens, ganz Leipzig war auf den Beinen. Wir sind im Gleichschritt durch die Straßen marschiert, das Kleinkaliber-Gewehr im Anschlag: den Kolben rechts in der Hüfte, die linke Hand zielte waagerecht mit dem Lauf nach vorn. Unsere blauen Blusen waren frisch gebügelt, die Ärmel hochgekrempelt, der oberste Knopf blieb offen. Unsere Augen schauten geradeaus. Trotz Wahrscheinlichkeitsrechnung und Fehlertheorie, was die reine Schießlehre anging: die Flugbahn unserer Geschosse stand schon fest.
DAS ROTE STALINBANNER SOLL UNS VERPFLICHTUNG SEIN!
Unsere westdeutschen FDJ-Freunde hatten zum IV. Parlament 1350,– Westmark für die Anschaffung von Kleinkalibergewehren gesammelt; auch die Volkspolizei schenkte uns 100 Kleinkalibergewehre. Die Post eröffnete Sonderpostämter und übernahm die Versendung eines Telegramms in die ganze Republik:
»AUFTRAG ERFÜLLT UND FORDERUNG AUF EINFÜHRUNG DES SCHIESS-SPORTES DEM IV. PARLAMENT ÜBERMITTELT!«
Und dann sprang die Sekretärin Anna Rubenbauer aus Zwickau auf die Tribüne und sagte: »In der Erkenntnis, daß es notwendig ist, die bewaffnete Verteidigung unserer Heimat zu organisieren, bin ich bereit, meine Schreibmaschine mit dem Traktor zu vertauschen, um recht vielen Jugendlichen vom Lande die Möglichkeit zu geben, in die bewaffneten Formationen unserer Volkspolizei einzutreten.«

Unser Jubel hielt lange an. MIT DER WAFFE IN DER HAND! VATERLAND, KEIN FEIND SOLL DICH GEFÄHRDEN! Und aus unseren Kehlen tönte:
> Hüll dich in stählerne Seide,
> webe aus Erz dein Gewand,
> Jugend, voll Kühnheit geladen,
> stark ist dein Herzschlag und warm,
> greift zum Gewehr, Kameraden,
> Herz, trommle zornig ALARM
> greift zum Gewehr, Kameraden,
> Herz, trommle zornig ALARM

In der »Jungen Welt« schrieb ein Horst Pehnert: »Das Gewehr ist mit einem Sechsschuß-Magazin geladen. Die Bedingung für Stufe I des Schießabzeichens der FDJ ist, mit drei Schuß 21 Ringe zu schießen, während zur Stufe II 28 Ringe notwendig sind. Es wird stehend freihändig geschossen.
Das Kommando ›Feu-er frei!‹ ertönt. Ich ziele ins Schwarze ...
Überglücklich nehme ich das Scharfschützen-Abzeichen in Empfang. Die Pest-Ridgeways sollen wissen, daß wir gewappnet sind.«
Das sind Genossen, die ich bewundere und beneide. Von denen weiß ich, aus ihnen wird nochmal was.

Du vergißt, liebe Concordia, daß wir eine Kaderschmiede sind. Wir widmen uns nicht himmlischen Sphären und keiner göttlichen Idee, deswegen ist Dein Vergleich mit klösterlicher Erziehung unpassend, sondern wir bereiten uns darauf vor, diesen Staat einmal auf unsere Schultern zu nehmen. Dazu gehört auch, bereit zu sein, das, was Arbeiter und Bauern neu geschaffen haben, im Falle eines Angriffs zu verteidigen.
Daß du Menschenverachtung und Menschenscheu in einem

Atemzug nennst, begreife ich noch weniger. Darüber sollten wir sprechen, wenn ich dich besuche. Heute nur das: ich verachte die Menschen nicht. Ich hasse sie manchmal, und dann natürlich nicht alle, weil sie reinen Gewissens getötet haben, sich reinen Gewissens schlafen legen und jetzt reinen Gewissens sagen, sie hätten nichts tun können gegen die Befehle. Warum sind sie nicht abgehauen, als der Krieg nahte? Warum sind sie nicht schon geflohen, als sie zwischen 33 und 39 den Faschismus erlebten, der doch alle Bereiche ihres Alltags durchdrungen hat?
Jetzt hauen sie ja auch zu Hunderttausenden ab, mit zwei Handtaschen unterm Arm, und lassen alles stehen und liegen.
Vielleicht ist etwas Wahres daran, daß die Menschen zu ihrem Glück gezwungen werden müssen. Allerdings weiß ich nicht, ob ich zu denen gehören werde, die solchen Zwang ausüben können. Es ist ja gerade das, was wir in unserer Abgeschiedenheit lernen sollen. Aber das Glück, was ist das? Ich möchte mir etwas Genaueres darunter vorstellen können. Auch wäre Zwang unter Umständen nicht nötig, wenn wir durch Vorbild überzeugen könnten.
Du siehst, von Kloster keine Spur, wir kümmern uns ums Diesseits. Auf uns warten große Aufgaben.

Ich bin Zirkelleiterin und behandle die geplante Wiederaufrüstung Westdeutschlands und ihre ökonomischen Hintergründe. – Kriegshetze, Kriegsgefahr, Kriegsangst, die allesamt mit dem Verlauf des Koreakrieges begründet wurden, sind wahrscheinlich nicht der einzige oder Hauptgrund für eine gesteigerte Rüstung in Amerika. Der Koreakrieg wurde zum Anlaß genommen: eine rasante Waffenproduktion diente dazu, die Arbeitslosen von der Straße runterzuholen, die Industrie anzukurbeln, der Produktion einen Absatzmarkt zu schaffen. Denn ist für die Rüstungsindu-

strie nicht der Staat der beste und sicherste Ankäufer, Abnehmer? Ist nicht der Staat mit seinem erhöhten Rüstungsbudget der zuverlässigste Absatzmarkt für Waren, die hergestellt werden, ohne daß eine reale Nachfrage besteht? Die Nachfrage nach bekannten Waffensystemen und den neu entwickelten Atomgeschützen wurde erstmals hergestellt durch die Propaganda mit einer »östlichen Kriegsgefahr«, der amerikanischen Regierung wurde die Notwendigkeit der Anschaffung erstmal drastisch eingeredet – aber dann langte sie zu. –
Damit nicht genug!
– Korea war ein geteiltes Land, der Norden überrannte Südkorea innerhalb zweier Monate. Konnte nicht dasselbe in einem geteilten Deutschland passieren? Juckte es den Russen nicht in den Fingern, die Volkspolizei nach Westdeutschland zu schicken, um die westdeutsche Arbeiterklasse in kurzer Frist vom Kapitalismus zu befreien? Stand nicht sofort zu erwarten, Westdeutschland trotz Marshallplanhilfe und Aufschwung zu besetzen und revolutionär umzugestalten? Wäre das nicht, laut Lenin, ein ganz gerechter Krieg gewesen, weil er die Großkopfeten hätte enteignen und die Produktionsmittel in die Hände der Produzenten hätte legen können? Mußte deshalb nicht noch viel intensiver als in Amerika in Westeuropa aufgerüstet werden? Und war nicht Westeuropa der zweite große Absatzmarkt für die amerikanische Rüstungsindustrie?
Europa ist eine Marktlücke, und wenn man sie füllen kann, beendet das die Krise in Amerika und befriedet das rebellierende Potential von Arbeitslosen.
Jetzt aber ran!
– England, Frankreich, Italien, Portugal, alle kämpfen um ihre Kolonien. Überall brennt es und werden Waffen gebraucht. Will etwa der Kommunismus noch mehr solche Happen rausreißen

wie China, Indien, Korea, Tibet, Vietnam? So nicht! Wo leben wir denn? Amerika ist den Kommunisten zu groß – aber Europa! Reiben sich die Russen nicht schon die Hände angesichts ihrer gewaltigen, mächtigen, einflußreichen kommunistischen Parteien und Gewerkschaften, die ihnen zuarbeiten? Ist Europa nicht überhaupt schon verloren für die Freie Welt? –
Jetzt aber schnell!
– Westdeutschland gehört zum Westen, ist doch klar, war abgemacht. Westdeutschland verteidigen sie mit, davon geben die Amerikaner nichts her. Sollen sich die Russen in den Hintern beißen: es wird trotzdem aufgerüstet. Die Rohstoffe sind da, die Maschinen sind da, die Arbeitskräfte sind da – also sind auch die Waffen da. Keine Verzögerung, Europa gehört zur Nato. Die sollen sich verteidigen können, mit den Deutschen. –
Jetzt keine Zeit verlieren!
– Moment mal: und wie kommt der Westen dazu, Westdeutschlands Verteidigung mit zu übernehmen? Wir sind doch nicht blöd. Die Deutschen schießen doch gerne, die haben doch mit Rußland sowieso noch eine Rechnung offen, also sollen sie selber Soldaten aufstellen. Sollen wir Franzosen, Engländer für die Westdeutschen bluten? Nochmal? Immer wieder? –

Nachdem Kurt Hawelka in meinem Zirkel hospitiert hatte, nahm er mich beiseite.
Das ist Defätismus und Schwarzmalerei, was du sagst. Die Friedensangebote hast du nichtmal erwähnt.
Nächstes Mal. Diesmal gings rein um die Wiederaufrüstung.
Die sowjetischen Vorschläge haben nun mal Vorrang. Wie du das darstellst, da glaubt man ja schon selber an Krieg.
Ist nicht allerorten die Rede davon? Ist nicht tatsächlich eine aggressive Kriegstreiberei im Gange?

Jadoch, gewiß. Stimmt schon. Aber die umfangreiche Friedensbewegung, Demonstrationen überall im Westen, wo bleiben die? Ich meine, warum hast du die nicht erwähnt? Darauf ist das Hauptgewicht zu legen, ein für allemal. Es besteht kein Grund zum Pessimismus, keiner! Du bist eine gute Zirkelleiterin, aber du mußt noch viel, viel lernen! Mit Gefühlen und Begeisterung allein ist es nicht getan.
Gutgut, seh ich ja ein! Aber wenn man sich die Auswirkungen überlegt: War es dann nicht ein folgenschwerer Fehler, mit diesem Affenzahn nach Südkorea reinzumarschieren?
Was? Wer?
Na wir!
Ich verbiete dir, solche Feindmeldungen –
Ich meine nicht direkt Wir. Aber das koreanische, und zwar das ganze koreanische Volk hat versucht, sich vom Monopolkapitalismus zu befreien.
Hast du etwa was dagegen?
Nein! Niemals! Ich verstehe es doch! Aber die Auswirkungen für uns? Aber wir?
Was heißt denn immerzu Wir? Wir rüsten doch nicht. Es ist doch, wie du selber erklärt hast, der Westen, der alles vorantreibt.
Ich dachte nur, wir hätten ihnen mit Korea die Argumente geliefert.
Zum letzten Mal: erstens sind wir nicht Korea, zweitens hat Nordkorea nicht angefangen, drittens kennst du den Imperialismus noch nicht. Der braucht keine Argumente, der ist grundsätzlich kriegslüstern und eroberisch!

Tagsüber herrisch viril in frisch gebügeltem Zeug
wollte DER SCHULLEITER geliebt werden.

Gehorchen aus Freude am Gehorchen war das
dein Ziel? Komplizen die sich unterwerfen
aus Einsicht in die politische Notwendigkeit?
In den Regalen des SCHULLEITERS Klassiker
mittelhochdeutsche Lyrik Arbeiterdichter Stalins
Gesammelte Werke bis Band vier. Kein Pädagoge
stand neben Makarenko und kein Buch
über Psychologie hatte sich zu dir verirrt.
Freud? Nie gehört. Und Triebe? Sind Schößlinge
zu Füßen der Bäume die ziehen Saft ab
und müssen weg. Dafür plante DER SCHULLEITER
ein Wildgehege einzurichten in unserm Wald.
Und nicht zu vergessen der regelmäßige Besuch
unseres SCHULLEITERS durch das hohe Paar
in Wettermänteln als würde ein ganzes
Ministerium durch einen Zweipersonenhaushalt
bestellt: ein Paar deren Mienen
nach dem schlechten Spiel sofort
dem Gedächtnis entfielen. DER SCHULLEITER
war tagsüber kein heimlicher Spitzel. Wozu?
Berichterstattend kooperativ eine Auskunftei
DU unser SCHULLEITER warst ein Knoten im Netz.
Hast du je den Kopf sinken lassen
so galt die Unterwerfungsgeste
dem Jubel der Halbwüchsigen. Zur Strafe
ließ deine angedeutete Erschöpfung
uns verstummen gingst du wieder laut
zu den üblichen Kommandos über.
Du konntest dir Verzweiflung leisten
wir blieben besser auf der Hut.

Westdeutschland soll 250 000 Mann aufstellen dürfen. Wilhelm Pieck dagegen hat die Aufstellung von 300 000 Mann angekündigt, verfügt aber erst über 100 000 Unterkünfte.

Hab bloß nich so'n großen Mund!
Den hab ich von meinem Vater.
Du hast ja gar keinen Vater.
Ich hatte aber einen, nur, daß er tot ist.
Vor Moskau sind viele gefallen.
Irrtum, er war nie Soldat, extra nicht.
Und wie will er das angestellt haben?
Er ist schon seit siebenunddreißig tot.
Nazis gabs da auch schon.
War er aber nicht, nie! Mein Vater nicht.
Und was war er dann?
Er war Architekt und Baumeister.
Denkst du, unter Architekten gabs keine Nazis?
Er war keiner!
Und woher weißt du das so genau?
Weil er sich erschossen hat.
Na und?
Und erschossen hat er sich eben deshalb, weil er kein Nazi sein wollte.
Und wo soll das gewesen sein?
In Dessau, damit du es genau weißt.
In Dessau gabs viele Architekten, und viele Nazis dazu!
Er war aber keiner.
Sich erschießen is ja einfach.
Vielleicht, vielleicht nicht.
Feige ist das. Warum hat er nicht gekämpft, wenn er dagegen gewesen ist?

Er hat sich erschossen, und fertig.
Vermutlich konnte er sich selber nicht mehr leiden.
Wer? Mein Vater sich selber nicht leiden? Bei seinem Aussehen?
Ihr spinnt ja!
Wie soll er schon ausgesehen haben.
Der war groß und hatte graue Augen. Graue Augen mit 'ner riesengroßen Pupille. Und braune Haut hat er gehabt und dichte braune Haare und breite Lippen.
Und das findste schön?
Er war in ganz Dessau der schönste Mann, und alle Mädchen war'n hinter ihm her.
Und die Häuser, die er gebaut hat, war'n die auch braun und grau?
Dumme Pute!

»Ziel unserer sozialistischen Wirtschaftspolitik ist die Verwirklichung des vom Genossen Stalin formulierten ökonomischen Grundgesetzes des Sozialismus: Sicherung der maximalen Befriedigung der ständig wachsenden materiellen und kulturellen Bedürfnisse der gesamten Gesellschaft durch das ununterbrochene Wachstum und die Vervollkommnung der sozialistischen Produktion auf der Basis der höchsten Technik.
Den Landarbeitern und werktätigen Bauern, die sich auf völlig freiwilliger Grundlage zu Produktionsgenossenschaften zusammenschließen, ist jede notwendige Hilfe zu gewähren.«
11. Parteikonferenz der SED 1952

Am 21. August 1950 war bei Fürstenberg an der Oder mit dem Aufbau eines Eisenhüttenkombinats (EKO) begonnen worden. Es sollten jährlich 550 000 Tonnen Roheisen erzeugt werden, wozu 800 000 Tonnen Koks aus Polen und 1 Million Tonnen Erz aus der Sowjetunion erwartet wurden, ein Zeichen der freund-

schaftlichen Zusammenarbeit. Die Errichtung einer eigenen Schlüsselindustrie würde uns aus dem Zustand eines Agrarlandes befreien und unabhängig vom Westen machen.
Tausende FDJler nahmen mit kurzen oder längeren Arbeitseinsätzen am Aufbau des EKO teil. Sie rodeten Quadratkilometer Wald, legten Straßen an, errichteten Baracken, später die Fundamente für die Hochöfen und Winderhitzer.
Am 19. September 1951 wurde der erste Hochofen angeblasen: der erste volkseigene Hochofen.

Sie haben uns in einer Turnhalle untergebracht, auf Stroh: Juli und fünfzehn Tage Arbeitseinsatz, Freiwillige vor.
Eine Baustelle, Großbaustelle, bei deren Anblick ich vor Begeisterung weinte. Zwanzig Oberschüler, sechs Mädchen, einsneunundvierzig Stundenlohn, und gelaufen zur Arbeit, zu jeder Arbeit mit schnellen Schritten, kommunistischen Schnellschritten.
Immer ran. Elektrische Kabel entjuten, die dicken, von Teer klebrigen Kabel schälen, schräg und längs gewickelte Sackleinwand herunterziehen, ritsch und ritsch, sechs Stunden, sieben, acht Stunden lang. Schwarz an den Händen, Armen, im Gesicht: im Juli 1952 bauen wir am Eisenhüttenkombinat weiter, das gehört uns, das gehört denen, die es aufbauen. Straßenbetten ausheben, Fundamentgruben ausheben, märkischen Sand schippen, Loren schieben, Sand aufladen, Sand auskippen und wieder Kabel entjuten, die wir auf den dritten, den vierten Hochofen hinauftragen. Alle zwei Meter hebt einer von uns sich das Kabel auf die linke Schulter, das Kabel hochwuchten und langsam ins Gerüst hinein und langsam die schmale eiserne Treppe hinauf. Die linke Hand hält das Kabel auf der Schulter fest, mit der rechten halten wir uns am Geländer, ziehen uns am Geländer vorsichtig hoch. Und ich habe meine Tage, und die

Last auf der Schulter lockert die Muskeln im Unterleib. Tagschicht, Spätschicht, Nachtschicht, zwischendurch kaputt, müde, eingebildet auf das, was wir bauen und elektrifizieren. Was hier entsteht, kann uns keiner mehr nehmen.

Eines Abends, erledigt, geschafft wie ein Zugochse, und nie Zeit, Wäsche zu waschen, liegt auf meinem Schlafplatz eine dreckige Binde. Die hat einer aus meinem Koffer gekramt und da offen hingelegt: warum, warum, warum, warum.
Ich gehe auf einen nahen Hügel, Kiefern, Wacholder, Stubben, und setze mich hin und brüte. Wer kommt mir nach, Anton, und setzt sich neben mich und stochert in einer Ameisenstraße herum und sagt: Darf ich dir einen Kuß geben.
Nein! schreie ich. Keiner von euch, niemals!
Er schießt in die Höhe, kopfscheu, und schießt davon wie ein Hase.
Mit mir nicht! brülle ich hinterher und würde sie am liebsten alle abknallen.
Wenn ich den Namen schon höre: Anton, der mit dem dicken Gesicht, der bleibt doch bei Damenwahl glatt sitzen. Das sage ich, die beim Tanzen nie aufgefordert wird. Ich kann gar nicht tanzen, will es auch nicht können, mit euch schon gar nicht. Erst in meinen Sachen herumwühlen, und dann knutschen. Nicht mit mir! Die Baracken voller Zimmerleute und Maurer sind mir lieber als die Turnhalle voller Mitschüler auf dem Stroh.
Wir haben einen Kanonenofen aufgestellt, um Kaffeewasser zu kochen. Um diesen Ofen sitzen wir mit dem »Neuen Deutschland« in Händen, die 11. Parteikonferenz beschließt die Errichtung des Sozialismus.
»Welches Entwicklungsstadium haben wir im Jahre 1952 erreicht?

1. Die Arbeiterklasse hat im Staat die führende Rolle, sie hat das Bündnis mit der werktätigen Bauernschaft geschaffen. Die Massen des werktätigen Volkes bejahen die Deutsche Demokratische Republik und arbeiten begeistert an der Durchführung der großen Aufgaben des Fünfjahresplanes.
2. Die demokratische Staatsmacht wurde weiter gestärkt. Die Mitarbeiter des Staatsapparates lernen immer besser die Leitung des staatlichen, wirtschaftlichen und kulturellen Lebens. Die Übernahme der alten Formen und Methoden der Staatsmacht hindert jedoch die Lösung der neuen Aufgaben.
3. Der volkseigene und genossenschaftliche Sektor der Wirtschaft ist zur festen ökonomischen Grundlage der neuen Ordnung geworden. Der Anteil der volkseigenen und genossenschaftlichen Betriebe an der Bruttoproduktion der Industrie betrug im Jahre 1950 73,1 Prozent, erstieg 1951 auf 79,2 Prozent und wird Ende 1952 81 Prozent erreichen.
Diese Ziffern zeigen, daß die Beschlüsse der 1. Parteikonferenz der SED, in denen der Kampf für die Stärkung des volkseigenen Sektors mit ökonomischen Mitteln gefordert wurde, mit Erfolg durchgeführt worden sind. Auf dem Gebiete des Handels wurde der staatliche Großhandel aufgebaut und der staatliche Kleinhandel (HO) erfolgreich entwickelt.
4. In der Landwirtschaft wurden durch die Initiative der werktätigen Bauern, durch die Entwicklung der Maschinenausleihstationen und die Anwendung fortgeschrittener Erfahrungen der Agrarwissenschaft die Erträge über die Planziffern hinaus erhöht. In einer Reihe Dörfer sind Landarbeiter, werktätige Bauern und frühere Umsiedler durch eigenen freien Entschluß zur gemeinsamen Bodenbearbeitung übergegangen, um die moderne Technik besser auszunutzen. (Beifall)
Es besteht kein Zweifel, daß eine Reihe Schwierigkeiten auf der

bisherigen Stufe unserer demokratischen und wirtschaftlichen Entwicklung nicht gelöst werden konnten. Die demokratische und wirtschaftliche Entwicklung sowie das Bewußtsein der Arbeiterklasse und der Mehrheit der Werktätigen sind jedoch jetzt so weit entwickelt, daß der Aufbau des Sozialismus zur grundlegenden Aufgabe geworden ist. (Stürmischer Beifall. Die Delegierten erheben sich von den Plätzen und spenden minutenlang Beifall.) Auf dem Wege der sozialistischen Entwicklung werden wir alle bei uns vorhandenen Schwierigkeiten überwinden können.
In Übereinstimmung mit den Vorschlägen aus der Arbeiterklasse, aus der werktätigen Bauernschaft und aus anderen Kreisen der Werktätigen hat das Zentralkomitee der Sozialistischen Einheitspartei Deutschlands beschlossen, der 11. Parteikonferenz vorzuschlagen, daß in der Deutschen Demokratischen Republik der Sozialismus planmäßig aufgebaut wird. (Die Delegierten erheben sich von den Plätzen; orkanartiger, nicht enden wollender Beifall: Bravo-Rufe, Hochrufe auf das ZK.)
Die Schaffung der Grundlagen des Sozialismus entspricht den Bedürfnissen der ökonomischen Entwicklung und den Interessen der Arbeiterklasse und aller Werktätigen. Das deutsche Volk, aus dem die bedeutendsten deutschen Wissenschaftler Karl Marx und Friedrich Engels, die Begründer des wissenschaftlichen Sozialismus, hervorgegangen sind, wird unter der Führung der Arbeiterklasse in der Deutschen Demokratischen Republik die großen Ideen des Sozialismus Wirklichkeit werden lassen!«
(Stürmischer Beifall)
Die gegenwärtige Lage und die neuen Aufgaben der SED. Rede des Genossen Walter Ulbricht auf der 11. Parteikonferenz der Sozialistischen Einheitspartei Deutschlands

Niemals wird das 'n Sozialismus! Nicht mit dem Volk, was wir

sind und haben!
Kann gar nicht klappen, sind doch dieselben Leute, die eben noch vor Moskau rumgekurvt sind. Mit denen willste plötzlich 'n Sozialismus aufbauen?
Klar, die sehen doch ein, die sind doch erziehbar, die wollen doch nicht mehr so wie früher!
Deswegen hauen auch jedes Jahr fast Zweihunderttausend ab.
Ach, die Alten.
Sieh dir mal 'ne Statistik an, die Hälfte sind Junge! Und wo haste die Statistik her? Ausm Westen!
Hier sagt einem ja keiner was. Hat dir hier schon mal einer die Wahrheit verraten?
Jajajaja! Zum Beispiel haben sich sechseinhalb Millionen Westdeutsche gegen Generalvertrag, gegen Remilitarisierung ausgesprochen.
Bitte, ist das nichts?
Und das haste ausm »ND«, wa?
Nee, ausm westdeutschen Volksentscheid, wenn de nichts dagegen hast.
Also machen wir unsern Sozialismus mit jenen sechseinhalb Millionen westdeutschen Friedenskämpfern?
Quatsch nicht dämlich. Wir erbauen ihn mit unsern Menschen, mit den Arbeitern und Bauern unserer DDR.
Und wo bleiben wir Schüler?
Arbeiten, arbeiten, arbeiten, arbeiten – wie alle!
Ich hör immer arbeiten. Kriegen deswegen die Normstopper jede Nacht eins aufn Dätz, und zwar so, daß sie sich nicht mehr im Hüttenwerk zu übernachten trauen?
Warum eigentlich so hastig? Eben wollten wir noch Einheit, keine Armee, ein neutrales Deutschland, und plötzlich, haste nicht gesehen: Sozialismus.

Keine Angst. Den siehste nie, diesen Sozialismus!
Sehen wirsten schon, bloß wird er ein andres Gesicht haben.
Sagt mir mal eins: und die Bauern?
Machen mit. Die warten bloß drauf.
Kollektivierung – oder wie oder was?
Selbstverständlich. Ist doch viel vernünftiger, die Felder zusammenzulegen und gemeinsam zu bearbeiten!
Ich lach mich schief! Damit noch mehr abhauen!
Die kommen wieder.
Was willste mit großen, modernen Maschinen eigentlich anfangen, wenn de bei kleinen Streifenfeldern bleibst? Na, sag mal.
Und wo sind die Maschinen?
Die bauen wir ja gerade, du Trottel!
Leg mal was auf, so wird das Wasser fürn Kaffee nie heiß! Keine Kohlen da.
Dann besorg welche. Du bist auch mal dran, wir rennen schon genug.
Genauso wird euer Sozialismus aussehen: immer organisieren und sich dabei selber beklauen.
Halts Maul und sammel 'n bißchen Holz. Wirst doch noch Wasser zum Kochen bringen, alter Reaktionär du!

In der letzten Woche im EKO wollte die Sonne gar nicht mehr untergehen, es war eine Gluthitze, und wir haben Kalk geschippt, standen Tag für Tag in einer dicken seidigen Wolke aus Kalk. Den haben wir mit Schweiß gelöscht, der hat mir das Gesicht verbrannt bis auf die Knochen, und die Haut hing in dunkelgrauen und braunen Fetzen von Nase und Stirn. Im EKO hat keiner was gesagt, da sahen viele so aus, aber dann alleine am Ostbahnhof und auf die andern gewartet, um mit der ganzen Schule in den Harz zu fahren, also reisefertig: es war eine Qual,

die Leute sind buchstäblich stehengeblieben und um mich herumgegangen und haben mein Gesicht unter Augenschein genommen, sowas Versengtes war ihnen wohl noch nicht begegnet, mit Lepra hätte ich nicht schlimmer aussehen können.
Ich hole mir am Bahnhofskiosk einen Flachmann und setze die Flasche an. Daraufhin zogen sich einige meiner Betrachter zurück.
Du sagst, Concordia, die Schule sei gerade das Richtige für mich, weil ich hier zu Idealen erzogen werde. Mal abgesehen davon, daß sich das nach Idealismus anhört und recht bürgerlich klingt: ich habe darüber nachgedacht, welche Ideale du meinen könntest. Zum Beispiel die Fahnenworte der Französischen Revolution: Gleichheit, Freiheit, Brüderlichkeit! Das finde ich erstrebenswert. Und den Aufbau des Kommunismus: Jeder nach seinen Fähigkeiten – Jedem nach seinen Bedürfnissen!
Ich bin auch überzeugt davon, daß wir das schaffen, obwohl unser Geschichtslehrer, er hat mal Philosophie studiert, neulich gesagt hat: Wir können uns die Vollkommenheit zum Ziel setzen, erreichen werden wir sie nie. Das Absolute gebe es nämlich gar nicht.

Große Ferien in Thale. Alle Schüler sind in einem Gasthof untergebracht. Den Tanzsaal hatten sie mit Stroh aufgeschüttet, und wir lagen mit den Köpfen zur Wand, den Füßen zur Saalmitte. Ein breiter Gang, der täglich gefegt werden mußte, trennte die Jungen von der Mädchenseite. Unsere Erziehung ließ es nicht zu, daß einer bei Nacht die Fronten wechselte.
Ich lag wach und kriegte meine Füße nicht warm. Deshalb zog ich die Decke vom Fußende weg und hüllte die Füße ganz in das weiche, splittrige, zerlegene Stroh. Der Mond schien zu den hohen Saalfenstern herein und warf leichte, weiche Schatten. Ich

hörte meine Schulkameraden atmen, schnarchen, sich drehen und wenden. Ich hatte kein Gefühl mehr in Hacken und Zehen, kroch zu meinem Rucksack und tastete und kramte nach einem Paar Socken, als mir jemand die Hand auf den Rücken legte und »Psscht!« machte. Obwohl ich die ganze Zeit die Augen offengehalten hatte, hockte jemand hinter mir, muß sich mir jemand genähert haben, erschreckte mich jemand. Es war Paula Schütz, die herangeschlichen war, mir ihre Hand auf den Mund legte und sich lautlos auf meinem Lager niederließ. Ihr Gesicht war von Tränen überströmt. Ich zog mir die Strümpfe über und rutschte wieder unter die Decke.

Was ist los? Bist du krank?
Leise, leise! Es darf uns niemand hören.
Die schlafen alle.
Du hast auch nicht geschlafen.
Nein, aber ich würde gern. Bin hundemüde.
Ich muß mit dir reden, ich halts nicht mehr aus.
Jetzt, mitten in der Nacht?
Sofort, ich kann nicht mehr. Wenn du mir nicht zuhörst, häng ich mich auf.
Langsam. Nun sag schon, was ist.
Kannst du schweigen?
Kommt darauf an.
Du mußt es mir versprechen.
So schlimm kann es doch nicht sein. Was hast du?
Hier geht es nicht, irgendjemand hört zu.
Wenn es hier nicht geht, dann morgen.
Ich überstehe die Nacht nicht, glaube mir doch.
Also rede!
Nein!

Dann geh in dein Bett. Mir fallen die Augen zu.
Komm mit aufs Klo!
Hilfe, mit meinen Füßen auch noch übern Hof.
Bitte, ich werds dir nie vergessen. Ich brauche deine Hilfe.
Auf Socken, auf Zehenspitzen, im Storchengang und mit angehaltenem Atem schlichen wir uns rüber zu den stinkenden Kneipentoiletten. Ich hatte Schüttelfrost und war fast wütend, aber Paula weinte vor sich hin.
Na dann, nun red schon.
Aber bloß, wenn du mich nie und niemandem verrätst.
Entweder brauchst du mich oder nicht. Hier steh ich, und wahrscheinlich hole ich mir deinetwegen eine Lungenentzündung.
Das ist nichts gegen das, was mich kaputtmacht.
Ich sags nicht weiter, bestimmt nicht. Aber nun komm auch zur Sache.
Meine Eltern wollen nach dem Westen abhauen!
Verdammt. Und du?
Ich bleibe hier.
Na, dann ist ja alles in Ordnung.
Nichts ist in Ordnung, denn sie beackern mich dauernd, sie lassen mir keine Ruhe.
Wenn du doch fest entschlossen bist.
Ich will nicht mit, aber ich habe mich doch schon strafbar gemacht.
Wieso?
Weil ich es weiß und weil ich sie nicht anzeige.
Stimmt. Aber du kannst einfach so tun, als hättest du es nicht gewußt.
Ich fühle mich schuldig. Ich renne rum, weiß, daß sie packen, und sage nichts. Was denkst du, wie sie mich ausfragen werden, wenns rauskommt. Ich fliege bestimmt von der Schule.

Wer weiß noch davon? Meine Großmutter.
Meinst du, sie tratscht viel herum?
Nein, sie bleibt auch hier.
Es ist nicht gut, daß du es mir erzählt hast. Aber besser mir als andern. Ich werde den Mund halten, das verspreche ich dir. Aber du? Wirst du es schaffen? Kein Wort, wenn sie dich durch den Wolf drehen?
Ich weiß nicht.
Du mußt da durch. Ich stehe dir irgendwie bei, aber wenn du was sagst, verrätst du auch mich.
Ich werde schweigen. Ich stelle es so dar, als sei ich vollkommen überrascht worden. Aber da ist noch was.
Was denn noch?
Meine Eltern lösen die Wohnung auf. Sie verkaufen alles, was sie noch loswerden können, also merken es die Leute. Und die werden behaupten, ich hätte beizeiten Bescheid gewußt.
Moment. Haben deine Eltern irgendwas auf dem Kerbholz?
Nein, gar nichts.
Warum wollen sie dann abhauen?
Weil alle rübergehen. Sie haben sich anstecken lassen, weiter nichts.
Sie haben keinen Grund?
Nein. Bloß meine Mutter hat immer gedrängelt, sie wolle zu ihrem Vater rüber nach Niedersachsen. In Wirklichkeit gehts ihr nur ums Einkaufen, weil man da mehr Zeug kriegt.
Wo soll denn dann dein Zuhause sein, wenn sie weggehen?
Na, bei meiner Großmutter.
Ab wann? Wann gehen sie rüber?
In drei, vier Wochen.
Die sind ja verrückt. Bis dahin weiß es die ganze Gemeinde.
Ich kanns doch nicht ändern. Und sie wollen mich mithaben.

Wenn du nicht willst, bleibst du hier. Paß auf: mach aber auch, was ich dir sage! Wenn sie schon ihre Sachen hierhin und dahin schaffen, dann sollen sie dein gesamtes Zeug zu deiner Großmutter bringen. Alles, was dir gehört, langsam zur Großmutter. Und du! Du wirst deine Eltern nicht mehr besuchen! Halte dich von ihrer Wohnung fern! Laß sie auch nicht ins Internat kommen, laß dich nicht mehr mit ihnen sehen, nirgends!
Willst du mir verbieten, mich von ihnen zu verabschieden?
Ja, das ist deine einzige Chance. Jeden Kontakt abbrechen, sofort. Karten noch von hier aus den Ferien, aber kein Zusammentreffen mehr.
Sie werden mir schreiben, Briefe ins Internat.
Die schickst du zurück. Nimm sie gar nicht erst an. Zurück in den Kasten.
Sie werden kommen und mich draußen abfangen.
Keine Angst. Die werden sich hüten, viel zu unternehmen, schon gar nicht auf unserm Terrain.
Und ich soll nicht mal Aufwiedersehen sagen?
Nein!
Vielleicht sehe ich sie nie wieder.
Nicht zu ändern. Du hast gesagt, du willst bleiben. Du willst sie nicht anzeigen, also halte dich fern. Alles Wichtige läuft ab jetzt über deine Großmutter. Die wird sich schon melden, wenn deine Eltern weg sind. Geh zu der und sag ihr, sie soll dein Zeug übernehmen. Und sie soll nicht quatschen.
Wird sie nicht tun. Es ist doch ihr Sohn, der abhaut. Den verrät sie nicht.
Und jetzt in die Klappe. Wirst du schlafen können?
Weiß ich nicht. Und wenn ich sie wirklich nie wiedersehe?
Das ist eure Sache, hättet ihr früher und euch gemeinsam überle-

gen sollen. Außerdem dauert die Spaltung nicht ewig. Nimms als Übergangszeit, ich komme auch ohne Eltern aus.
Kommt mir grausam vor, was du sagst.
Hast du mich um Rat gebeten?
Ja, aber so rigoros vorzugehen.
Alles andere geht in die Binsen. Keine Verbindung mehr, und wenn du dich bei uns in den Zimmern aufhältst, bis sie weg sind. Stell dich krank, leg dich zu Tante Lydia ins Krankenzimmer!
Da gehöre ich sowieso schon hin.
Du hast mich da reingezogen. Ich dürfte das alles gar nicht wissen, ich dürfte es nicht verschweigen. Du hast mich in Gefahr gebracht, nun mach auch, wozu ich dir geraten habe. Leugne Stein und Bein, wenn sie dich anschließend vorknöpfen!
Abgemacht!

ausgerechnet zu mir kommt sie, wenn die mich reinlegt, ich bin doch krank im Kopf, ogottogott, und immer so blöde und unüberlegt und vertrauensselig, ich werde nie in die Partei aufgenommen, wenn ich solche Sachen mache, reinste Kollaboration, bloß weil sie nicht den Mund halten kann, weil sies nicht alleine durchsteht, was geht denn mich das an, wenn ihre Eltern abhauen, melden müßte ich das, na, fällt mir ja nicht ein, soll jeder machen, was er will
ich hab überhaupt nichts dagegen, wenn sich die Spreu vom Weizen trennt, sollen sie rüberlaufen, wir sind dann die Plage los, ich halte das noch für die beste Form, mit den Nazis und Mitläufern und Reaktionären und Feinden und Kriegsverbrechern fertig zu werden, die richten keinen Schaden mehr an, wenn sie weg sind, die brauchen wir nicht zu bitten, zu betteln, zu überzeugen, zu überprüfen, weg, ab, und basta
nur daß so viele Bauern gehen, gefällt mir nicht, das ganze Ge-

quatsche von Scholle und Heimat, alles Lüge, und drüben sitzen sie im Flüchtlingslager wie Bettler, ich gönns ihnen, wenn sie unbedingt Dreck fressen wollen, bitte, wir haben Luft und können in Ruhe und mit zuverlässigen Menschen neu aufbauen
ob ich Paula vertrauen kann, ich hab immer vertraut, bin immer gut damit gefahren
und was ist mit der steten revolutionären Wachsamkeit, Herrschaftsechser, und ich will Kandidatin werden, das muß ich erstmal noch verschieben
drei Kreuze, wenn die Eltern drüben sind, man sollte ihnen Angst machen, damit sie sich beeilen, was denken sie sich eigentlich dabei, ihre Tochter so in Verzweiflung zu stürzen, ach, hört mir alle auf mit Elternliebe, der reinste Egoismus, wenn Paula bloß durchhält

Lage: die Anhöhe x ist dicht bewaldet, Fichten, bis zum Fuße durch Unterholz und Strauchwerk gesichert. Nach Norden wellige, aber flache Abhänge m, ein steiniges Bachbett y. Das Wasser ist ziemlich zurückgegangen. Unterhalb der Anhöhe liegt im Norden eine geschotterte Straße z, die bald nach rechts abbiegt, sich von der Höhe x entfernt und zwischen Maisfeldern zu einem Dorf führt.
Nach Süden ist die Anhöhe durch eine relativ steile Wand n begrenzt. Zwischen den Gesteinsschichten wachsen nur kärgliche Bäume und Sträucher. Die Wand n ist naß von heraussickerndem Quellwasser, das sich unterhalb von n in einem Weggraben sammelt.
Unterhalb der Steilwand n verläuft ein Waldweg o. Jenseits dieses Wegs o betreten wir wieder Wald, Buchenwald, der nur von jenem Bach durchflossen wird, der die Höhe über m verlassen und dabei halb umrundet hat.

Das im Graben sich sammelnde Quellwasser unterquert den Waldweg und fließt ein Stück vom Bergfuß entfernt in den obengenannten Bach y.
Karten und Aufzeichnungen bei sich zu tragen ist strengstens verboten!
Nachdem wir uns mit der Gegend bekanntgemacht haben, stehen wir anderntags früh auf, marschieren in drei getrennten Gruppen ab in Richtung Höhe x.
Die Einheit b (rote Bändchen) erhält einen Vorsprung von einer Stunde. Ich gehöre zu dieser Einheit und werde einem dreiköpfigen Spähtrupp zugeteilt. Der Spähtrupp kriegt den Befehl
1.) die Einheit c (rosa Bändchen) zu finden
2.) die feindlichen Linien zu durchbrechen
3.) auszuspionieren, wo der Feind am schwächsten ist
4.) die Einheit c (rosa Bändchen) abzufangen
5.) sie sicher auf die Anhöhe x zu bringen.
Wir drei vom Spähtrupp ziehen uns zur Beratung zurück.
Die Einheit a (weiße Bändchen) belagert inzwischen die Einheit b (rote Bändchen) auf der Anhöhe x. Die Einheit b (rote Bändchen) verteidigt sich und die Höhe x, sie versucht einen Ausfall, sie erwartet Entsatz durch die Einheit c (rosa Bändchen), auf die sie sich nicht verlassen kann.
Fragen: Soll die Einheit b (rote Bändchen) sich verschanzen und warten? Soll b (rote Bändchen) die Höhe verlassen und ausfallen? Wie könnte die Einheit b (rote Bändchen) die Anhöhe halten und die Einheit a (weiße Bändchen) trotzdem vernichtend schlagen?
Die Einheit a (weiße Bändchen) hat den Ring um den Fuß der Anhöhe x fast geschlossen. Ihre Aufgabe besteht darin, die Höhe zu stürmen und die Einheit b (rote Bändchen) zu besiegen. mindestens zu zerstreuen.

Fragen: Soll die Einheit A (weiße Bändchen) die Einheit B (rote Bändchen) aushungern? Soll A (weiße Bändchen) versuchen, die Hilfe durch C (rosa Bändchen) abzufangen, um dann die Höhe x zu nehmen? Oder soll A (weiße Bändchen) in einem Überraschungsangriff die Höhe x gleich stürmen?
Die Einheit C (rosa Bändchen), müde, zerschlagen, aufgerieben, mithin nur noch halbe Stärke, hat den Auftrag, die Einheit B (rote Bändchen) mit Versorgungsgütern zu versorgen (Rucksack mit zwei Mauersteinen drin); bei Eintreffen auf der Höhe x hat sich die Einheit C (rosa Bändchen) dem Befehl der Gruppe B (rote Bändchen) zu unterwerfen.
Fragen: Wie durchbricht C (rosa Bändchen) den Ring von A (weiße Bändchen)? Wie gelingt es C (rosa Bändchen), die Anhöhe zu erklimmen?

»Das neue Deutschland braucht gesunde und willensstarke Menschen.«
Walter Ulbricht

Heh, macht euch fein, werft euch in Schale! Die haben uns eingeladen!
Wer?
Die Walzwerker, Thale, Stahl- und Walzwerk Thale, sagt euch das nichts?
Was soll es uns sagen, wir habens ja täglich vor der Nase.
Na, heute gehen wir rein. Große Festlichkeit im Kultursaal.
Macht fix, zieht euch an.
Wer hat uns eigentlich eingeladen?
Die Lehrlinge, ist doch klar.
Ich denke, die Walzwerker.
Mensch, die haben Familie und Schicht und Versammlung, die

haben keine Zeit für uns. Was willst du auch mit den alten Knackern.
Und was soll gefeiert werden?
Weiß ich? Brauchen wir einen Grund? Erst stellen wir unsern Chor auf, dann die ihren. Anschließend Tanz und Trara.
Und Hawelka?
Nix Hawelka. Der hats doch angeleiert, der hats organisiert.
Auch das Tanzen?
Aber ja! Wo denkt ihr hin! Zuerst natürlich 'n bißchen Kultur und Reden halten – aber dann!
Alles klar und los!
Ich dräng'l mich doch jetzt nicht an den Wasserhähnen rum.
Bring mir 'n nasses Handtuch mit, und leih mir mal deinen Kamm.
Und was singen wir?
»S'ist Feierabend«.
Da rennen die gleich weg, wenn wir mit so 'ner langweiligen Schose ankommen.
Was Militärisches?
Lieber nicht. Die sind in der Provinz noch nicht so weit, sind noch nicht reif für 'n richtiges Kampflied.
Woher weißte denn das?

Und der Saal geputzt und geschmückt und ausgekleidet, und die Wand hinter der kleinen Bühne ganz in Rot, mit roten Tüchern ausgeschlagen, und eine Losung, die Buchstaben bißchen schief: UNSERE KRÄFTE SIND UNERSCHÖPFLICH, und eine Riesentanzfläche freigelassen, und die sauberen Tische mit je vier Stühlen am Rand aufgereiht, und die Theke mit Brause und Bier, und auf der Bühne rechts in der Ecke Instrumente aufgetürmt, ein Baß ist zu sehen, ein Akkordeon, eine richtige Pauke.

Leute, die haben was mit uns vor. Das sind Kerle, die da kommen.
Sehen gar nicht wie Lehrlinge aus.
Da sind auch 'n paar Spirrige dazwischen.
Für unsre Neunte.
Aber sonst: na ausgewachsene Männer, wie ich sehe.
Wie findste die Mädchen?
Angemalt – und wie! Wie die gehen! Wie die sich angezogen haben, Hilfe!
Lasse doch.
Ein Mann betritt die Bühne, sicher ein Lehrausbilder, Falten kreuz und quer im Gesicht. Der liest erstmal was ab.
»Wir verringern den Abstand«, sagt er.
Gelächter; er bleibt stocksteif.
»Der Vorsprung zwischen uns und den Walzwerkern von Kirchmöser und Hettstett wird geringer«, sagt er. »Wir holen auf. Die Kumpel von Kirchmöser halten mit ihren 116,96 Prozent natürlich immer noch die Spitze, gefolgt von den Hettstedtern, 115,3 Prozent, aber wir kommen, wir sind ihnen auf den Fersen!«
Die Lehrlinge schwatzen. Einer nach dem andern geht an die Theke und schleppt einen Arm voll Bierflaschen an seinen Tisch. Wir sitzen still und sagen keinen Ton. Hawelka sitzt ebenfalls still und sagt keinen Ton.
»Wir in Thale haben bei dem gegenwärtigen Stand von 80,6 Prozent Planerfüllung noch alle Aussichten, im Wettbewerb um die Ausbringung von Walzstahl aus Rohblöcken aufzuholen, ja, die anderen zu überholen!«
Beifall; das Klatschen nimmt kein Ende und nimmt langsam den Charakter einer echten Störmaßnahme an. Hawelka sieht sich um, er ist verwirrt.

Der Redner sagt noch was von Maxhütte und Hennigsdorf; der Jubel brandet die Wände hoch und bringt die Flaschen zum Wackeln. Da legt der Redner seine Zähne bloß und klatscht mit, und alle klatschen. Er winkt kurz von der Bühne runter und geht ab.

Dann kommt ein Junger, ein Lehrling vielleicht. Begeistert ruft er in den Saal: »Das geht uns an! Euch und uns! Schüler, Lehrlinge, Jungarbeiter!«
Jaahaaa! Hier sind wir!
»Mund halten! Quatschen könnt ihr nachher! Also: in Berlin hat der Ministerrat eine neue Organisation gegründet! Für uns! Die Organisation ›Dienst für Deutschland‹. Hört zu! Erstens ist es für alle freiwillig, da mitzumachen. Zweitens ist es der begeisterte und massenhafte Einsatz unserer Jugend in neuen Betrieben und auf Großbaustellen. Wer siebzehn ist, kann mitmachen. Wir werden in großen Lagern zusammenleben, Jungen und Mädchen!« (Beifall) »Wir werden die Großbauten des Sozialismus errichten! Jeder für ein halbes Jahr zum ›Dienst für Deutschland‹!
Natürlich wollt ihr mehr über die Bedingungen wissen. Für dieses halbe Jahr werdet ihr eingekleidet, kriegt eine Unterkunft, volle Verpflegung und eine Mark Taschengeld täglich zusätzlich. Für Sportwettkämpfe, Kino, Unterhaltung, für alles wird gesorgt. Überlegt es euch! Mal 'n halbes Jahr weg von Zuhause, ist das nichts? Fachliche Weiterbildung wird garantiert, ist das nichts? Da packen wir an und lernen gleichzeitig unsre deutsche Heimat kennen. Nun? Sagt was!« Wir von der Schule klatschen erstmal. Wir sehen zu Hawelka rüber, fragend, ob das auch für uns in Frage kommt. Er schüttelt ganz leicht den Kopf. Das bemerken nur wir. Die anderen reden durcheinander; an den

Tischen herrschen Aufregung, Gelächter, Geschwätz. Es ist kein Wort zu verstehen.
Dann läuft ein Lehrling spornstreichs nach vorne und ruft von der Bühne: »Ich melde mich freiwillig! Ich will aktiv am Aufbau des Sozialismus teilnehmen! Ich verpflichte mich, nach Vollendung meines 17. Lebensjahres der Organisation ›Dienst für Deutschland‹ beizutreten!«
Viele andere folgen ihm. Eine Welle der Selbstverpflichtung läuft durch den Saal.
Laurids gibt eine Stille Post auf, sie geht von Tisch zu Tisch: »Chor fertigmachen zum Auftritt!« Wir fahren uns über die Scheitel, stecken die Blusen in die Röcke, hüsteln, haben uns noch immer nicht getraut, was zu trinken zu holen. Aber aus dem Auftritt wird nichts.
Wieder springt ein Jungarbeiter auf die Bühne, keine zwanzig Jahre alt. Er lacht und sagt laut: »Auch ich beteilige mich am ›Dienst für Deutschland‹. Sowie es losgeht, bin ich zur Stelle. Endlich habe ich die Gelegenheit, meine Kräfte nicht nur in einem Schwerpunktbetrieb des Sozialismus einzusetzen, sondern auch meine Verteidigungsbereitschaft zu erhöhen. Für ein eigenes wahres friedliches Vaterland! Und nun laden wir unsere jungen Gäste von der Oberschule zum Tanz!«

Concordia und ich:
Arbeitsdienst!
Na und?
Hatten wir schon mal.
Ist ja wohl 'n himmelweiter Unterschied, ob man sich für Hitlers Rüstungsindustrie einspannen läßt oder für 'n Sozialismus.
Ihr seid es doch, die mit Gewehr im Anschlag Paraden vorführen.

Wir sind es aber auch, die Talsperren bauen, Hüttenkombinate und Walzwerke.
Für wen?
Ganz einfach: für uns.
Daß ich nicht lache.
Es ist nicht nur für uns, es gehört uns. Hast du schon mal was von Volkseigentum gehört?
Staatseigentum meinst du wohl?
Ich habe gesagt, Volkseigentum! Unsers! Verstehst du!
Euers ist erstmal, was ein blindes Huhn bei Nacht sieht.
Wir machen den »Dienst für Deutschland«, und damit du es genau weißt: wir reißen uns drum.
Die Jugend im Krieg hat sich beim Arbeitsdienst auch drum gerissen.
Ich laß mich nicht länger mit Nazis und Faschisten vergleichen.
Warum haben sie sich denn drum gerissen? Weil sie verführt und aufgehetzt waren, deswegen!
Und ihr seid nicht verführt und aufgehetzt?
Für was hältst du uns eigentlich? Für Schlachtvieh, Kanonenfutter, Idioten? Für Dummköpfe, die nicht nachdenken können?
Ihr habt weder Zeit noch Ruhe zum Nachdenken.
Mindestens haben wir darüber nachgedacht, was ihr im Kaukasus zu suchen hattet. Und das war uns 'ne Lehre!

da kam eine Frau
 – fußlos

Wir litten unter Platzmangel und hatten gegenüber der Mauer, die das Schulgelände vom Dorf abschirmte, bei einer privaten Hausbesitzerin noch zwei Zimmer hinzugemietet. Obwohl es uns nicht gehörte, nannten wir es einfach Haus sieben. Die Wirtin war eine rundliche Pensionärin, die vom Verkauf ihrer Schmuckstücke lebte. Vier Mädchen meiner Klasse, der elften, darunter Irene und ich, bezogen einen Tag vor Unterrichtsbeginn Haus sieben. Obwohl uns die Hausbesitzerin nicht oft in die Quere kam, fühlte ich mich in ihrem Privathaushalt nicht wohl und bemühte mich mit Anstrengung um das Einzelzimmer in Haus zwei.

Es gibt kein Mädchen, das ich besser verstehe als Dürers Melencolia. Mit diesem Irrsinn in den Augen, und wie sie wegstiert. Warum, für wen, wozu noch aufstehen und fliegen und wohin überhaupt? An jedem anderen Ziel würde es genauso sein wie hier – nicht nur wegen der Finsternis in ihrem Kopf. Es ist einfach alles dunkel und undurchsichtig und unveränderbar, weil sie es mit ihren Vorstellungen vergleicht, mit dem, was sie sich vorher ausgemalt hat. So kann sie auch gleich bleiben, wo und wie sie ist. Sie braucht gar nicht erst aufzuräumen: sinnloses Herumfuhrwerken, wie lächerlich! Hierhinlaufen, dorthinkriechen, alles aufheben, um es irgendwo anders abzulegen? Oder widerspruchslos nur das machen, was Tages- und Stundenplan vorschreiben? Das sind alles keine Taten. Sinnloser Zeitvertreib, um nichts zu tun. Der kleine steinerne Engel neben ihr scheint Schularbeiten zu machen, oder auch er tut nur so, als ob er etwas täte. Melencolia ist nicht stumpfsinnig, sie ist gelähmt. Es ist eben alles grau in grau, und ich glaube, ihr graut vor was.

Das Schuljahr hatte kaum begonnen, da erwarteten wir Gäste. Am ersten Wochenende im September strömten sie herbei zum »Tag der Offenen Tür«, der bei uns aus zwei Tagen bestand. An diesen zwei Tagen hatten wir Eltern, Großeltern, Geschwister und Bekannte zu betreuen. Wir führten ihnen unsere Häuser, Klassenräume, die Gärten und alle schulischen Einrichtungen vor. Sie stöberten in den Ecken herum, rissen jede Tür auf. Später unterhielten wir sie mit Sportwettkämpfen. Gegen Abend trat das Volkskunstensemble auf. Nach einem gemeinsamen Abendbrot luden wir im Speisesaal zum Tanz ein. Zwei oder drei Radioapparate lieferten die Musik dazu. Die meisten Verwandten hatten, wenn Walzer und Schieber einsetzten, längst die Bahn nach Hause genommen. Beim Foxtrott waren wir endgültig unter uns. Manche Besucher erschienen erst am Sonntag, andere traten die Reise zweimal an.

Die Volleyballmannschaft war also aufgestellt, das Mandolinenorchester hatte seine Instrumente geputzt, die Volkstanzgruppe hatte ihre Röcke und Blusen gebügelt. Wer von den Jungs nicht zurechtkam, bat ein Mädchen darum, die Trachtenhose in Schuß zu bringen. Ich sang im Chor mit und summte seit Tagen »Zogen einst fünf wilde Schwähäne« vor mich hin. Dabei lächelte ich genau so, wie es Laurids, unser Dirigent, bei den langen Proben verlangt hatte.

Als ich am Sonnabendmorgen vom Frühstück kam, begegneten mir vor Haus sieben die ersten Besucher. Beladen mit Netzen, Taschen, Beuteln, Paketen, strebten sie von der Kleinbahn her die Straße hinauf, keuchten unter ihren Lasten und schwatzten die Mauer entlang. Am Haupteingang verschwanden sie; nach einer Weile tauchten sie wieder auf dem Waldweg auf, der hinauf zu den Häusern vier, fünf und sechs führte.

Ich ging langsam hinterher zu Haus fünf, um die Verwandten

meiner Klassenkameradinnen zu begrüßen. Die Fragen, Ausrufe, Bemerkungen, Tadel zur Einrichtung mußten mittlerweile gefallen sein.

Auf den Tischen häuften sich gefaltete Wäsche und Lebensmittel. Es roch nach Chlor und Streuselkuchen. Die Mütter, viele von ihnen Bauersfrauen, kannten einander schon. Sie packten aus und zeigten herum und boten an und begutachteten, was sie mitgebracht hatten. Die Mädchen liefen mit vollem Mund herum, Berta probierte einen neuen Rock an. Zwischen Tomaten und Pflaumen tauchte Wurst auf. Ein Ei rollte vom Tisch und platzte. Es wurde mit Hilfe eines Schreibheftdeckels abgehoben und auf eine Untertasse balanciert. Wir waren versessen auf rohe Eier, die wir mit Zucker zu Schaum schlugen.

Immer am »Tag der Offenen Tür« wußte ich schlecht, wohin mit mir. Bevor ich ausrückte vor den Eltern und Verwandten und mich in Haus sieben einriegelte, beteiligte ich mich an den heftigen Diskussionen zwischen Vätern, Müttern und Schülern.

Soviel ich weiß, hat uns der Alte Fritz beizeiten beigebracht, wie man Kartoffeln legt, und das hat bis jetzt zwischen Berlin und Seelow, zwischen Oderbruch und Ückermünde auch geklappt.
Ja, und seit Wochen halten sie uns in Atem mit ihren neuen Methoden. Kartoffeln, Kartoffeln! Klar – aber glauben die, wir haben keine Ahnung? Glauben die, wir wissen nicht, wie man Kartoffeln in die Erde steckt?
Alles falsch gewesen, jetzt ist das alles falsch gewesen. Ich habe zu meinem Mann gesagt: Sollen sie uns anständige Saatkartoffeln geben, dann liefern wir auch mehr ab, dann erhöhen wir die Ernte, anders nicht.
Ganz wie bei uns, wenn Sie auf das sogenannte Quadratnest-

pflanzverfahren anspielen. Das haben Sie doch im Auge – oder irre ich mich?
Sie irren sich nicht!
Wie in Heinersdorf. Da ist nämlich ein Instrukteur von der MAS bei uns gewesen, und schon gings los. Sagen wir: Das Soll ist zu hoch, ist nicht zu schaffen, sagt er: Tjaa, mit euren veralteten Methoden natürlich nicht, nehmt mal das Nestpflanzverfahren zum Beispiel. Ich daraufhin: Wie? Wozu plötzlich Nestverfahren? Wieso holen wir da mehr ausm Acker raus? Und der Instrukteur, so ein rothaariger, dünner, knochiger: Weil ihr dann die Felder kreuz und quer bearbeiten könnt, weil ihr dann von allen Seiten an die Stauden rankommt.
Daß ich nicht lache! Ein Kartoffelfeld ist doch kein Tanzboden! Ich weiche keinen Finger breit von der erfahrenen Art: setzen, häufeln, hacken, roden. Und alles schön der Furche nach, basta!
Genau, und darauf hat er mir geantwortet: Die alten Furchen sind aus und vorbei. Ab jetzt können wir die Äcker mit allergrößten Maschinen bearbeiten, und die fahren dann nach dem neuen Verfahren einmal längs und einmal quer übers Feld. Hm! Was brauchen wir Maschinen, wir zwei beide, mein Mann und ich? Lohnt sich da überhaupt der Einsatz einer großen Maschine? Und sammelt sich nicht das Regenwasser in den Pflanzlöchern, hier, wo es dauernd regnet? Wer weiß, wo sie das ausbaldowert haben, vielleicht in ihrem Kaukasus.
Der Kaukasus ist ein Gebirge, da wachsen keine Kartoffeln.
Dann meinetwegen auf der Krim, wo immer die Sonne scheint.
Die kommen überhaupt jeden Tag mit was Neuem an. Mal Nestpflanzverfahren, mal Rinderoffenställe, mal Getreide vorkeimen. Bleib ruhig, habe ich zu meiner Frau gesagt, laß sie mal machen. Alle dreiviertel Meter ein Loch? Drei oder vier Kartoffeln gleichzeitig rein? Angeblich Dünger sparen? Mit uns nicht! Wir

gehören nicht zu denen, die ihre Saatkartoffeln anreißen oder aufessen oder verkaufen. Die werden im Herbst beiseite gelegt, und wenn wir Brennesselsuppe essen. Da geht keiner ran. Wer nämlich seine eigenen Saatkartoffeln hat, dem kann nichts passieren.

Sie werden sich umsehen, wenn die Felder erst zusammengelegt werden und Ihre Saatkartoffeln auf einem allgemeinen kollektiven Haufen landen. Dann werden Sie sich aber wundern.

Ich höre immer Maschinen, Maschinen! Wo sind denn die vielgepriesenen Maschinen? Ich seh' keine. Und schon gar keine Maschinen, um längs und quer über einen Kartoffelacker zu fahren. Maschinen! Die sollen sie mir erstmal zeigen!

Jaa, wo sind denn die Maschinen?

In Moskau auf 'm Güterbahnhof, haha!

Ich bitte Sie, die Russen brauchen ihre Maschinen selber. Die sind noch froh, wenn wir ihnen welche bauen und hinschicken.

Diese Rinderoffenställe, will ich mal sagen, sind gar keine schlechte Idee. Erstens ist die Erfindung nicht neu. Zweitens gibts kein Baumaterial. Drittens halten Kühe eine Menge aus. Die können ohne weiteres draußen bleiben.

Wann? Im Winter? Bei Schnee und Kälte?

Die Milch möchte ich sehen. Eis am Stiel – oder was?

Abends saß ich unaufgefordert herum: drei Reihen Stühle an den Wänden, ich hockte gegenüber der Fensterfront, allein zwischen leeren Stühlen, mich holte keiner zum Tanzen.

Dann betrat Fräulein Gerloff den Saal. Lächelnd sah sie sich um, kam auf mich zu, setzte sich neben mich und beobachtete eine Weile die Tanzenden. Ohne eine Miene zu verziehen oder das Lächeln abzustreifen, drehte sie sich um und sagte: Was ist denn heute los mit dir?

Ich sagte: Ich bin schon den ganzen Tag so niedergeschlagen, und hier wird alles noch schlimmer.
Fräulein Gerloff strich mir über den Rücken und sagte: Weil keiner mit dir tanzt.
Ich könnte dauernd heulen, sagte ich. Fräulein Gerloff winkelte die Arme an, schob die Hände nach hinten und steckte sich die Bluse tiefer in den Rock. Ich erschrak, weil ich dachte, sie will mit mir tanzen.
Das gibt es manchmal, daß man sich selber nicht leiden kann, sagte sie. Vielleicht hast du ein melancholisches Temperament. Das kommt von der Schwarzen Galle, und die fließt besser ab, wenn du Kamillentee trinkst. Auch Brunnenkresse kann Wunder wirken.

>   Hallo, kleines Fräulein,
>   haben Sie heut Zeit,
>   mit mir auszugehen,
>   nur zum Zeitvertreib?
>   Wir gehen über Felder,
>   streifen durch den Wald,
>   kein Mensch wird uns sehen,
>   weder Jung noch Alt.

Schwermut hat doch viel mehr mit dem Denken und mit Einbildungen zu tun als mit der Gallenblase, sagte ich. Und wenn wir schon von Brunnenkresse sprechen: Was halten Sie denn von der Melencolia Dürers? Sie trägt einen Kranz aus Heilkräutern auf dem Kopf, die Kresse ist dabei. Half ihr das? Offenbar nicht. Mir kommen die medizinischen Stengel wie reiner Schmuck und Firlefanz vor. Melencolia kauert da zwischen zerstreutem Werkzeug und ist selbst mehr als zerstreut. Aus der vollkommenen Unordnung heraus blickt sie ins Leere, in die Weite. Und diese Weite ist gar nicht so weit weg. Sie ist mit auf dem

Bild, so nahe, daß Melencolia schon weiß, was sie dort erwarten würde. Ihr käme es also einfach sinnlos vor, überhaupt noch Hobel oder Meßlatte in die Hand zu nehmen. Was sie auch bauen oder brauen würde, es wäre nicht das bei rausgekommen, was sie sich vorgestellt hatte.
Fräulein Gerloff blieb ruhig. Sie sagte: Die Vorfreude ist das wirkliche Weihnachten, das weiß schon jedes Kind.
> Wenn es dann schon dunkel,
> Stern um Stern uns lacht,
> werde ich dich küssen,
> halt im Arm dich sacht.
> Dann sind wir so selig,
> wie im Paradies.
> Gisela, ich lieb dich,
> du bist süß.

Selbst Geldtasche und Schlüssel hängen ihr liederlich am Kleid runter, unordentlich, sie haben jeglichen Sinn verloren, sagte ich. Melencolia will nichts haben, nichts hüten, nichts beherrschen, nichts tun und fragt nichtmal mehr, wozu oder warum nicht. Dabei kommt ihre Trübsal bestimmt nicht aus mangelnder Kenntnis, im Gegenteil. Sie weiß schon alles. Sie kennt das Ergebnis ihrer Unternehmungen im voraus, das Ende ist gegenwärtig. Deswegen tut sie nichts anderes mehr als hocken, grübeln, sinnieren, brüten. Dieser Melencolia geht kein Licht mehr auf. Die Wasserwaage ist ausgeglichen, die Sanduhr abgelaufen. Keiner wird mehr an der Glocke ziehen oder die Leiter raufsteigen, um nach dem Wetter zu schauen. Es hat überhaupt aufgehört zu wettern, es passiert nichts mehr. Die Flügel sind nur Zierde, sie könnten von Hühnern sein, denn sie tragen nicht.
Die Gerloff hatte ihr Lächeln aufgegeben. Ich erwartete jeden Augenblick, sie verzweifelt seufzen oder einen unkontrollierten

Schrei voller Trostlosigkeit ausstoßen zu hören. Sie sagte aber nur: Ich kann ja verstehen, daß du mit Hochmut reagierst, wenn den ganzen Abend sich keiner um dich bemüht.

Zwei Saalfenster standen noch offen. Die anderen hatten wir zugemacht, um die kühle Septembernacht auszuschließen. Zwischen den zurückgezogenen Vorhängen spiegelten die Scheiben schiefe, übereinandergeneigte Tanzpaare wider. Jeder Schieber drohte für die Mädchen mit einer Rücken- oder Hinterkopflandung zu enden.

Während ich an Fräulein Gerloff vorbei auf das Fenster starrte, fiel mir die Kugel ein, die links im Bild zu Füßen der Melencolia liegt. Hell, schwer, rund und unbeweglich zog mich die steinerne Kugel an und nahm mich gefangen. Der Anblick tat mir gut. Trotz des flackernden Irrsinns ging auch eine gewisse Ruhe von Dürers Bild aus.

Ich blieb an der Kugel haften; endlich merkte ich, daß sie sich bewegte. Ohne mich zu erschrecken, nahm die Kugel Gestalt an, und was ich im Fenster sah, war nicht mehr die Kugel neben dem schlafenden Hund. Es war ein Gesicht, ein Mondgesicht, Hilde, die Schäferin vom Staatsgut.

Sie blickte mich an und zwinkerte. Ich sprang auf, um sie in den Saal zu holen, aber sie winkte mich hinaus.

Fräulein Gerloff hatte sich wieder den Tanzenden zugewandt. Ihr Lächeln wirkte jetzt vollkommen teilnahmslos.

Als ich draußen die Reisetasche sah, duckte ich mich und zog Hilde vom Fenster weg. Sie hielt meinen Rock fest und flüsterte etwas. Ich legte ihr kurz die Hand auf den Mund. Dann liefen wir in die Dunkelheit. Auf der Höhe von Haus sieben deutete ich quer über die Straße und sah mich nochmal lange und gründlich um. Hilde hastete hinüber; im Hauseingang wartete sie auf mich.

Als wir mein Zimmer erreicht hatten, zog ich erst die Vorhänge zu, dann schirmte ich die Arbeitslampe mit einem Kopftuch ab. Hilde ließ sich auf einen Stuhl fallen.
Ich brauch 'n Bett. Für eine Nacht.
Konnte ich mir schon denken, aber dafür kann ich von der Schule fliegen.
Es hat uns doch keiner gesehen.
Woher weißt du das so genau?
Warum soll ich nicht 'ne Nacht bei euch schlafen dürfen?
Keiner darf das. Hier darf niemand übernachten, und heimlich schon gar nicht.
Ich ging nochmal und mit angehaltenem Atem in den Hausflur; danach zog ich die Teile des Vorhangs richtig übereinander.
Ich hab was vor, 'ne reguläre Sache, will morgen früh weiter. Mit dem ersten Hahnenschrei geh ich los. Aufm Gut sterb ich vor Langeweile, jetzt schlag ich mich durch nach Mecklenburg, zum »Dienst für Deutschland«. Ich kann weit gehn zu Fuß. Die vom »Dienst«, die werben grade überall, aber als sie bei uns waren, hab ich sie verpaßt. Ich war draußen mit den Schafen. Mir hat keiner Bescheid gesagt. Nie rufen sie mich rein, nie sagt mir einer was. Ich kann ja verrotten. In Berlin haben sie 'ne Sammelstelle, die such ich auf, und ich find sie auch. Wenn ich sie nicht auftreibe, zieh ich weiter, rauf in die Taiga. Jeden Tag 'ne Mark, warum nicht? Dabei Essen, Schlafen frei und 'ne Uniform. Die leben zu Hunderten zusammen, ich will Leute um mich haben. Alleine halt ich es nich mehr aus. Schluß mit der Schäferei!
Klar, »Dienst für Deutschland« ist in Ordnung. Aber warum bist du nicht zur Kreisleitung gegangen?
Jetzt, am Wochenende?
Du hättest gut bis morgen warten können.
Nein! Keinen Tag länger!

Rück mal ein Stück mit deinem Stuhl, ich mache dir Irenes Bett.
Wo isse?
Bei ihrer Mutter zu Hause. Aber im anderen Zimmer schlafen zwei, die kommen gleich vom Tanzen.

Hilde ist schon neunzehn.
Hilde ist klein und hat breite Schultern.
Hilde ist stark, ihre Wadenmuskeln treten hervor.
Hilde hat Porzellanhaut, obwohl sie dauernd draußen ist.
Hilde hat ein Mondgesicht.
Hilde hat hellblonde, sehr kurze, abstehende Haare.
Hilde hat einen geraden, engen, schwarzen Rock an, mit Quetschfalten.
Hilde hat einen Pullover an und gar nichts drunter.
Hilde hat eine Tasche aus dem vorigen Jahrhundert.
Hilde hat einen Unterrock in der Tasche und Blusen und Strümpfe.
Hilde hat in der Tasche eine Jacke mit Kapuze.
Hilde hat ein Schreibheft voller Zeichnungen in der Tasche.
Hilde hat Schafe porträtiert.
Hilde hat für jedes Schaf einen Namen.
Hilde kann die Namen der Schafe aufsagen, als wären es Verwandte.
Hilde kann kaum lesen und schreiben. Was sie weiß, weiß sie durch Nachdenken.
Hilde spinnt.
Hilde sieht selber aus wie ein Schaf.
Hilde hat eine kleine Flöte in der Tasche.

Ich zog erst aus meinem, dann aus Irenes Bett die Decke hervor, die als Matratzenschoner diente. Die Decken legte ich zwischen

Irenes Laken und Federbett und sagte: Ist vielleicht besser, du schläfst zwischen den Decken, damit Irene nichts riecht.
Wieso? sagte Hilde. Rieche ich denn?
Jeder riecht.
Hilde nickte und sagte: Ich hab 'n furchtbaren Durst.
Ich ging ins Badezimmer und holte ein Glas Wasser, in dem ich drei Eßlöffel Marmelade verrührte. Gleichzeitig brachte ich einen Eimer mit, damit Hilde nicht über den Flur mußte.
Nun mach schon, sagte ich, zieh dich aus und ab ins Bett! Wann willst du morgen los?
So zwischen Fünf und Sechs.
Auf dem Bett sitzend zog Hilde ihren Pullover aus. Ich stellte mich hinter sie und suchte ihren Kopf nach Läusen ab; plötzlich schämte ich mich und fiel ihr um den Hals. Ich streichelte ihre kurzen Haare und den nackten Rücken und mußte heulen und wußte selber nicht, warum. Sie drehte sich ein bißchen herum und riß die wasserblauen Augen auf. Das Weiße in ihrem Augapfel war leicht gelb.
Ihr habts schön hier, sagte sie, so gemütlich. Oder willst du etwa auch weg?
Ich schüttelte den Kopf, streichelte ihre kräftigen Arme und sagte: Ich will immer weg, auch, wenn ich gar nicht weg will.
Hilde lachte und sagte: Mensch, kein Problem. Komm einfach mit!
Das geht nicht, sagte ich und stand auf, während sie zwischen die haarigen Decken rutschte.
Zwei Uhr nachts, und Hilde erklärte mir, was die Schafbremse ist, auch »Kopfschüttler« oder »Hirngrübler« genannt.
Meine Schafe sind fast alle krank, sagte sie, deswegen hab ich sie um Verzeihung gebeten, bevor ich wegging.
Täglich war ich zur Stelle, ihr Zutreter und Jährlinge, und bin

gelaufen mit euch, wohin ihr wolltet, und habe euch überall hingebracht, wo Futter stand. Tag und Nacht bin ich in der Lammzeit bei euch geblieben, den ganzen Februar durch und den März über. Mutter und Vater zugleich bin ich euch gewesen; der Köter kann ja nicht denken, der hat euch nur Beine gemacht. Ich gehe jetzt unter Menschen, versteht ihr, Mary, Donna, Susi, Betty, Gridd, Wally. Und vergeßt unsern Merinobock nicht mit seinen vier Hörnern und neun Medaillen und seinem französischen Stammbaum! Ihr, meine Zottelrollen, meine Zibben und Kappen und Schöpse, weder Egelkrankheit noch Lungenfäule, erst die Bremse hat euch kirre gemacht. Ihr freßt Schierling und Wolfsmilch, ohne umzukippen, aber die Bremse habt ihr rangelassen. Verzeiht mir, ich werde eure Augen nicht vergessen, die nachts leuchten wie grüne Murmeln. Vielleicht wird der nächste Hirt mit den Fliegen fertig, ich bezweifle es.

Eines Nachmittags werde ich, sagte Hilde, einen Schäfer treffen, der neben seiner Herde liegt und in den Himmel spuckt.
Was machste denn da, werde ich ihn fragen.
Und er antwortet: Siehste doch, ich spucke in 'n Himmel.
Triffste denn auch?
Klar, sagt er, sonst würde es ja regnen.
Warum, werde ich ihn fragen, warum spuckste in 'n Himmel?
Und er: Um Tabak zu sparen!
Darum liegste hier? frage ich nochmal.
Liegen tue ich hier, um Möbel zu sparen!
Dich hats erwischt, werde ich sagen, du bist nicht mehr ganz dicht. Die Schafe haben dir längst den letzten Krümel Tabak aus der Tasche geholt, und bei dir zu Hause macht sich die Verwandtschaft breit.

Der Schäfer wird erschrecken, aufspringen und hastig seine Tiere weitertreiben.

Inzwischen laufe ich rasch zu seiner Frau und sage: Is noch Kuchen da?

Ja, sagt sie, aber den habe ich für meinen Mann beiseite gelegt.

Neenee, sage ich, packen Sie den Kuchen ruhig ein, der gehört mir!

Wieso, fragt sie, wieso ist das dein Kuchen?

Weil ich Ihren Mann eben vom Geiz geheilt habe, deswegen!

Sie wird mir um den Hals fallen und weinen vor Dankbarkeit.

Du hast mir das allerschönste Geschenk gemacht, wird sie sagen, denn er war dermaßen geizig, daß er nichtmal genug Stühle anschaffen wollte, und der Besuch mußte stehen. Am Ende ist kaum noch jemand gekommen.

Naja, werde ich sagen, ich muß jetzt auch weiter.

Sie wird den Kuchen in eine Serviette knoten, und ich werde das Päckchen am Stock über der Schulter schnell zum Dorf hinaustragen.

Meine Jacke hat hinten schon richtige Fettflecke.

Und ich: Stell dir vor, was ich als Kind mal geträumt habe. Da ging ich noch nicht zur Schule, ich kam aus dem Kindergarten und rannte auf ein riesengroßes, verschneites Feld. Hinter mir her liefen die Jungs aus meiner Gruppe und johlten, seltsamerweise nur Jungs, keine Mädchen. Mitten auf dem verschneiten Feld fiel ich hin, lag da auf dem Rücken, die Beine weit auseinander, und die Jungs bewarfen mich mit Schneebällen, immer mitten zwischen die Beine. Ich rührte mich nicht, und aus der Eiskälte entstand irre Hitze, die in Wellen durch meinen ganzen Körper flutete. Als ich wach wurde, empfand ich immer noch diese Stöße, bis in den Kopf rein, und mir war unheimlich wohl dabei.

Und Hilde: Stell dir vor, was ich mal geträumt habe. Da war ich nicht älter als sechs oder sieben, meine Eltern kamen aus der Kirche von einer Kindstaufe oder Beerdigung oder Hochzeit, weiß nicht mehr, und mein Vater zieht seinen guten schwarzen Anzug aus, den er schon ewig hat und selten trägt. Das Jackett hängt schon auf einem Bügel, nur die Hose liegt noch auf dem Sofa. Jedenfalls habe ich sie aufgegessen, hab ich geträumt, einfach die beste Hose meines Vaters aufgegessen, als sei die aus Brot. Und als ich aufwachte, habe ich gezittert wie Espenlaub, aber ich hatte keine Angst. Es war so ein richtig angenehmes Zittern.

Und ich: Stell dir vor, ich habe mal geträumt, daß ich bei einem nackten Mann, der auf einem Pferd ritt, auf dem Schoß sitze, mit dem Rücken nach vorne, und es ging durch ein Tal und über einen Berg, wie auf 'ner Wippe, und da war mir wieder so.

Und Hilde: Stell dir vor, ich habe mal geträumt, ich liege an einem Fluß, und eine ganze Herde Elefanten trampelt über mich hinweg, und als ich wach wurde, ging mein Loch immer auf und zu, wie 'ne Kaninchenschnauze.

Und ich: Stell dir vor, ich habe mal geträumt, daß einer 'ne Maus in mich reinsteckt, die war in einer Tüte und hat irrsinnig getobt und gezappelt, und als ich wach wurde, habe ich mich auf einen Spiegel gesetzt und nachgesehn, dabei kann ich Mäuse gut leiden.

Und Hilde: Stell dir vor, mich hat mal 'ne Feldmaus, die ich gefangen habe, gebissen, und ich hatte richtig Spaß dran, wie sie zwickt.

Und ich: Stell dir vor, mir ist mal dasselbe passiert, auch mit 'ner Feldmaus.

Und dann sagte Hilde: Stell dir vor, daß mir Kühe immer männ-

lich vorkommen, als ob sie vier Pimmel hätten, und Stiere weiblich, weil man bei denen nur ein Büschel Haare sieht.
Aber Stiere haben doch kein Loch.
Ich meine, was man sieht.
Und Männer kann man nicht melken.
Klar kann man Männer melken, so wie man jeden Köter melken kann.
Bloß gut, daß du jetzt unter Menschen gehst und weg von den Tieren.
Und du?
Ich bin unter Menschen.
Träumst ja auch von Tieren.
Bei mir ist das was andres.
Gib bloß nicht so an.
Dafür kann man ja nicht, was man träumt.
Ja, wie kommen die Träume zustande? Ich zerbrech mir schon dauernd den Kopf.
Und warum träumt man manchmal immerzu dasselbe, jede Nacht, oder sogar in derselben Nacht?

Und ich: Stell dir vor, was ich im Frühjahr geträumt habe, und das war mehrere Nächte hintereinander. Ich lag auf vielen Kissen und war die Prinzessin auf der Erbse, und die Erbse wuchs und wuchs und wurde immer größer, so groß wie ein Kürbis, und der hat gedrückt und hat mich beiseite geschoben, und dann ist er geplatzt, und weißt du, wer da drin war? Gérard Philipe.
Ich werd verrückt.
Erzähl das bloß keinem weiter. Versprich mir, daß du das niemandem weitererzählst.
Denkst du, ich erzähle beim »Dienst für Deutschland«, daß du von Gérard Philipe träumst? So 'n Quatsch!

Und jetzt gähnt sie und dreht sich zur Wand.
Und jetzt fallen mir die Hefte aus den zwanziger Jahren ein, die unsere Wirtin im Wohnzimmer versteckt hat.
Und jetzt schläft Hilde einfach.
Und ich wollte sie noch fragen, ob sie schon mal.
Und dabei habe ich die Schläge der Standuhr verpaßt.
Und Abscheu und Widerwille und Entsetzen reißen mich in Stücke.
Und die Angst vor dem Wort Geschlechtsverkehr.
Und das Grauen bloß schon bei dem Wort.
Und ich taste mich auf Socken rüber ins Wohnzimmer zur Standuhr.
Und alle würden mich anspucken und ich mich selber.
Und ich knipse die Stehlampe an, die Uhr zeigt halb fünf. Und ich werfe die Tischdecke über die Lampe.
Und ich krame unterhalb des Pendels vom Boden der Standuhr die Hefte hervor, in denen nackte Frauen und Männer abgebildet sind.
Und da ist ein Mann mit einem Glied, das aufrecht steht und ihm bis zum Bauchnabel reicht.
Und ich muß husten und hole mir den Klumpen Kirschbaumharz von meinem Nachttisch.
Und ich sehe mir eine Frau an, die steht und wird vorne und hinten von je einem Mann umarmt.
Und ich kaue und lutsche und beiße und malme auf dem Harz herum.
Und die Beine sind ganz durcheinander.
Und die Uhr schlägt fünfmal.
Und mein Bauch schwillt an, als würde ich meine Tage kriegen.
Und ich husche ins Bad, wo beim Lichtanmachen die Silberfischchen auseinanderspritzen.

Und ich trinke Wasser.
Und ich sehe mir die Frau an, die dasteht wie ein Schaf, auf allen Vieren.
Und ich stelle mir vor, wie der Merinobock auf sie raufklettert.
Und ich könnte mich umbringen.
Und auf dem Rückweg in mein Zimmer wächst mir ein Fell.
Und meine Eingeweide flattern wie hundert Fahnen am 1. Mai.
Konnte ich mir doch denken, daß Hilde schnarcht.

Halb sechs, und ich rüttelte sie wach und trieb sie zur Eile, schleuste sie zur Haustür hinaus und blickte ihr lange nach. Zuerst würde sie die Straße hinuntergehen, dann dort lang, wo sich die Sonne von der Erde verabschiedet, dann würde sie sich nach Norden wenden, bis es nach Seetang riecht. Zwischen Buchen und blauen Tannen werden Zelte stehen, da zieht sie ein.

Das Frühstück verschlafen, und hungrig laufe ich zum Mittagessen rüber in den Speisesaal. Es ist noch zu früh, die Zehnte deckt gerade die Tische. An allen Ecken und Enden stehen wieder Elternpaare, Großmütter, Tanten und Vertreter von der Volksbildung herum. Nach der Nacht, die ich hinter mir habe, stören sie mich nicht mal mehr. Irgendwann wird auch der »Tag der Offenen Tür« zu Ende sein. So wie Hilde werden alle wieder verschwinden.

Hawelka muß ganz in der Nähe sein. Ich höre ihn meinen Namen rufen, scharf, befehlend, gehässig.
Ich gehe auf meinen Schulleiter zu, sehe ihm direkt ins Gesicht: er hat etwas Schwerwiegendes gegen mich. Einen Schritt vor, hastig einen Schritt zurück, und zwischen uns ist ein Graben.
Du hast in der letzten Nacht eine Agentin beherbergt, eine Verräterin und Spionin!

Ich schüttle den Kopf.
Du hast sie auf unserem Gelände untergebracht, versteckt, und hast ihr damit zur Flucht verholfen. Dafür wirst du zur Verantwortung gezogen, und nicht nur vor unserem Kollektiv.
Ich sage: Nein! Das kann nicht sein. Nein!
Ich spreche von Hilde Radke. Sie hatte sich als Schäferin ins Volksgut Lehmbruch eingeschlichen und ist heute früh auf der Flucht nach Westberlin verhaftet worden. Du hast dich als ihr Helfershelfer betätigt. Melde dich nach dem Essen im Büro.
Ich sage: Bestimmt ein Irrtum.
Hawelka hat mir schon den Rücken zugedreht.

Er: Sie hat sogar Schafe betrunken gemacht.
Ich: Die sind doch nicht betrunken.
Er: Mutterschafe.
Ich: Sie haben die Schafbremse.
Er: Mehr als ein Dutzend. Die torkeln regelrecht.
Ich: Man kann doch Schafe nicht betrunken machen.
Er: Dann eben vergiftet, ihnen was eingegeben.
Ich: Diese Bremse, das ist eine kleine Fliege.
Er: Die Schafe sind jedenfalls schwindlig.
Ich: Und diese Fliege legt ihre Larven in die Nasenlöcher.
Er: Der Vorsitzende sagt, sie seien geradezu betäubt.
Ich: Weil die Maden in die Kopfhöhle wandern und dort Entzündungen hervorrufen.
Er: Und sie niesen andauernd.
Ich: Natürlich, um die Fremdkörper loszuwerden.
Er: Und drehen die Köpfe hin und her.
Ich: Wie sollen sie sich denn wehren!
Er: Tatsache ist, die Schafe sind verdorben.
Ich: Sie sind weder betrunken noch vergiftet, sondern krank.

Er: Was weißt du denn? Was verstehst du denn von Schafen?
Ich: Sie hat es mir genau erklärt.
Er: Alles Märchen, frag mal die Genossen vom Volksgut.
Ich: Sie hat lange nach dem Veterinär verlangt.
Er: Die Flucht hat sie ergriffen, als das Werk getan war.
Ich: Die Tiere müßten operiert werden.
Er: Ab nach dem Westen zu ihren Auftraggebern.
Ich: Sie wollte zum »Dienst für Deutschland«.
Er: Außerdem hat sie dem Volksgut Geld gestohlen.
Ich: Warum ist sie dann zu Fuß gegangen?
Er: Damit sie keiner sieht.
Ich: Vielleicht ist das alles ein Irrtum.
Er: Wem glaubst du mehr?
Ich: Ich möchte nichts glauben, ich möchte es ganz genau wissen.
Er: Den Genossen vom volkseigenen Gut oder einer Verräterin?

AGENTEN PROVOKATEURE DIVERSANTEN SABOTEURE FRIEDENSFEINDE BRANDSTIFTER KRIEGSHETZER ANTIKOMMUNISTEN TITOISTEN IMPERIALISTEN

das NEUE, von dem manche, nein viele, natürlich wieder behaupteten, es sei sowieso ein alter Hut
das tun sie, weil sie, egal wer oder was auf sie zukommt, allen und allem eben nur diesen, denselben alten Hut aufsetzen, und der ist schon so alt und ausgeleiert, daß er stets paßt
diesmal war das NEUE, und ich rede vom AUFBAU DES SOZIALISMUS, und wirklich kein alter Hut, jedenfalls nicht in Deutschland
in der befreundeten Sowjetunion hatten sie selbstverständlich schon Erfahrungen auf diesem Gebiet gesammelt, deswegen

konnten uns die Zeitungen täglich jenes NEUE deutlich und in Bildern vorstellen, und es handelte sich dabei um gigantische Unternehmungen

ich meine die Großbauten, die uns in leuchtenden Fotos entgegentraten, kein Tag ohne Wolga-Don-Kanal, einem durch Beton gebändigten Strom mit riesigen Staustufen, Schleusen, Steilufern und dem berühmten Eingangstor Nummer Eins, gekrönt, überragt von einem zehnmal turmhohen Denkmal Stalins

NICHT PHILOSOPHIEREN, gab unsere Partei nach ihrer zweiten Konferenz im Juli eine Losung heraus, SONDERN HANDELN FÜHRT ZUM AUFBAU DES SOZIALISMUS

und der Wolga-Don-Kanal war nicht das einzige Projekt, an dem die grandiosen Ausmaße der unbesiegbaren Triebkräfte des Sozialismus-Kommunismus uns allen begreiflich wurden, daneben strebten ihrer Vollendung zu: das Stalingrader und das Kuibyschewer Kraftwerk, der Turkmenische Hauptkanal, das Kachowker Wasserkraftwerk, der Südukrainische Kanal und der Nordkrimkanal

so lernten wir das Erstrebenswerte uns vorzustellen, indem wir teilnahmen, vorerst nur durch Anschauung, an dem Triumph der Errichtung kühnster Wasserbauanlagen

jedoch

gelangte das NEUE, das wie eine Sturzflut über viele hereinbrach, nicht nur durch Zeitungen hierher, die freundschaftlichen Taten wurden direkt sichtbar, zum Beispiel auf Güterbahnhöfen, wo der Mähdrescher »Stalinez 4« zusammengesetzt und dann im Siegeszug auf unsere Getreidefelder zum Drusch geführt wurde

mit Hilfe solcher Maßnahmen, das leuchtete mir gleich ein, würden wir ERNTEN EINBRINGEN, WIE SIE DEUTSCHLAND NOCH NIE GESEHEN HAT

das heißt natürlich, die Produktivkräfte mobilisieren, sie zusam-

menfassen und gezielt einsetzen, denn nirgends gehen die Menschen aus der Schlacht an der Arbeitsfront so siegreich hervor wie dort, wo sie auch zusammen essen, schlafen, diskutieren, planen, lernen, wo sie in allernächster Nähe der Großbaustelle im Kollektiv zusammenleben
aus dieser Erkenntnis heraus beschloß der Ministerrat auch die Gründung der Organisation »Dienst für Deutschland«, um uns als Jugend die Möglichkeit zu geben, an unseren hiesigen Großbauten entscheidend mitzuwirken
die Verordnung des Ministerrates umfaßt elf Paragraphen, so daß alle genau erfahren, der »Dienst für Deutschland« verfolgt friedliche Zwecke und dient allein dem planmäßigen Aufbau des Sozialismus, trotzdem treten wieder die kleinbürgerlichen Besserwisser auf den Plan und lassen ihre abgedroschenen Bemerkungen vom Alten Hut los und verwechseln den »Dienst für Deutschland« wissentlich und willentlich oder aus Dummheit, die nichts mit Unschuld zu tun hat, mit dem nationalsozialistischen Arbeitsdienst, als sei das, angesichts der faschistischen Greueltaten, nicht die gemeinste Diffamierung
ja, der Klassenkampf erreicht einen neuen Höhepunkt, aber diesen Kampf im Sinne unserer historischen Aufgabe zu führen, ihn zu gewinnen, wird der »Dienst für Deutschland« gewaltig beitragen
deshalb die strenge Dienstordnung, deshalb die Lagerleiter, Abteilungsleiter und die Brigadeleiter, die den Einsatz kleiner Gruppen in der Hand haben und für Leistung sorgen und gegen Aufweichungen und Demoralisierungen angehen werden
der Ministerrat stiftet eine Medaille für hervorragende Arbeit, außerdem erhält jeder nach erfolgreichem Abschluß seiner sechs Monate ein Abzeichen und eine Ehrenurkunde
Schwester Lydia steht in der Tür und kratzt sich den Bauch. Sie

umfaßt mit der rechten Hand ein Bündel Falten und schabt mit dem zusammengerafften Kittel schräg über ihren Leib, rauf und runter, rauf und runter. Dabei folgt sie ihrer langen Narbe: Kaiserschnitt, und nicht verheiratet, und das Kind tot, und jetzt hat sie uns.

Bleib liegen! sagt sie. Ich bin nicht hergekommen, um dich hochzujagen und rüber in die Schule.

Vielleicht bin ich gar nicht krank.

Das werden wir schon rauskriegen, du und ich.

Am Mittwoch wurde ich zum zweiten Mal ins Büro gerufen und verhört. Diesmal nahmen beide, Hawelka und Paruch, mich vor.

Du weißt, daß deine mangelnde Wachsamkeit mit dem Ausschluß aus Schule und Internat enden kann.

Ja.

Wenn du damit rechnest: Ist dir auch bewußt, was du getan hast?

Ich habe wenig getan, aber ich habe etwas geschehen lassen.

Ist Hilde Radke etwa bei dir eingebrochen?

Nein, ganz und gar nicht.

Also ist dir nichts geschehen, aber du hast etwas gemacht.

Ja, ich habe ihr ein Bett gemacht und die ganze Nacht aufgepaßt, daß sie nicht aufsteht und irgendwas anstellt. Ich dachte –

Du hast nicht gedacht.

Sie hat gesagt, sie geht zum »Dienst für Deutschland«.

Deine Gutgläubigkeit ist direkt lächerlich und schützt dich vor gar nichts. Vertrauensseligkeit ist sogar das Gefährlichste, was wir an den Tag legen dürfen. Wozu? Wozu? sagen wir euch täglich und beweisen auch, daß der Feind vor nichts zurückschreckt Überall verübt er Anschläge auf unseren jungen Sozialismus. Er tritt in jeglichem Gewand auf. Wozu sagen wir euch täglich, daß

Wachsamkeit geboten sei, wenn eine wie du jedem hergelaufenen Bauerntrampel –
Sie ist doch kein Bauerntrampel. Sie ist Schafhirte.
Daran glaubst du immer noch? Wir wissen mehr, wir haben Beweise.
Aber ich habe keine.
Die wirst du schon noch kriegen. Dir werden schon noch die Augen aufgehen. Der Feind nähert sich in jeglichem Gewand, habe ich dir gesagt. In deinem Fall kam er als Hirte. Als Seelenhirte, hahaha. Und versteckt sich bei einem Schäfchen, haha. Und lügt dich voll bei Nacht.
Wenn sie gelogen hat, habe ich nichts davon gemerkt.
Na, dann erzähl uns doch mal, wovon ihr geredet habt. Vielleicht merken wir was.
Wovon wir geredet haben?
Ja! Du behauptest, wach gelegen zu haben. Sie wird auch nicht gleich eingeschlafen sein, da redet man doch so allerhand zusammen.
Sie war müde und hat sich bald weggedreht. Bloß ich habe wachgelegen.
Und vorher? Bevor sie eingeschlafen ist?
Das war nicht viel, paar Worte
Was? Wir wollen wissen, was ihr geredet habt!
Daß sie zum »Dienst für Deutschland« will.
Herrgottnochmal, das war doch nicht alles.
Und von Schafen haben wir geredet, und von Pferden und Mäusen, über Tiere eben.
Weiter! Weiter!
Und vom Merino.
Wer ist das?
Der Schafbock, den sie draußen haben.

Schluß für heute. Der Schulrat wird dich ja rufen lassen. Vielleicht erzählst du ihm dann genauer, was du weißt. Außerdem wirst du Hilde Radke gegenübergestellt. Sollst mal sehen, wie schnell die uns berichtet, worüber ihr euch unterhalten habt. Sie wird sich drum reißen, uns das zu berichten, haarklein.
Und was wir geträumt haben. Wir haben uns Träume erzählt.
Raus jetzt! Wir lassen uns nicht länger blauen Dunst vormachen. Halt im Internat den Mund von der Geschichte und warte ab!
Soll ich dem Unterricht fernbleiben, bis sie gebracht wird?
Das könnte dir so passen, dich auf die faule Bärenhaut zu legen. Du gehst zur Schule wie immer und bewegst dich, als wäre nichts geschehen. Oder willst du deine Fehler noch breittreten und den andern zur Nachahmung empfehlen?

Am Mittwoch habe ich Angst, Hilde würde meine Träume erzählen, und die Polizei würde protokollieren, und sie würden mich befragen, und alle lachen sich kaputt. Ich krame alle Erinnerungen zusammen, ich erwarte, dem Schulrat gegenübergestellt zu werden, ich erwarte, Hilde gegenübergestellt zu werden, ich erwarte, aus Schule und Internat ausgestoßen zu werden.
Der Schulrat läßt mich nicht in die Kreisstadt rufen, und Hilde wird nicht gebracht.
DIE REPUBLIK WIRD DREI. AUFMARSCHPLAN UND STELLZEIT UND STELLPLÄTZE UND ANMARSCHWEG UND SPITZE UND MARSCHSÄULE UND ANSCHLUSS UND MARSCHBLÖCKE UND KRANZNIEDERLEGUNG.
DAS PROGRAMM DER NATIONALEN WIEDERVEREINIGUNG DISKUTIEREN KONFERENZ FÜR DEUTSCHE EINIGUNG UND NATIONALE UNABHÄNGIGKEIT RETTET DAS VATERLAND UND DEN FRIEDEN ERNSTES BEMÜHEN UM EIN GEEINTES DEUTSCHLAND FRIEDE IM

HERZEN EUROPAS WIEDERHERSTELLUNG DER EINHEIT DEUTSCH-
LANDS FRIEDLICHE LÖSUNG DER DEUTSCHEN FRAGE EINHEIT UND
UNABHÄNGIGKEIT FÜR DAS DEUTSCHE VATERLAND EIN SOUVERÄ-
NES DEUTSCHLAND GEWÄHRT DEN FRIEDEN IN EUROPA FORDERN
DRINGEND DIE WIEDERHERSTELLUNG DER STAATLICHEN EINHEIT
DEUTSCHLAND – GEEINT STARK UND GLEICHBERECHTIGT VORBE-
REITUNG GESAMTDEUTSCHER WAHLEN.

Die Russen können machen, was sie wollen: Adenauer ist dagegen, und Concordia glaubt kein Wort. Sie hüllt die Friedensangebote in eine ihrer Fabeln.

Nimm mal zwei Bauern, die sich schon lange um einen Ackerstreifen geschlagen haben. Prozesse haben nichts gefruchtet, der Grenzstein ist weg, gesunken, gestohlen, auf jeden Fall verlorengegangen. Grundbücher und alte Einzeichnungen geben auch nichts her, denn früher hat der ganze Besitz einem gemeinsamen Vorfahren gehört.

Ziemlich unerwartet wird nun der eine Bauer vor folgendes Problem gestellt: seine Frau will ihn verlassen. So weit kommts noch. Auch sie stellt Besitzansprüche; außerdem läßt er sich nicht vorm Dorf bis auf die Knochen blamieren. Schon ist sie hausieren gegangen mit seinen Charakterschwächen, Drohungen halfen da wenig.

So nicht, mit mir nicht, es setzt was, denkt der Bauer. Er wird sie vermöbeln, daß ihr Hören und Sehen vergeht. Er wird Ordnung schaffen in seinem Haus, doch ohne sich der Entrüstung, dem Ansturm seines feindlichen Nachbarn auszusetzen. Wie dreht er das? Durch Versprechungen, durch Angebote. Er lenkt ein, er bemüht sich um Verhandlungen mit dem Nachbarn, den umstrittenen Acker betreffend. Nicht, daß er ihn herschenken will: die Kundgebung, fürderhin in Frieden miteinander auszukommen, genügt vollkommen, den Nachbarn abzulenken, zu beruhigen. Der Bauer rührt eine Trommel, die das Heulen seiner gepeinigten Frau übertönt. Sobald Ruhe in seinen vier Wänden eingetreten ist, wird er dem Nachbarn schon zeigen, was eine Harke ist.

So, mein liebes Kind, ist das mit den Friedensangeboten, die im Augenblick von den Russen verstreut werden. Friedensvertrag mit Deutschland, Nationale Einheit, Freie Wahlen – Pustekuchen! Sie haben was vor, und nicht nur in der Zone. Außerdem gibts nicht genug zu essen. Warte ab!

Jarowisation oder die Stadienentwicklung der Pflanzen: laut Lyssenko ist die Jarowisation in ihrer Durchführung eine kollektive Anstrengung, nichts Geheimnisvolles, einfach die Ernteertragserhöhung zum Wohl der Menschen. Brot wird unter der Sowjetmacht das Erste sein, was es jede Menge und kostenlos gibt. Es kann keiner mehr essen, als in seinen Magen paßt, und wenn alle genug haben, wird niemand Brot horten oder verschieben. Das maßlose Brot, das es nur geben wird, wenn alle …

Im Frühherbst, mitten im Unterricht, mitten in der Biologiestunde, stößt Hawelka die Tür zum Klassenzimmer auf, stockt auf der Schwelle und ruft meinen Namen aus, scharf und gebieterisch. Obwohl ich keine zwei Meter von ihm entfernt sitze, blickt er über uns alle hinweg. Die Klasse hält die Luft an. Ich stehe auf. Hawelka macht kehrt, und ich folge ihm, die Treppe von Haus eins hinunter, an Haus zwei vorbei, zu Haus drei hinüber, hinein in die Verwaltung, an der Sekretärin vorbei.

Im Hinterzimmer, am Sofatisch, sitzen zwei Fremde. Endlich hört das Warten auf, endlich brauche ich mich vor den andern nicht mehr zu verstellen, endlich kann ich wieder reden. Hawelka nickt den Männern zu, deutet auf mich und zieht sich zurück.

Von Hilde keine Spur.

Ich bin mit den Männern allein, mitten im Frühherbst, mitten in der Biologiestunde.

Alter?
Siebzehn, ich bin vorigen Monat siebzehn geworden.
Klasse?
Elfte.
Also noch zwei Jahre.
Wie bitte?
Noch zwei Jahre bis zum Abitur?
Ja.
Eltern?
Keine.
Nananananana.
Mit meinen Eltern, das ist folgendermaßen –
Schon gut, wissen wir alles. Wir setzen großes Vertrauen in dich.
Ja?
Das muß natürlich gegenseitig sein, das Vertrauen.
Ja?
Spione, Saboteure, Verschwörer versuchen, unsere junge Republik in Fesseln zu schlagen und den Aufbau des Sozialismus zu unterminieren. Sie sind überall und tarnen sich gut. Ist dir das bewußt?
Ja.
Sind dir schon mal zweifelhafte Elemente begegnet?
Ich weiß nicht, vielleicht, es ist ja möglich, eventuell.
Siehst du, man kann nie sicher sein. Deswegen unterliegt unser Gespräch hier strengster Schweigepflicht.

Ja.
Und nun zu deinen Eltern.
Was? Welche Eltern?
Deine Adoptiveltern. Andre hast du ja nicht – oder doch?
Nein.
Deine Eltern sind dem Sozialismus feindlich gesonnen.
Meine Eltern gehen mich nichts mehr an. Ich habe jeden Kontakt zu ihnen abgebrochen.
Falsch, ganz falsch!
Wie bitte? Soll das heißen, es ist falsch, nicht mehr mit ihnen zu reden?
Es genügt nicht, den Klassenfeind zu erkennen. Wir müssen ihm auf den Fersen bleiben, ihn beobachten, ihn entlarven.
Meine Eltern sind doch keine Klassenfeinde. Das ist lächerlich. Sie überschätzen die Leute, aber mich geht das alles nichts mehr an.
Klar, den Kopf in den Sand stecken. Von Wachsamkeit keine Spur.
Was wollen Sie eigentlich von mir?
Tadellose Auskünfte. Mitarbeit, ungetrübte, ehrliche, bedenkenlose Mitarbeit.
Bei denen ist nichts zu holen. Er sitzt am Radio und hört Fußball, sie stickt Sofakissen und versteht kein Wort, von Politik sowieso nicht.
Du vergißt das Wohl des Staates, du leugnest den Klassenkampf. Du wirfst alles über Bord, wenns um die Verwandtschaft geht.
Es sind nicht meine Eltern. Die sind überhaupt nicht mit mir verwandt. Lassen Sie die Leute in Ruhe, das sind Kleinbürger ohne eigene Meinung. Die stellen nichts an, was uns schadet.
Woher willst du das wissen, wenn du keinen Kontakt mehr hast.
Ich weiß es eben, weil ich sie kenne. Die ändern sich nicht mehr,

weder zum Guten noch zum Schlechteren.
Tja, wenn du uns nicht helfen willst ...
Ich habe Ihnen geholfen, aber hingehen werde ich nicht. Keinen Fuß setze ich mehr in ihr Haus.

Am Sofatisch muß ich unterschreiben, daß ich niemandem etwas von dieser Unterhaltung erzählen werde. So müßte es sein, wenn man einen Bauchschuß kriegt. Die Männer stehen auf, sie nicken mir zu, sie verlassen das Zimmer. Sie gehen einfach hinaus, und ich stehe da. Über Hilde Radke kein Wort.
so verletzt, so erniedrigt, so elend, so mißachtet, so verwundbar, so ungeschützt, so ausgeliefert, so nackt, so ratlos, so wehrlos, so hilflos, so rechtlos, so würdelos
zum Schweigen verpflichtet, daß ich nicht lache, als wäre das ein Urteil
klar, das soll mich verpflichten, gerade, weil ich ihnen nicht dienen will, soll mich das Schweigen von den anderen trennen, und ich werde mich hüten, ihnen etwas zu erzählen, denn es ist keiner da, der nicht Abstand nehmen würde, keiner, der nicht gleich sagen würde, das trauen sie dir also zu, im Elternhaus spionieren, das wagen sie, von dir zu verlangen, so schätzen sie dich ein
die Scham werde ich ihnen nicht vergessen
die Scham werde ich ihnen nicht verzeihen
die Scham werde ich ihnen für immer nachtragen
die Scham bringe ich noch an den richtigen Mann
die Scham werde ich ummünzen in Werweißwas
ich muß hier weg ich muß hier weg ich muß hier weg ich muß hier weg ich muß hier weg aber wohin denn ich muß hier weg ich muß hier weg ich muß hier weg ich muß hier weg aber warum denn ich muß hier weg

Hilde ist nie mehr aufgetaucht. Ich wurde nie zum Schulrat gerufen. Die beiden Männer, die mich zu meinen Eltern schicken wollten, sind auch nicht mehr wiedergekommen. Aber warum kamen sie gerade in dem Augenblick, als ich mit Bestrafung rechnete?
Ich nahm mir vor, mit Felix Gara darüber zu sprechen. Nein, lieber nicht. Lieber schweigen.

So oft wir Zeit und die Möglichkeit hatten, luden wir Veteranen ein, alte Rotfrontkämpfer, Leute, die das Kazet überlebt hatten, Emigranten, Sowjetmenschen, die noch 1917 mitgemacht hatten, Leute von der Münchner Räterepublik, Matrosen aus dem Kiel von 1919. Am liebsten waren uns die alten Spanienkämpfer. Einer, älter schon, dicklich, schütteres Haar, lebhafte Gesten, erzählte einen Abend lang. Madrid und Barcelona rückten ganz nah an uns heran, die Flüsse mit den romantischen Namen flossen direkt an unserer Schule vorbei. Ich stand auf und sagte ganz begeistert, daß ich gerade das »Spanische Tagebuch« von Kantorowicz gelesen hätte. Da fing der Spanienkämpfer plötzlich zu weinen an und hörte nicht mehr auf und war nicht zu halten und ließ sich überhaupt nicht beruhigen. Er schüttelte den Kopf, er senkte ihn, er sah uns nicht mehr in die Augen, er schluchzte und stammelte etwas von »verboten«. Hawelka versuchte, den Gast aus dem Saal zu führen. Wir waren alle sehr verwirrt; ich hatte das »Spanische Tagebuch« doch in meinem Zimmer liegen. In der Tür drehte sich der Spanienkämpfer plötzlich nochmal zu uns um und sagte: Was wißt ihr denn? Ihr habt ja keine Ahnung! Meinen besten Kameraden mußte ich von hinten erschießen, weil er angeblich Trotzkist gewesen ist. Und der wußte nichtmal, was das ist, ein Trotzkist.

Die meisten Leute, die abhauen, sind Bauern. Es gibt Dörfer, in denen lebt kein Mensch mehr, der unter sechzig ist, und nirgends ist ein Kind zu sehen. Das Jahr geht zu Ende, uns fehlen mehr als 150 000 Tonnen Fleisch, 200 000 Tonnen Gemüse, 50 000 Tonnen Schlachtfette, 20 000 Tonnen Butter. Ministerpräsident Otto Grotewohl sagt, das sei auf die planmäßige Schädlingsarbeit kapitalistischer Elemente zurückzuführen. Concordia sagt, die Bauern haben Angst vor der Kollektivierung. Ich sage, in der LPG wird die Arbeit doch leichter, sie kriegen Maschinen und arbeiten gemeinsam.
Warum hauen die Bauern alle ab?

ARBEITER UND ANGESTELLTE
HELFT DEN BÄUERLICHEN BETRIEBEN BEI DER ERNTE
SCHÜLER UND STUDENTEN
MIT ELAN AN DIE ERNTEFRONT

Im November gibt uns Hawelka nochmal vier Wochen Ernteferien. Ich brauche Geld, aber ich habe keine Lust, wieder auf den Feldern in der Modderpampe herumzuwühlen.
Etwas nagt an mir, frißt mich auf. Mir kann keiner, ich laß mich nicht herumschicken, hierhin, dahin. Ich bin Kommunistin, noch nicht ganz, nicht vollkommen, aber ich werde an mir arbeiten. Warum nicht beim Aufbau des Sozialismus? Genau das werde ich tun, den Sozialismus aufbauen. Da redet mir keiner rein, da rät mir keiner ab, ich entscheide selber, an welchem Ort, an welcher Stelle. Ich will mit Irene zusammen wieder ins EKO fahren.
Dagegen ist nichts einzuwenden, sagt Hawelka.
Ob Industriefront oder Kartoffelbuddeln, sage ich.
Arbeitseinsatz ist Arbeitseinsatz, sagt Hawelka.
Der Schulleiter läßt mich gehen, wohin ich will. So leicht?

Abends, in den Nächten und bei Tagesanbruch sind kilometerweit die leuchtenden Flammen zu sehen, die das überschüssige Gichtgas verbrennen. Das sind Riesenkerzen, in deren Schein Blechpanzer, Mölleraufzüge, Gichtbühnen und die englischen Helme der Wind-Erhitzer zu erkennen sind.

Der vierte Hochofen, ein FDJ-Patenkind, ist angeblasen. Für den sechsten werden bald die Fundamente gegossen. Der zweite steht still. Der fünfte wächst täglich ein Stück über den Sack hinaus. Seine drei Kauber stehen schon, die Hüllen sind fertig. Wir tragen Schamotte in die Wind-Erhitzer des fünften Hochofens.

Links ist der Abstich, wo das Roheisen herausläuft, rechts unten fließt die Schlacke aus dem Gestell. Sie fließt durch ein gekühltes Bronzerohr in eiserne Wagen und wird deshalb auch Laufschlacke genannt. In den Wagen beginnt sie zu erstarren und wird noch heiß auf die Halde gefahren, wo sie zähflüssig, aber schon die Form der Eisenloren nachbildend, umgestülpt liegenbleibt und ganz erkaltet. Das Feld sieht einem Tisch ähnlich, auf dem jemand Hunderte Puddingformen ausgeleert hat, bevor der Brei richtig fest werden konnte.

Die hocherhitzte, flimmernde Luft erwärmt den Umkreis. Wir gehen oft am Rande des Schlackenfeldes spazieren.

Sand und Kalk und Mörtel, die Stoffe, mit denen wir umgingen, riefen dauernd Durst hervor. Wir gaben kein Geld für Malzbier oder Limonade aus. Dafür tranken wir täglich literweise Essigwasser, mit Zucker oder Saccharin gesüßt.

Hol nochmal Wasser, sagte ich zu Irene.

Geh selber, sagte sie, der Flur ist wieder brechend voll.

Jetzt bist du mal dran, sagte ich, aber sie glotzte weiter auf die Scheibe im oberen Viertel unserer Zimmertür.

Wenn du schon so begeistert bist, sagte ich, warum traust du dich dann nicht raus?
Weil sie mich nicht anfassen sollen, sagte Irene. Wenn sie Fingertheater spielen, hab ich nichts dagegen – aber nicht anfassen!
Ich hab Durst, sagte ich, und ich hole Wasser. Und ich schwöre dir, mich faßt keiner an! Ich jage die nämlich auseinander wie Katzen.
Ist gut, sagte Irene, ohne einen Blick von der Scheibe abzuwenden.
Ich griff zur Kaffeekanne und holte tief Luft und blieb mitten im Zimmer stehen und starrte wie Irene auf unser Abendprogramm, in dem die Männer alles darstellten, was mit Paarung zu tun hat, ein Brautlauf mit Händen und Fingern.
Das ist ein Stecken und Bohren
ein Stoßen und Treiben
und rauf und runter und vor und zurück
ein Schlecken und Reiben
und Beine und Glieder und Münder und Höhlen
und Rein und Raus
ein Drehen und Bohnern
drei Hände oder vier oder sechs
Männerhände die Nägel in runden schwarzen Rahmen
das ist unsre Baracke
eine Frauenbaracke mit Stummfilm.
Die Männer belagerten uns. Sie drängelten sich im Flur und draußen vor den Fenstern und wieder vor den Zimmertüren, sprangen hoch und schnitten Grimassen vor der Scheibe und spielten ihr Fingertheater. Nichts war uns so wertvoll wie unser Zimmerschlüssel.
Ich riß die Tür auf und rempelte zwei Schattenspieler an, Irene schloß hinter mir sofort wieder ab. Mit verkniffenem Gesicht

und gespreizten Ellbogen, die Kanne an mich gepreßt, strebte ich dem Waschraum zu. Rein und den Hahn aufgedreht, am Nebenbecken stand einer und pißte, nicht hinsehen, keine Aufmerksamkeit zollen! Ich hielt unsre Kanne unter den Hahn und rannte hinaus, als sie voll war. Auch vor den anderen Zimmertüren bildeten die Arbeiter dicke Trauben und fummelten vor den Scheiben herum. Platz! schrie ich und bummerte an unsre Tür; Irene schloß auf, im Nu war ich drin und hatte den Schlüssel wieder rumgedreht.

Irene und ich bewohnten ein Vierbettzimmer. Die Eingangstüren an beiden Enden des langen Korridors standen Tag und Nacht offen. Im Gang war es fast dunkel. Drei 25-Watt-Birnen hingen an der Decke, manchmal fiel im Barackenlager das Licht ganz aus.

Genau fünf Tropfen Essenz ließen wir in je eine Tasse laufen, Süßstoff rein, auflösen lassen, Wasser drauf. Wir mußten schon total sauer sein und gelb im Gesicht.

Als die Männer sich langsam verzogen, schoben wir einen Stuhl unter die Türklinke. Das Fenster in der Tür hatten wir Filmbühne Oh-na-nie getauft; wir planten einen samtenen Theatervorhang zum Auf- und Zuziehen.

Abends können wir uns vor Kultur kaum noch retten: Laienspiele, Volkstanzgruppen, Kalinika Kalinika, Ministeransprachen, Dorfbums, Bums im Barackenlager, Bums auf der Barackeninsel, ein Orchester aus Unterwellenborn, ein Ensemble zu Besuch aus Thale, ein Veteran, der vom Kapp-Putsch erzählt, eine Dichterlesung. Da gehen wir hin.

Er liest aus einem Manuskript über uns. Er hat über unsere Arbeit geschrieben, wie wir leben, wie wir den Sozialismus aufbauen: Hans Marchwitza. Grauhaarig, lieb, guter Dinge, und reißt die Augen auf, ein Mann mit Erfahrung, väterlich, der weiß

Bescheid, der versteht uns. Er hat »Die Kumiaks« geschrieben. Er liest vor und nennt uns: Bauersleute, Arbeitsleute, der Regierungsmann, der alte Spartakusmann. Die Schlechten trinken, die Guten agitieren.
Also, wir machen beides, hilft alles nichts.
Die einen sind Abenteurer, die anderen haben Bewußtsein.
Ich werd verrückt. Im EKO trinken nämlich alle, und alle gehen tanzen, und ich auch. Endlich tanzen sie mit mir, jeder Tag ist ein Abenteuer, mit oder ohne Bewußtsein, jede Nachtschicht ist ein Abenteuer, und uns soll mal einer das Bewußtsein absprechen: ausgerechnet Bananen.
Der bezeichnet uns als Jungen und Mädeln – und ich? Was hindert mich daran dazwischenzufunken? Ich trau mich nicht. Ich habe Angst, vor den hundert Leuten aufzustehen und was zu sagen. Stattdessen gehe ich zurück in unsere Baracke und schreibe auf, daß die Arbeiter eben nicht so träge, so brav, so belehrbar, so langatmig, nicht so dumm sind wie bei Marchwitza und vor allen Dingen nicht so witzlos. Sie sind verstockt, laut, brutal, unberechenbar, fleißig, mutig, geldgierig, versoffen, weinerlich, hoffnungslos, wild, ausdauernd, tüchtig, stolz, bösartig, unerschrokken, entwurzelt, nicht langweilig: alles das, aber unersetzlich.

Wie kam es zum Koreakrieg, frage ich mich oft, Concordia, und weiß doch, der Norden hat angefangen. Wir lernen einen klaren Unterschied machen zwischen gerechtem und ungerechtem Krieg, und wenn auch der Norden angefangen hat, so war es doch von Seiten der Volksrepublik aus ein gerechtes Unterfangen. Andererseits lernen wir auch, den Aggressor vom Opfer zu unterscheiden. Und wer anfängt, ist der nicht ein Aggressor, auch wenn er einer gerechten Sache dient? Woran soll ich mich halten? Wie soll ich urteilen, wenn ich nicht alle Tatsachen zur

Verfügung habe? Daß Nordkorea als erstes Land die Grenzen übertreten hat, haben wir ja erst sehr spät erfahren. Ich konnte es mir zwar denken, weil ihre Truppen sofort sehr tief nach Südkorea eingedrungen sind. Aber uns wurde gesagt, der Süden habe den Norden überfallen. Es bereitet mir Schwierigkeiten, eine neue politische Lage richtig einzuschätzen, wenn ich damit rechnen muß, daß nicht stimmt, was in den Zeitungen steht. Irgendwie bin ich auch von den Waffenstillstandsverhandlungen enttäuscht, da die Grenze genau dort verlaufen wird, wo sie vorher schon war. Wozu dann das Ganze? Eine Befreiung des Südens hat nicht stattgefunden. Mir scheint, es war alles umsonst.

Die Transportabteilung hatte uns einen Lastwagenfahrer geschickt, den ich vom Sehen kannte. Er hieß Frank und hatte ein Vierteljahr vorher noch im Jugendwerkhof gelebt. Er sagte, nach seinem Arbeitseinsatz im EKO werde er zur Hochschule für Pädagogik gehen und Lehrer werden. Mit dem Werkhof sei er fertig.
Als ich beobachtet hatte, wie Frank seinen Viertelliter Milch runterschüttete, der uns jeden Vormittag ausgeschenkt wurde, hob ich meine Flasche für ihn auf. Ich stellte sie im Geräteschuppen hinter das Werkzeug, bis er mit dem Lastwagen Steine holen kam.
Willste meine Milch?
Ich? Wieso?
Sonst gieß ich se weg.
Trink se selber.
Ich vertrag keine Milch.
Du wirst doch noch 'n Schluck Milch runterkriegen.
Die wird zu Quark, wenn ich se bloß ansehe.
Na, denn gib her.

Morgen kriegste se wieder.
Bald darauf konnte ich auch Irenes Milch an Frank weiterleiten. Sie sparte für ein Radio, und ich kaufte ihr täglich ihren Viertelliter ab und ließ sie schwören, mich nicht zu verraten. Es gefiel mir, Frank beim Trinken zu beobachten.

Hochöfen sind wie Störche, sie treten in Paaren auf. Ihnen zur Seite stehen die kleineren rundköpfigen Wind-Erhitzer.
Der Lastwagen mit den Mauersteinen kam nicht nah genug heran. Deswegen hielt Frank quer zu den Gleisen und ließ uns dort abspringen. Almuth, unsere Brigadierin, sagte, Kette bilden, und wir stellten uns auf. Überall standen Hunde herum. Links von uns befand sich der Aufzug, rechts war das Masselbett. Die vielen Waggons mit Sand, Zement, Rohren, Schläuchen zwangen uns zu allerhand Umwegen.
Almuth ist groß, breitknochig, stark und älter als wir. Sie hat dunkle, gelockte Haare und einen vorstehenden Unterkiefer. Sie erklärt nicht lange, was zu tun ist, sie zeigt und macht vor.
Im halbfertigen Kauber zeigte sie uns das Loch für die Kaltwindzufuhr.
Sollen wir die Steine vielleicht auf allen Vieren reintragen?
Wenn nötig, auf allen Vieren!
Sie löste die Kette wieder auf, damit jede von uns dieselbe Anstrengung hatte. Jeder packte sich vier, fünf Steine auf den Unterarm und trug sie zum Kauber und kroch hinein. Drinnen flogen die Steine herum, draußen drängten wir uns vor dem engen Zugang.
Kette wieder aufstellen, sagte Almuth. Wer geht freiwillig rein und nimmt die Steine entgegen?
Ich meldete mich und war froh, im Kauber alleine zu sein. Wenns hart auf hart kam, würde ich das Tempo schon drosseln. Eine

allein schafft das nicht, sagte Almuth, da können sich gut und gerne zwei drin bewegen.
Ich rief nach Irene, aber Almuth hatte sich schon hereingeschoben und krabbelte um mich herum, packte die Steine auf einen Haufen und schlängelte sich zum Ausgang und rief: Kette! Kette! Die Abstände 'n bißchen größer! Dalli hopp! Daß wir fertigwerden!
Dann kam sie zurück und blieb neben mir hocken. Sie stützte sich auf meine Schulter. Ich schüttelte mich. Almuth ließ sich nicht abwimmeln. Sie fuhr mir mehrmals langsam über den Rücken, meine Haut kräuselte sich. Als draußen das Rufen lauter wurde – Abnehmen! Abnehmen! Ihr pennt wohl da drin! – kniff sie mir rasch ins Ohrläppchen.

Am Freitag gabs Lohn. Wir kehrten in unsere Baracke zurück mit Brause, Malzbier, Essig, mit Süßstoff und Blutwurst und Wodka und Strümpfen und Stoffen. Wir schnitten die Krabbendosen mit einer Nagelschere auf, und ich träumte von der Behringsee, von der Transsibirischen Eisenbahn und stellte mir einen Reitweg vor, mitten durch die Mongolei. Innen war die Krabbenbüchse mit Papier ausgeschlagen, darin lag das weiße Krabbenfleisch mit den fingerlangen platten Knorpeln. Der Saft schmeckte wie das Gelbe Meer. Und wie kam der Sand in die Konserven, und wer hatte wohl das Fleisch so schön dicht und strahlenförmig geschichtet?
Montags stahlen wir wieder Milchflaschen hinter den Buden und holten uns vorne den Pfand ab.

»Über zwei Millionen sahen ›Das unvergeßliche Jahr 1919‹. Das von Stalinpreisträger Michail Tschiaureli geschaffene sowjetische Farbfilmwerk hat den im Verhältnis zu seiner bisherigen kurzen Aufführungszeit größten Erfolg von den in der Deutschen Demokratischen Republik gezeigten Filmen zu verzeichnen. Bis jetzt wurden in der Deutschen Demokratischen Republik und im Demokratischen Sektor von Berlin 2,2 Millionen Besucher gezählt.«

Nach dem Film gingen wir nach Fürstenberg in die Kneipe. Es regnete ununterbrochen. Frank bestellte für mich ein Malzbier, für sich Wodka; ab und zu trank er von meinem Malzbier. Ich fand ihn schön, wenn er sich mit dem Handrücken die karamelfarbenen Ränder um den Mund abwischte. Dann zog er eine Tüte Spekulatius aus der Innentasche seines Jacketts, die wie Zahnräder aussahen. Ich bat ihn, für mich ebenfalls Wodka zu bestellen; dann tranken wir beide Malzbier und Wodka.
Ich sagte: Die mit ihren Phrasen, die sollten erstmal richtig reden lernen, bevor man sie auf unsere Arbeiter losläßt.
Frank sagte: Wenn du nochmal »Unsere Arbeiter« sagst, haue ich dir eine runter.
Dann kriegst du einen Stein aufn Kopp.
Es sind nicht deine Arbeiter. Entweder du rechnest dich dazu, oder du hältst den Mund.
Du hast auch nicht immer Ziegel gefahren, gib nicht so an.
Ziegel nicht, aber Kartoffeln. Du scheinst keine Ahnung davon zu haben, was wir im Jugendwerkhof machen. Ist ja klar, wenn du dauernd beim Heimleiter rumsitzt.
Bloß kein' Neid.
Dein Heimleiter kann mir gestohlen bleiben mit seiner gesammelten Pädagogik à la Makarenko.
Wir haben an unserer Schule auch das Makarenko-System eingeführt, und keiner regt sich auf.
Bei euch ist das reine Spielerei, Getue.

Du meckerst an allem rum. Ins Kino gehen kann ich auch alleine.
Eine halbe Stunde später waren wir wieder auf der Barackeninsel, jeder in seinem Bau. Pißwetter; so viel Regen macht böse.

Ich möchte nicht tauschen
nicht tauschen nicht tauschen nicht tauschen
mit niemandem ich will gar nicht weg
die fliegenden Eisenteile nicht verlassen
die ausgeleierten Gleise nicht
aus denen die Loren springen
nichts aufgeben von dem was hier ist und meins
und mir gehört und ich mir angeeignet habe
mit meiner Arbeit wir uns angeeignet
und wenns mir hundertmal zum Halse
raushängt zu den Ohren immer WIR.

Die Novembersonne kommt nicht richtig hoch und wirft Strahlen wie ein Suchscheinwerfer. Sie beleuchtet die Fenster eines Busses, der langsam vor uns her über eine unvollendete Packlage holpert. Die Fenster sind dick mit grüner Farbe bestrichen. Frank und ich gehen hinter dem Wagen – kein Ikarus, wie wir ihn benutzen, sondern ein altes niedriges Modell.
Der kommt aus dem Gefängnis.
Wieso?
Weil sie die Fenster angestrichen haben.
Da sehen ja welche raus.
Sie haben Löcher reingeschabt.
Ich will dabeisein, wenn sie aussteigen.
Ich nicht, verzichte.
Vielleicht können wir mit ihnen reden.

Das darfst du nicht. Und hör auf, Grimassen zu schneiden.
Die lachen doch auch.
Blödsinn, die haben nichts zu lachen.
Wie sie winken. Frank! Sie winken.
Winken nennst du das?
Du bist widerlich.
Und du weißt nicht, wie man sich in solchen grünen Anzügen fühlt, hinter grün gestrichenen Fenstern.
Dazu sage ich gar nichts.
Plötzlich bist du nicht mehr neugierig, was?
Wenn du nicht erzählen willst, frage ich auch nicht.
Gute Erziehung oder Angst?
Bei euch im Jugendwerkhof wurde immer beteuert, daß alle Fehler vergessen sind und gestrichen. Und keiner braucht zu erzählen, warum er zu euch gekommen ist und wo er vorher war.
Wer hat dir denn diesen Schwachsinn erzählt?
Euer Heimleiter persönlich. Er hat mir auch etliche Bücher –
Ach, halt den Mund!
Du hast eine Macke, gar kein Zweifel.
Und du steckst mit unserm Heimleiter unter einer Decke.
Bist du verrückt? Er hat mich eingeladen, und wir haben uns über Utopien und Frühsozialisten unterhalten. Außerdem geht sein Sohn bei uns zur Schule, eine Klasse höher als ich.
Und eine Klasse besser als du, und du bist eine Klasse besser als ich, und ich bin eine Klasse besser als die elenden Schweine da im Bus!
Hast du nicht gesagt, du willst Lehrer werden?
Wenn ich je aus meinem Fragebogen rauskomme.
Die armen Kinder, die so angebrüllt werden, Mahlzeit.

»Wohl kämpften noch Rückständigkeit und Abneigung gegen das optimistische Neue, mürrischer Ernst gegen jungen, übermütigen Eifer; aber wenn auch manches dürre Blatt unter den Sturmstößen des Heute raschelte, aus dem Ganzen spürte man doch die erwachende, mächtige Kraft eines neuen Lebens pochen und pulsen.«
Hans Marchwitza

Den Gefangenen sah ich zweimal bei der Arbeit zu. Da sie mit Sicherheit weniger Lohn erhielten als wir, konnte ich ihren Arbeitseinsatz als effektiv anerkennen. Sie hoben Gräben aus und wurden so dicht bewacht, daß auf je drei Arbeiter ein Uniformierter kam. Die Wachleute trugen feldgraues Zeug und eine Maschinenpistole schräg vor dem Bauch. Sie standen auf dem Wall, den die Gefangenen durch das ausgehobene Erdreich gebildet hatten, und traten auf der Stelle, so daß der lockere Sand vielfach in den Graben zurückrieselte. Die Maschinenpistolen hielten sie nicht im Anschlag, aber eine schnelle Drehung der Waffe hätte genügt, den Graben unter Feuer zu nehmen.

Im Kulturhaus ist Versammlung. Ein Minister spricht.
»Was heißt hier Sonntag«, ruft er vom Podium herunter, »unsere Schmelzer, Möllerwagenfahrer, die Schweißer und Schipper, die haben auch keinen Sonntag. Immer die Bau-Union meckert! Und unsere Öfen, kennen die einen Sonntag?«
Die feiern oft genug, schreit jemand dazwischen.
Laßt den Minister reden, rufe ich, er hat recht. Die Öfen wollen fressen, und wir auch.
Zu Frank, der neben mir sitzt, sage ich: Deswegen erbauen wir ja den Sozialismus.
Und du denkst, der Sozialismus wird dann ein einziger Sonntag.

Klar. Und zwar für alle.
Warum nimmst du dann Feiertagszulage, sagt Frank, und steckst das Geld nicht in die Volkssolidarität?
Der Genosse Minister hält an seiner Rede fest. Er erklärt uns, daß die amerikanischen Kriegsbrandstifter gerade in Prag eine entscheidende Niederlage erlitten hätten. Wer im Saal weiß schon, was in Prag los ist.
»Slansky«, sagt er, »Agenten, Verschwörer, Titoisten, Trotzkisten, Nationalisten, Zionisten«.
Langeweile kommt auf, Unruhe macht sich bemerkbar unter den fast tausend Arbeitern von der Bau-Union. Einer fragt nach Eisenträgern, ein anderer nach Milchzulage. Ein dritter verlangt Zement und Schalbretter. Der Minister bleibt bei Prag. Die Zwischenrufe hören auf; jetzt wird rücksichtslos in Gruppen diskutiert. Es geht gegen die Normstopper, gegen die polnische Maurermethode, und Frank stellt mit einem Kollegen eine Liste fehlender Ersatzteile auf.
Inzwischen hat sich Irene zu mir durchgekämpft. Sie erzählt von Baracke sechzehn, wo sie zwei Mädchen die Röcke überm Kopf zusammengebunden, die Schlüpfer ausgezogen und sie unten mit Schuhcreme eingeschmiert haben. Ich sehe mich nach Frank um; es wäre mir unangenehm, wenn er uns zuhören würde.
Und einer anderen, sagt Irene, haben sie einen Tannenzapfen reingesteckt, der ging nicht mehr raus, so daß sie zur Ambulanz mußte. Und noch einer anderen haben sie mit einer zerschnittenen Möhre das Loch zugestopft.
Hör auf, sage ich, Schluß damit. Die sind selber schuld.
Aber es stimmt alles, sagt Irene, geh mal nach Baracke sechzehn, was da los ist.
Ich denke ja nicht daran, sage ich.
Wir stehen dicht an dicht, mir läuft der Schweiß in die Augen.

Die Zimmerleute lassen schon wieder eine Flasche Wodka rumgehen und reißen Witze und schreien. Der Minister ist auch nicht zu bremsen, obwohl keiner mehr zuhört.

»Den Partei- und Staatsapparat mit seinen Kreaturen zu durchsetzen und überall seine Schädlingsarbeit zum Sturz der Volksdemokratie zu betreiben«, sagt er. »Aufmarschgebiet gegen unsere befreundete Sowjetunion«, höre ich noch, während Frank mich am Arm zieht.

Los komm, sagt er, hauen wir ab ins Kino.

Hilfe, sage ich, bloß nicht nochmal unter Menschen heute. Erstmal an die Luft.

An den Masseln vorbei, die unregelmäßig in Güterwaggons prasseln, nehmen wir den Weg zur Schlackenhalde und umrunden das glühende Mondviertel. Die Schlacke ist weiß, hellgrau, graubraun und hat mitunter einen Stich ins Blaue. Wellen heißer Luft schlagen uns entgegen.

verfluchte Höllenbrut und tausend Satansbraten, keine Kohlen da, und das Holz ist naß und schwelt vor sich hin, der Ofen qualmt zum Ersticken, gleich trete ich ihm das Gehäuse ein, ist lange her, daß er Feuer gefangen hat, kein Strumpf wird mehr trocken, und irgendjemand hat unsre neue Bratpfanne geklaut, direkt unterm Hintern weggezogen, aber ich finde sie, ich krieg sie zurück, und wenn ich von Zimmer zu Zimmer gehe, von Baracke zu Baracke, weh dem, der die Pfanne hat, der kriegt sie übern Schädel, ich brauche bloß zu riechen, wo es nach Eiern riecht oder Speck oder wo sie sich Pfannkuchen einrühren und wolln gerade backen, die haben nichts zu lachen

hat denn hier niemand jemals schon einen Kohleneimer gesehn, is ja klar, wo keine Kohlen sind, is auch kein Eimer, wozu auch, wer wird so meschugge sein, uns Eimer zu liefern, wer liefert

überhaupt was Brauchbares, jetzt wo es anfängt zu schneien und zu frieren, also gehn wir Holz holen, und wenns Bauholz is, und Hobelspäne, aber die sind wahrscheinlich patschnaß, wie alles patschnaß ist, und morgen haben wir wieder keinen trocknen Faden am Leibe
die Pfanne muß wieder her, die Sachen müssen aufgehängt werden, Holz muß ran, egal woher und welches, von alleine kommt nischt, uns schenkt keiner was, erst hacken sie die Bäume ab, dann schleifen sie das ganze Holz weg, und ich bin nich die Einzige, die weiß, wo Schalbretter versteckt sind, und in unserm Schuppen is 'n Beil, Jute müßte doch auch brennen, so wie die mit Teer beschmiert is
schöner Feierabend mal wieder.

Im »Neuen Deutschland« stehen zwei Nachrichten direkt nebeneinander: »Rettet das Ehepaar Ethel und Julius Rosenberg«, und: »Todesurteile gegen Tito-Banditen«: »In dem Budapester Prozeß gegen eine Terroristen-, Menschenräuber- und Spionagebande der Tito-Clique wurden am Montag, dem 17. 11. 1952, vier der sechs Angeklagten zum Tode verurteilt. Gegen die Verurteilung eines Angeklagten zu lebenslänglicher Haft legte der Generalstaatsanwalt Revision ein und forderte ebenfalls die Todesstrafe.«
Ich stelle mir die Todesstrafen vor und bin dagegen. Concordia hat gesagt: Das habt ihr doch nicht nötig, wenn ihr Kommunisten sein wollt.
Nein, Todesstrafe haben wir nicht nötig. Kein Mensch hat das Recht, einem andern das Leben wegzunehmen. Während einer Revolution gibt es Tote, da werden auch welche an die Wand gestellt, das ist nicht zu vermeiden. Aber dann noch, wenn die Arbeiterklasse an der Macht ist?

Irene hörte auf, ihre Haare zu flechten. Sie blieb beim Mittelscheitel, aber nach der Schicht ließ sie die Haare lang und glatt herunterhängen. Dadurch wurde ihre Nase kürzer. Die üppigen Augenbrauen, die waagerecht verliefen und in der Mitte zusammenwuchsen, bekämpfte sie mit einer Pinzette. Vergeblich bemühte sie sich, ihnen Schwung zu verleihen. Irene rupfte und zog und rodete, daß ihr die Tränen übers Gesicht liefen. Immerfort traf ich Mädchen und Frauen, die sich mit Pinzetten traktierten. Es verdroß mich zu beobachten, wie viele sich mit diesem Instrument abquälten. Die Haut überm Augenlid schwoll an, und die gepeinigten Haarwurzeln produzierten drauflos, bis die Mädchen einen dickeren Balken im Gesicht trugen als vorher.

Solche irrsinnigen Tänze habe ich später nicht mehr gesehen: ein Leben am Rande des Todes, wieder haut einer einem anderen die Weinflasche auf den Kopf, wer hat schon gezuckt, wenn Blut floß, und es floß in Strömen, geschrien wurde genug und gelacht und gewettert und geschuftet und gestorben. Einer fiel vom Gerüst und stach sich ein Auge aus mit seinem Schweißbrenner, den er nicht loslassen wollte, weil sie alles klauen, sagte er. Einer fiel von der Gichtbühne was heißt einer, alle Nase lang flog einer von der Gichtbühne runter und war schon tot, als er unten ankam, vergiftet durch und durch. Einer ersoff im Kanal beim Zementstützen setzen, Schwimmer, Nichtschwimmer, na und: weiter, weiter. Wer lebt, und das sind immer noch ein paar Tausend und werden täglich mehr, der geht tanzen, wenn der Tag ihm nicht lang genug war, und wenn der Tag zu lang war, spielen die Muskeln weiter und lassen sich nicht hinpacken. Also tanzen, die Zimmerleute immer vorneweg, aufgerissene Mäuler und zugekniffene Augen unter breiten schwarzen Hüten, tanzen am Rande des Todes entlang, ich übertreibe nicht, und erschlagen sich gegenseitig, wenn sonst nichts passiert oder weil so viel passiert, tanzen noch auf den schwankenden Gerüsten, wo sie dann genauso runterpurzeln wie die anderen von der Gichtbühne, alle die Neuerer mit den alten Liedern, mit den stampfenden Kreistänzen, und wie sie das Volkskunst-Ensemble auslachen, wenn das Arbeitstänze vorführt, dreht euch, dreht euch, wer es nicht aufs Spiel setzt, hat sein Leben umsonst, hat umsonst überlebt. Diese maßlose und überall zur Schau getragene Verachtung, warumdarum, Weiber her, ziert euch nicht, los, los, was du willst nicht, eine rein, vielleicht klappt sowieso alles zusammen wie'n Kartenhaus. Wir ham schon Pferde kotzen sehen oder die Russen kommen wieder oder die Amis und lachen über unsere Hochöfen mitten im Wald, wo's weit und breit keine Kohle gibt, kein Erz, die spucken auf unsre Öfen. Der erste senkt sich schon, auf Sand gebaut oder nicht, nur weitermachen, jetzt nicht nachlassen, wer hier zwischenfunken will, dem wern wir die Hammelbeine langziehn, runter mit den Ketten, rauf mit dem Panzerblech. Musik, Musik, und noch eins drauf, lauter Trubel bei Nacht, Schnaps her, reiß die Knautschkommode hoch, du schwarzer Zigeuner, komm spiel mir was vor, damit ich vergessen kann, was ich verlor: das ist unser Werk, bevor da einer Hand dran legt, spreng ich es eigenhändig in die Luft, Stückchen für Stückchen, ein Kamin nachm andern, ein Kauber nachm andern. Und morgens das heulende Elend, ob das nicht auch zum Glück gehörte, denn es war das Glück, der ganze Taumel, es hat bloß keiner gemerkt in dem Moment. Alle spielen verrückt, weil sie sich am Glück buchstäblich überfressen haben, an der Wut, an der Angst. Wo hats das später je wieder gegeben: solche Tänze, solche Raserei, solch Hämmern, Schippen und Fluchen und Brüllen und Lachen, wenn die Zähne ausm blutigen Mund flogen, und weiter, weiter, wer pennt hier, der Schlaf ist eine kurze Ohnmacht zwischen Schrei und Schrei, dann geht der Tanz wieder los.

Hawelka hat gesagt, der Feind kommt in jeglichem Gewand. Kann man auch Geheimnisse voreinander haben, wenn man verheiratet ist? Nein. Nicht, wenn man sich liebt. Und wenn man sich nicht liebt, kann man sich scheiden lassen. Außerdem haben sich die beiden doch täglich gesehen, miteinander gesprochen. Wie konnte der Mann sie derartig belügen? Warum geht Frau Londonova jetzt hin und erzählt es dem Gerichtshof? Warum läßt sie es noch in die Zeitung setzen: »Mein Gatte war kein Opfer, sondern ein Verräter seiner Partei, seines Vaterlandes. Als Kommunistin und Mutter bin ich im Interesse des tschechoslowakischen Volkes und des Weltfriedens glücklich, daß die Verräterbande enthüllt und unschädlich gemacht worden ist, und ich kann mich nur allen ehrenhaften Menschen anschließen und die Bestrafung der Verräter fordern.«
Vielleicht muß ihr Mann sterben. An ihrer Stelle würde ich darum bitten, ihn besuchen zu dürfen, und ich würde ihm gut zureden. Vielleicht hat er alles eingesehen und muß nicht sterben. Warum sollte er überhaupt sterben? Ist doch sinnvoller, er geht arbeiten. Eine Hinrichtung ist endgültig, nie rückgängig zu machen, auch nicht, wenn Irrtümer passiert sind.
Ob ich auch Kommunistin werden kann, ohne mit allem einverstanden zu sein?
Aus meiner Lenin-Biografie schneide ich ein Bild – Lenin auf dem III. Komsomolkongreß – aus und nagle es an die Wand.

Wenn es nirgends russischen Wodka gab, im EKO ging er nicht aus: Marke Moskowskaja. Die HO-Läden zwischen den neuen Wohnhäusern hielten auch Kamtschatkakrebse in Dosen bereit,

bulgarisches Mischgemüse, meterweise Bockwürste, ungarische Wurst, Schokolade und Pralinen wie Sand am Meer, und so schmeckten sie auch.
Überhaupt schmeckte alles nach märkischem Sand. Der flog durch die Fenster herein und rann über die Laken, rieselte die Nähte entlang und zwischen die Stoffballen in der Textil-HO gleich neben der Lebensmittel-HO.
Die festen Stoffe mit Nadelstreifen gingen für Röcke. Für Blusen eignete sich die hellblaue Kunstseide mit maschineller Lochstickerei, die auch fliederfarben im Angebot war. Schnittmuster lagen aus: Knopfleiste, ärmellos, Bubikragen fertig.
Wolle? Ham wa nich!
An wollene Pullover war nicht zu denken. Dafür waren Schuhe reingekommen in der Leder-HO neben der Textil-HO: tschechische Lederschuhe mit Fransen und Laschen und solche mit Kordeln, seitlich zuzubinden. Die wollte ich probieren.
Welche?
Na die, die aussehen wie die Wanderschuhe vom BDM.
Du! Höre mal!
Wieso? Stimmt doch.
Eure FDJ-Schuhe sehen doch auch nicht anders aus.
Restposten werden es ja wohl kaum sein.
Diese Art Sport-, Wander- und Bergschuhe hat es schon lange vor dem Krieg gegeben.
Ist ja egal, her damit!
Dann ging ich zurück in die Textil-HO.
Drei Meter, doppelbreit, von dem bedruckten Stoff, ja diesen dort, den mit den großen rostroten, bauschigen Chrysanthemen, fürn Sommerkleid. Drei Meter müßten reichen. Und einen schmalen, goldenen Gürtel brauche ich. Haben Sie zufällig einen, nicht breiter als mein Daumen, Sommergürtel?

Jetzt im November?
Wann denn sonst?
Irene versucht, einen Wanderarbeiter an Land zu ziehen. Er ist Zimmermann, braun gebrannt, hat schwarze Mäusezähnchen und grüne Augen. An den Perlmuttknöpfen seiner Weste schaukeln zwei silberne Ketten. An der einen hängt eine Uhr, an der anderen ein dünnes Messer, mit dem er sich die Zähne auskratzt. Breitbeinig geht er von Baracke zu Baracke, streckt den Bauch vor, hält mitten auf dem Weg wildfremde Mädchen an und gibt umständliche Liebeserklärungen ab. Dabei reißt er sein Hemd auf, preßt beide Hände auf die linke Seite und stammelt: Amore, amore. Er erntet überall Gelächter, weil er sich nicht geniert, solche Sätze zu sagen wie: Mein Herz weint nach dir. Plötzlich faßt er sich dann an den Hals, ist fast am Ersticken, stöhnt wieder amore amore und wirft uns Hundeblicke zu. Dann kratzt er sich zwischen den Beinen und zieht weiter.
Ich sage: Irene, du wirst doch nicht auf diesen Kitsch reinfallen.
Irene sagt: Du, der kann aber gut tanzen.
Ich sage: Furchtbar, wie er an seinem Daumen lutscht und sich kratzt, als hätte er Läuse in der Unterhose.
Irene sagt: Nach Gérard Philipe suchst du hier vergeblich.
In Prag fordert der Sohn des Verschwörers Ludvik Frejka für seinen Vater die Todesstrafe. »Ich verlange für meinen Vater die schwerste Strafe, die Todesstrafe. Erst jetzt sehe ich ein, daß diese Kreatur, die man nicht einen Menschen nennen kann, weil sie keine Spur von Gefühl und Menschenwürde in sich hatte, mein größter und erbittertster Feind war. Als ergebener Kommunist weiß ich, daß mein Haß gegen alle Feinde, namentlich der Haß gegen meinen Vater, mich stets in meinem Kampfe für die kommunistische Zukunft unseres Volkes stärken wird. Ich bitte, diesen Brief meinem Vater vorzulegen.«

Was muß bei denen zu Hause los gewesen sein. Ich dachte immer, der Krieg zwischen Kaltesophie und mir sei der Gipfel des Vorstellbaren gewesen. Warum ist dieser Sohn nicht einfach abgehauen?

Wen die Feuer der Schmieden nicht schrecken,
wer der Faust und dem Willen vertraut,
wer sich niemals vorm Feind wird verstecken,
wer das Haus unsres Volkes erbaut –
    der soll unser Bruder sein
    der packt zu, der greift ein
    geh die Straße, gehe Bruder
    komm und geh
    geh den guten, geh den Weg des ZMP.

Der leere Lastwagen fuhr über eine unfertige Straße. Wir saßen auf der Laderampe und flogen in die Luft. Almuth kauerte hinter mir und trennte meine Zöpfe auf. Sie kämmte mit den Fingern meine Haare. Ihre Nasenflügel sahen aus wie Messerrücken. Ihre trägen Bewegungen lähmten mich. Ich hielt die Luft an, während sie mir schräg am Hals vorbei pustete.
Frank saß im Führerhaus, ein abgebrochenes Ende Zollstock hinter dem Ohr.
Ich verwandelte mich in eine Salzsäule, als Almuth laut fragte: Hast du schon mal mit einem Mann geschlafen?
Ich sagte: Nein – und die Mädchen grinsten.
Irene hat ja auch noch nicht, sagte ich.
Die ganze Brigade lachte sich krumm, Irene immer mit. Ich hätte mich nicht gewundert, wenn überall kleine Gabeln aus mir rausgewachsen wären.
Bei jedem Satz, den das Lastauto machte, versuchte ich, von Al-

muth wegzurücken. Sie folgte der Bewegung des Wagens, wobei sie sich an meinen Haaren festhielt. Die anderen unterhielten sich längst über Materialmangel und den neuen Normstopper; ich fühlte mich eingehüllt in Spott und Scham. Jeden Augenblick konnte Frank durch das Fenster nach hinten sehen. Almuth ließ meine Haare nicht los.
Sie sagte: Steine schleppen? Mach ich nicht länger mit. Wenn schon bei der Bau-Union, dann kann ich auch richtig Maurer lernen. Die entwickeln fortwährend neue Methoden. Ich hab mir die Polen angesehn, gefällt mir, wie die Mauern hochziehen. Neuerdings gehen mehr und mehr Frauen auf den Bau. Immer noch besser, eine Maurerkelle in die Hand zu nehmen als 'nen Kochlöffel. Sollten sie mich im EKO nicht brauchen, zieh ich ab nach Berlin und melde mich bei der Stalinallee. Die haben eine erste Zweiergruppe gebildet, mit einer Frau dabei. Sie haut den Mörtel rauf, er mauert, und schon sind sie Verdiente Aktivisten. Sechstausend Steine pro Tag. Na du, machst du mit?
Ich antwortete: Eigentlich wollte ich Flieger werden, Pilot.
Sie flocht mir wieder Zöpfe und sagte: Fliegerin, Pilotin!
Ein Mädchen hielt sich den Bauch und sagte zu Almuth: Wenn du so weitermachst, wirst du noch 'ne Mannin, eine Mannin!
Almuth stieß ihr die Faust in den Magen.

Wer oder was
strafft die Zügel legt
das Innere meines Mundes trocken?
Wessen Rute zieht über meinen Rücken?
Was für Blei senkt sich und lotet mich aus?
Wo ginge es mir besser?
Was suche ich?

Warum drehe ich mich
ein Kreisel in eine Peitsche gewickelt?

Die Arbeiter diskutierten Tag und Nacht, bei der Schicht und in den Baracken. Uns Jugendlichen stellten sie viele Fragen.
Es läuft am Ende aufn großen Diebstahl raus. Von wegen: unser Werk, unsere Öfen, unser Roheisen, unsre Neubauten. Wer hat denn über alles zu bestimmen? Wer organisiert, wer plant, wer treibt an, wer verwaltet den ganzen Kram? Die Partei. Die Funktionäre. Und die auch nichtmal, sondern die Funktionärsspitze ist es, die alles bestimmt. Leute in Berlin, die wir nicht kennen, die sich in den Brigaden nie blicken lassen, die sich nie die Hände dreckig machen, denen gehört das EKO. Aber nicht den Schmelzern und Maurern. Oder seht ihr einen Weg, hier Einfluß zu nehmen, über die Produktion zu bestimmen oder auch nur bei der Wohnstadt mitzureden, wie die Häuser mal aussehen sollen, die Wohnungen, das Kulturhaus? Oder was aus dem Eisen gemacht wird, das aus den Öfen fließt – ob Schmortöpfe oder Gewehre?
Klar haben wir im Augenblick wenig mitzureden. Ich kanns nicht, du kannst es nicht. Das müßte man lernen, und es ist erlernbar. Werde Ingenieur oder Architekt oder studiere Planwirtschaft. Die Möglichkeit hast du. Dann bestimmst du auch, was und wie alles zu meistern ist. Ich kenne in Karlshorst ein paar Genossen, die Ökonomie studieren. Die werden eines Tages wissen, wie der Sozialismus aufgebaut werden muß: und zwar so, daß unsere materiellen und kulturellen Bedürfnisse maximal befriedigt werden.
Drisch hier keine Phrasen. Mit Zeitungsartikeln kannste niemanden hinterm Ofen vorlocken. Die Leute wollen was anzuziehen und 'n anständiges Stück Fleisch aufm Teller sehen.

Das meine ich ja mit Befriedigung materieller Bedürfnisse.
Na, dann drück dich richtig aus.
Es zeugt entschieden von Unfähigkeit und Denkfaulheit, wenn man Verallgemeinerungen scheut. Ich brauch doch keine Modenzeitung oder 'ne Speisekarte oder 'n Theaterprogramm aufzuzählen, wenn ich Sozialismus meine.
Warum nich? Dann könnten wir uns wenigstens was vorstellen drunter.
Mal was andres: und ihr denkt, die Arbeiter sind schon so weit, daß sie 'n sozialistisches Bewußtsein annehmen? Ganz zu schweigen von den Bauern?
Erziehung ist alles. Ihnen die Sache erklären, sie auf ihre kapitalistische Ideologie aufmerksam machen und wohin die führt. Sie erziehen.
Daß ich nich lache. Ich lach mich kaputt. Wer? Wer soll sie erziehen? Du etwa? Wer weiß schon wieder alles besser und ist weiter und ist wertvoller und klüger? Wer hat schon wieder die Weisheit mit Löffeln gefressen und will die andern erziehen? Die Bauern hauen doch zu Tausenden nachm Westen ab.
Wo denn? Was denn? Geh mal in die Produktionsgenossenschaften! Guck dir mal 'ne MAS an und wie die schuften und wie die 'n Sozialismus anerkennen. Woher haste denn dein Brot und die Wurst auf der Stulle?
Das kann ich dir genau sagen. Die Alten, die sich nich mehr trauen, die nichts anderes gelernt haben, als den Rücken krumm machen, egal, wer regiert, die gehn noch raus aufs Feld. Und was heißt hier Kolchose? Alles Zwang. Da ist doch keiner freiwillig reingegangen. Zwang: so sieht die Erziehung aus, und so wird der ganze Sozialismus aussehen, von dem ihr quatscht. Und hier den Sauhaufen, wie willste den erziehen? Die arbeiten auch bloß für Geld, und wenn der Normstopper kommt, drückense sich, lang-

sam, langsam, nichts überstürzen. Das is ihr neues Bewußtsein.
Und die willste erziehen?
Sie arbeiten doch, was willste. Mit deiner Überheblichkeit biste erst recht schief gewickelt. Erst redste ihnen zum Mund, dann machste se madig. Sauhaufen? Nee du.
Ich will wissen, wer sich anmaßt, die Arbeiter zu erziehen, ihnen was schmackhaft zu machen, was se überhaupt nich wollen.
Schon mal was von Wechselbeziehung gehört?

Um Fünf raus, lange vor Tagesanbruch. Im Rücken die Hochöfen, die brennenden Gasflammen, steigen wir über alte Holzwege und neue Plattformen, über Äste, Knüppel, erste Schneelachen. Die Gummistiefel hielten die Kälte nicht ab. Sie waren innen so naß wie außen: mit Pfützen im Stiefel durch die Pfützen zwischen den Bauplätzen.
Der Wald war kein Wald mehr. Hier drei, dort noch ein Dutzend Kiefern, sonst Baumstümpfe, Stubben, filzige Moose, Blaubeerkraut unter der gefrorenen Nässe. Wir gingen auf den provisorischen Bahndamm zu, auf einen der vielen Bahndämme. Die eingleisige Schienenspur war vorläufig auf einem Wall aus Schotter und Sand verlegt worden. Neben einer hölzernen Rampe stand ein kleiner Geräteschuppen.
Eine Lok schob zwei Güterwagen heran, die wir entladen sollten. Eine Trillerpfeife entfernte sich, nachdem die Lok abgekoppelt war. Kette bilden, Ziegel weiterreichen, jeweils vier Stück einander zuwerfen und stapeln! Im Schuppen lagen Arbeitshandschuhe; ohne sie ging es schneller. Almuth hatte schon die Karbidlampen aus dem Schuppen geholt, sie in die Nähe der Rampe gezogen und angesteckt.
Karbidlicht ist hell, es blendet, aber wärmt nicht.
Auch an diesem Tag wurde es kaum hell, die Lampen blieben bis

Neun brennen. Als wir die Steine auf Lastwagen weiterverladen hatten, machten wir die Lampen sorgfältig aus und gossen zur Sicherheit Wasser in die obere Wanne.

In der neuen Wohnstadt setzten wir die Steine ab: Kette bilden, abladen, stapeln. Wie üblich ernteten wir Beschimpfungen: wo Klinker erwartet wurden, bedienten wir die Maurer mit Vollziegel.

Um die Ausschachtungen herum, vorm Milchkiosk, standen die gesetzteren Bauarbeiter, alles erfahrene Leute, nachlässig, skeptisch, Männer wie Stiere, gedrungen und in tiefsitzenden Hosen, die sich knapp an den Hüftknochen hielten, und überm Gürtel Bäuche voller Brot und Bier. Diese Bäuche selbstbewußt vor sich hertragend, Zigaretten zwischen Daumen und Zeigefinger, die Glut ins Innere der Hand gerichtet: so berieten sie, meckerten, tratschten, wieherten. So standen sie beisammen und spuckten Tabakfasern aus, wobei sie die Lippen zusammenzogen, dann kurz öffneten. Es hörte sich an, als falle eine einsame Erbse auf einen Schüsselboden.

Mittendrin schrie jemand auf. Aus den zerknüllten Gesichtern schossen aufmerksame Blicke; die Männer griffen nach den Hosen, die sofort wieder runterrutschten, und machten sich behende auf den Weg. Entweder war Material angekommen oder eine erwartete Lieferung abgesagt worden. Die ganze Baustelle schien eine Zementbörse zu sein, wo Gelassenheit, Depression und höchste Aufregung einander folgten.

Hexenringe unter Kiefern
keiner stört den Kreis des andern
die weißen faltigen Hälse
so verletzlich
in den weißen faltigen Himmel gestreckt

ihre Novemberköpfe
neigen sich über Nadeln
Hexenringe
sehen ihrer Hinrichtung entgegen.

Am nächsten Morgen ging ich allein zwischen den Schienen entlang und rutschte immer wieder von den glattgefrorenen Schwellen; die elektrischen Lampen, die den Bahndamm erleuchten sollten, aber viel zu hoch angebracht waren, versanken in gelbem Dunst. Es war wieder kurz nach Fünf. Bei den Ziegelstapeln bog ich ab und steuerte unseren Geräteschuppen an. Die Tür ließ ich offen; in der Finsternis tastete ich nach einem Haufen Säcke und Planen, der dort herumlag, und ließ mich fallen. Eine Weile lag ich still, mit aufgestützten Ellbogen, den Kopf in der Hand, und starrte hinaus auf die Lampen über der Bahnlinie. Die diesigen gelben Flecke verschwammen vor meinen Augen, vor der Schuppentür erkannte ich eine gefrorene, mit dreckigem Schnee bedeckte Lache, ich saß einfach da, erstmal froh, allein zu sein. Dann fing ich zu heulen an, immer noch froh, daß mich niemand störte. In der Ferne pfiffen die Lokomotiven, rangierten Waggons. Mir wollten die Augen zufallen, jetzt nochmal ins Bett, aber nicht hier, in ein richtiges Federbett in einem geheizten Zimmer mit Gardinen, Fensterläden, die jegliche Kälte, Zugwind und Geräusche ausschlossen, drei Kissen, Stille, schlafen.

Als ich mich ausgeheult hatte, kümmerte ich mich um die Karbidlampen; deshalb war ich von der Brigade vorausgeschickt worden. Ich zog und drehte und zerrte eine Lampe nach der anderen aus dem dunklen Schuppen, ließ sie über die Schwelle, über die gefrorene Pfütze rutschen in Richtung Rampe, wo die Ziegelstapel standen: diese ekelhaft schweren Karbidlampen, graue Eimer, die mir bis an die Brust reichten. Meine Hände froren und blieben immer wieder an den eisernen Griffen kleben, halb schob ich, halb rollte ich, suchte rückwärts mit den Füßen Halt und stemmte sechs Lampen in der Dunkelheit schrittweise zur Rampe. Dabei mußte ich auf das Sicherheitswasser achten, das oben bei jeder Lampe in einem flachen Teller stand, damit keine Luft in den Behälter eindringen konnte.

Und dann schlugen meine Verbissenheit, meine Müdigkeit, meine Ohnmacht jäh in unbändige Wut um. Ich haßte die Rampe, den Bahndamm, das stupide Pfeifen der Lokomotiven, die Ziegelstapel, die Kälte, ich haßte die Gasfackeln, die aus der Finsternis herüberleuchteten, ich haßte den Hunger, den ich plötzlich verspürte, ich haßte alle, die sich in warmen Betten drehen und dem Tag entgegenschlafen konnten, ich haßte die Lampen, die ich aus dem Schuppen, über den eisigen Matsch zur Rampe bugsiert hatte. Ich neigte jede leicht zur Seite, schüttelte sie und hob mit der flachen Hand das Sicherheitswasser ab: kein Licht – keine Arbeit! Raus mit dem Wasser, die Beleuchtung fällt aus!

Ich war noch nicht fertig, als ich Schritte hörte, Schwatzen und dumpfes Trampeln zwischen den Bahngleisen, von Schwelle zu Schwelle. Ich ging der Brigade entgegen, meine Wut war verflogen.

Die Lampen habe ich aufgestellt, sagte ich, ich bin ganz erfroren.

Irene sagte: Kommt erstmal Holz suchen, damit wir Feuer machen können. Ich habe Kuchen von Zuhause gekriegt.

Und ich Brot und einen Ring Blutwurst, sagte Lilo und packte aus.

Dann kurvte Frank mit seinem Laster heran, kletterte aus dem Führerhaus, hockte sich in den Kreis um das Feuer und zog ein Fläschchen Wodka aus der Tasche und sagte: Für jeden ein winziger Schluck, zum Aufwärmen. Und dann stand Almuth auf und zündete die erste Lampe an: ein Lichtstoß, weiß und blendend, ein betäubender Knall, Druckwellen und Almuths Schreie, das war alles eins.

Irene zog die Serviette unter dem Rest Kuchen hervor und wickelte sie Almuth um die blutende Hand. Frank trug unsere Brigadierin ins Führerhaus und fuhr sie ins Ambulatorium. Wir legten Holz aufs Feuer.
Da war einfach kein Wasser drauf.
Kann ja nicht, sonst wärs nicht explodiert.
Hat Almuth nicht jeden Tag nach der Schicht die Lampen kontrolliert?
Eigentlich zwecklos. Im Schuppen müssen sie ja nicht brennen, und am nächsten Morgen kommen sie raus, wie sie sind.
Und du, hast du Wasser gesehen heute früh?
Hab nicht darauf geachtet. Ich hatte genug damit zu tun, die schweren Dinger überhaupt aus dem Schuppen rauszuheben.
Naja, wer achtet schon darauf.
Müßte man aber. Oft genug hat uns Almuth eingebleut, aufs Sicherheitswasser zu achten.
Ist doch Blödsinn, nach der Schicht zu kontrollieren.
Klar, vorher hätte sie reinschauen müssen, kurz vorm Anmachen.
Aber so leicht schwappt das Wasser doch nicht raus.

nicht den Rücken krumm machen, nicht den Kopf einziehen, unter keinen Umständen jetzt den Blick senken, genauso viel Anteilnahme aufbringen wie die andern, was soll schon sein, so schlimm wirds nicht werden

schweigen, Mund halten, nicht anfangen zu schreien, nicht schreien, nicht schreien, keine Geständniswut, das muß ich aus-

halten, das werde ich doch noch aushalten, was ich nicht erzähle, kann niemand mißverstehen
nicht mich totstellen, nicht wegsehen, ich werde das durchstehen, es ist nichts gegen das, was Almuth ertragen muß, nichts, meine Schuld wiegt immer schwerer, nicht herumwirbeln, nicht um mich schlagen, nicht in die Knie gehen, nicht in die Luft springen, nicht wegrennen
worum ich meine Klassenkameraden, meine Lehrer, Eltern, alle immer beneidet habe, das ist ihr reines Gewissen
nein, um ihre Vergeßlichkeit habe ich sie beneidet, wie machen sie das, ich möchte vergessen
mich umkreist etwas, ich höre es brummen, wie eine Hornisse hört es sich an, es umschwirrt meinen Kopf, dröhnt in den Ohren
da stehe ich zwischen den anderen, rede wie sie, daß es höchste Zeit sei, diese Lampen auszurangieren, die Strecke richtig zu elektrifizieren, und mache dabei ohne Eile die Zöpfe auf und kämme mich und schabe mir unauffällig auf der Kopfhaut herum und habe gerade gesagt, als ich heute früh die Lampen aus dem Schuppen geholt habe, hat es in allen gegluckert, und flechte wieder an den Haaren herum, immer straffer
kein Wunder, das ist Irene, es gluckert immer in den Lampen, da sind sowieso an die zehn Liter Wasser drin, und wenn die nicht drin gewesen wären, hättest du Almuth nicht wiedererkannt und dich auch nicht
das Brausen um meinen Schädel läßt nicht nach, läßt nicht nach

Im Krankenhaus wurden Almuth zwei rechte Finger abgenommen, der kleine und der Ringfinger. Wir entluden und stapelten an diesem Tag Hohlblocksteine, das Stück mehr als zwanzig Zen-

timeter hoch und breit und ungefähr fünfunddreißig Zentimeter lang. Wir nahmen zwei Stück auf einmal. Immer wieder schoben sich Wolken vor die klare, kalte Sonne.
Irene sagte: Jetzt biste die los. Freuste dich?
Ich sagte: Mir ist ganz schlecht heute.
Sie sagte: Hattest wohl doch nichts dagegen, wennse dir untern Rock gefaßt hat.
Ich sagte: Wieso? Mir? Wann hab ich denn schon 'n Rock an?
Irene sagte: Willste behaupten, du hast nichts gemerkt?
Ich wechselte den Platz und stellte mich ans Ende der Kette; wer die Steine auf den Lastwagen reicht, hat die schwerste Arbeit. Meine Hände schwitzten trotz der Kälte. Die Füße wollten nicht warm werden.
Am Nachmittag ging ich einen Stapel Dosen mit Kamtschatkakrebs für Concordia einkaufen. Sie war ganz versessen darauf, und in Köpenick gab es kaum noch Kamtschatkakrebs. Den verschoben die Leute nach Westberlin. Auch Concordia brachte Tante Berta russische Fischkonserven rüber nach Spandau.
Vier Tage später fuhren Irene und ich zurück, erst ins Internat, dann nach Hause. Almuth lag noch im Krankenhaus. Ich habe sie nicht besucht.

Sonntags bei Concordia drückte ich mich herum und blieb geduldig am Radio sitzen, während sie die katholische Morgenfeier hörte.
Später sagte ich: Den Katholiken gehts gut, die haben ihre Beichte.
Concordia: Vielleicht machen sie es sich zu leicht.
Und ich: Selbst wenn ihnen Buße auferlegt wird, haben sie trotzdem die Möglichkeit, ihre Schuld abzutragen.
Concordia: Ich finde es wirkungsvoller, den eigenen Kopf anzu-

strengen und über die sogenannten Sünden mit sich selber zu hadern.

Und ich: Immer selber, selber, selber, selber!

Concordia: Schrei nicht so. Was ist los? Kind!

Und ich: Sag nicht mehr Kind zu mir.

Concordia: Wenn du nach Gott gefragt hättest. Aber du suchst ja nur eine Schutthalde.

Und ich: Ach was. Für mich ist keiner da, der mir vergibt, und es wird auch niemand kommen.

Concordia: So hoch kann dein Schuldkonto noch nicht sein.

Und ich: Hast du eine Ahnung!

Concordia: Laß dir Zeit, ich kann warten.

Und ich: Du wartest umsonst. Und entschuldige, daß ich dich beunruhigt habe.

Concordia: Schon gut. Wenn du nicht reden willst, dann nicht. Mußt du selber wissen.

und nahm ihn gefangen
  – handlos

An jenem frühen Märztag, an dem ich als Kandidatin, siebzehn Jahre alt, in die Partei der Arbeiterklasse aufgenommen wurde, in den Vortrupp, in die Avantgarde, ist Stalin gestorben. Wir setzten im Internat die Fahne auf halbmast, errichteten auf dem Hof ein Podest, stellten eine eiserne Stalinbüste und Blumen darauf, umringt von vergoldeten Lorbeerblättern. Der Regen vermischte sich mit unseren Tränen, und wir hielten Stalin-Wache, tagsüber, nachtsüber und nochmal tagsüber.

Als wenige Tage später auch Klement Gottwalt verschied, der noch am Sarge Stalins Totenwache gehalten hatte, kannte unsere Trauer keine Grenzen mehr. Ich schloß mich in mein Zimmer ein und begann, eine tschechische Fahne zu nähen, die ich dann mit tschechischen Wörtern bestickte: Proletarier aller Länder vereinigt Euch!

»Die Partei neuen Typs:
1. Die Partei ist die Vorhut der Arbeiterklasse.
2. Die Partei ist die organisierte Abteilung der Arbeiterklasse.
3. Die Partei ist die höchste Forrn der Klassenorganisation des Proletariats.
4. Die Partei ist das Instrument der Diktatur des Proletariats.«

Der Sonnenstaat – Campanella, Civitas solis – ist die vollkommene Organisation des Gemeinwesens. Lösung *aller* privaten Probleme, Campanella lebte im Kloster und kannte die Welt nicht! Kloster und Gefängnis seine Umwelt. Er glaubte, die Menschen brauchten seine Vorstellungen bloß kennenzulernen, um sie in die Tat umzusetzen. Mittelalterliche Städte sind immer Festungen, der Sonnenstaat ist eine bewaffnete, bewehrte Festung, auf einem Hügel erbaut, mit sieben Wällen, Kanonen, Schießscharten, Kriegsmaschinen versehen. Alle, Männer, Frauen, Kinder, sind Krieger ohne Rücksicht auf ihr Alter. Alle Kinder werden körperlich tüchtig erzogen, mit 12 beginnen sie militärische Ausbildung und lernen, Feind anzugreifen. Militärische Ausbildung dient sittlicher Bildung und schützt vor Verweichlichung, MUT und EHRE! Campanella ist kein Pazifist. Kinder und Frauen ziehen mit in den Krieg wie bei Plato, Frauen unterstehen Frauenführerinnen. Wer Furcht zeigt, wird bestraft. Campanella für Gleichberechtigung, obwohl Kirchenväter darüber diskutierten, ob Frauen nicht dem Tierreich zuzuordnen seien. *Frauen dieselben Rechte und Pflichten.* Einmal jährlich Musterung und Manöver, alle Einwohner entscheiden gemeinsam über die Führung eines Kriegs. Campanella entlehnte das Modell Sonnenstaat der Astrologie. Er ist der Zahlenmystik der Kabbala verhaftet. Die 7: sieben Wälle, sieben goldene, ewig brennende Lampen im Tempel, mit Namen der sieben Planeten, die Sieben zu allen Zeiten eine mystische Zahl (in den Dogmen der Sakramente: sieben Todsünden, sieben Sakramente). Im Sonnenstaat oft 7 x 7 = die 49. Ähnlich bedeutungsvoll die 6 : 36 Zeichen auf der Fahne, der oberste Befehlshaber muß mindestens 36 sein, Erziehung beginnt mit 6, mit 12 die militärische Erziehung. Die 6 ist die Wiedervereinigung der Dreiheit. Die 3 ist die mystische Zahl par excellence.

Concordia stellte Große Wäsche auf, rührte mit einer Kelle in der Lauge, bis es schäumte und überlief. Ich trug ihr die schweren Kessel auf den Hof, wo wir schrubbten und wrangen, die Barchenttücher um den Arm. Onkel Egon stand daneben und maulte.
Ganze Völkerscharen, sagte er, besaufen sich vor Freude, und du – du gehst genau an Stalins Todestag in die Partei. Sowas Hirnverbranntes. Vater Staat und Mutter Partei, nun hast du ja wieder, was dir fehlte.
Als die Wäsche zwischen Hauswand und Kirschbaum hing, fuhr

ein Regenschauer herab. Concordia freute sich; jetzt wurde die Wäsche weich und griffig.

Das hats in unserer Familie nie gegeben, in eine Partei eintreten, sagte Onkel Egon. Nichtmal dein Vater hat sich breitschlagen lassen, nichtmal Sophie. Selbst die Frauenschaft hat sie gemieden und was es sonst noch gab.

Dafür hat sie vor Begeisterung geheult, wenn Hitler im Radio sprach, sagte ich.

Du wirst noch dein blaues Wunder erleben, sagte Onkel Egon.

Ich habe eine Menge gegen diese Partei einzuwenden, sagte da Concordia, aber ich bin durchaus damit einverstanden, daß du reingegangen bist.

Man kann nicht einfach in die Partei reingehen, sagte ich. Ich bin erst Kandidatin, muß mich bewähren. Zwei Bürgen habe ich gebraucht, und erst nach zwei Jahren entscheidet die Grundorganisation, ob ich wirklich würdig bin.

Concordia sagte: Demnach bist du eine Novizin.

Jetzt fängst du auch noch an wie Onkel Egon, sagte ich.

Sei nicht so empfindlich. Mehr als deiner Entscheidung beipflichten kann ich nicht.

Wenn du gegen die Partei bist, warum unterstützt du dann meinen Antrag um Aufnahme?

Wegen der Ideale.

Mit Idealismus hat das nichts zu tun. Die Partei ist der Vortrupp der Arbeiterklasse.

Onkel Egon wippte mit den mageren Schultern und schluckte und gluckste. Concordia sagte, indem sie die Laken glattzog und die Kopfkissen an der Leine straffte: Ich habe dir im vorigen Jahr sehr unrecht getan, als ich behauptete, du suchst nur eine Schutthalde und hättest gar nicht nach Gott gefragt. Du hast nach Gott gefragt.

Was hat denn Gott mit der Partei zu tun? Ausgerechnet du redest mir von Gott, hast doch selber nicht viel für ihn übrig.
Das laß mal meine Sorge sein. Ich suche nicht mehr in dem Maße wie du.
Ich stellte mich dicht vor Concordia hin und sagte: Wir glauben nicht, wir wissen!
Mit siebzehn weiß man überhaupt alles. Das vergeht aber wieder, sagte Concordia.
Onkel Egon stapfte in die Märzbecher und knipste ein paar vertrocknete Fliederdolden vom Vorjahr ab. Dann sagte er: Und ich bleibe dabei, sie hat sich »Eltern« gesucht. Alte Leute wie wir genügen ihr nicht als Ratgeber. Da müssen schon Herrschaften ran, die mit dem Säbel rasseln.

»Parteierziehung ist die wichtigste Aufgabe der Kaderpolitik. Nur im Kampf gegen die Schwierigkeiten werden richtige Kader geschmiedet.«
Stalin auf dem XVIII. Parteitag

Während des Mittagessens hielt Hawelka im Speisesaal eine Moralpredigt. Sie galt den Mädchen.
Es kommt Besuch, wie ihr wißt, und nicht zum ersten Mal. Trotzdem kann es nicht schaden, an die Verhaltensregeln zu erinnern, die für unsere Freundschaftstreffen gelten.
Ihr seid keine Backfische im kleinbürgerlichen Sinne, sondern junge, bewußte Menschen, die erstmals in Deutschland den Sozialismus aufbauen. Also: sauberes und moralisches Verhalten, besonders beim Tanzen! Kein Alkohol, egal, wer ihn anbietet! Keine zweideutigen Blicke! Keine Extraspaziergänge! Keine privaten Freundschaften! Wer nicht ins Bett geht, bleibt in Sichtweite! Keine Pärchenwirtschaft! Es wird nicht geflirtet! Ihr bleibt alle zusammen!

Wie gesagt: es findet ein Freundschaftstreffen statt, kein Heiratsmarkt!
Und das alles, weil wir einen Bus voller sowjetischer Offiziersschüler vom Fliegerhorst Strausberg erwarteten. Die Truppe kam zum dritten Mal und hatte uns schon zu einem Gegenbesuch eingeladen. Alle Freundschaftstreffen liefen nach demselben Programm ab: Wettkämpfe in Leichtathletik und Volleyball, Auftritt ihrer Kulturgruppe, Auftritt unserer Kulturgruppe, Limonade, Brot und Bockwürste für alle, anschließend Tanz. Die Russen spielten vornehmlich Musette und langsame Walzer, mal einen Tango. Zwischendurch führten wir eine Art Polka auf.

Nachmittags hielt Hawelka wieder eine Rede.
Wir begrüßen unsere Freunde von der ruhmreichen Roten Armee, begrüßen sie auf das herzlichste und freuen uns, bei Kultur und Sport –
Der eine von denen könnte mir gefallen, da links.
Welcher?
In der zweiten Reihe, links, so'n Blonder.
– in freundschaftlichem Wettkampf den Genossen von der Fliegerschule Strausberg unsere Dankbarkeit –
Wie er zappelt, der hat Wespen im Schuh.
Wer? Wen meint ihr?
Sie schwärmt für den Blonden in der zweiten Reihe.
Der Fiedelbogen?
– nach den Darbietungen des Musikensembles unserer brüderlichen Freunde –
Nein! Aber wie findest du den Schwarzen, gleich vorne?
So stelle ich mir Dschingis Khan vor.
Also dick ist er nun wirklich nicht.
Meinetwegen in jüngeren Jahren.

Er hat Schlitzaugen, stimmt.
– auch unsere Volkstanzgruppe vorführen mit alten mecklenburgischen und Spreewälder –
Der Blonde, wen glotzt der dauernd an?
Hat 'n Auge geworfen, auf Ines.
Der ist doch schon 'n paar Mal hiergewesen.
Ist mir nie aufgefallen.
– bekräftigen unsere unverbrüchliche Freundschaft und danken, daß ihr auch diesmal unserer Einladung –
Und dein Mongole?
Der ist neu, aber den andern kenn ich schon lange.
Kennen?
Blödsinn, ich hab ihn nur gesehen, aber x-mal schon.
Hier?
Wo denn sonst?

Ines war nicht da. Hätte sich Adele nicht bereit erklärt, einzuspringen, wäre die Volkstanzgruppe geplatzt. Laurids schickte Boten in alle Häuser, durch die Gärten und ließ Ines rufen, lief selber durch Keller und Klassenräume. Sie war nirgends zu finden, erschien auch später nicht. Die fliegt aus dem Ensemble, Disziplinlosigkeit sondergleichen, Beleidigung unserer Gäste, hieß es. Die hat mal wieder ihre Anfälle, sagten wir, ihr kennt sie doch. Wahrscheinlich liegt sie hinter einem Strauch und heult, sie ist einfach krank. Da steckt keine Absicht dahinter.
Absicht, Absicht! Hier gilt Zuverlässigkeit, und Ines ist nicht da!

Kam vor daß sich Verliebte
nachts Seerosen auf die Brust legten
um zu sterben im Schlaf.

»Grundzüge des sozialistischen Realismus:
Der Sozialistische Realismus ist eine Methode
1. der wahrheitsgetreuen, historisch-konkreten Darstellung der Wirklichkeit
2. der Wiedergabe des Lebens in seiner revolutionären Entwicklung
3. der parteilichen Darstellung des Lebens; parteilich und *nicht* objektivistisch
4. das Sozialistische ist das ästhetische Ideal und ist ebenso das Kriterium, von dem aus der Künstler an die Wirklichkeit herangeht
5. der Herausarbeitung des positiven Helden.«

Bei jeder Veranstaltung war ich auf dem Sprung und lief wiederholt in mein Zimmer. Dort schlug ich mich mit der »Humanistischen Moral des Volkes«, dargestellt an der Gretchentragödie, herum: den Aufsatz darüber sollten wir in den nächsten Tagen abgeben.
»Das Faustproblem *nicht* vom Klassenstandpunkt aus zu erfassen und zu lösen, hieße, Goethes Hauptwerk den Vertretern des Formalismus« – des Formalismusses, des Formalismus' – »zu überlassen.«
Geht nicht, weil erfassen und überlassen sich reimen.
Vielleicht: »Das Faustproblem *nicht* vom Klassenstandpunkt aus zu begreifen und zu lösen, hieße« – heißt ist direkter – »heißt, Goethes Hauptwerk den Vertretern des Formalismus' zu überlassen.«
Warum das »zu« vor jedem Infinitiv?
Nochmal: »Das Faustproblem nicht vom Klassenstandpunkt aus« – her, nein, aus – »vom Klassenstandpunkt aus begreifen und lösen, heißt, Goethes Hauptwerk den Vertretern des Forma-

lismus'« – weg mit dem Apostroph – »den Vertretern des Formalismus überlassen.«
Falsch. Das »zu« muß wieder rein, mindestens in der ersten Hälfte des Satzes.
Jetzt: »Das Faustproblem *nicht* vom Klassenstandpunkt aus zu begreifen und zu lösen, heißt, Goethes Hauptwerk den Vertretern des Formalismus überlassen.«
Ob das als Anfang geht? Ich müßte mit Gretchen beginnen, gleich ran an den Speck.
Ich wußte nicht, worauf ich hinauswollte, und schrieb mir erstmal Fragen und Sätze zum Thema auf.
»Was ist Humanistische Moral?«
»Wo hat das Volk sie her, während die Bürger und Gebildeten nicht darüber verfügen?«

NIEDER MIT DEM DEKADENTEN KOSMOPOLITISCHEN VERSÖHNLERTUM!
FÜR EINE MENSCHENWÜRDIGE SOZIALISTISCHE KUNST UND KULTUR!

Faust ist ein Renaissance-Mensch, optimistisch, willensstark, tatkräftig.
Und was ist Gretchen?
Gretchen gehörte zum Volk.
Warum hat die Moral des Volkes ihr nicht geholfen?
Warum hat sie nicht in Ruhe ein uneheliches Kind aufziehen können?
War Gretchen schüchtern?
War Gretchen dumm?
Wußte sie von ihrer überlegenen Moral?
Was ist eigentlich Verführung?

Fühlte sich Gretchen geschmeichelt von dem standeshöheren Mann?
War Gretchen demütig, dienstbar, eitel?
Hat Gretchen Faust geliebt?
Was für eine Moral hatte Faust?
Warum hat er Gretchen sitzenlassen?
Weil er ein Renaissance-Mensch war!
Und der verfolgte das Ziel, den Sinn des Lebens zu erkennen und die Wahrheit zu finden!

Von Dir, Concordia, und nur von Dir laß ich mir solche abgeklapperten Sprüche gefallen wie: Hilfreich und gut! Edel sei der Mensch, hilfreich und gut. Und Deine Stimme höre ich noch im Traum und höre sie morgens, wenn ich aufstehe. Aber ja, natürlich möchte ich gut sein oder werden, ein guter Mensch werden. Du bist über achtzig und sagst das zu mir mit einer Mädchenstimme und siehst mich an wie ein Mädchen, aber nichtmal ich, wo ich doch erst siebzehn bin, wage es, Leute so anzusehen, wie Du es tust. Bist Du denn gut, weißt Du, was das ist? Bist Du es stets gewesen oder erst mit dem Alter geworden? Ich möchte so werden wie Du, aber dazwischen liegen siebzig Jahre. Und was ist alles geschehen! Ihr habt die Hereros ausgerottet. War das gut? Oder hast Du es nicht gewußt?
So im alltäglichen Leben einigermaßen gut zu sein, das kann ich bestimmt lernen. Aber im großen und ganzen, die Verantwortung für die Gemeinschaft mal hinzugerechnet, ist es wahrscheinlich sehr schwer, das Richtige und Gute zu tun. Es kommt mir so vor, als würde ein Netz mich umgeben aus dicken Seilen, und ich müßte sie alle erst zerreißen, bevor ich handeln könnte und... Ach, ich weiß nicht.
Also, der Heilige Martin imponiert mir überhaupt nicht, wenn

er seinen Mantel zerschneidet. Wem nützt schon ein halber Mantel?

Am 7. August 1952 war durch Regierungsverordnung und auf Anraten der Partei die »Gesellschaft für Sport und Technik« (GST) gegründet worden. Sie organisierte unsere vormilitärische Ausbildung und unterstand dem Ministerium des Innern. Schon im September waren wir Internatsschüler geschlossen in die GST eingetreten. Man hatte uns versprochen, Funken, Fallschirmspringen, Motorradfahren, Segelfliegen lernen zu können. Ich wollte in die Luft. Die militärische Grundausbildung war für alle gleich: Schießen, Exerzieren, Geländekunde, Felddienst. Die enge Zusammenarbeit mit der Volkspolizei, die auch die Ausbilder stellte, verstand sich von selber. Man durfte der GST vom 14. Lebensjahr an beitreten.

Ich hatte mich sofort bei der Kreisleitung der GST beworben und bat darum, mich auf einen Lehrgang zu schicken, wo ich Segelfliegen lernen könnte. Sie sagten zu, mich auf eine Segelfliegerschule zu delegieren, ich solle mich nur gedulden, es könnte ein halbes Jahr dauern. Das halbe Jahr war um.

Wie blaß sehen die Fahrpläne auf den Bahnhöfen aus, die uns über die Ankunft aufklären. Und der erste Blick vom Bahnhof über den Vorplatz auf die seitlichen und gegenüberliegenden Häuser, in die vom Bahnhof weglaufende Straße vermittelt selten einen guten Eindruck von der Stadt, in der wir angekommen sind, egal, ob diese Stadt eine Metropole ist oder ein Dorf. Laucha an der Unstrut zum Beispiel lag im Bezirk Halle: Weinbau, Kalksteinbrüche, Segelfliegerschule, Steinmetzbetriebe und Glockenmuseum.

Auf dem Vorplatz fragte ich nach meinem Weg. Eine Autobus-

verbindung bestand nicht. Als ich einige Kilometer die Chaussee nach Laucha entlanggegangen war, hielt neben mir ein BMW. Ein Mann, ungefähr dreißig Jahre alt, fragte über die heruntergekurbelte Scheibe: Willst du mitfahren?
Nicht nötig, sagte ich. Wo fahren Sie denn hin?
Die Straße hier führt nur zu einem ganz bestimmten Zielort, und ich hoffe nicht, daß du dorthin willst.
Warum wollen Sie mich dann mitnehmen, wenn ich hier falsch bin?
Komm zur Sache! Ich fahre zur Segelfliegerschule.
Ich auch.
Wußt ichs doch, sagte er.
Eine Weile saßen wir schweigend nebeneinander im Auto. Dann setzte er mit lauter Stimme zu einem russischen Partisanenlied an: »Durchs Gebirge, durch die Steppe zog / unsre kühne Division«. Ich sang einfach mit. Er verstummte, fuhr sich durch die dunkelblonden, glatt nach hinten gekämmten Haare und fing an zu toben.
Ich habe den Bezirksleitungen mitgeteilt: Keine Frauen! Keine Frauen! Sie sollen mir keine Frauen oder Mädchen mehr herschicken! Schluß, aus, vorbei! Und jetzt geht das wieder los.
Ist das Ihre Auffassung von Gleichberechtigung? fragte ich.
Bist du in der FDJ?
Ja.
Bist du in der Partei?
Ja.
Dann sag du zu mir, wie sich das gehört. Ich heiße Lothar.
Die GST-Kreisleitung hat mich ordentlich delegiert, und ich will wissen, was du dagegen hast, daß Mädchen Segelfliegen lernen.
Keine Beherrschung! Kein Reaktionsvermögen! Keine Nerven!

Dösen da oben vor sich hin. Vor zwei Monaten hat sich eine das Rückgrat gebrochen.

Genosse! Welche Funktion übst du eigentlich aus?

Ich bin der Lehrgangsleiter. Warum?

Weil du so ermutigend auf mich einredest.

Ehe er antworten konnte, hatte uns ein Taxi überholt und blieb vor uns am Straßenrand stehen. Der Fahrer bat, seinen Fahrgast zu übernehmen, der wolle auch zur Schule.

Steig ein, sagte Lothar, steig ein, junger Freund, obgleich du deinem Alter nach schon ein erfahrener Flieger sein könntest.

Bin ich auch, antwortete der Fahrgast, ein großer kantiger Mann, bin ich tatsächlich. Zuerst VIII. Flieger-Korps, wir haben mit der 9. Armee zusammengearbeitet, später 2. Luftwaffen-Felddivision.

Geht oft schief, wenn einer vom Motor- auf Segelflug umlernen will.

Stell mir ein Geschwader hin, und ich bin gleich wieder weg.

Segelfliegen ist eine friedliche Angelegenheit, merk dir das. Und ich bin heilfroh, daß es dein Geschwader nicht mehr gibt. Mit Militarismus kommst du bei uns nicht weit, verstehst du!

Dein politisches Bewußtsein läßt noch allerhand zu wünschen übrig, wenn du Verteidigungsbereitschaft mit Militarismus verwechselst. Außerdem bin ich nicht gewöhnt, mich beleidigen zu lassen. Hast Glück, daß deine Freundin dabei ist.

Diese Genossin ist nicht meine Freundin, sondern Lehrgangsteilnehmerin, genau wie du.

'n Mädchen, ausgerechnet! Zöpfe, und will fliegen lernen.

Das wird sich noch rausstellen, wer von euch beiden fliegt und wann, und wie!

Beim Aussteigen zog Lothar das rechte Bein nach; der erfahrene Flieger ging auch nicht normal.

Zuerst standen wir mit unseren Gepäckstücken im Kulturraum herum. Nur wenige setzten sich an die flachen, viereckigen Tische, um die je vier Sessel plaziert waren. Kaum, daß ich die Losung an der Wand überflogen hatte – DIE PARTEI IST DER FÜHRENDE TRUPP DER ARBEITERKLASSE IHRE VORGESCHOBENE FESTUNG IHR KAMPFSTAB J. W. STALIN – rief man uns in Zehnergruppen zur Kleiderkammer. Turnschuhe, feste Schnürstiefel, ausgeblichene, früher olivgrüne Overalls quollen aus tiefen Regalen, auch Mützen, die eng am Kopf anlagen und unter dem Kinn durch ein Lederband befestigt wurden. Ich suchte lange nach einem passenden Anzug, ging immer wieder in den Waschraum, um anzuprobieren, trug das Ding zurück und suchte weiter. Es sollte nicht zu eng sitzen, die Beine durften auf keinen Fall zu lang sein. Große Brusttaschen, kleinere Gesäßtaschen und sehr breite, lange Schenkeltaschen gaben den Anzügen ein etwas aufgepustetes Aussehen. Reißverschlüsse und um die Taille mehrere Gummizüge hielten alles zusammen.
Endlich fand ich einen gutsitzenden Overall, an dem ich nur zwei Reißverschlüsse zu reparieren hatte. Als ich mich im Spiegel betrachtete, fand ich mich viel mehr einem Panzerfahrer ähnlich.
Ein Mann, der sich als unser Politlehrer vorstellte, wies uns in die Zimmer ein. Da ich das einzige Mädchen war, erhielt ich ein Einzelzimmer: ein Vierbettzimmer, in dem ich noch vor dem Auspacken alle Möbel verschob. Aus zwei Betten baute ich eine Sofaecke, die Tische stellte ich nebeneinander, so daß sie eine große Arbeitsfläche boten, die anderen zwei Betten ergaben zusammen eine königliche Breite. Dann teilte ich den Raum durch die beiden Schränke in einen Wohn- und einen Schlafbereich.

Während ich noch beim Auspacken war, rief der Lautsprecher über der Zimmertür wieder in den Kulturraum. Jener Flieger, der mit mir angekommen war, saß mitten in einem großen Kreis und erzählte seine Kriegserlebnisse.

Wer ist bei Schneesturm und 45 Grad minus rein in die Maschine und rüber und Luftaufklärung bei fast gar keiner Sicht? Ich!

Wer hat 41/42 den Winterkrieg bei Rshew mitgemacht und wochenlang kein Auge zugetan? Ich!

Wer hat im VIII. Flieger-Korps gedient und die 9. Armee begleitet, ob vor oder zurück? Ich!

Wer war dabei, als die 29. Russische Armee eingekesselt wurde, die 39. konnte sich gerade noch nach Westen absetzen? Ich!

In Belyj erwischten sie mich dann, da war ich bei der 2. Luftwaffen-Felddivision. Beide Beine durchschossen! Fleischwunden! Und mußte zusehen, wie die Russen sich unsre Uniformen anzogen und verkleidet auf Kundschaft gingen – wenn sie die Sachen nicht auch an Partisanen weitergegeben haben, was ich annehme. Heute weiß ich, was wir den Russen angetan haben. Es war ein mörderischer Krieg. Und doch laß ich mir von keinem die Leistungen absprechen, den Einsatz – rein physisch, meine ich.

Gleich am ersten Tag erhielt dieser Mann, älter als wir und stärker, Arbeiter in einer Motorenschlosserei, den Beinamen »Bomber«.

Dann trat Lothar, der Lehrgangsleiter, ein und unterbrach Bombers Erzählung: Alle hundert Teilnehmer sind pünktlich eingetroffen. Darauf gab er den allgemeinen Tagesplan bekannt gekoppelt mir den Themen des theoretischen Unterrichts: Aerodynamik, Meteorologie, Navigation und Flugkunde. Ich kriegte Angst, irgend etwas von alldem nicht begreifen zu können. Un-

ter »Mehrwert und Kapital«, »Dialektischem und Historischem Materialismus« konnte ich mir genug vorstellen, und als Lothar den täglichen Frühsport und die Zeitungsschau ankündigte, sah ich mir erstmal die Wände an.
Über der langen Anrichte, über Stalins Losung hing ein Bild, auf dem die Halbprofile von Marx, Engels, Lenin und Stalin ineinandergeschoben nach links in die Ferne schauten. An der Wand gegenüber hingen drei auf zweimaldrei Meter vergrößerte Federzeichnungen. Unter einer stand »SG 38 « und »Verspannte Flügel«, unter der anderen stand »Baby 11 B« und »Abgestreckte Flügel«. Die dritte Zeichnung zeigte einen Segelflugplatz von oben: Startstelle, Schleppstrecke, Winde, Rückholstreifen, Landebahn, weiter links eine Halle mit Windsack auf dem Dach und die mit Reitern bezeichnete Platzgrenze. Die dritte Wand schmückten Abbildungen alter Flugapparate: ein Hängegleiter mit dem Porträt Otto Lilienthals, ein Gestell mit Querruder und dazu das Bild der Gebrüder Wright, die Darstellung eines flügelgesteuerten Hochdeckers mit dem Gesicht von Friedrich Harth. Also, sagte der Lehrgangsleiter, das war erstmal, und jetzt brauche ich noch von jedem das ärztliche und augenärztliche Attest und von dir, weil du erst siebzehn bist, eine amtliche und beglaubigte Zustimmungserklärung deiner Eltern.
Damit konnte ich nicht dienen. Lothar schickte die anderen in den Speisesaal voraus, mich hielt er zurück.
Du brauchst deine dreißig Flugstunden, deswegen wäre es Unsinn, dich nicht mit den anderen zusammen beginnen zu lassen. Setz dich heute abend noch hin und schreibe deinen Eltern, sie mögen sofort und per Eilbrief ihr Einverständnis erklären!
Tut mir leid, sagte ich, ich habe keine Eltern.
Kein Problem, dann wendest du dich eben an deinen Vormund!
Genosse Lehrgangsleiter, ich habe auch keinen Vormund.

Halt mich nicht zum besten, sondern tu, was ich dir gesagt habe!
Ich habe weder Eltern noch Vormund und treffe meine Entscheidungen selber. Ich lasse mich höchstens im Internat von unseren Lehrern beraten. Auch zu diesem Lehrgang habe ich mich freiwillig delegieren lassen. Die Kreisleitung hatte nichts dagegen, und mein Schuldirektor hat mir sogar sechs Wochen schulfrei gegeben.
Das hört sich ja alles ganz gut an. Trotzdem: was du mir da einreden willst, gibt es nicht. Das gibt es nirgends bei uns.
Ist aber wahr.
Dann muß du eben nach Hause fahren.
Ich fahre nicht. Ich fahre unter gar keinen Umständen zurück.
Ohne die Erklärung deiner Eltern oder deines Vormunds darf ich dich nicht starten lassen, nicht ein einziges Mal.
Aber ich bin ordentlich delegiert. Meine GST-Kreisleitung weiß über meine Familie Bescheid, trotzdem hat sie mich hierhergeschickt. Also lerne ich fliegen.
Was hier geschieht, bestimme ich. Aus deinen Papieren sehe ich, du lebst im Internat – meine Frage also: Wer bestimmt bei euch?
Alle entscheiden gemeinsam, das Kollektiv.
Laß den Quatsch. Ihr macht weder eure Lehrpläne selber noch die Stundenpläne, noch die Tagespläne. Wer bestimmt?
Unser Schulleiter.
Dann schreib mir seine Adresse und die Telefonnummer auf.

HÄNDE WEG VON KOREA! steht über der Essenausgabe.

Im Speisesaal hatten die Lehrgangsteilnehmer, begleitet von Tellergeklapper, inzwischen den »Roten Fliegermarsch« gelernt. Als ich reinkam, sangen sie gemeinsam die erste Strophe:

Wir sind geboren,
Taten zu vollbringen,
zu überwinden Raum und Weltenall,
auf Adlers Flügeln
uns emporzuschwingen,
beim Herzschlagsausen
der Motoren Schall.
Drum höher und höher und höher!
Wir steigen trotz Haß und Hohn.
Ein jeder Propeller singt surrend das Lied
Wir schützen die Sowjetunion!

Der erste Tag in der Segelfliegerschule war der längste. Nach dem späten Abendessen trafen sich die Parteimitglieder noch in Seminarraum zwei; ich kannte die Leute nicht, erfuhr bloß aus der Diskussion, daß neben Flug- und Hallenleiter der ganze Lehrkörper zusammengekommen war. Von den Lehrgangsteilnehmern gehörten nicht mehr als zehn der Partei an.
Es ging um Frauen, es betraf mich. Der Ton, den die Männer anschlugen, war mir unter Genossen ganz neu.
Wir sind hier die nächsten sechs Wochen lang neunundneunzig Männer und eine Frau. Darüber sollten wir reden.
Laß doch mal, sie ist ja keine Frau im alten bürgerlichen Sinne, sondern sitzt unter uns als Genossin und ist bereit, fliegen zu lernen wie die anderen auch.
Du kannst mir doch nicht weismachen, daß sie kein Loch mehr zwischen den Beinen hat, sobald sie eine Fliegerhose anzieht.
Das wollt ihr nämlich aus unseren Frauen machen: Traktoristen, Kradfahrer, Hoch – see – schiff – fahrt – ka – pi – tä – ne.
Stell dir bloß vor, da kommt eine und nennt sich Konteradmiralin.

Und wenns ans Kinderkriegen geht, knallen sie uns zurückgebliebene, geistig unterentwickelte, na eben Krüppel vor die Füße – wie es an Traktoristinnen beobachtet worden ist.

Genug! Die Zeit ist vorüber, da sie zu Hause bleiben mußten und Kinder und Kochen und Küche und Kirche und Keller und wieder Kochtopf.

Stimmt genau. Sind die Frauen nicht gut genug dafür gewesen, in dunklen Fabriken, auf den Feldern der Gutsherren den Rücken krumm zu machen? Haben sie da ihre Kinder anständig ernähren können? Mit Muttermilch und Lebertran, wie sich das gehört? Daß Traktoristinnen kranke Kinder zur Welt bringen, ist westliche Propaganda. Aber wir lassen unsere Jugendfreundinnen, Kameradinnen, Genossinnen, unsere Arbeiter- und Parteiveteraninnen nicht länger vom Klassenfeind diffamieren!

Die Veteraninnen kriegen ja gar keine Kinder mehr...

Genosse Erich, deine Einstellung zu Frauen ist uns bekannt, und auch von den Frauen werden deine Witze nicht immer als erheiternd empfunden.

Warum laufen sie mir dann so nach? Alle?

Keine Bange, deine nicht.

Das möcht ich ihr auch nicht geraten haben.

Schluß jetzt! Und unsere zukünftige Fliegerin wird während des Lehrgangs behandelt wie jeder andere. Und keiner faßt sie an, keiner! Und von dir, junge Genossin, erwarten wir selbstverständlich ein vorbildliches, zurückhaltendes und moralisch einwandfreies Verhalten!

Weg von den Menschen, weg von der Erde, hoch hinaus. Ich werde bald von dynamischem Auftrieb getragen, werde die geschickte Ausnutzung atmosphärischer Kraftquellen erlernen. Abzuheben und aufzusteigen gelingt meistens. Was ich nicht ahne, ist: fliegen lernen heißt landen lernen. Das Ankommen ist es: wo, wie, wann, tot oder lebendig? Die Rückkehr hatte in meinen Träumen noch nicht Platz genommen.

Morgenappell früh um sechs. Ein kühler, klarer Apriltag bricht an. Wir stehen in einem Block vor dem Hintergrund junger Birken, in Dreierreihe, kehren uns dem Fahnenmast zu und erklären uns bereit zur Arbeit und zur Verteidigung des Friedens. In dem runden Beet neben der Fahnenstange, es ist mit groben Kalksteinen eingefaßt, blühen Mauerpfeffer und kurzstielige, längsgestreifte Tulpen. Wir geloben, dem Sozialismus zu dienen und während des Lehrgangs beste Leistungen zu erbringen. Anschließend Frühstück, später in Marschordnung zum Flugplatz.
Unterwegs lernen wir die nächsten Strophen des »Roten Fliegermarsches«. Der Politlehrer, als Vorsänger, läßt uns jede Zeile einzeln nachsingen.

> Wir reißen hoch die Riesenapparate,
> mit festem Griff die Hand das Steuer hält,
> so kreiset, wachend überm Sowjetstaate,
> die erste rote Luftarmee der Welt.
> Drum höher und höher und höher,
> wir steigen trotz Haß und Hohn.
> Ein jeder Propeller singt surrend das Lied:
> Wir schützen die Sowjetunion!
> Drum höher und höher und höher...

Der Politlehrer ist klein, rundlich und hat eine tiefe, aber durchdringende Stimme. Nachdem er Marschbefehle erteilt hat, dreht er sich zu uns um, bleibt stehen, läßt uns vorbeimarschieren, singt wieder eine Zeile vor und dirigiert mit weitausholenden Armbewegungen, damit wir beim Nachsingen nicht aus dem

Tritt kommen. Der Lehrgangsleiter, der in seinem Wagen das Partisanenlied geschmettert hat, singt nicht mit. Er geht neben dem Block her, versucht sich dem Schritt anzupassen, verliert regelmäßig den Anschluß und hinkt ein bißchen hinterher.
Die lange Halle am Rand des Flugfelds war eingeteilt in den Unterstand für die Flugzeuge und die Reparaturwerkstatt. Als der Hallenleiter, Herbert, ein Mann über sechzig, uns die Rümpfe, die Tragflächen, die ganze Schulgleiter-Verspannung, Leitwerke, Trimmgewichte und Kullerchen gezeigt, als er das Durcheinander unserer Fragen langsam in Bahnen gelenkt und beantwortet, als er mehrmals mit ausgestreckter Hand auf die riesigen Plakate RAUCHEN STRENGSTENS VERBOTEN! gezeigt, als er uns Pedale, Knüppel, Seitenruder, Höhenruder, Nase und Schwanz beschrieben hatte, standen wir atemlos und befangen da, verstummt, überfahren. Dann führte uns Herbert zu einem Schulgleiter 38 und forderte uns auf, das Ding ohne anzustoßen, ohne es zu beschädigen – Nirgends ist die Gefahr, ein Flugzeug zu ruinieren, größer als auf dem Boden! – durch das weit geöffnete Hallentor hinaus auf den Flugplatz zu rollen und es an der Startstelle zu plazieren. Der Flugleiter begleitete uns. Er wies uns zurecht, gab Ratschläge, griff ein; er beherrschte den Flugplatz, sorgte für Ordnung und Sicherheit auf den Bahnen. Der Startleiter überwachte den Start. In ihm erkannte ich den Genossen Erich wieder, der in der Parteiversammlung am Abend vorher so abfällig geredet hatte und über die gleichberechtigten Frauen hergezogen war.
Alle drei blieben in unserer unmittelbaren Nähe, als wir zu acht das Flugzeug hinausführten.
Das Heck mit der flachen Hand nach unten drücken – nicht zu tief! Gleichgewicht mit der Nase schaffen! Den Knüppel befestigen, damit das Höhenruder nicht auf- und niederschlägt! Das

Flugzeug nie schwanzwärts an die Startstelle bringen, Nase immer voran! Stets aufpassen auf landende Flugzeuge! An der Startstelle nie vor ein Segelflugzeug treten, immer dahinter bleiben! Auf die Windenseile achten! Nie, aber auch nie quer über den Platz laufen! Augen auf! Jede Bewegung registrieren – nicht nur in der Luft, auch auf dem Boden! Den Windsack beobachten!

Die Akteure des Wetters sind Sonne, Luft, Wasser und die Erde, sagte der Lehrer für Meteorologie. Was uns direkt angeht, spielt sich in der Troposphäre ab und wird regiert vom Islandtief und dem Azorenhoch, beide fast fünftausend Kilometer von uns entfernt. Treibende Kraft des Wetters ist jedoch die Erwärmung der Erde durch Sonneneinstrahlung bei steilem oder flacherem Einfallswinkel – Zieht doch mal die Vorhänge zu! – deren Kraft durch Nebel oder Bewölkung gehemmt wird, vermindert, beeinflußt. Erst die von Sonnenbestrahlung durchdrungene Erdoberfläche erwärmt ihrerseits die uns umgebende Luft, so daß die Sonne als Spenderin, die Erde als Ofen fungiert, weshalb die erdnahen Luftschichten am besten geheizt werden.

Über Luftdruck, Temperatur und Feuchtigkeit leitete unser Lehrer über zu Wind, Bewölkung und Niederschlag. Vorne an der Wandtafel erschienen Zeichen: 1 Bar = 1 Atmosphäre, 1 mbar = 1/1000 Bar. In Meereshöhe beträgt der atmosphärische Druck pro Quadratzentimeter der Erdoberfläche 1033 Gramm, pro Quadratmeter also mehr als 1000 Tonnen.

Plötzlich unterbrach Bomber rigoros den Unterricht. Er sprang von seinem Platz auf und rief: Was soll der Blödsinn über Quecksilbersäule und Luftsäule und Millibare und Isobare? Fliegen will ich, raus aus dem muffigen Kasten und rauf in die Luft! Ich brauch einen Knüppel zwischen die Finger. Nase hoch und Schwanz runter – das versteht jeder. Und daß Sturm ein

Ausgleich zwischen wahnsinnigen Druckunterschieden ist, das versteht auch jeder, weil ers beizeiten merkt: rette sich, wer kann!

Vergebens die Frage
warum hat Daidalos gewonnen
seinen Sohn überlebt bei gleicher Chance.
So folgen wir den Alten unterwerfen uns
Befehle Gehorsam Strafen Leitbilder
Widerspruch ist schon der eine Fuß
im Grab. Zuwiderhandlung bringt das Wachs zum Schmelzen
unsere Flügel sinken ins Meer.
Warum hat Daidalos überlebt warum werden
die Alten älter als die
die der Sonne entgegenfliegen.
Das Trauerspiel nimmt kein Ende. Der Mord
den er an seinem Neffen Talos verübte
neidisch auf den Begabteren
wird selten erwähnt eigentlich nie.
Die Vorwürfe treffen den Sohn.
Der hat nicht gehorcht und war der Geleimte
als der Leim in der Sonne zerfloß:
»Sei gewarnt, mein Sohn, nicht zu hoch fliegen,
daß die Sonne das Wachs nicht schmelze,
noch zu tief, damit das Meer nicht die Flügel benetze!«
Leicht gesagt wenn die Freude des Flugs
den Sohn hinaufzieht und er hört nicht mehr zu:
»Folge mir, folge mir dicht, und
ändere auf keinen Fall die Richtung!«
So werden die Alten älter und älter.
Unsterblicher Daidalos

wie
hören lernen
ohne zu gehorchen?

Herbert, der Hallenleiter, ein großer, schmaler Mann, dessen Blicke schnell herumfuhren, sah uns genau zu, wie wir den Schulgleiter in die Halle schoben und festmachten. Herbert arbeitete nicht nur als einer, der die Halle leitete, er betätigte sich gleichzeitig als Modellbauer, Tischler, Konstrukteur. So stellte ich mir die Männer vor, die imstande sind, den Kölner Dom aus Streichhölzern nachzubauen.

Als die anderen schon zum Essen gegangen waren, hatte ich noch die Trimmgewichte zu stapeln; Herbert kletterte aufs Hallendach, um den Windsack zu reparieren. Während ich die eisernen Gewichte aufschichtete, bemerkte ich, daß sich außer mir noch jemand in der Halle befand. Ich reckte mich hoch und sah, wie breite Hände, richtige Pranken, die Kabinenhauben betasteten, beklopften, ihre durchsichtige Dicke prüften. Es war Bomber, der sich an einer Baby 11B zu schaffen machte. Seelenruhig rauchte er dabei eine Zigarette.

Es war unmöglich, mich davonzustehlen. Er hatte sich umgedreht, mich gesehen und winkte mich gebieterisch zu sich heran. Halt bloß die Schnauze! sagte er. Kein Wort, zu niemanden! Dabei verzog er keine Miene und rauchte weiter. Ich versprach zu schweigen; ich fühlte ein Fell, das sich sträubte, meinen Rücken überziehen.

Kurz darauf, auf dem Weg zur Schule, stieß ich in der kleinen seitlichen Ausgangstür der Halle mit Herbert fast zusammen. Selbst wenn Bomber die Zigarette schon gelöscht hatte, mußte der Hallenleiter den Rauch riechen. Ich fragte ihn schnell, was das überhaupt sei, ein Kavaliersstart; er erklärte es umständlich und lachend. Beruhigt ging ich den langen Weg vom Flugplatz zur Schule zurück und in mein Zimmer. Das Essen ließ ich ausfallen.

»Grundzüge der marxistisch-dialektischen Methode:
1. Die Dialektik betrachtet die Natur als einheitliches Ganzes, deren Erscheinungen organisch verbunden sind.
2. Die Dialektik betrachtet die Natur als Zustand unaufhörlicher Bewegung, in der etwas entsteht, und andererseits dauernd etwas zugrunde geht.
3. Die Dialektik betrachtet den Entwicklungsprozeß als Entwicklung von quantitativen zu qualitativen Veränderungen, wobei durch plötzliche Sprünge eine neue Qualität entsteht.
4. Die Dialektik geht davon aus, daß den Naturerscheinungen innere Widersprüche zu eigen sind. Alles hat seine negative und seine positive Seite, Altes und Neues.«

wie das rumpelt und holpert, als würde ich auf 'ner Wiese Schlitten fahren, quer über die Maulwurfshügel, na komm schon, jetzt hebt er ab, endlich, jadoch, jadoch, ausklinken und rauf
Donnerwetter, dort unten sind sie schon beim Kartoffellegen, das dort müßte der Roggenschlag sein, und die Unstrut, sowas Blaues, das soll der tiefste deutsche Fluß sein, eiskalt das ist also der Augenblick, auf den ich gewartet habe
alles von oben sehen, die Erde gewinnen, indem ich mich von ihr entferne, klar, wir sollen nicht runterschauen, aber das merkt doch wohl keiner, so lange ich alles richtig mache
abhauen jetzt, einfach höhergehen und weiter, weiter, immer höher und weiter, doch wo dann wieder runterkommen, daß man immer wieder runterkommen muß
so sieht also die Schule von oben aus, flach wie Baracken, und die Halle, der Windsack, ist der nicht eingerissen, muß ich Her-

bert sagen, oder verrate ich mich damit, darf ich das gar nicht gesehen haben
die aus meiner Klasse müßten mich jetzt sehen, wie ich über alles drüberwegfliege, die würden staunen
das steile Ufer am Fluß entlang, eine richtige Steilküste, mindestens dreißig Meter hoch, da kommt also der Aufwind her, mit dem wir steigen
jetzt an Höhe gewinnen, rauf und weg, Blödsinn, runter, runter
von hier aus könnte ich die ganze Erde umarmen
jetzt folgt alles rasch aufeinander: Platzgrenze überflogen, Fluglage und Fahrt beibehalten, Richtung Zielpunkt vor dem Landekreuz, nur heran an den Boden, Zielpunkt weg, abfangen, schön in Normalfluglage, Landekreuz anpeilen und langsam durchziehen, Landekreuz weg und vor-sich-tig weiter-zie-hen, parallel zum Boden ausschweben lassen, Nase weit überm Horizont, nicht aufsetzen, weiter, immer weiterziehen, den Knüppel an den Bauch, an den Bauch den Knüppel, sackt das Flugzeug durch, Knüppel jetzt im Anschlag, schon bist du da, schon senkt es den Flügel zur Erde. Fliegen lernen heißt Landen lernen

Lothar: Wir haben dich bereits fünf Flugstunden machen lassen, an unserm guten Willen hat es also nicht gefehlt. Und du?!
Ich: Verstehe ich nicht. Habe ich was falsch gemacht? Beim Unterricht? Außerhalb?
Lothar: Am Tag deiner Ankunft, worum habe ich dich da gebeten?
Ich: Mich moralisch vorbildlich zu verhalten.
Lothar: Davon rede ich jetzt nicht. Ich hatte dir mitgeteilt, daß unter deinen Papieren ein wichtiges Dokument fehlt!
Ich: Ja, die elterliche Vollmacht. Und ich habe dir erklärt, daß ich keine Eltern habe.

Lothar: Da hast du mich belogen.
Ich: Nein! Kannst ja nachfragen.
Lothar: Genau das habe ich getan. Dein Schulleiter hat mir die Adresse deiner Eltern durchgegeben, und dein Vater hat abgelehnt.
Ich: Er ist nicht mein Vater.
Lothar: Hör auf. Er ist nach Recht und Gesetz dein Erziehungsberechtigter, und ohne seine Einwilligung kannst du wenig unternehmen. »Wasser und Luft haben keine Balken«, hat er mir geschrieben, und seine Tochter solle gefälligst auf dem Teppich bleiben. Das wars!
Ich: Ich bin ja schon gestartet. Wenn ihr euch bis jetzt nicht strafbar gemacht habt, wird euch auch in Zukunft keiner an den Wagen fahren.
Lothar: Das war eine sehr disziplinlose Äußerung von dir. Trotzdem hat sich die Lehrgangsleitung Gedanken gemacht und beschlossen, dir zu helfen, indem ich als Lehrgangsleiter die Bürgschaft für dich übernehme.

Wie angekündigt: jeden Morgen Zeitungsschau, die oft nur aus dem Verlesen von Überschriften besteht. Die Qualität der Zeitungsschau hängt einfach vom Interesse desjenigen ab, der gerade dran ist.
Der eine gestaltet das so: »Produktionsgemeinschaft ›Karl Marx‹ liefert zusätzliche Produkte«
»Verspätungsminuten um die Hälfte gesenkt«
»RAW Halberstadt spart 375 000 Mark ein«
»Brigade ›Walter‹ will Halbjahresplan schon bis zum 20. Juni erfüllen«
Könnse doch schaffen, sagt einer dazwischen, haben noch 'n Monat Zeit.

»Produktionsgemeinschaft ›Fritz Heckert‹ will Ablieferungssoll vorfristig erfüllen«
»VEB ›Kahlbaum‹ sucht qualifizierten und staatsbewußten NORM-Bearbeiter«.
Hm, es geht ungeheuer vorwärts, sagen wir in der Diskussion. Alle rackern sich ab, ist ein gewaltiger Unterschied, wenn die Arbeiter für sich selber rangehn.
»Großbäuerliche Elemente überfielen den Genossen Funktionär, Josef Hübel, und fügten ihm schwere Schlagverletzungen zu.«
Die Geschichte sehen wir uns genauer an.
»Sie hatten den SED-Funktionär schon lange verleumdet, bevor sie ihm auflauerten und ihn nach der Gemeindeversammlung überfielen. Der feindlich gesteuerte Tathergang verlief folgendermaßen: Gegen 22 Uhr trafen sich die großbäuerlichen Banditen in Hemmes Wohnung. Auf dem Wege dorthin hatte Lehmann vorsorglich mit einem Steinwurf die Straßenbeleuchtung zertrümmert. Mit Hilfe der Mutter Hemmes verkleideten sie sich. Schmiedel macht sein Gesicht mit Ruß unkenntlich. Ausgerüstet mit Knüppeln und Pfeffer, den Lehmann von dem Großbauern Meißner erhalten hatte, schlichen sie auf das Grundstück Hübels. Nach etwa zwei Stunden kam Genosse Hübel von der Versammlung nach Hause. An der Hoftür wurde er von seinen Feinden zu Boden gerissen, und brutal hagelten Knüppelhiebe auf den Arbeiterfunktionär nieder. Hemme streute ihm den Pfeffer in die Augen. Lehmann schlug so fest auf die Beine des Niedergeworfenen, daß ihm sein Knüppel zerbrach. Doch Genosse Hübel, kräftig wie er war, gelang es, den auf ihm knienden Schmiedel abzuwerfen und sich zu erheben. Bei weiteren Schlägen wurden Hübel einige Rippen gebrochen. Dann ergriffen die Täter die Flucht, die später gefaßt und vom Strafsenat

des 1. Bezirksgerichtes Erfurt verurteilt worden sind. Die Subjekte Erich Hemme und Alexander Schmiedel wurden jeder zu lebenslänglichem Gefängnis verurteilt, Hermann und Wanda Hemme, Wolfgang Lehmann und Ottomar Meißner erhielten insgesamt eine Strafe von fünfzig Jahren Gefängnis.«
Das ist aber nicht alles. Der Genosse trägt eine zweite Meldung vor: Vor dem Strafsenat des Stadtgerichts Berlin beginnt der Prozeß gegen eine zwölfköpfige Schieberbande, die sage und schreibe 25 Tonnen Buntmetall, 10 Zentner kupferne Lagerschalen, 70 Kubikmeter Holz, 20 Tonnen Kartoffeln und 4 Tonnen Majoran nach Westberlin verschoben hatte.
Bei dem Transport des Majorans müssen sie sich verraten haben, so wie der riecht.

Der Flugleiter ruft mich über die Platzbreite hinweg, stürzt hinter mir her, bleibt atemlos und dicht vor mir stehen.
Hast du mal einen Augenblick Zeit, Genossin? Ich wollte dich fragen, wollte schon gestern mal mit dir reden – wenn du jetzt nicht gerade was anderes vorhast?
Was ist denn?
Nichts außerordentlich Wichtiges – nur, eben doch nicht von der Hand zu weisen, das Problem. Es betrifft ja auch nicht nur dich.
Ich verstehe dich überhaupt nicht. Sag mir, was los ist, und fertig!
Was ich dich also fragen wollte, war dies: Hast du beim Einholen des Schulgleiters, ich meine beim Laufen, beim schnellen Laufen, hast du da nicht Beschwerden?
Ich? Wieso?
Na, deine Brust. Ist sie nicht ein bißchen – sie ist doch ziemlich schwer, wollte ich fragen?

Dafür kann ich doch nichts.
Ob die Belastung, beim Laufen, meine ich ja bloß, stört sie dich da nicht?
Soll sie etwa ab?
Nun ist aber Schluß. Du brauchst dich nicht zu verstellen. Worauf ich dich, wegen der anderen auch, wollte ich dir sagen: Es gibt ja schließlich Büstenhalter!
Ich habe keinen.
Dann besorg dir einen, aber dalli. Und tu nicht so, als würdest du nichts begreifen. Heute nachmittag Punkt drei stehst du vor einem Laden und holst dir einen Bü-sten-hal-ter! Verstanden! Und nicht zu groß, nicht zu groß!

Heiße Ruhe lag überm Platz, über dem Steilufer, über der Halle und den weit entfernten drei hohen Tannen, unter denen der Fingerhut blühte. Ich lag oben im Gras und sah von der Steilwand hinab auf den schmalen, sehr tiefen, sehr kalten Fluß. Mehrere Flugschüler sprangen von der Uferstraße aus hinein. Ihre kurzen Anläufe, bevor sie sich mit den Köpfen zuerst in die Kälte stürzten, machten mich neidisch. Ich hatte nie gewagt, mich in ein grundloses Wasser zu werfen.
Vorsichtig beugte ich mich weiter vor und nahm das Prusten, Plätschern, Keuchen, das Gelächter in mich auf. Das Vergnügen, das mir die Schwimmer bereiteten, betäubte mich; keine anderen Laute, auch nicht die Schritte hinter mir, erreichten meine Ohren. Leichter Aufwind, das Auftauchen der Schultern und Rücken, der sich schüttelnden Köpfe, die mit Wassertropfen um sich warfen: so wünschte ich mich eines Tages dem Wasser auszuliefern, den Flußmündungen, dem Meer, wie ich hier bereit war, mich der Luft, der Höhe, den weiten Blicken auszuliefern. Solche Habgier beseelte mich, alle Entfernungen zu überwin-

den, kein Land als unerreichbar anzuerkennen, daß ich sofort alles an mich reißen wollte. Äquator, Liebe, Kommunismus schienen mir glatt dasselbe zu sein und gehörten mir schon.

So versunken und ausgeliefert lag ich da, als ein Stoß meinen Rücken traf. Die Hand, die mich gleichzeitig festhielt und an den Zöpfen hochriß, merkte ich kaum noch.

Du gemeines Aas, Denunziant, Verräterin! Die können es nur von dir erfahren haben und machen mir ein Affentheater – wegen der einen Zigarette. Leute wie dich würden wir in unserer Brigade zusammenhauen, daß ihnen das Schnüffeln vergeht. Klatschbase! Du wolltest dich wohl beliebt machen? Und ich kriege eins aufs Fell. Aber mir kann keiner, sage ich dir, mir nicht. Ich bin doppelter Aktivist, ich bin Arbeiter, der beste Brigadier, den sie bei uns haben. Und die springen hier mit mir um, diese Pazifisten und Kapitulanten die!

Ich riß mich los und lief, bis es in meiner Lunge stach. Bomber brüllte noch lange hinter mir her.

Der Hallenleiter hatte es also doch gerochen.

Landen ist mehr als Aufsetzen. Die Einleitung entscheidet darüber, ob etwas Rechtes aus der Landung wird. Die Landung wird an der Position eingeleitet, mit der Landeeinteilung. Dort müssen wir mindestens hundertfünfzig Meter hoch sein. Wir müssen die Landeeinteilung so anlegen, daß wir mit hundert Metern Höhe aus der Landekurve herauskommen und einen langen, geraden Endanflug vor uns haben.

Mittags hatten wir zwei Stunden Ruhe. Wer sich in den Kulturraum zurückzog, wurde von Bomber immer wieder mit Lebenserfahrungen überschüttet.

Nein, wirklich, ich bin nicht stolz auf diesen Krieg, verweigern

konnte man ja die Befehle nicht, aber ich hab eingesehen, bin zur Vernunft gekommen. Jetzt bin ich der beste Motorschlosser und Brigadier in meinem Werk. Die könnt ihr mal fragen, da gibts kein Gejammer über Normerhöhung, und wenn die sich hinstellen und rauchen, meine Brigade meine ich, weils an Material fehlt: ich schick sie rüber in 'ne andre Abteilung, ich laß sie 'ne Karre suchen und schick sie los, und wir holen uns die fehlenden Teile. Nach jener bescheuerten deutschen Vergangenheit bin ich jetzt dabei, wenns gilt, was wir mithilfe der Russen aufbauen, auch zu verteidigen. Ich setze mich nicht in die stille Ecke und spiele den Pazifisten, denn die uns an die Wolga geschickt haben, die leben doch noch, die sammeln ihre Leute und tüfteln wieder Marschbefehle aus. Nicht mit mir, nicht gegen einen wehrhaften Mann, sage ich euch, und bei dem, was uns vom Westen noch blüht – na, da kann Erfahrung nicht schaden!
Eines Mittags, es war kaum eine Woche um, ließ der Lehrgangsleiter Bomber ins Büro rufen. In Gegenwart der Parteimitglieder, die schweigend zuhörten, sagte Lothar: Ich laß das nicht länger zu, den Steuerknüppel zu handhaben wie ein Beil.
Bomber lachte erstmal.
Ach Gott, ich soll'n streicheln wie 'n Kinderpiepel, was? Überhaupt diese hysterischen Schoßhündchen, die bei jedem Windzug anfangen zu heulen.
Was? fragte Lothar. Wie nennst du unsern zarten weißen Vogel? Was sagst du da zu unserer schlanken, schnittigen, eleganten, ja damenhaften Baby 11B?
Deine Dame ist 'ne überfällige Jungfernhaut, sagte Bomber, 'ne aufgeblasene Tüte kurz vorm Knall, und euer SG 38 erst: ein Durcheinander aus Stricknadeln mit ein paar Drahtenden verknüppert, und du bist nur ein hölzerner Tanzstundenlehrer.
Nun reichts aber, schrie Lothar, hau ab, verschwinde auf Nim-

merwiedersehen! Geh zu deinen Bombern, du Militarist, du Angeber und Kriegshetzer, am besten nach drüben. Da können sie Leute wie dich gebrauchen.

Warte ab, hier wird auch wieder geflogen, sagte Bomber, und zwar mit voller Motorkraft.

Du bist hier falsch, sagte Lothar, deswegen verläßt du noch heute das Gelände. Du scheinst zu denken, wir würden deine Akte nicht kennen, nicht wissen, daß du mit Bordwaffen in die Zivilbevölkerung reingeschossen hast. Das ist noch lange nicht alles vergessen und vergeben.

Bomber sagte daraufhin: Während du dir hier den Hintern wärmst, bin ich zweimal Aktivist geworden. Wer baut denn den Sozialismus auf, heh? Ihr werdet euch noch die Finger lecken nach solchen wie mir.

Größenwahnsinnig auch noch, sagte Lothar zu uns gewandt.

Ich wollte doch bloß fliegen, sagte Bomber, rauf in die Wolken. Na fliegen eben.

Das kannst du dir nun alles sparen, sagte Lothar, du gehst. Da hat der Zimmermann die Tür gelassen. Pack deine Sachen, sonst segeln sie dir einzeln hinterher.

Obwohl wir nicht wirklich mit Anschlägen rechneten, brauchte uns niemand zu erklären, wozu der Objektschutz dienen sollte. Die Nachtwachten dauerten bis zur Ablösung jeweils drei Stunden: von abends acht bis morgens um sechs umrundeten zwei Flugschüler das Wohngelände, zwei andere schritten den Flugplatz ab, und noch einmal zwei paßten auf die Halle auf, untersuchten auch die drei Tannen, unter denen der Fingerhut blühte, und prüften von Zeit zu Zeit die Grashaufen. Die Wiesen in der Nähe des Flugplatzes wurden regelmäßig gemäht, stets begleitete uns der Geruch von Heu.

Wir trugen Kleinkaliber-Gewehre und jeder sechs Schuß Munition, die bei Rückgabe nachgezählt wurden. Mir hatten sie Erich, den Startleiter, beigegeben, als ich zur Hallenwache von dreiundzwanzig bis zwei Uhr eingeteilt wurde. Sie fiel genau in die Zeit, in der der Große Wagen westwärts über den Orion zieht.
Naaa? Wir beide auf Wache?
Ist doch nichts dabei.
Schön hier.
Was ist schön?
Der Mond zum Beispiel.
Stimmt.
Komm, wir setzen uns da auf den Heuhaufen.
Ich denke ja nicht dran. Wir gehen unsre Runden ab, genau nach Vorschrift.
Dann warte hier mal 'n Moment.
Hiergeblieben! Du gehst keinen Schritt beiseite!
Ich muß mal. Willst du unbedingt zusehen?
Dann mach, aber schnell.
So eilig hab ichs auch wieder nicht.
Dann bleib.
Woran denkst du eigentlich, während ich aus allen Nähten platze?
Irgendwann auch nachts fliegen zu dürfen und mit dem Orion ganz alleine zu sein.
Na, nu laß mal die Taube aufm Dach!
Ich würde direkt auf seinen silbernen Gürtel zuhalten.
Ich hab grade vor, meinen Gürtel mal aufzumachen.
Oder zwischen Beteigeuze und Rigel durchfliegen.
Nicht schlecht. Und was siehst du da unterm Gürtel?
Emissionsnebel.
Mit dir gehen wir ja himmlischen Zeiten entgegen, sagte Erich,

warf mich rücklings auf einen nassen Heuhaufen und wälzte sich auf mich. Ich legte mein Gewehr neben mich, stieß ihn zurück, rollte mich unter ihm weg zur Seite, packte wieder mein Gewehr und legte an.
Dir werd ich helfen! Leg sofort das Gewehr weg. Denkst du denn, ich wollte dir was tun?
Womit schon.
Du Miststück, verdammtes!
In diesem Augenblick mußte Erich etwas gehört haben. Laut und hart rief er in Richtung Hallenwand: Heh, wer ist da? Halt! Stehenbleiben!
Oder, fragte eine Stimme, die wir kannten, oder?
Was treibst du denn noch hier? Ich mach dir Beine, Freundchen!
Und zu mir sagte Erich: Leg an! Leeg an! Das ist Bomber!
Tut mir leid, ich schieße nicht auf Menschen.
Mit einemmal!
Während er sich entfernte, rief Bomber: Ihr werdet mich alle noch kennenlernen, das versprech ich euch!

> Heuhaufen die Tanne und Fingerhut
> grüne Schlieren auf meinem Rücken
> über dem tiefsten kältesten Fluß
> enttäuscht aber gerettet lächerlich und weich gefallen:
> das gehört also zum Fliegen. Nicht jede Talfahrt
> ist ein gebrochener Rücken.
> Wie blöd unter einem Mann zu liegen
> die Wolfsmilch der Tau die Stoppeln kleine Tiere
> die Kufen sind aus Birke und krumm
> die winkenden Tragflächen
> ausgebreitete Arme garantieren für gar nichts.
> »So lieg ich wie ein Stückchen Stein«

und lasse die Wörter
in meine Ohren dringen in meinen Mund
die hebe ich auf.

Endlich hast Du es erreicht, steht in einem Brief, den Berta, die einzige Genossin aus meiner Klasse, mir schreibt, endlich hast Du das Einzelzimmer gekriegt, das einzige Einzelzimmer im ganzen Internat.
Übrigens sind einige aus der Schule und weg, weil sie sich absolut nicht von der Jungen Gemeinde trennen wollten. Die haben nicht aufgegeben, besonders die Externen nicht, und manche von ihnen haben das Abzeichen der Jungen Gemeinde unter der Bluse auf dem Hemd befestigt. Wenn wir es entdeckt haben, haben wir es weggerissen, auch wenn es angenäht war. Wer nicht von selber gegangen ist und sich trotzdem nicht für unsere sozialistische Zukunft entschieden hat, sondern bei seinem Gott- und Aberglauben geblieben ist, der mußte leider gehen. Keine Angst, die Kampagne ist noch nicht abgeschlossen. Wenn Du zurückkommst, kommst Du noch lange nicht zu spät. Da sind noch welche, vornehmlich von den Bauernkindern, die sich verstellen, da müssen noch welche sein.
Dein Zimmer, Du kennst es ja, wolltest es doch schon lange haben, ich verstehe das nicht, warum Du ein Einzelzimmer, naja, es liegt genau gegenüber der Waffenkammer. Du hast also nicht nur Deinen Wunsch erfüllt bekommen, nein, daneben hast Du große Verantwortung zu tragen. Jeden Abend gehst Du rüber und zählst nach, auch, wenn was in Unordnung abgestellt oder einfach hingepackt worden ist. Du wirst sehen, die Waffenkammer bringt allerhand Aufgaben mit sich. Vielleicht freust Du Dich darauf, denn sicherer kann keiner untergebracht sein als Du, und einen Schlüssel erhältst Du ebenfalls. Egal, das Zimmer ist Deins.

Außerdem lege ich Dir einen Brief bei aus Hamburg. Ich habe ihn aufgemacht, hat mich unheimlich interessiert, was nun mit Deiner richtigen Mutter ist. Jedenfalls haben sie vom Roten Kreuz geantwortet und haben auch tatsächlich herausgefunden, wo sie lebt, wenn Deine Angaben richtig waren. Sie haben jedenfalls eine Frau ausfindig gemacht, auf die alle Deine Daten passen – weißt Du noch, wie Du uns Deinen Brief an die Suchorganisation vorgelesen hast? Nun sind wir alle gespannt, ob diese Frau wirklich Deine Mutter ist. Hinfahren kannst Du ja nicht, sie soll in Niedersachsen wohnen, in irgendeinem winzigen Nest.
Wir wissen nicht genau, wann Du kommst, melde Dich vorher nocheinmal. Es freuen sich alle auf Dich und daß Du dann Segelfliegerin bist. Bis dahin werden wir Deine Sachen in Dein neues Zimmer bringen und es Dir einrichten.
Übrigens hast Du Deine kleine tschechische Fahne mit »Proletarier aller Länder vereinigt Euch!« noch nicht fertiggestickt. Da haben wir uns aber nicht rangetraut, wegen der komischen Buchstaben.
Ich habe keine Ahnung, ob Du mitgekriegt hast, daß dieser Bischof Dibelius dauernd unsere »Junge Welt« verklagen will, wegen Verleumdung der Kirchen und der Jungen Gemeinde. Selbstverständlich sind alle Angriffe der Popen erfolgreich abgeschlagen worden, und wer von uns weiß nicht, daß gerade sie westliche Broschüren und Hetze herüberbringen noch und noch. Im »ND« steht es Wort für Wort, daß christliche Studenten in Leipzig und an anderen Universitäten bei sich zu Hause Hetzmaterialien stapeln, die sie von der westdeutschen Agentenzentrale »Evangelisches Hilfswerk« in die DDR hereingeschmuggelt haben. Einer der evangelischen Studenten soll sogar behauptet haben, die Juden hätten sich an Gott vergangen, und deshalb gebühre ihnen Strafe bis ins tausendste Glied. Die Nazis waren also

bloß eine Strafe Gottes für die Juden. So geht es nicht, haben wir uns auf der Parteiversammlung gesagt und die Mitglieder der jetzt als illegal erklärten Jungen Gemeinde mal näher unter die Lupe genommen. Was dabei alles ans Tageslicht kam, erzählen wir Dir später.
Du merkst schon, wie wir Dich brauchen. Jetzt heißt es hier, richtig Ordnung schaffen und denen nicht die Vorteile des kommenden Sozialismus zu gewähren, den sie tagtäglich untergraben. Unbarmherzig bestrafen, sage ich Dir.
In Russisch befassen wir uns gerade mit Jewgeni Onegin. Die Tanja wird Dir gefallen.
Der Jugendwerkhof soll übrigens ausgesiedelt werden und sich in Mecklenburg dem »Dienst für Deutschland« anschließen. Der Hof soll um- und ausgebaut werden zu einer Offiziersausbildungsstätte der Kasernierten Volkspolizei.
Sei von allen Genossen und der ganzen Klasse herzlich gegrüßt, wir erwarten Dich.

Mein kleiner, großer Lehrer, Felix Gara, Jesuit, SED-Genosse und Gelehrter, Sachverständiger für Utopien, ist gleich nach der Aussiedlung des Werkhofs nach Westdeutschland gegangen.

Der an der Fläche geht, führt, und er geht an der dem Wind zugewandten Seite. Sonst könnte es passieren, daß ein Luftstrom das Flugzeug nicht nur anhebt, sondern auch aufstellt und auf den Rücken packt. Der also an der Flügelspitze geht, hat bei geringem Kraftaufwand den größten Einfluß auf den Transport, auf die Richtung des Flugzeugs, denn die Tragfläche ist der Hebelarm, und der sie führt, ist die angreifende Kraft. Angreifen ist da nicht als Angriff zu verstehen. Er vollführt oder verhindert aber jegliche Drehung. Kraft mal Hebelarm, dazu kommt die Verant-

wortung. Ist der Wind allzu frisch, soll unbedingt ans Seitenruder gedacht werden. Festhalten, festhalten, nicht hin- und herschlagen lassen!
Und zu einer guten Landung gehört ein schönes Ausschweben, knapp überm Boden, Horizontalflug genannt. Nur damit kann sich das Flugzeug der vollen Fahrt allmählich entledigen, und nur so gelingt es, den Vogel mit geringster Geschwindigkeit mit Kufe und Sporn gleichzeitig an den Boden zu bringen, leicht wie eine Schneeflocke.

Mai ist wie Weihnachten. Man freut sich ein ganzes Jahr drauf, und dann jagt eine Enttäuschung die andere. Nicht mal die Bäume halten sich ans Ritual, weil sie nicht abgesägt im Zimmer stehen, sondern draußen und sich selber schmücken. Auf den hochgelobten Mai ist kein Verlaß. Er ist einfach ein Prüfungsmonat, und selbst wenn er sich an kalendarische oder aus Erfahrungen bestehende Regeln hält, sperrt er uns ein: eben ein Prüfungsmonat.
wie ich abgleite, die Schnauze viel zu tief, der Schwanz weit hoch, nicht in die Luft steige ich hinauf, dies ist ein Prüfungsflug, nein, nicht in die Wolken hinein, nicht den Himmel strebe ich an, aber das Abzeichen, das Lehrgangsziel, und die liegen da unten, und ich sinke und schwanke und gehe abwärts, immer schneller, immer tiefer hinunter
in die Erde werde ich eindringen, in den Tod, bei dem Tempo wird die Erde mein Tod sein, warum auch nicht
dieses Stürzen, Trudeln, abwärts Kollern, so hoch hinaus und dermaßen tief gesunken, ich wollte doch fliegen, die Erde von oben sehen
warum sollten wir nicht hinunterschauen, Blick geradeaus, Horizont, Blick hinauf und über den Horizont hinaus, vorwärts und

aufwärts, nie runtersehen, ich habe oft hinuntergeschaut, wie alles aussieht und kleiner wird, der Horizont, der Blick über den Horizont hinaus, etwas Entferntes, sehr weites, eine Art Zukunft und jetzt sacke ich ab und sehe, wie die Erde näherrückt, auf mich zuschießt, wie sie mich anzieht, dabei weiß ich genau, was in diesem Augenblick zu tun wäre, die Maschine abfangen, Knüppel anziehen, langsam anziehen, mich nicht fallen lassen
warum nicht fallen, sind die Urteile nicht längst gefällt, warum hat Daidalos überlebt und nicht sein Sohn, die Väter jagen uns rauf, jagen uns runter, jagen uns zurück, aber der Beweis steht noch aus, daß die Älteren klüger sind
warum also lasse ich mich abrutschen, absacken, fünfzehn, zehn, fünf Meter noch und stoße auf und springe wieder hoch, pralle ab von der Erde, die mich derart angezogen hat, hänge nochmal in der Luft, falle dann gerade runter durch dieses Luftloch
längst habe ich den Steuerknüppel fahren lassen, die Füße von den Pedalen genommen, ich denke noch an das Flugzeug, Volkseigentum, es ist im Eimer, meine Wirbelsäule fühlt sich an wie gespaltenes Fichtenholz, das Letzte, was ich weiß, ist, daß ich mehr vom Tod weiß, dann haut das Bewußtsein ab, in den Himmel bestimmt nicht, haut ab wie Rauch, die Prüfung ist gelaufen, vielleicht ist alles Rauch, was ich wünsche, versuche, was ich weiß

Steigt aber das Flugzeug, weil du zu hastig abgefangen hast, dann: Klappen rein, Knüppel sofort nachlassen, eine Spur nachdrücken, abwarten, ob es vor dem Boden zu einem zweiten Abfangen reicht, und – Klappen bleiben drin! – vorsichtig durchziehen. So wird das Ergebnis eine zweistufige Treppenlandung sein.
Reicht es nicht mehr zu einem zweiten Abfangen, wird das Flugzeug durchsacken und hart aufsetzen.
Wenn das Flugzeug in Sätzen die Landebahn entlangspringt,

heißt das Kalenderlandung. Du hast zu spät abgefangen oder nicht durchgezogen. Der Boden war schon da, die Landung aber noch nicht fertig.

Es gibt noch eine andere Ursache für das Springen: der Pilot hat das Flugzeug an den Boden herangedrückt. Dann wird es springen oder mit einem harten Stoß aufsetzen.

Eine Ziellandung erdrücken wollen: Irrtum. Außerdem ist das eine Gemeinheit gegen das Flugzeug, abgesehen von der Wirbelsäule des Piloten, die ihrerseits nicht immer bereit ist, das harte Aufsetzen, die folgenden Sprünge abzufangen.

Der Lehrgangsleiter läßt mich rufen.

Lothar: Ich habe mit dem Flugleiter gesprochen. Er vertritt andere Ansichten als ich, trotzdem werde ich dich nicht mehr starten lassen.

Ich: Daß ich Volkseigentum beschädigt habe, ist mir klar, aber andere haben mehr zerbrochen als ich.

Lothar: Wenn ich dich nicht mehr an den Start lasse, hat das nichts mit dem kaputten Vogel zu tun.

Ich: Mir ist genau bewußt, was ich falsch gemacht habe. Laß es mich nochmal versuchen.

Lothar: Nein! Du spielst mit dem Tod, deswegen wirst du nicht mehr an den Start gehen. Wir haben hier manchmal solche Fälle. Junge Leute, die wollen sterben, ohne es zu wissen. Auch wenn du es leugnest: du gehörst zu denen, die mit dem Tod leben, ihn sich mindestens vorstellen können und am liebsten demonstrativ.

Ich: In meinem Fall irrst du dich. Ich will nicht sterben.

Lothar: Ich lasse mir die Erkenntnisse nicht nehmen, die ich auf meinen Flugplätzen gesammelt habe. Ich weiß, was in euch vorgeht, in jedem einzelnen, habe vieles erlebt und vieles nicht ver-

hüten können. Daß du dich während dieses Lehrgangs in die Erde
haust, richtiggehend hineinbohrst – das werde ich verhüten.
Ich: Das sagst du alles, weil du von Anfang an dagegen warst, daß
ein Mädchen am Lehrgang teilnimmt.
Lothar: Falsch. Ich habe die Bürgschaft übernommen, und auch
jetzt habe ich dir ein Angebot zu machen. Komm nach deinem
Schulabschluß hier zur Segelfliegerschule zurück – als Politlehrerin. Ich werde sogar deine Parteigruppe bitten, dich dahingehend zu beeinflussen.
Ich: Damit hätte ich nicht gerechnet. Trotzdem stimmt es nicht,
daß ich mit dem Tod spiele.
Lothar: Das war auch zu einfach gesagt, du wolltest sterben! Anders: vielleicht willst du nicht leben lernen. Der Genosse Werner geht an die Parteihochschule. Ich hoffe, wir sehen dich als
seine Nachfolgerin in einem Jahr wieder.
Ich kann schwimmen.
Gerade so halte ich mich über Wasser
am Ufer des Flusses habe ich
endlich einen Zugang gefunden
eine Art Treppe aus Stein.
Das Wasser ist kalt ist durchsichtig
kein Grund zu sehen dabei
ich halte Arme Kopf Beine in Bewegung
das Wasser zieht mich runter
ich tauche ich sinke ich sehe
ich kann gar nicht schwimmen
kann nicht fliegen.
Warum kann ich nicht jeden Stein umdrehen
alles umkrempeln Häuser umstellen
fallen kann ich
und bin ins Schwimmen geraten.

Ob Bodendienst oder Küchenhilfe oder Zeitungsschau: ich pendelte zwischen Lustlosigkeit und Übereifer. Nicht selten stieg mir das Blut zu Kopf, dermaßen schämte ich mich, als gescheiterte Fliegerin ausharren zu müssen zwischen denen, die in die Luft gingen und gelassen heruntergeglitten kamen, als sei das alles federleicht. Ich antwortete nur noch, wenn mich jemand etwas fragte. Mich berührte nichts mehr, der Himmel konnte mir gestohlen bleiben. Manchmal ging ich alleine schwimmen oder setzte mich mit »Fern von Moskau« unter die Tannen. Dabei überschwemmten mich die Bilder der Taten und Aufgaben, die mich in allernächster Zeit erwarteten. Ich las mich fest und nahm leidenschaftlich teil am Bau der Erdölleitung, weit weg vom Krieg, also in Sibirien. Kriege und Revolutionen spielten sich demnach nicht nur in vorderen Linien ab und nicht nur Nahkampf und Bajonett und Schrapnell. Und nicht nur blutig scheinen auch Revolutionen vor sich zu gehen. Wenn das eine Revolution sein soll, die wir seit letzten Sommer durchmachen, wenn es auch Revolutionen gibt, bei denen hauptsächlich Schweiß und Tränen fließen: bitte, ich nehme teil. Und die Bilder ritten Attacke gegen mich, ich hätte gerne eine ganz andere Revolution erlebt, kämpferisch und alle Leute dafür und dabei.

Das Negative, das Zerstörerische, der lähmende Zweifel, die Auswüchse des Denkens und der Phantasie, all das Unkontrollierbare macht jeden Menschen zum möglichen Gegner, sag;te Lothar. Wir können versuchen, die Menschen zu erziehen, zu beeinflussen. Doch andere Einflüsse gibt es auch. Und wer ihnen heute nicht erliegt, fällt vielleicht morgen drauf rein. Keiner weiß das, keiner hat das im Griff, keiner kann das voraussehen. Vertrauen hilft da wenig.
So, wie du das darstellst, hat jeder den Teufel im Leibe, antwor-

tete ich. Hängt also bloß davon ab, wann er zum Vorschein kommt. Und selbst wenn der lähmende Zweifel, den du erwähnt hast, überhaupt nicht auftritt, nie, ist dennoch kein Verlaß auf diesen Menschen, denn ihm ist ja unmöglich, den Beweis zu erbringen, daß nichts Zerstörerisches in ihm ist.
Eine dermaßen schlechte Psychologin ist unsere Partei nicht, sagte Lothar. Sie nimmt nicht nur an, sie weiß: das Neinsagen, das Ablehnen steckt in jedem Menschen drin, es ist ihm sozusagen angeboren. Sie weiß: jeder Mensch hat mal Lust, was zu verwüsten, was zu verderben. Also den gibt es nicht, der das Unheil nicht mit sich herumträgt.
Ich verstehe, was du meinst, aber ich denke anders, antwortete ich. Wenn es so ist, wie du es mir erklärst, dann kannst du dich ja nicht mal auf dich selber verlassen, denn plötzlich schlägt das unkontrollierbare Unheil aus dir raus. Schon bist du ein Schädling. Solche Denkweise finde ich nun wieder lähmend. Ich habe ganz bestimmte politische Überzeugungen, die habe ich durch Erfahrung, durch Lesen, Nachdenken, durch Erfahrungen anderer Menschen erworben Nach diesen politischen Überzeugungen versuche ich zu handeln. Also kann ich mich auch auf mich selber verlassen, ich vertraue meinen Erfahrungen, ich habe Vertrauen zu mir. Demnach können auch andere zu mir Vertrauen haben. Das bedeutet nicht, daß ich keine Fehler begehe, aber darüber kann man reden, die anderen und ich. Die Fehler werden nie so schwerwiegend sein, dem Sozialismus Schaden zuzufügen. Die sind gutzumachen. Ja, das ist der Unterschied. Ich vertraue mir, deswegen können auch andere mir vertrauen. Du vertraust niemandem, auch nicht dir selber. Wer soll dir dann vertrauen? Deine Partei? Deine Regierung?
Sie vertrauen mir auch nicht, sie kontrollieren, sagte Lothar.
Du bittest ja förmlich darum, wenn du sagst, jeder von uns

könnte morgen zum Feind werden, antwortete ich. Wer will das eigentlich beurteilen, ob meine Gedanken, meine Phantasie morgen einen falschen Weg einschlagen? Der mich kontrolliert, ist vielleicht selber nicht auf dem richtigen Dampfer. Was ist denn richtig, was ist falsch? Nein, ohne Selbstvertrauen machen wir keinen Sozialismus. Es ist auch eine Beleidigung der ganzen Arbeiterklasse, wenn wir jedem einzelnen mißtrauen und immerzu kontrollieren. Am Ende ist jeder dritte eine Kontrollkommission über zwei andere. Wo soll das hinführen?

Hör mir mal richtig zu! sagte Lothar. Es ist jeder dritte eine Kontrollkommission. Bei Licht besehen, ist jeder ein Kontrolleur.

Dann hätte ja jeder ungeheure Macht über seine Mitmenschen, antwortete ich.

Hat er auch, sagte Lothar. Er braucht bloß hinzugehen und zu sagen, der und der hat das und das –

Wer jemanden anzeigt, muß was beweisen, antwortete ich.

Stell dich nicht dumm, sagte Lothar. Ich meine nicht die offizielle Anzeige, nur das Melden, das Weitertragen von Meinungen, die einer geäußert hat. Und wenn ich gesagt habe, das Zerstörerische ist in uns, so ist es auch deshalb, weil jeder solche Macht über andere hat.

Dies ist aber nicht das Schlechte, was uns angeboren ist, wie du behauptet hast, antwortete ich. Das hat sich doch jemand ausgedacht, anderen Menschen dermaßen schaden zu können, vielleicht aus privater Rache. Das haben welche erfunden. Wer hat das erfunden?

Das Kontrollsystem gehört zum Klassenkampf, und es haben nicht einzelne erfunden, sagte Lothar.

Die Prüfungen zogen sich noch eine Woche hin. Ich blieb und beteiligte mich an den Bodenarbeiten. Eines Morgens, als wir die Fahnen gehißt hatten, im Quadrat standen und das Lied der Matrosen von Kronstadt sangen

> Verronnen die Nacht,
> und der Morgen erwacht.
> Rote Flotte mit Volldampf voraus! In Stürmen und Tosen,
> wir roten Matrosen,
> wir fahren als Vorhut hinaus.
> Voran an Geschütze und Gewehre,
> auf Schiffen, in Fabriken und im Schacht!
> Tragt über den E-e-rdball ...

– sahen wir drei Männer aus einem Wagen steigen, Offiziere der KVP. In der Mitte ging Bomber. Er sah in Uniform noch kräftiger aus; uns fielen die Augen raus, Bomber kommt zurück.

An diesem Tag fiel der Flugdienst aus. Die drei Offiziere, Bomber dabei, saßen im Kulturraum, bequem zurückgelehnt in die Sessel, und ließen einen Lehrgangsteilnehmer nach dem anderen hereinrufen. Von den Parteimitgliedern durfte, wer wollte, an der Unterschriftenaktion teilnehmen. Ich hatte schon unterschrieben, und das nicht zum ersten Mal, und blieb zugegen, als nach dem ganzen Lehrkörper als Letzter der Lehrgangsleiter den Klubraum betrat und sich in die erweiterte Runde setzte.

Warum soll ich als Lehrgangsleiter einer Segelflugschule mich zum Dienst in der KVP verpflichten, fragte Lothar, da ich an Ort und Stelle schon die Aufgabe erfülle, junge Leute auf die Verteidigung der Heimat vorzubereiten?

Mir gegenüber hast du behauptet, erwiderte Bomber, die Segelfliegerei ist eine rein friedliche Angelegenheit, und Aufrüstung sei in deinen Augen Militarismus.

Einer der anderen Uniformierten sagte: Das Wort Aufrüstung ist nicht richtig gewählt.

Mag sein, sagte Bomber, aber im »ND« stand: »Es gibt auch feindliche Elemente, die die Wachsamkeit der Werktätigen einschläfern möchten.«
Sag mal, fragte Lothar, meinst du mich damit?
Ja, antwortete Bomber, denn so schnell wird aus einem eingefleischten Pazifisten kein revolutionärer Kämpfer. Und weiter stand in der Zeitung: »Viele fragen mit der Miene eines Biedermanns, wozu ist es denn notwendig, die Staatsmaschine zu schützen?«
Lothar schüttelte den Kopf. Ich hab vielleicht die Lage falsch eingeschätzt und sehe durchaus ein, daß wir uns verteidigen müssen, sagte er, aber wozu unterschreiben? Ich? In meiner Funktion? Und ihr gleich so aggressiv, und antwortet mir nicht!
Wenn einer aggressiv ist, sind es die Militaristen in Westdeutschland, sagte einer der Uniformierten, und was du an uns aggressiv nennst, ist revolutionäre und unnachgiebige Wachsamkeit.
Natürlich sammeln sich drüben die Revanchisten, sagte Lothar, aber ohne die drei Westmächte können sie doch gar nichts unternehmen.
Und die Saboteure, Provokateure, Agenten, bezahlt von den Amerikanern und aufgehetzt vom RIAS, alle diese Elemente, die sie in die DDR einsickern lassen, greifen die nicht an? fragte Bomber. Genosse Ulbricht hat gesagt: »Die Arbeiterklasse, alle Werktätigen in der DDR verstehen, daß sie nicht nur die fortgeschrittenste Wissenschaft, die modernste Technik meistern müssen.«
Lothar sprang auf und rief: Das stimmt doch gar nicht. Unsere Werktätigen verstehen nicht alle und das weißt du aus deinem Betrieb am besten. Auch von modernster Technik kann nicht die Rede sein, das ist Schönfärberei. Und deine fortgeschrittenste Wissenschaft hält sie nicht davon ab, jährlich zu Hunderttau-

senden sich dem Kapitalismus auszuliefern, abzuhauen nämlich.
Da seht ihr es, wie er den Feindmeldungen zum Opfer fällt, sagte Bomber.
Ulbricht hat noch vor zwei Jahren gesagt: Wozu brauchen wir in Deutschland ein Heer, wo wir unsere ganze Kraft benötigen, unsere deutsche Heimat wieder aufzubauen? sagte Lothar. Und Grotewohl: Die Volkspolizei der DDR hat keinen militärischen Charakter, sie soll den friedlichen Aufbau schützen.
In zwei Jahren hat sich an der internationalen Lage viel geändert, sagte einer der Uniformierten. Und deine Einstellung macht auch auf mich einen pazifistischen und defätistischen Eindruck. Sag uns jetzt klipp und klar den Grund, warum du nicht unterschreiben willst.
Weil ich an dieser Schule hänge, sie mit aufgebaut habe, weil ich hier genau den Dienst tue, den ihr von mir verlangt.
Bomber lachte und sagte: Es kann doch aber der Moment eintreten, da die Partei, die Heimat dich mit deinen Erfahrungen und Kenntnissen an einer ganz anderen Stelle einsetzen muß.
Dann wird sie mich schon holen, und ich komme, sagte Lothar.
Bist du wirklich Pazifist oder wolltest du uns nur eine interessante Diskussion liefern? fragte einer der Uniformierten.
Ich sage euch mal, was im Ersten Statut der GST steht, und da bin ich von Anfang an dabeigewesen: »Militärische Grundkenntnisse auf den Gebieten des Segel- und Motorflugs, des Schieß- und Geländesports massenhaft zu vermitteln, die Regierung der DDR bei der Organisierung der bewaffneten Verteidigung der Heimat zu unterstützen!« Und jetzt gebt her. Ich werd doch noch meinen Namen schreiben können.
Bomber sagte: Das hat aber verdammt lange gedauert.

Geraffte, gefältelte, gekräuselte, gebündelte Fahnen standen an der Stirnwand des Klubraums, hinter einem langen, ebenfalls rot bedeckten Tisch aus zehn Tischen. Tag und Nacht hatten wir gezimmert, genagelt, geschnitten, gespannt, gezogen, gehämmert, um den letzten festlichen Abend, die Abschlußfeier, so blendend zu gestalten, daß uns vor Rot die Augen übergingen, längst geblendet von lauter aufgehenden Sonnen. Ich fühlte reine Trunkenheit, und die Gesichter der Lehrgangsleitung und anderer verdienter Freunde, Genossen, Segelflieger, Kradfahrer, die als Gäste teilnahmen, verschwammen und gingen unter in den roten Wellen, die sich hinter ihren Rücken hinzogen wie ein Sechstel der Erde, so weit; selbst die Hundestaffel von Weißenfels hatte einen Delegierten geschickt. Derart stellte ich mir Seekrankheit vor, und ich taumelte, als der Lehrgangsleiter mich mit anderen nach vorne rief und mir eine Auszeichnung überreichte für sehr gute gesellschaftliche und theoretische Arbeit – ausgerechnet mir, die ich das Abzeichen nicht geschafft hatte und ohne A 1 nach Hause fahren mußte, Lothar überreichte mir auch ein Buch von Boris Polewoj, »Der wahre Mensch«, und verkündete, daß sie mich nach einem guten Jahr erwarteten, um mich ins Lehrerkollektiv aufzunehmen für die Fächer Historischen und Dialektischen Materialismus und Geschichte der KPdSU (B). Ich stand da mit dem Buch und den Nelken in der Hand und verstand kein Wort mehr und nickte und sagte auch nichts, denn mir liefen die Tränen inwendig, aus der Nase runter und in den Rachen und tanzten wie eine Quecksilbersäule in meiner Luftröhre auf und ab.

Da gab es also bei Boris Polewoj einen Mann, Meressew, der nicht hatte weiterleben können, ohne zu fliegen: und wie hat er es geschafft? Nachdem die Deutschen ihn abgeschossen hatten?

Nachdem er sich mit Wundbrand durch die großen Wälder geschleppt, gerollt hatte, um menschliche Hilfe aufzutreiben? Wie hat er es geschafft, wieder zu fliegen, nachdem sie ihm die Beine amputiert hatten?
Weil er ein Sowjetmensch war, steht im Buch.
Also eine Menge können sie mir erzählen, und daß Angst und Begeisterung die Kräfte verzehnfachen, lasse ich noch dahingehen – aber das nicht, so nicht. Es kann einer nicht deshalb wieder fliegen und nochzumal ohne Beine, weil er ein Sowjetmensch ist. Er mag es wieder gelernt haben, er mag gestartet sein ohne Beine. Technik und ein sehr starker Wille stecken dahinter, ebenso die Aufgabe, unbedingt diesen Krieg zu gewinnen, gewiß. Aber mit der Erklärung »Weil er ein Sowjetmensch war« kann man mich denn doch nicht abspeisen.
Oder beneidete ich ihn, seinen Willen, seine Ausdauer?
Beide Beine ab, und mir waren die Flügel gestutzt, die man nicht sah, die andererseits nicht wieder nachwachsen.
Ich fuhr und las und fuhr, und auf der Höhe von Luckenwalde wollte ich nicht mehr tauschen mit dem Helden, war ich froh, daß ich die Beine noch hatte. Und als ich auf dem Ostbahnhof umgestiegen war, gelang es mir, meine Niederlage zeitweilig zu vergessen. In Strausberg lachte ich über die gestutzten Flügel und freute mich an den Polstern aus Dachwurz, die auf steinernen Zaunpfählen zurückblieben. Der Phlox blühte schon, und die Linden blühten noch.

sie hat ihn gebraten
　　– feuerlos

Sommerzeit
die Hähne krähn zur selben Zeit
Winterzeit
die Sauen schrein zur selben Zeit

Besser, ich hätte ihnen nicht das Abzeichen der Jungen Gemeinde von den Jacken und Pullovern gerissen
besser, ich hätte die Zeichen der Jungen Gemeinde nicht auf den Schulhof geworfen
besser, ich hätte nicht auf ihren Symbolen herumgetrampelt
besser, ich wäre nicht gegen die Junge Gemeinde vorgegangen
besser, ich hätte mich nicht eingemischt
besser, ich hätte mich zurückgehalten
besser, ich hätte Ruhe bewahrt
besser, ich hätte mich an der Kampagne nicht beteiligt
besser, ich hätte nichts geglaubt
besser, ich hätte genau Bescheid gewußt.
Jetzt weiß ich, aber was weiß ich? Hintenrum weiß ich, daß Tausende von Oberschülern geflogen sind, weil sie in der Jungen Gemeinde waren, denn nun sind alle aus den Oberschulen entfernten Schüler wieder zuzulassen, und es soll ihnen die Möglichkeit gegeben werden, versäumte Prüfungen nachzuholen.

Jetzt weiß ich und erfahre hintenrum, daß Tausenden von Handwerkern und Bauern, die ihr Soll nicht erfüllt haben, die Lebensmittelkarten entzogen worden sind, denn die Beschränkungen bei der Ausgabe von Lebensmittelkarten werden aufgehoben, und ab 1. Juli sind an alle Bürger wieder Lebensmittelkarten auszugeben.

Jetzt lese ich und erfahre durch offizielle Eingeständnisse, daß die Gefängnisse voll sind mit Menschen, die nach dem Gesetz zum Schutze des Volkseigentums verurteilt worden sind. Ich dachte,

es seien einzelne, aber die Gefängnisse sind überfüllt mit kleinen hilflosen Dieben, denn nun werden die Justizorgane beauftragt, diejenigen Verurteilten sofort zu entlassen, die nach dem Gesetz zum Schutz des Volkseigentums verurteilt worden sind.
Jetzt sollen die Bauern zurückkommen, und Enteignungen werden rückgängig gemacht. Jetzt darf die Wirtin der Eberkehle ihre Gastwirtschaft wieder übernehmen, jetzt fallen die Preise. Was kommt noch?

Ich lege Fangeisen aus und vergesse
wo
und gerate selber rein wenn ich meine Beute suche.
Alles entgleitet mir
was ich mir ausdenke was ich erlebe
hat keine Geschichte
ist keine Geschichte
so wie keiner von uns eine Geschichte hat
und keiner Geschichte macht.
Was auch geschieht – immer hat es Gründe.
Immer heißt es
das und das passierte: Weil!
aber richtig wars doch: Weil!
Die Ursachen die Gründe kommen mir
langsam fadenscheinig vor
obwohl ich selber mich bemühe
Taten Handlungen Reaktionen
auf irgendwelche Ursachen zurückzuführen.
Da stimmt was nicht
ich lüge
mindestens suche ich Entschuldigungen
Erklärungen Begründungen

die allesamt nach Abbitte klingen
und nach Lüge.

Ich stehe in Strausberg und komme nicht nach Berlin rein. Wo leben wir denn, keiner sagt was. Ich habe Concordia versprochen zu kommen, und die sperren den Bahnhof: eine Übung, sagt einer, Manöver, sagt ein anderer. Ich will wissen, warum die Russen hier Kette bilden. Krieg? Erzählen sie doch keinen Quatsch! Die Gesichter der Freunde sind keine freundlichen Gesichter; so habe ich mir als Kind Kalmücken vorgestellt. Was sind überhaupt Kalmükken? Kann mir keiner erzählen, daß die manövrieren. Die sind aufgebaut wie Steine, so sieht doch kein Manöver aus, unter Manöver stelle ich mir etwas Bewegliches vor. Und was geschieht auf den Feldern: als sei nichts geschehn, trippeln sie reihauf, reihab und hacken Unkraut. Gegessen wird immer, egal was passiert, doch scheint in aufgeregten oder bösen Zeiten viel mehr gegessen zu werden. Oder warum gibt es in schlimmen Zeiten nichts zu essen, obwohl die Bauern das Land bestellen, als sei nichts geschehn.

Unterhalb des Bahndamms zog ein Bauer Jungstiere hinter sich her. Ich hatte eine knallrote Bluse an und knöpfte die Jacke zu und ging die paar Kilometer zum Internat zurück zu Fuß. An den Feldrändern blühten noch verwilderte Obstbäume. Es war bei Strafe verboten, auch nur eine Frucht von den Chausseebäumen zu pflücken. Es war möglich, für zwei Hände Kirschen die Gitterstäbe von innen zu sehen; es war möglich, für ein runtergerissenes Waschbecken von der Schule zu fliegen.
War das noch länger möglich? Nein! Nie mehr! Wir hatten den Neuen Kurs. Warum also Streik? Nach all den umfassenden Milderungen? Zugeständnisse, Eingeständnisse – sind das nicht auch Geständnisse?

Wir haben den Sozialismus zu hastig in Angriff genommen, ja. Es ist zu hart durchgegriffen worden, ja. Es sind Einsichten gewonnen, Selbstkritik geübt worden. Warum dann Streik? Eine unbändige Lust zu verreisen packte mich – bis nach Paris, bis nach Antwerpen, wo Kaltesophie als junges Mädchen Sago und Kapern und eingelegte Heringe verkauft hatte.

Ich zerrte an der Tür zur Waffenkammer, sie war mit einem funkelnagelneuen Extraschloß versperrt. Innerhalb eines Vormittags, während ich in Strausberg war, hatten sie ein Vorhängeschloß angebracht. Auch der Zweitschlüssel, der immer in meinem Zimmer hing, war weg.

Auf dem Balkon von Haus zwei, auf dem ein paar Mädchen saßen, erzählte ich, daß Strausberg abgeriegelt worden sei. Wörter wie Krieg, Überfall, Aufruhr stießen auf Neugierde, von oberflächlicher Heiterkeit begleitet, eine Neugierde, die noch keinen von uns ganz gefangennahm.

Was wir in Haus zwei schlicht Balkonzimmer nannten, war ein ehemaliger Salon von ungefähr fünfzig Quadratmetern im 1. Stock, Teil einer großbürgerlichen Wohnung. Es wurde von drei Mädchen bewohnt. Durch die großen Fenster flutete das Licht herein, eine gläserne Flügeltür öffnete sich auf einen halbrunden Balkon, auf dem ein halbes Politbüro Platz gefunden hätte. Die Balustrade bestand aus dickbauchigen, steinernen Säulen, die Aussicht ging nach Süden, den Hang hinunter und übers Wasser. An der Hausfront stand eine Rotbuche, unter der wir manchmal abends saßen und sangen. Hawelka hatte die Wohnung unter dem Balkonzimmer bezogen.

Seid mal ruhig, sagte Irene, er hat sein Radio im Zimmer unter uns stehen, und machmal versteht man jedes Wort.

Wo?

An welcher Stelle ungefähr?
Die Musik kam in der Nähe des Fensters rauf.
Wahrscheinlich durch die Heizungsrohre.
Das täuscht.
Die Disziplin verbot uns, einfach runterzugehen und Hawelka zu fragen. Wir riskierten bloß, daß er uns abwimmelte. Trotzdem waren wir überzeugt davon, daß er Nachrichten empfing, die uns erst viel später zugänglich sein würden.
Ohne lange zu zögern, ließen wir uns auf dem Fußboden nieder und rutschten buchstäblich mit den Ohren über die Dielen.
Fenster zu! Balkontür zu!
Irene, geh raus auf den Flur und paß auf.
Wieso ich, immer ich?
Es ist doch nicht verboten, Radio zu hören.
Aber wenn wir keins haben.
In Berlin ist die Hölle los, und wir wissen nichts.
Pscht, halt fürn Augenblick den Mund, ich höre was.
Er hats an, und keine Musik, sage ich euch.
Wir flüsterten. Blinder Alarm. Weitersuchen. Wir stießen auf Nähnadeln, Briefmarken, Wollmäuse und Haarklemmen.
Das Bett da weg! Heben, nicht schieben!
Jetzt! Ruhe, ich erzähls euch dann schon. Zettel her, Papier, rasch, Bleistift, Bleistift! Ich wiederhole, schreib mit, schreib alles auf.
Später schrieben wir den Zettel ins Reine, alles heimlich.
Warum heimlich?

»Abenteuer ausländischer Agenten in Berlin«
»Masseninvasion von gekauftem Gesindel«
»Rowdies auf verchromten Rädern«
»Panik in Bonn«

»Gelang ihnen, Teile unserer Bevölkerung für ein paar Stunden zu verwirren«
»Große Mehrheit stand dem westberliner Überfall ablehnend gegenüber«
»Amerikanische Funkwagen, die den Trupps Anweisungen erteilten«
»Unser Aufbauwerk stören«
»Kriminelle Banden, gedungen von Schaltzentralen«
»Rowdies auf verchromten Rädern, energische Abfuhr«
»Banditen raubten HO-Filiale aus«
»Hinterhältige, bewaffnete Überfälle auf die Volkspolizei«
»Konsumstände in der Zentralmarkthalle zerstört«
»Gewalttaten gegen demokratische Einrichtungen, Betriebe und Volkspolizei«
»Fensterscheiben der Frauenstation im Volkspolizei-Krankenhaus eingeschlagen«
»Exzesse endeten mit vollständigem Zusammenbruch des angezettelten Abenteuers«

Redet euch den Mund fußlig, schmeißt mit Fragen rum, macht, was ihr wollt! Ich gehe zu Hawelka runter! Er soll uns klipp und klar sagen, was los ist. Wer sind wir denn, daß man uns im Dunkeln tappen läßt? Junge, sozialistische Menschen, Kader, bereit zur Verteidigung. Vielleicht werden wir gebraucht, und wir sitzen hier wie die Zwerge im Wald und hören die Bächlein rauschen.

»Für die Herbeiführung einer festen öffentlichen Ordnung im sowjetischen Sektor von Berlin wird befohlen:
1. Ab 13 Uhr des 17. Juni 1953 wird im sowjetischen Sektor von Berlin der Ausnahmezustand verhängt.
2. Alle Demonstrationen, Versammlungen, Kundgebungen und

sonstige Menschenansammlungen über drei Personen werden auf Straßen und Plätzen wie auch in öffentlichen Gebäuden verboten.
3. Jeglicher Verkehr von Fußgängern und der Verkehr von Kraftfahrzeugen und anderen Fahrzeugen wird von 21 Uhr bis 5 Uhr verboten.
4. Diejenigen, die gegen diesen Befehl verstoßen, werden nach den Kriegsgesetzen bestraft.
Der Militärkommandant des sowjetischen Sektors von Groß-Berlin.
gez. Generalmajor Dibrowa«

Gegen Abend ging ich runter zu Hawelka und klopfte. Nichts zu hören, trotzdem öffnete sich die Tür, zögernd, einen Spalt breit, als wolle Hawelka einen Hausierer abwehren. Der Korridor hinter ihm war dunkel. Ich sah nur seine Stachelbeeraugen und drückte gegen die Tür. Nachdem er das Licht über den Kleiderhaken angeknipst hatte, ließ er mich in den Flur. Dort blieben wir stehen.
Was ist los in Berlin? fragte ich.
Die Bauarbeiter haben gestreikt.
Was für Bauarbeiter?
Die von der Stalinallee. Alles vom Westen aus initiiert.
Und die Amerikaner?
Die haben das Geld gegeben.
Ich meine, sind sie einmarschiert? Haben sie angegriffen?
Nichtdoch! Bezahlt haben sie den Rummel, Elemente eingeschleust.
Und jetzt? Und weiter?
Alles wieder ruhig. Ausnahmezustand!
Was ist das?

Eine Art Hausarrest. Keiner darf auf die Straße, und wenn, dann dürfen nicht mehr als drei zusammenstehen.
Hawelka schob mich schrittweise zurück an die Wohnungstür.
Die Audienz war schnell zu Ende.

Na und? Was hat Hawelka gesagt?
Nichts.
Nichts? Nichts gesagt?
Doch, schon.
Na was, erzähle!
Wir sollen uns nicht beunruhigen.
Machen wir doch gar nicht.
Es ist kein Krieg ausgebrochen.
Hat auch niemand erwartet. Aber was ist auf den Straßen?
Alles ruhig, sie haben das Heft in der Hand.
Und die Rowdies?
Wieder zurück nach dem Westen oder verhaftet.
Und die Amis? Die angegriffen haben?
Von Amis hat er nichts gesagt.
Siehst du, er weiß auch nichts.
Das mit den Amis stimmt wohl nicht.
Haben sie aber im Radio gemeldet.
Nicht, daß sie einmarschiert sind.
Da war doch was über die Amis.
Ja, haben als Drahtzieher fungiert.
Ich hätte gerne die Rowdies gesehen.
Es ging wohl eher von den Bauarbeitern aus.
Was für Bauarbeiter?
Von der Stalinallee.
Was? Was sagst du da? Die sollen randaliert und geplündert haben?

Nein, nein, um Himmels willen, das habe ich nicht gesagt.
Aber sie haben die Arbeit niedergelegt.
Gibts doch nicht.
Naja, die haben sich aufhetzen lassen vom Westen und wegen der Normen, und jetzt ist Ausnahmezustand in der ganzen Stadt.
Ausnahmezustand? Was ist das?

Nachts rüttelte jemand an der Tür zur Waffenkammer. Ich schreckte hoch und lief raus; Ines hämmerte mit den Fäusten auf die Tür und trat gegen die Bretter. Ich riß sie zurück und blickte in ein verweintes, zuckendes Gesicht.
Ich muß da rein, schrie sie, ich muß da rein! Warum ist abgeschlossen? Was soll der neue Riegel, jetzt, wo wir die Gewehre brauchen, die Handgranaten!
Ich zog Ines rückwärts an der Jacke in mein Zimmer und versuchte, sie aufs Bett zu drücken, aber sie hielt sich an der Tischplatte fest.
Auf wen willst du denn mit unseren Gewehren losgehen, sagte ich, wem willst du ein Auge ausschießen, wem die Handgranaten an den Kopf schmeißen, die sind doch sowieso nicht echt. Und du weißt, daß ich keinen Schlüssel mehr habe.
Ines stöhnte und schluchzte und sagte: Von allen Seiten werden sie angegriffen, die Russen in Berlin, abgeknallt, fertiggemacht von den Amis, von den Deutschen, und wir unternehmen nichts, wir sitzen ruhig in der Landschaft rum, und die Russen sollen den Kopf hinhalten.
Ich nahm Ines fest unter den Arm und stolperte mit ihr rüber zu Haus sechs. Schwester Lydia nahm sie ins Krankenzimmer.

»WIE ICH MICH SCHÄME!
Maurer – Maler – Zimmerleute.

Sonnengebräunte Gesichter unter weißleinenen Mützen, muskulöse Arme, Nacken – gut durchwachsen, nicht schlecht habt ihr euch in eurer Republik ernährt, man konnte es sehen.
Aber sonst? Gut saht ihr aus, besser als die, welche sich unter euch mischten. Die freilich sahen nicht gut aus, reichlich bunt zwar, aber nicht gut!
Sie waren auch viel schlechter genährt als ihr. Halbstarke waren es, mit spitzigen Ellenbögchen, ein häßlicher Anblick – ihr mit denen.
Bauarbeiter sind doch helle!
Ihr zogt in schlechter Gesellschaft durch die Stadt. Ihr zogt mit dem Gesindel, das, von den großen Weltbrandstiftern gedungen, schon die Benzinflaschen in der Tasche trug, mittels denen sie morgen eure Baugerüste anzünden würden.
Es gibt keine Ausrede!
Zum Kämpfen hat man nur Lust, wenn man Ursache dazu hat, und solche Ursache hattet ihr nicht. Eure schlechten Freunde, das Gesindel von drüben strich auf seinen silbernen Fahrrädern durch die Stadt wie Schwälbchen vor dem Regen.
Dann wurden sie weggefangen.
Ihr aber dürft wie gute Kinder um neun Uhr abends schlafen gehen. Für euch und den Frieden der Welt wachen die Sowjetarmee und die Kameraden der Deutschen Volkspolizei.
Schämt ihr euch auch so, wie ich mich schäme?
Da werdet ihr sehr viel und sehr gut mauern und künftig sehr klug handeln müssen. ehe euch diese Schmach vergessen wird.
Zerstörte Häuser reparieren, das ist leicht. Zerstörtes Vertrauen wieder aufrichten ist sehr, sehr schwer.«
KUBA
Ines sah zerbrechlich aus, hatte beim Mittagessen keinen Bissen runtergekriegt und alles verschenkt. Schwester Lydia ließ einen

Stuhl an Ines' Tisch holen; dann quetschte sie sich zwischen Ines und Berta und legte ihren fleischigen Arm um Ines' Schultern. Sie verpaßte ihr eine Milch-Eier-Kur gegen den nervösen Magen.

Jeden Morgen, jeden Mittag, jeden Abend trinkst du einen halben Liter eiskalte Milch, langsam, bedächtig, in kleinen Schlucken. Dazu bekommst du morgen früh ein rohes Ei. Am nächsten Tag zwei rohe Eier, am dritten drei. Leicht zu merken, am siebten Tag trinkst du über zwölf Stunden verteilt sieben rohe Eier. Wollen doch sehn, ob wir das nicht hinkriegen.

Darf sie dann nächsten Samstag auch sieben Liter Milch trinken?

Zügle bitte dein Mundwerk.

Ein Bierseidel wurde aufgetrieben mit dunkelgrauem Deckel, und zu jeder Mahlzeit stand ein halber Liter Milch vor Ines, eiskalt. Der Seidel war außen beschlagen; kleine Rinnsale liefen herab und über den Tisch. Wenn wir längst unsere leeren Teller zusammengestellt hatten, saß Ines immer noch bei ihren kleinen Schlucken. Schwester Lydia konnte nicht dauernd auf sie achten; dann war der Seidel schneller leer, und am Nachbartisch hatten sie weiße Schnurrbärte.

Im Haus vier erzählten die Mädchen, die Milch würde in Ines' Magen gleich gerinnen, und was sie kotzte, sei weißer Käse Auch habe es im Garten angefangen zu stinken, überall lägen Eidotter herum, überhaupt könne man vor schaumigen Häufchen nirgends mehr hintreten.

Wir hatten eine Parteiversammlung, Concordia, auf die ich sehr gespannt war. Ja, ich hab mich eigentlich richtig drauf gefreut vorher, weil ich dachte, ich würde eine Menge über den 17. Juni erfahren, was nun wirklich los gewesen ist, warum unsere Arbeiter nicht weitergemacht haben und alles stehen und liegen ließen. Dadurch haben sie den Leuten aus Westberlin doch erst die Möglichkeit gegeben, bei uns einzudringen, Krawall zu schlagen, Läden und Parteibüros anzustecken. Doch unser Parteisekretär sagte klipp und klar, es sei auch der Streik vom Westen aus vorbereitet worden, und der RIAS und die Westzeitungen hätten unsere Arbeiter aufgehetzt, die dann nicht mehr wußten, was sie taten. Zum Streiken hätten sie ja gar keinen Grund mehr gehabt, weil das ZK und der Ministerrat schon eine Woche vorher den Neuen Kurs bekanntgegeben und viele Fehler eingesehen und Selbstkritik geübt und Preise wieder gesenkt hätten. Das stimmt ja auch. Aber warum habe ich mich nicht getraut, nach den Normen zu fragen? Warum traue ich mich denn nicht, was zu sagen, wenn mir die Erklärungen unklar sind, wenn ich was nicht verstehe oder nicht glaube. Die Normen sind beim Neuen Kurs, wenn ich das richtig gelesen habe, nicht gesenkt worden. Vielleicht haben die Arbeiter nur deswegen gestreikt, ich weiß es nicht. Ich mache mir viel Gedanken darüber, daß ich so feige bin, daß ich überhaupt immerzu zweifle, daß mir alles Angst macht. Nach der Versammlung habe ich zu Frl. Gerloff gesagt, ob es stimme, daß die Gefängnisse bei uns so voll seien, ob Menschen eingesperrt würden, bloß, weil sie nicht am sozialistischen Aufbau teilnehmen wollen? Sie antwortete mir nicht richtig, zuckte mit den Schultern, sagte auch nicht: Das weiß ich leider nicht. Nein, sie sagte etwas ganz Schreckliches: »Wo gehobelt wird – fallen eben Späne!« Der Satz macht mich verrückt, und ich sehe mich dauernd auf einem Tisch liegen, und jemand setzt einen Hobel an und runter rollt meine Haut, und sie sieht aus wie Holzspäne in der Sägewerkstatt. Warum verfolgt mich solch ein Bild? Ist es, weil ich ein schlechtes Gewissen habe? Ich fühle mich ganz elend und habe tatsächlich ein schlechtes Gewissen. Vor wem nur, wem gegenüber?

EHEPAAR ROSENBERG ERMORDET IN SING-SING AUF DEM ELEKTRISCHEN STUHL

Mitten im Sommer wird es nicht richtig hell, es regnet fast ununterbrochen.
Geh raus, und wenns für eine Stunde ist, durch die Felder! Du wolltest doch schon lange Kamille holen, geh! Sitz nicht im Zimmer und brüte, mach dich auf die Beine. Nichts klärt den Kopf wie ein Spaziergang, im Wald wird der Regen nicht so stark sein!
Wie ich mir Befehlsketten erteile.
Wie ich mich mit Du anrede.
Du sollst dich nicht verrückt machen, nicht rumhocken, nicht grübeln. Du mußt jetzt aufstehen, los.
Und dann gehe ich an einem Weizenfeld entlang, die Halme kniehoch, noch grün und gedrungen, die ebenfalls grünen Ähren fett und prall. Die blühende Kamille am Wegrand, einzeln und in Büscheln, ist schwer zu pflücken. Manche Leute reißen nur die langstieligen Blütenköpfe ab, die gelben Halbkugeln mit ihren weißen, zurückgeschlagenen Blütenblättern. Ich packe mir einen Strauß in den Arm, die Blüten kann ich später abknipsen.
Was war passiert, und wie? Ich weiß nichts, werde auch nichts erfahren, werde nicht fragen, wie ich fragen möchte: warum nicht? Weil mir irgendjemand über den Mund fahren wird. Die Versammlung hatte schließlich nicht den Mittwoch zum Thema, sondern die Parteiaktivtagung vom Dienstag. Der Mittwoch ist klar: Hast du keine Zeitung gelesen, Genossin? Klar.

Es regnet wieder, im Laufschritt erreiche ich den Wald. Dort höre ich Marschbefehle und ein leises Stampfen. Jemand erteilt sich Befehle, wie ich mir Befehle erteilt habe. Dann erkenne ich Ines, die mit einem Birkenknüppel bewaffnet Marschieren übt, stehenbleibt, das Gewehr ab, die Augen rechts, und von neuem Marschtritt, Laufen. Haaaalt!
Ich nehme Ines bei der Hand.
Reg dich nicht auf, sagte ich, es herrscht Ruhe in allen Städten, die Russen haben längst Ordnung geschaffen.
Und warum nicht wir? Immer die Russen! Warum sollen immer die armen Kerle für uns gradestehen, fragt Ines. Sollen sie noch jahrelang für uns bluten?
Nun übertreibe mal nicht. Wer blutet denn und wo? Und die Russen stehen ja gar nicht allein, wir sind doch auch noch da. Und die Rote Armee als unser Freund, als Siegermacht – die sind stark, denen kann keiner.
Ines nimmt den Stock von der Schulter und stützt sich darauf.
Jaaa, als Sieger! Sie sind die Sieger, aber was haben sie davon? fragt sie. Was hat der einzelne davon?
Komm mit nach Hause, sage ich, wir holen uns was weg, bei dem Wetter. Ich habe Kamille gesammelt, kochen wir uns einen Tee!
Kamille, Kamille! ruft Ines. Ich stehe Kopf, ich gehe aufm Scheitel, vielleicht gibt es Krieg, und du redest von Karnille!
Nie hat Ines derartige Diskussionen geführt. Sie schien früher zu den Gleichgültigen zu gehören, die den Stundenplan, den Tagesplan einhalten, weiter nichts.

Смело, товарищи!

Смело, товарищи, в ногу!　　Долго в цепях нас держали,
Духом окрепнем в борьбе.　　долго нас голод томил,

[: В царство свободы дорогу　　[: чёрные дни миновали,
грудью проложим себе.:]　　час искупленья пробил.:]

Вышли мы все из народа,　　Свергнем могучей рукою
дети семьи трудовой.　　гнёт роковой навсегда

[: Братский союз и свобода –　　[: и водрузим над землёю
вот наш девиз боевой.:]　　красное знамя труда.:]

THOMAS MORUS: Leben auf der Insel Utopia
  1. ohne Privateigentum
  2. ohne Geld
  3. ohne Gesetze und Richter
  4. tolerant und ohne Glaubensstreit
  5. bei einem 6-Stunden-Tag
  6. bei Befriedigung notwendiger Bedürfnisse
  7. nach Wunsch in Großfamilien
  8. essen in Kantinen
  9. lernen in Schulen
  10. gegen Askese
  11. gegen Vielweiberei
  12. gegen Ehebruch
  13. Ehepartner sollen sich vorher nackt sehen
  14. im Vergnügen liegt der Sinn des Lebens
  15. als Vorbild gilt die Christus-Kommune
  16. vollkommene Religionsfreiheit bedeutet Frieden

Ines mußte gehen.
Wohin?
Nach Hause.

Rausgeschmissen.
Von der Schule geflogen.
So plötzlich?
Warum wissen wir nichts davon?
Jetzt wißt ihr es.
Wieso, sie war doch krank.
Vielleicht auch nicht.
Wo ist sie?
Schon weg.
Wann, wann ist sie geflogen?
Na, heute vormittag.
Ohne uns was zu sagen.
Ohne Appell, ohne öffentliche Mitteilung?
Wird seine Gründe haben.
Was für Gründe?
Und ihre Sachen?
Hat sie erstmal dagelassen.
Wahrscheinlich will sie ihre Eltern nicht erschrecken.
Könnte sie auch gar nicht tragen, das Gepäck.
Ihr hättet sie begleiten müssen.
Sie hat sich beeilt, sollte sofort raus.
Warum, will ich wissen, warum?
Weil sie 'n Kind kriegt, darum.
Was?
Von wem?
Von 'nem Russen.
Sie war ganz lustig, als sie ging.

»Auf, auf, Kameraden, aufs Pferd, aufs Pferd, ins Feld, in die Freiheit gezogen!« und »Lützows wilde, verwegene Jagd« waren Lieblingslieder meines Ziehvaters Karl. Auf Wanderungen, beim

Kahnfahren, sonntags zwischen Rasur und Frühstück hat das Hohelied des Freikorps meine Kindheit begleitet. Als in ungeheizten Schulen und zerbröckelten Kinos die ersten Bilder von Krieg und Lagersterben gezeigt wurden, traute ich auch den Liedern nicht mehr, die Karl gesungen hatte.

Acht Jahre danach tauchten Lützow und Theodor Körner als Partisanen in unserem Lehrplan auf: eine unabhängige, fliegende Reiterei, die das preußische und sächsische Junkertum für korrupt und feige hielt und die Bevölkerung zur Gegenwehr ermunterte. Wilde Jäger, die aus dem Wald preschten: das war was.

Bei der Deutschprüfung ließ ich zum Thema »THEODOR KÖRNER – Sänger und Partisan für ein einheitliches und freies Deutschland« einen kühnen Rebellen erstehen, der unermüdlich Lieder schrieb und im Hinterland gegen die französische Okkupation kämpfte und fiel.

Also: Student der Bergakademie in Freiberg, dort relegiert, Theaterdichter in Wien, dort gefeiert, entschloß sich Theodor Körner nach dem Brand von Moskau, ins Lützowsche Freikorps einzutreten. Er war einundzwanzig Jahre alt, und bevor er noch die erste Büchse in die Hand nahm, zog er schon Texte aus dem Rock, die sofort von der Freischar gesungen wurden:

Nicht zum Erobern zogen wir
Vom väterlichen Herd;
Die schändlichste Tyrannenmacht
Bekämpfen wir in freud'ger Schlacht.

Ein Flugblatt ist erhalten, in dem Körner für das Freikorps warb: »Sammelt euch zu uns, tüchtige Männer des tüchtigen Volkes! Es ist in unserer Schaar kein Unterschied der Geburt, des Standes, des Landes. Wir sind alle freie Männer, trotzen der Hölle und ihren Bundesgenossen. NICHT SÖLDNER SIND WIR!«

Verleumdet im preußischen Hauptquartier, gehaßt von Napoleon, der sie als »Brigands noirs« und gemeine Straßenräuber bezeichnete, brachen die Lützower unerwartet und aus verschiedenen Ecken des besetzten Gebietes hervor, lösten Widerstand aus, zerrissen Verbindungen des Feindes, ließen Nachschub auffliegen. Nach dem Waffenstillstand wurde die Freischar der regulären Armee und zentraler Befehlsgewalt unterstellt: Schluß mit dem Partisanenunwesen.

Theodor Körner war schon im August 1813 bei einem Überfall auf eine feindliche Kolonne zwischen Gadebusch und Schwerin tödlich verwundet und in Wöbbelin begraben worden. Ein Kosak, der mit den Schwarzen Jägern zog, hatte ihm mit einem Pistolenschuß die letzte Ehre erwiesen.

Das Leben gilt nichts, wo die Freiheit fällt! deklamierte ich und war in Schwung geraten, Das Land ist ja frei, und der Morgen tagt, Wenn wir's auch nur sterbend gewannen! schmetterte ich der Prüfungskommission entgegen. Ihre Mitglieder schwiegen erschüttert. Stolz verließ ich den Prüfungsraum.

Als ich draußen stand, hörte ich sie lachen.

Das elfte Schuljahr war zu Ende, es war ein großer Zapfenstreich. Meine Deutschprüfung war besser ausgegangen als die Prüfung an der Fliegerschule. Auch sonst hatte ich Glück; nur in Russisch und Sport erschienen die üblichen Dreien auf dem Zeugnis. Vorbei die Versammlungen und Jahresabschlußprüfungen, die Appelle, Zeitungsschauen, Kampagnen und Kommuniqués, vorbei die Halbnachrichten und totalen Versprechungen. Die Wechselbäder aus Zweifel, Verdacht, Niedergeschlagenheit und Hoffnung waren ausgestanden. Vergessen schienen die Begegnung mit Hilde, der Absturz in der Fliegerschule.

Der letzte Schultag war ausgefüllt mit Wäschepacken, Kleiderfalten, Koffer und Pakete verschnüren. Einträchtig halfen wir einander, sangen schrille Lieder und verabredeten, wer im Ferienlager auf dem Stroh neben wem schlafen würde, wie wir uns beizeiten die besten Plätze im Saal sichern könnten. In zwei Wochen hatten sich alle zweihundert Internatsschüler auf dem Ostbahnhof einzufinden: die Abteile hatte Hawelka längst bestellt, ebenso den Gasthofsaal in einem kleinen thüringischen Dorf.

Vor der Reise in den Thüringer Wald hatten wir frei, um Eltern und Verwandte zu besuchen. Viele Schüler wurden abgeholt, damit sie das Gepäck nicht alleine schleppen mußten; auch Ines' Eltern betraten gutgelaunt Haus vier.

Der Vater, ein klotziger Bauer in dicker Joppe, ließ seine Augen zärtlich über die Unordnung in Ines' Zimmer wandern. Seine Frau packte Kuchen und Süßigkeiten für alle aus und wollte sich mit einem Arm voll Blumen auf den Weg nach Haus sechs machen, um Schwester Lydia zu danken.

Nach einem Blick auf die große, schlanke, fröhliche Frau hielt es Berta nicht mehr aus.

Ines ist nicht da, sagte sie, sie müßte doch seit gut einer Woche bei Ihnen zu Hause sein. Sie ist von der Schule ausgeschlossen worden und hat sich nur mit einer Handtasche auf den Heimweg gemacht.

Warum Ines hinausgeworfen wurde, wissen wir nicht. Es hat keine öffentliche Mitteilung gegeben.

Ines' Vater stieß unverständliche, gurgelnde Laute aus. Ines' Mutter fiel nicht, sie setzte sich mitten auf den Fußboden. Ihr Mann zog sie wieder hoch, und beide gingen bergab-bergan nach Haus eins.

Dort wurde im obersten Stock eine Konferenz abgehalten, an der ich als Schülervertreter teilnahm. Hawelka gab die letzten Anweisungen zum Thema Disziplin auf Reisen: vorbildliches

Betragen in der gastgebenden Dorfgemeinschaft, Zurückhaltung und moralisches Verhalten der Dorfjugend gegenüber; er verteilte gerade Wanderkarten, als Ines' Eltern die Tür zum Lehrerzimmer öffneten.

Der breite Vater, der kleiner als seine Frau war, öffnete seine Joppe, heftete den Blick auf Hawelka und wischte sich mit einem Taschentuch die Stirn. An Ines' Mutter fielen mir die schmalen Handgelenke, die kleinen Füße auf.

Ines' Vater hustete kurz und holte Luft.

Wo ist meine Tochter? fragte er, und so groß war die Autorität, die von seiner Langsamkeit ausging, daß Hawelka aufstand.

Bei Ihnen zu Hause, aufm Dorf, denke ich.

Was haben Sie mit meiner Tochter gemacht?

Über Hawelkas Gesicht flog ein ungutes Lächeln.

Ich? Ich habe gar nichts mit ihr gemacht. Ihre Tochter war für die Schülergemeinschaft nicht mehr tragbar, deswegen habe ich sie nach Hause geschickt.

Ich habe von meiner Tochter einen Brief in der Tasche, der ist keine Woche alt. Sie schreibt, sie sei zwar krank, aber auf dem Wege der Besserung, und sie freue sich, wenn wir sie abholen würden. Der Brief ist hier abgestempelt.

Da sehen Sie, wie Ihre Tochter lügt, sagte Hawelka und brach aus Unachtsamkeit in Gelächter aus. Vor einer Woche war sie schon über alle Berge. Außerdem war sie nicht nur krank, sondern leicht hysterisch, labil. Sie hat den anderen ein unmoralisches Beispiel gegeben.

Sie war Ihrer Obhut anvertraut, sagte Ines' Vater, und Sie wagen es, ein sechzehnjähriges Mädchen zu beschimpfen? Wo ist meine Tochter?

Auch ich habe einen Brief Ihrer Tochter, eingesteckt in Ihrem Dorf. Darin steht glatt dasselbe wie in Ihrem Brief: es gehe ihr gut, die Eltern würden die Sachen holen. Und nun bitte ich Sie, mir in mein Büro zu folgen!

Wir lassen uns von Ihnen nicht in ein Extrazimmer beordern! Wovor haben Sie Angst? Hat Ines sich schuldig gemacht? Haben Sie sie einsperren lassen? War sie wirklich krank? Warum hat denn niemand meine Tochter zu uns gebracht?

Über Hawelkas Lippen sammelten sich Kügelchen aus Wasser.

Jemand hätte sie begleiten müssen, das stimmt. Dann wäre es ihr wohl leichter gefallen, den Weg nach Hause zu finden und nicht nach Westberlin weiterzufahren, wie offenbar geschehen.

In Westberlin ist sie nicht, das hätte sie uns geschrieben. Wenn sie irgendwo steckt, dann hier in der Nähe.

Ich bitte Sie nochmal, mit mir hinüber ins Büro zu kommen. Wir können ebenso gut in meine Wohnung gehen und die Angelegenheit unter vier Augen besprechen.

Wann ist meine Tochter gegangen? Wohin? Wer hat Ines zuletzt gesehen?

Ich will Ihnen mal was sagen, sagte Hawelka endlich.

Ihre Tochter war schwanger, deswegen ist sie von der Schule ausgeschlossen worden.

Um so schlimmer ist die Behandlung, die ihr zuteil wurde. Weggejagt wie eine Hündin!

Rufen Sie sofort die Polizei, sagte Ines' Mutter, die Feuerwehr, wir lassen sie suchen!

Ich bitte Sie! Wie komme ich dazu, die Staatsorgane einzuschalten. Ihre Tochter ist nicht mehr bei uns. Sie ist vor gut einer Woche weggefahren, hat sich wohl nicht nach Hause getraut, und das wirft schließlich auch ein gewisses Licht auf die elterliche Nachsicht, wenn ich so sagen darf.

Rufen Sie die Polizei und die Feuerwehr, sagte Ines' Mutter noch einmal, sofort!

Noch am gleichen Tag begann eine fieberhafte Suche, Wiesen und Schilf wurden durchgekämmt, Holzstapel auseinandergerissen, Seen mit Schleppnetzen aufgewühlt: von Ines keine Spur.

Bring mir das Spiel bei
von der Kabbala
bring mir das Spiel bei
vom Tarot.

Ich setze auf die Einundzwanzig.
Und du?
Nie möchte ich Herrscherin sein
denn die Sechzehn hat
es mir angetan.
Von Ekstase verstehe ich viel
von gleichmäßiger Sonneneinstrahlung
verstehe ich gar nichts
aber zu wissen
was hinter der Sechzehn steckt
würde mich schon reizen.
Die Zwanzig ist mir egal
es geht um die Acht.

Bring mir das Spiel bei
von der Kabbala
bring mir das Spiel bei
vom Tarot
sonst bin ich am Ende die Zweiundzwanzig.

Auf dem Weg nach Ilmenau blieben wir für zwei Tage in Weimar: einen Tag für Goethe, Schiller, Frau von Stein, Fürstengruft und Gartenhäuschen; der andere Tag führte uns auf den Ettersberg,

Buchenwald ansehen. Es war nicht unvorstellbar, alles ist vorstellbar. Einige von uns schworen sich, ihr Leben lang dafür zu kämpfen, daß es solche und andere Lager nie mehr geben würde. Dann sind Ellen und ich herumgestromert, und wir stießen auf Drahtzäune und Wachtposten. Dort durften wir nicht lang und nicht hin und nicht weiter. Warum? Hinter dem alten Kazet lag ein neues Lager, ein Arbeitslager.
Als wir wieder unten in Weimar und im Stadtkern waren, setzten wir uns mit einer thüringischen Riesenbratwurst aufs Goethe-Schiller-Denkmal; gleich jagte uns ein Polizist vom Sockel.
Aber Goethe allerwegen, kein Spaziergang ohne Goetheeiche, Goethebrücke, Goetheschlucht, Goethesteg, Goethehäuschen. Und Vitrinen, in denen hundert linker Frauenschuhe aufgereiht waren. Goethe hatte linke Damenschuhe gesammelt, aber keiner wollte mir erklären, was das bedeutet.
Dann in Schwarzbach lebten wir in einem wunderschönen Gasthof, in einem Saal auf Stroh. Wir hatten mehr Kontakt zu der Dorfbevölkerung, als früher erlaubt worden war, und wir durften an den Tanzabenden im Dorfgasthaus teilnehmen.

Wetten, daß er dich rumkriegt
Wetten, daß er mich nie rumkriegt
Wetten, daß du's selber willst
Wetten, daß ich lieber sterben würde
Wetten, daß er dir den Rock hochhebt und die Hose runterzieht, ehe du's überhaupt merkst
Wetten, daß er'n blutigen Schädel hätte, wenn er's auch nur versuchen sollte
Wetten, daß er dich auf die erste beste Wiese schmeißt, wenn er nur will
Wetten, daß sein Kinn dreifach zählt, wenn er mich nur anfaßt

Wetten, daß er dich schon hundertmal angefaßt hat
Wetten, daß ich dann aber bestimmt habe, wo und wie weit
Wetten, daß du bloß drauf wartest, daß er's dir mal richtig zeigt
Wetten: nicht vorm Abitur, keinen Tag vorm Abitur

Schön, ich hatte mich in den Akkordeonspieler vergafft und wartete, jeden Tanz abschlagend, bis die Musik endlich zusammenpackte. Dann begleitete ich Hannes untergehakt nach Hause, und nach dem dritten, vierten, fünften Kuß sollte er verschwinden, ohne mir ein Haar zu krümmen. Aber das hatte er nicht mal vor. Wir wollten uns nur noch nicht trennen, obwohl wir sterbensmüde waren. Deshalb ging ich mit ihm ins Haus, rein ins Wohnzimmer. Wir legten uns angezogen nebeneinander aufs Sofa und schliefen ein. Gegen drei Uhr morgens schlich ich aus dem Haus und rüber in den Gasthof und krabbelte auf mein Strohlager.
Spätnachmittags arbeitete Hannes auf den Feldern seines Vaters, tagsüber ging er nach Königsee und schuftete in einer Töpferei, die auch Lockeier herstellte. Ich ging ihm entgegen um die Zeit, zu der er nach Hause kommen mußte.
Nach den Ferien schrieb er mir wöchentlich Briefe ins Internat, die ich versteckte, weil kein Wort richtig geschrieben war. Er bat mich um Schlagertexte und Noten aus dem Westen, und die habe ich besorgt, bin einfach rübergefahren nach Westberlin, obwohl ich deswegen aus der Schule hätte fliegen können.
So weit ging meine Liebe nun wieder.

Und in jenem Sommer in Thüringen hat Hawelka mit meiner Freundin Ellen eine Liebe angefangen, ganz heimlich. Aber was läßt sich schon verheimlichen, wenn alle Mädchen in demselben Saal auf Stroh liegen Und was läßt sich schon verheimlichen, wenn im September die Schule wieder anfängt und alle in demselben Internat wohnen. Und in jenem Sommer in Thüringen im Dorfgasthof saßen die Lehrer um einen großen runden Tisch und tranken und vergossen Bier, und Hawelka pfefferte sein Parteibuch auf den Tisch und wollte nicht mehr mitmachen, und das Parteibuch schwamm in Bier. Hawelka hatte den Neuen Kurs und den 17. Juni noch nicht verarbeitet.

Und nach jenem Sommer in Thüringen wurde Hawelka zur Kreis-, später zur Bezirksleitung gerufen und mußte Selbstkritik üben wegen »Weibergeschichten«.

Und nach jenem Sommer in Thüringen mußte Hawelka die Kindergärtnerin heiraten, mit der er zur selben Zeit eine Liebe hatte wie mit Ellen.

Und in jenem Herbst hat Ellen Tag und Nacht geweint.

Und in Weimar auf Goethes Schreibtisch hat mir am meisten der Korb imponiert, in den Goethe sein Taschentuch legte.

Im Herbst begann wieder unsere militärische Ausbildung. Donnerstags kamen die GST-Kradfahrer von der Kreisleitung und brachten fünf Maschinen mit, Motorräder, richtiger: Krafträder, BMW 500 cm³.

Das Motorrad ist ein einspuriges, zweirädriges Fahrzeug, das durch den Anbau eines Seitenwagens zu einem zweispurigen, dreirädrigen Fahrzeug wird. Die GST-Kreisleitung verfügte auch über Krafträder mit Beiwagen, aber wir lernten auf den einspurigen, zweirädrigen Fahrzeugen, den 500er BMWs. Wir fuhren rund um den Sportplatz, und das Fahren war einfacher, als die schwere Maschine im Stehen zu halten oder mit den Händen an einen Zielort zu führen.

Die Hinterräder sind durch lange, die Vorderräder durch kurze Schwingen abgefedert. Die Vordergabel ist schwenkbar gelagert,

und es machte Spaß, auf der Aschenbahn des Sportplatzes die Kurven zu nehmen, indem wir unser Gewicht verlagerten und Lenkausschläge mit dem Vorderrad vornahmen. Dann aber wurden wir angewiesen, den Sportplatz zu verlassen und direkt in den Wald hineinzufahren, schmale, weiche, nasse Wege zu nehmen. Weit bin ich dabei nicht gekommen. Ein morscher, schon in Auflösung begriffener Baumstubben, in dessen nassen, aber zackigen, hochaufragenden, butterweichen Holzsplittern sich Wasser und Modder gesammelt hatten, wurde mir zum Verhängnis. Es gelang mir nicht, diesen phosphorisierenden schwammigen Klumpen zu umrunden. Ich fuhr einfach drüber weg, rutschte aus und lag mitsamt der Maschine einsam auf einem Waldweg, ein Bein festgeklemmt unter Tank und Motor, das andere freischwebend in der Luft.
Später bin ich noch mehrmals auf einer leichten Jawa gefahren, auch hier wieder stieß ich auf Holz. Ich verließ aus unerklärlichen Gründen den Fahrdamm, raste einen Bürgersteig entlang und ließ mich erst vor einer Toreinfahrt von drei Metern sauber gestapeltem Klafterholz bremsen.
Seitdem bin ich nicht mehr Motorrad gefahren.
Die Kader sind der Kommandostab der Partei.
Die Kader werden ausgewählt nach ihrer politischen Zuverlässigkeit und ihrer beruflichen Tüchtigkeit.
»In der praktischen Arbeit der Auswahl und Aufstellung von Kadern gehen die Parteiorganisationen von der Tatsache aus, daß die Auswahl von Kadern in Wirklichkeit bedeutet, sie zuerst nach politischen Erwägungen auszuwählen, nämlich, ob ein bestimmter Funktionär des politischen Vertrauens wert ist, und zweitens nach praktischen Erwägungen, ob er für eine bestimmte Aufgabe befähigt ist.«
Prawda, August 1953.

Mitten im Oktober bei Sonne, die den Dauerregen abgelöst hatte, klaubte ein Angler in einer Hecke am gegenüberliegenden Seeufer, unter den roten Beeren des Rotdorns und den roten Hagebutten Steine zusammen, um die Wasserratten zu vertreiben, die seine Schnur streiften und das Blei. Mitten im Oktober, als der Angler sich zurechtsetzte auf einem Stuhl aus Segeltuch und in aller Seelenruhe Haken auswarf, nachdem er die Ratten verjagt hatte, während er dasaß und dem schaukelnden Schwimmer nachsah, stieg etwas Zerfasertes, Zerfetztes, Großes, jedoch Unkenntliches an die Oberfläche. Das Wasser wölbte sich, und wo das Schilf aufhörte, war etwas aufgetaucht, was lange geruht und sich fast aufgelöst hatte. Der Angler mußte das aufgetriebene Wesen vom Grund gelockert, mußte es aufgestört haben mit seinen Steinwürfen, mit den schweren Klumpen, die ins Schilf eingebrochen waren. Etwas Längliches glitt vorüber, so daß er in die Luft ging, Rute und Hocker fahren ließ und ins Dorf stürzte. Keine Stunde später trugen sechs Männer auf drei Stangen unseren Kahn geschultert, trugen ihn zum Tor herein und setzten den Kahn auf dem Appellplatz nieder. Der verschwommene Rest eines Menschen hatte keinen Knüppel mehr in der Hand und kein Embryo mehr im Unterleib; das lange Wasser und seine Tiere hatten alles ausgeschwemmt, ausgekratzt. Trotzdem verging keine zweite Stunde, als schon der Zahnarzt, umringt von Feuerwehr und Polizei, die Ertrunkene als Ines bezeichnete und das verweste Mädchen zudecken ließ. Mitten im Oktober, als die Sonne gerade unterging, standen wir herum und sagten uns: Verbotene Liebe geht baden!
Der vollkommene Selbstmord scheiterte also am Zahnarzt.

»Es kann der Beste nicht in Frieden leben, wenn es dem bösen Nachbarn nicht gefällt. Und wenn die amerikanischen, eng-

lischen, französischen und anderen Spionagezentralen ihre Banditen in das Gebiet der DDR schicken, um dort Sabotageakte durchzuführen und dann die Frage stellen: Was verstehen wir unter ›Agenten‹?, so sage ich, unter Agenten verstehen wir die Beauftragten dieser westlichen imperialistischen ... Wir werden diese Agenten, wenn sie auf dem Boden der DDR ihr Werk durchführen, unbarmherzig vernichten.«
Walter Ulbricht, Was sind Agenten?

Was ich an mir festgestellt habe, nach all der Geheimniskrämerei um mich herum, Concordia, ist Folgendes.
Ich tue nicht, was man von mir verlangt, ich denke nicht, was man von mir verlangt, ich sage nicht, was man von mir verlangt. Selbst was ich einsehe, sehe ich oft nicht ein. Und deswegen fühle ich mich dauernd irgendwie belastet. Hinzu kommt: ich erkläre mich nicht, ich wehre mich nicht. Ich mache, was ich will, aber nicht offen. Ich gehe diesen oder jenen Weg in meinem Kopf, auch in Wirklichkeit, doch ohne eine Begründung abzugeben. Das ist der zweite Grund, weshalb ich mich so unwohl fühle, als würde ich täglich straffällig, mich täglich schuldig machen.
Wie oft habe ich mir vorgenommen, Disziplin zu halten, meine Aufgaben zu erfüllen. Sofort packt mich eine schreckliche Lähmung. Es sind nicht die vielen Verbote, nicht die Anforderungen, Pflichten, an denen ich scheitere. Ich falle über meine Gedanken, die ich nicht zu äußern wage. Ich falle über Wünsche, die ich mir sofort erfüllen möchte. Ich falle über die Ansprüche, die ich an mich selber stelle.
Viele meiner Kameraden widersprechen öfter als ich, und zwar ziemlich laut. Wenn ich was sage, platzt gleich eine Bombe. Also kann es nicht an den Regeln des Kollektivs liegen. Ich muß bei mir selber suchen. Aber was? Wonach soll ich suchen?

Wenn mich niemand mehr nach meinen Gedanken fragen würde, wär ich schon ein Stück weiter. Und die Begründungen, Erklärungen! Manches, was ich unternehme, hat vielleicht keinen besonderen Grund, oder ich kann die Ursache gar nicht beschreiben.

Im Jahr 1953 sind 331 390 Personen aus der DDR nach Westdeutschland geflohen.

Natürlich sind längst nicht alle Agenten, Spione, Diversanten ans Tageslicht gekommen. Den Staatsorganen gelang es aber, allein in den Monaten September und Oktober 1953 in Magdeburg, Zwickau, Karl-Marx-Stadt, Leipzig, Cottbus, Halle, an der Stalinallee, in den Leunawerken, kurz und gut, an allen Ecken und Enden unserer Republik drei Leute zum Tode und neun zu lebenslänglichem Zuchthaus zu verurteilen. Die restlichen Urteile lagen zwischen acht und fünfzehn Jahren. Tausende wurden verhaftet, und der Staatssekretär für Staatssicherheit, Genosse Ernst Wollweber, forderte uns dringend auf, alle verdächtigen Elemente zu melden.
Mir waren noch nie Elemente in Menschengestalt begegnet. Auch hatten sich die Spione fast alle als Arbeiter verkleidet, und wir lebten in einem Schülerinternat.

»Wir hatten niemals die Absicht, einen solchen falschen Kurs einzuschlagen.
Manche von euch werden sich wundern, daß ich die Bezeichnung ›Neuer Kurs‹ nicht gebraucht habe. Das Bemerkenswerte eines solchen Kurses wäre nicht, daß er neu ist, sondern, daß er falsch ist. Und ich kann nicht umhin, den Leuten, die solchen Vorstellungen nachhängen, einen Zahn zu ziehen.«
Walter Ulbricht über den »Neuen Kurs«.

Mutter Partei
und Vater Staat
sind meine Eltern
ich lebe
im Matriarchat.

Vater Staat
und Mutter Partei
ich feier mit ihnen
Geburtstag
am Ersten Mai.

Mutter Partei
und Vater Staat
sind beide totgefroren
und ich bin
ihre taube Saat.

Entschuldige, daß ich Euch vor Weihnachten nicht mehr besucht und Dir auch nicht geschrieben habe, Concordia, das hole ich jetzt nach.
Ich bin Hals über Kopf nach Thüringen gefahren, zu der Familie, die im Sommer so freundlich zu uns war, als die ganze Schule hier im Dorf im Gasthof untergebracht war. Meine Freundin und ich sind damals von dieser Familie eingeladen worden, deswegen haben wir ihnen auch Briefe geschrieben, und nun meinten sie, wir sollten Weihnachten einfach herkommen und das Fest mit ihnen zusammen feiern. Meine Freundin mußte zu ihrer Großmutter, aber ich habe mich auf den Weg gemacht und wurde hier empfangen und bemuttert, als sei es meine eigene Familie.
Ich schlafe zwischen zwei dicken Federbetten und kriege abends

Wärmflaschen reingelegt. So viel, wie es zu essen gibt, Bleche voller Kuchen und Braten, habe ich noch nirgends auf einem Haufen gesehen. Draußen liegt hoher Schnee, und nachts höre ich die Zweige unter der Last abbrechen. Es knistert und knirscht im Wald, als würden die Bäume der Länge nach durchreißen.
Jetzt bin ich den fünften Tag im Dorf, und es geht etwas in mir vor, was ich nicht verstehe. Ich bleibe lange im Bett, habe keine Lust mehr, die Kammer zu verlassen, vermeide die Menschen, möchte niemanden sehen, mit niemandem reden. Ich habe Angst vor den Leuten, vor allem, was sie tun, rundherum Angst. Warum? Warum ist das so?
Zwischendurch habe ich den Wunsch hierzubleiben, genau so zu leben wie die Bauern dieses Dorfes, zu ihnen zu gehören, derartig dazuzugehören, als sei ich hier geboren. Dabei weiß ich, daß ich das gar nicht aushalten würde. Und ich fühle mich ihnen auch nicht verwandt. Vielleicht beneide ich sie um die Einfachheit ihres Alltags. Das Tal, die Felder, deren Bewirtschaftung, die Fabrik im nächsten Dorf, der Tanzabend am Sonnabend, die Feste – alles ist so klar und übersichtlich. Nein, nicht für alle. Ich habe mit Leuten gesprochen, die wollen unbedingt weg, was sehen, was erleben.
Daß ich mich im Augenblick abschließe, hängt vielleicht damit zusammen, daß ich ganz andere Meinungen vertrete und die Leute böse werden, wenn ich sie äußere. Immer und überall stoße ich auf den Umstand, nicht offen sagen zu können, was ich denke. Auch was ich wirklich besser weiß, macht sie zornig und mißtrauisch, als würde ich sie angreifen.
Aus diesem und den umliegenden Dörfern sind gleich nach 45 viele Männer zusammengezogen worden, nur solche, die in der NSDAP waren. Sie mußten in Buchenwald Leichen bergen und verbrennen, Massengräber öffnen und alles in Ordnung bringen.

Bei dieser Arbeit sind eine Menge durch Hunger und Krankheit umgekommen. Darüber sind die Leute dermaßen empört, daß überhaupt nicht mit ihnen zu reden ist. Ich wollte ihnen erklären, was in Buchenwald geschehen ist und daß sie schließlich mitschuldig seien. Wer sonst sollte denn die Opfer beerdigen? Sollten sie ewig liegenbleiben, bis Pest und Cholera ausbrechen würden?
Daraufhin sind sie mit solcher Feindseligkeit über mich hergefallen, daß ich gesagt habe: Jaja, und: Stimmt schon, und: Ihr habt ja recht.
Wieder den Mund halten, sich bezähmen, sich verstellen, immer wieder zuhören, schweigen, nicken. Selbst in friedlicher Einsamkeit. Liegt es an mir? Wie soll ich mich verhalten? Warum macht es mir so viel aus?

und hat ihn gefressen
– mundlos

Sprung vorwärts!
Links zwo, drei vier!
Stillgestanden!
Rührt euch!
Rechts um!
Links um!
Augen rechts!
Die Augen links!
Im Gleichschritt marsch!
Ohne Tritt marsch!
Links schwenkt marsch!
Geradeaus!
Rechts schwenkt marsch!
Geradeaus!
Abteilung kehrt!
Im Laufschritt marsch!
Ein Lied!
Und stillgestanden, rechts um, rührt euch, Reihen auseinanderziehen, weit auseinander, zweite Reihe vortreten, dritte Reihe vortreten, ausrichten, Kette ohne Tritt marsch, im Laufschritt marsch, auseinanderziehen, Sprung vorwärts
sich hinwerfen, geplant fallen lassen, nicht plumpsen, die linke Hand hält das Gewehr, rutschen, gleiten, der rechte Unterarm fängt den Körper ab, stützt ihn, langsam sich vorwärts schieben, Hintern runter, den Hintern nicht in die Luft strecken, nicht auf den Knien staken, kriechen, kriechen, robben
hinsinken, nicht stürzen, platt, bäuchlings, Beine leicht spreizen, ein Bein anwinkeln, auf dem Boden lassen, sich vorwärts schieben auf Wade, Innenseite des Knies, Innenseite des Schenkels, sich vorsichtig abstoßen mit der Innenseite des Fußes, das andere Bein bleibt gestreckt, wird locker nachgezogen, Kopf

runter, nach vorne sehen, zur Seite, aber Kopf runter, robben, robben unter Latten durch, unter flachen Drahtverhauen, robben
die Enteignung, die Verstaatlichung unserer Körper, Exerzitien, Exerzieren, disziplinierte Bewegungen, Handlungen, Empfindungen, wirkungsvoll erst durch unsere Einsicht, notgedrungen automatisiert, disponiert, effektiv sprungbereit und auf dem Sprung, springen, fallen, das Absolute gibt es nicht, sagt Paruch, vielleicht den absoluten Selbstzweck, freiwillig, frei und willig, frei von Willen, die Machenschaften gerne mitmachen, sich unterwerfen macht glücklich, und Glück macht stolz, sich freiwillig der Disziplin unterwerfen, überlegen der feindlichen Umwelt, der kapitalistischen Umkreisung überlegen sein, und der Belanglosigkeit der Geschichte gegenüber, keine Geschichten, raus aus dem Glied, der einzelne ist rein gar nichts, zwei sind ein Paar, dafür haben wir später noch Zeit, drei sind bei Ausnahmezustand das Höchstmaß
der Sprung vorwärts war ein Fall.

Im Januar 1954 nahmen wir an einer Winterparade in Strausberg teil. Wir gerieten in Tauwetter, wir marschierten im Stechschritt durch die Straßen, der Modder spritzte. Aber das Marschieren machte mir wenig aus, mein Körper gehorchte dem Block und den Schrittbefehlen. Es waren die Augen. Ich blieb mit den Augen am Nacken meines Vordermannes hängen und ekelte mich und befürchtete, der hinter mir ginge würde sich ebenso ekeln. Ich fühlte meinen Hals und den Rücken demselben Haß ausgeliefert, den ich bei der Betrachtung meines Vordermannes empfand. Dann schlugen meine Empfindungen in eine maßlose Wut um.
Genug getrampelt und gerobbt und Geländeübungen und Ge-

wehr angelegt. Genug Spähtrupps gebildet, Handgranaten geworfen, auf Schwebebalken balanciert, Hunde- und Motorradstaffeln angeheizt, genug geübt und Grundausbildung und auf und nieder und über Bäche gesprungen, genug Appelle und Nachtwachen und Blinder Alarm, genug geschossen, geschossen, geschossen, geschossen.
Ich wollte jetzt sofort, in diesem Augenblick, und zwar gleich den Feind vors Gesicht kriegen, und wenn wir nur mit unseren schön geschulterten Kleinkaliber-Gewehren auf ihn hätten einschlagen können. Nur kommen sollte er endlich, der Feind, auf den wir dermaßen lange und gründlich vorbereitet worden waren, daß er längst hätte da sein müssen. Nur nicht länger üben, proben, lernen, trainieren, vorführen, darstellen. Wenn es ihn wirklich gab, den Feind, sollte er kommen, höchste Eisenbahn, oder sie sollten uns auf ihn loslassen: denn wohin mit unserer Kraft, unserem Können, unseren Erfolgen als Scharfschützen und Weitwerfer.
Ich marschierte mit geschlossenen Augen und beruhigte mich langsam und begriff, daß das Ziel unserer Anstrengungen woanders lag. Während meine Beine weiter gestreckt in die Höhe schwangen, machte ich im Kopf Schluß mit der ewigen Generalprobe. Das Stück stand schon lange auf dem Plan. Wir spielten nur für uns selber, und die dauernde Bereitschaft, aus den Federn zu springen und anzutreten, gehörte dazu.

Ich werde noch schweigen lernen
ich werde noch begraben
ich werde den Mund noch voll nehmen
mit Sand.

Paruch hatte eine Angel ins Klassenzimmer geworfen und zog.
Wir zappelten, sträubten uns, wir lehnten uns auf.
Paruch fing ganz harmlos an. Er klirrte mit seinem Schlüsselbund, schmiß ihn hin, schob das Klassenbuch beiseite und stemmte die großen Hände auf den Tisch. Paruch, achtundzwanzig Jahre alt, Junglehrer für Geschichte, sah uns der Reihe nach an und fragte.
Der Herrschaftsvertrag! Was ist das?
Der zweistufige Staatsvertrag! Was ist das?
Lex regia! Was ist das?
Der Unterwerfungsvertrag! Was ist das?
Das wußten wir alles nicht.
Anfangs, sagte Paruch, ist unter Vertrag keine übereinstimmende Willenserklärung zu verstehen, sondern einfaches Sich-Vertragen. Die Gemeinschaft delegiert die Macht an befugte Einzelpersonen oder an einen Rat, doch sie kann das Mandat entziehen und tut es auch, wenn der Geduldsfaden reißt. Wir haben es also, sagte Paruch, mit tonangebenden Herrschaften einerseits und Schutzbefohlenen andererseits zu tun. Die einen vertreten die Interessen der anderen, die anderen unterwerfen sich der anerkannten Macht.
Das hört sich aber an wie ein Spruch von Concordia: Jedes Volk hat die Regierung, die es verdient.
Herrschaft wird also auf Abruf erteilt, Zurücknahme ist möglich – bei Vertragsbruch. Das römische Volk zum Beispiel übertrug den Cäsaren die Macht, und zwar freiwillig.
Nana.
Verträge sind lösbar, sie beschreiben eine freie Unterwerfung der Gesamtheit. Bei den Römern wurde die sogenannte »translatio imperii« mal als unwiderrufliche Veräußerung angesehen, lieber aber noch als abrufbare Einräumung von Gebrauch und Verwal-

tung. Das letztere ist der »Zweistufige Staatsvertrag«, inklusive Palastrevolte und Tyrannenmord.

Kurz vor dem Dreißigjährigen Krieg schrieb Johannes Althusius: »Die oberste Behörde hat so viel Rechtsmacht, wie ihr von den Körperschaften des Gemeinwesens ausdrücklich eingeräumt ist; und was ihr nicht gegeben ist, davon muß man sagen, es sei beim Volk oder bei der Gesamtgemeinschaft verblieben. Dies folgt aus der Natur des eingegangenen Auftragsverhältnisses.«
Von Klassenkämpfen natürlich keine Spur.
Aber ZdZ.
Und was ist das?
Zeitalter der Zitate.
Dieser Gesellschaftsvertrag kommt mir vor wie die Unbefleckte Empfängnis Mariä!
Und Samuel Pufendorf, sagte Paruch, schrieb Ende des 17. Jahrhunderts das Folgende: »Die Leute also, die irgendeinem eine Herrschaft übertragen, fordern für sich, sowie sie ihrerseits versprechen, was in der Natur dieser Unterwerfung liegt, daß sie ihrerseits von ihm versehen werden in allen Angelegenheiten, deretwegen die Staatsherrschaft aufgerichtet wird. Und was ist das Anderes, als einen Vertrag eingehen?«
Und weiter: »Der Befehlende kann nicht der Vertragsverletzung beschuldigt werden, außer er hat sich aller Fürsorge für den Staat entschlagen, oder er hat den Charakter des Feindes gegen alle seine Untertanen angenommen, oder er ist böswillig – dann ist er besser für irgendeinen anderen Beruf geeignet als zur Herrschaft –«
Ab in die Produktion!
Warum wird Arbeit immer noch als Strafe verhängt?
Dann zog Paruch das 18. Jahrhundert, und zwar einen Christian

Wolffen aus dem Ärmel: »Wollte aber die Obrigkeit etwas befehlen, da wir Unrecht thun müssen, als zum Beispiel einen unschuldigen Menschen totschlagen; so muß man alsdenn allerdings seinen Gehorsam verweigern.«
Lassen wir uns nun ködern oder nicht?
Paruch schwenkte um zu Hobbes und Hegel. Hobbes sei für die absolute Gewalt des Staates eingetreten; sein Leviathan, der, stark beschildert, alles verachtet, sei ein riesiger Menschenleib. Laut Pufendorf habe Hobbes eine Abmachung zwischen König und Untertanen bestritten und so den letzteren den Vorwand zur Rebellion genommen: kein Treuebund auf Gegenseitigkeit, kein König mehr unter Kontrolle, kein Untertan vom Gehorsam entbunden, aufsässigen Bürgern wird bei ihm das Recht abgesprochen, die Macht des Königs anzutasten. Der Staat seien alle, ein Organismus. Der Kopf sei König, der König sei Kopf – Teil des Ganzen, aber den ganzen Körper beherrschend.
Das muß Hegel gefallen haben.
Im Staate gehe die Pflicht vor Recht; in einem Vertrag, der die Unabhängigkeit zweier Partner voraussetzt, gehe Recht vor Pflichten.
So nicht.
Hegel sagt uns wenig zu.
Der Staat muß sein, vernünftige Bestimmung, absolut notwendig, die Unterwerfung bleibt, das versteht sich von selber, zu Nutz und Frommen aller. In den Willen von Vertragspartnern schließt Hegel Willkür ein, und mit Willkür sei kein Staat zu machen. Der Vertrag ist flöten samt seiner Möglichkeiten.
Mit einemmal träumen wir ihm nach.
Am Ende zitierte Paruch nochmal Christian Wolffen, der einen traurigen Ausweg zeigt: »Wenn die Obrigkeit befiehle, entweder wider unser Gewissen eine irrige Religion anzunehmen, oder aus

dem Lande zu gehen: so würden wir uns mehr schaden, wenn wir uns mit einem schweren Gewissen beständig plagen sollen und also auf immer unglückselig machen, als wenn wir unser Glück an einem fremden Orte suchten, wo wir es vielleicht noch besser finden können, als an dem Orte, den wir verlassen müssen.«
So einfach.
Einfach so.

Nachmittags kam Berta mit einem Riesentextil an und bügelte Paruch die Hosen.
Paß auf, gleich haste ihm die Kniescheibe verbrannt.
Willst du es machen?
Icke? Zwei Hafersäcke in Bügelfalten legen?
Scheint dich aber zu beschäftigen, Paruchs Hose.
Na, ick würde mich schäm', meine Nase zwischen diese Hinterbacken zu stecken und son ausjebeultes Kammgarngelumpe noch unter Dampf zu setzen.
Haltn Mund, du bist ja bloß eifersüchtig.
Aufs Hosenplätten? Vertragslose Unterwerfung nenn ick det.
Denn wat hastn davon? Denkste, der kann dich deswegen besser leiden?
Dafür tu ichs nicht. Ich machs überhaupt nicht aus Berechnung.
So doof möcht ick nich sein. Für nischt.

Du predigst mir, Concordia, Beherrschung, eigentlich Selbstbeherrschung. Und an der Schule predigen sie uns »Erziehung der Gefühle«, eigentlich Selbsterziehung der Gefühle.
Ist es nun Schwäche oder Bequemlichkeit, daß ich nicht herrschen oder beherrschen will, auch mich selber nicht?
Wenn ich mich eine Weile beherrscht habe, platze ich mit einemmal und stoße alles aus, was sich in mir angesammelt hat.

Willensschwäche? Warum immer nur Schwäche? Ich finde es eher stark, von Zeit zu Zeit zu sprengen, was mich einengt und beklemmt. Du wirst wie immer sagen: Maß halten. Du wirst wie immer sagen, die Maßlosigkeit sei von Übel. Weißt du, bis jetzt habe ich noch keine Waage gefunden, um messen zu lernen.
Wenn ich von dir träume, Concordia, stehst du meistens, das halbe Haus im Rücken, auf dem gepflasterten Vorplatz, und ich bin im Garten. Du überragst mich doch sowieso schon, und dann träume ich dich noch um zwei Stufen höher.

Es gab nur eine revolutionäre Partei. Die anderen betrachteten wir als organisierte Anhängsel, Netze, Auffangbecken. Jede Partei hatte ihre Schulen; die Parteihochschule der NDPD ließ sich in demselben Dorf nieder, in dem sich unser Internat befand. Die Parteihochschüler der Nationaldemokratischen Partei Deutschlands waren in unseren Augen frühere Soldaten und Offiziere, Angehörige der Wehrmacht, denen, mühsam umerzogen in Antifa-Schulen, Deutschland am Herzen lag.
Lag uns Deutschland nicht genauso am Herzen? Die sollen ruhig sein, sollen nachdenken und arbeiten.
Wir hatten schnell ein Urteil gefällt. Die waren nicht revolutionär, nur diszipliniert. Wir waren beides, und wir verachteten sie.
Manchmal gingen wir geschlossen rüber in ihre Schule, wenn ein Vortrag gehalten wurde. Einmal wollten sie ein Fest feiern und forderten fünfzig Mädchen bei uns an.
Soll ich sie aufstellen, und ihr sucht euch die fünfzig Schönsten raus? fragte Hawelka. In unserem Gelächter ging das Fest unter, ehe es angefangen hatte.

Die Russen können machen, was sie wollen, können anbieten

und versprechen und verhandeln, so viel sie wollen: Amerika macht nicht mit. Amerika rüstet auf, rüstet Westeuropa auf. Und Deutschland? Hat nichts zu melden.
Amerikanische Atomkanonen fahren durch hessische Dörfer, werden stationiert, wo Amerika will. Überall Atomkanonen, die in Westdeutschland keiner will. Die Friedensbewegung ist so gut wie machtlos. Atomkanonen und Angst, so sieht das 1954 aus. Deutschland will keinen Krieg, die DDR will keinen Krieg, Westdeutschland will keinen Krieg, die Sowjetunion will keinen Krieg, und das wissen die Amerikaner auch ganz genau. In Europa wollen wir keinen Krieg, aber überall in Westdeutschland: Atomkanonen.

Im März 1954 fand auf Bikini die erste H-Bombenexplosion statt. Durch vergiftete Thunfischer ist »Bikini« in unseren aktiven Wortschatz geraten.

Schanzen, büffeln, pauken, ochsen im Mai. Wir froren bei Wärme, und unser Schweiß mischte sich mit dem Regen im Juni: der letzte Sommer zwischen diesen Gärten, Hügeln, Seen, Terrassen. Wir spielten auf dem Schulhof mit Murmeln und spielten Himmel und Hölle und Verstecken. Die neunten Klassen gingen gemessen und untergehakt an uns vorüber, rümpften die Nasen, zogen mit Verachtung über uns her. Wir piepsten und gurrten. Unser Gelächter ging manchmal in Weinkrämpfe über. Kaum einer aß noch sein Essen auf.
Die Jungs ertrugen die Anspannung leichter. Entweder sie übten Selbstbeherrschung oder waren einfach vernünftiger, ruhiger, lässiger. Sie schienen weniger Angst vor den Prüfungen zu haben. Jedenfalls lagen ihre Nachtschränke nicht voll Koffeintabletten wie bei uns.

Susanne, die ein Jahr vor uns Abitur gemacht hatte, arbeitete in Müncheberg in einer Apotheke. Bei ihr holten wir uns das Koffein: kleinfingerlange Röhrchen, hauchdünnes Glas, die Tabletten zierlich wie Dillsamen.

»Zum Zwecke der Gewährleistung der Gewissensfreiheit für die Bürger sind in der UdSSR die Kirche vom Staat und die Schule von der Kirche getrennt.
In Übereinstimmung mit den Interessen der Werktätigen und zum Zwecke der Festigung des sozialistischen Systems werden den Bürgern der UdSSR durch Gesetz garantiert –
a) die Redefreiheit,
b) die Pressefreiheit,
c) die Meetings- und Versammlungsfreiheit,
d) die Freiheit von Straßenumzügen und Kundgebungen.«
Artikel 124 und 125 der Stalinschen Verfassung

Irene flocht ihre langen Haare, legte sich mit Zöpfen ins Bett, stand auf und legte sich mit denselben alten Zöpfen wieder hin. Berta roch aus dem Mund. Ellen hatte einen dreckigen Hals. Ich kämmte mich auch nicht mehr und lief nur noch im Nachthemd herum. Irgendwann irgendwo schliefen wir ein, an Tischen über Büchern, im Wald über Büchern, am Seeufer über Büchern. Wer in der Sonne lag, wurde ins Haus geholt, damit ihn kein Sonnenstich erwischte.

Laß mich mal in Ruhe mit Medaillen und Hammerwerfen und Wettlaufen. Willst du so aussehen, wie Emil Zatopek aussieht, wenn er rennt? Na danke. Und seine Frau dasselbe. Die beiden möchte ich nicht in ihrer Wohnung sehen: dauernd auf Achse, und immer rund um den Eßtisch. Berühmt sein stelle ich mir anders vor. Nachdenken oder etwas erfinden oder erforschen, Expeditionen, oder sich einfallen lassen, wie wir später leben werden.

»Die Deputierten zu allen Sowjets werden in direkter Wahl gewählt.
Die Abstimmung bei den Wahlen der Deputierten ist geheim.
Die Aufstellung der Kandidaten für die Wahlen erfolgt nach Wahlbezirken. Das Recht, Kandidaten aufzustellen, wird den gesellschaftlichen Organisationen und den Vereinigungen der Werktätigen gewährleistet: den kommunistischen Parteiorganisationen, den Gewerkschaften, Genossenschaften, Jugendorganisationen, Kulturvereinigungen.«
Artikel 139–141 der Stalinschen Verfassung

Schwester Lydia setzte uns dauernd Kamillentee vor. Paruch trank mehr als sonst. Und wir hielten uns nächtelang wach und frischten auf und riefen ins Gedächtnis und schlugen nochmal nach und prägten uns ein und lernten auswendig und fragten einander ab.
Eines Tages, wir saßen in Haus drei beim Essen, stürmten die Jungs unsere Nachtschränke und warfen alle Koffeintabletten weg. Als unsere Wut sich gelegt hatte, beruhigten wir uns nur wenig.

Grundzüge des philosophischen Materialismus
»1. Die Welt ist ihrer Natur nach materiell.
2. Die Materie ist primär. Das Sein bestimmt das Bewußtsein.
3. Die Welt und ihre Gesetzmäßigkeiten sind erkennbar.«

Laurids ist da: derselbe Laurids, dessen Eltern in Karlshorst in einem abgeschirmten Viertel wohnen, wo sie in Extraläden Westwaren einkaufen können – Geht 'ne Westuhr nun schneller? Nein, länger – derselbe Laurids, der bis vor einem Jahr unseren Chor dirigiert hat mit töricht betörendem Lächeln, das sich auf uns übertrug. Was Hingabe und Stimmung betraf, besiegten wir bei Wettbewerben jedes andere Ensemble, derselbe Laurids, den seine Mitschülerinnen in den Springbrunnen von Haus sechs warfen, weil er sich an einem Abend mit drei verschiedenen Mädchen verabredet hatte, derselbe Laurids, der nur eine halbe Lunge hat, besucht uns, wird umringt, schickt Liesa auf die Suche nach Berta und mir und bittet uns allen Ernstes, runter zum See zu kommen. Er treffe uns dort beim Kahn, gleich sofort. Der fliegt wieder ins Wasser, wenn er schmusen will.

Doch nicht mit uns zwei Nebelkrähen.

Wir stehen neben dem Kahn, den Ines gefürchtet und als Sarg bezeichnet hat. Wir warten; Bertas dicke Augengläser blitzen und sehen aus wie nach einem Steinwurf die Ringe im See. Wir warten, ich, Kandidatin, Vortrupp, künftiger Kommandostab, zweifelnd an meiner Vervollkommnung, aber besessen von Campanella und Kommunismus, und Berta, die Tomaten nicht von Erbsen unterscheiden kann, weil sie in sphärischer Trigonometrie denkt.

Dann sehen wir Laurids durchs Gestrüpp kommen. Ohne Einleitung legt er los.

Hört zu, ihr wollt Abitur machen, das heißt, ihr müßt. Von eurem Willen hängt es jetzt nicht mehr ab, dazu ist es zu spät.

So dumm wird auch keiner sein, vier Wochen vorher noch abzuspringen. Und nächste Woche ist Zensurenkonferenz, und ihr wißt auch, worums geht: die Lehrer hocken zusammen, besprechen Vorzensuren, machen eine Liste.

Wozu sind die Vorzensuren wichtig? Sie entscheiden nicht nur darüber, in welchen Fächern sich der und jener besonders vorbereiten muß, wenn er was retten will. Sie sagen auch aus, wer in einem Fach als Vorzensur eine Eins hat, und der kann es sich leisten, relativ leichten Herzens in die schriftliche Prüfung zu gehen. Wenn er die nicht ganz und gar verhaut, kommt er in dem Fach nicht mündlich dran. Also kann er seine Kräfte auf ein anderes Fach konzentrieren, sich einigermaßen dem Gebiet widmen, in dem er nicht gut Bescheid weiß.
Wer seine Vorzensuren kennt, verzettelt seine Kräfte nicht. Das ist wichtig. Nicht umsonst steht diese Zensurenkonferenz unter allerstrengster Geheimhaltung, und was ich euch jetzt erkläre, wird genauso geheim behandelt.
Kein Wort, auch wenn ihr nicht macht, was wir vor euch getan haben und andere vor uns. Wenn ihr uns verratet, ist unser Abitur ungültig, das Abitur zweier oder dreier Schulabgängerklassen einfach ungültig. Die jagen uns von den Hochschulen und aus der Universität.
Also, folgendes: überm Lehrerzimmer in Haus zwei, auf dem Dachboden, genau überm Konferenztisch ist eine Diele locker. Ihr werdet sie nicht gleich erkennen, aber einer von euch geht morgen schon mal rauf und sieht nach. Nichts verändern, keinen Staub wegwischen! Es ist keine ganze Diele, ein Stück Brett nur, unter dem Brett fehlt die Füllung, der ganze Dreck, Stroh, Mörtel, alles rausgekratzt. Einer legt sich also flach auf den Boden, schiebt den Kopf so weit wie möglich in die Aushöhlung, vollkommen lautlos natürlich, kein Hauch, ausatmen könnt ihr danach. Er legt das Ohr auf die untere Bretterlage, die Hand liegt auf der oberen Lage, demnach auf dem normalen Fußboden. Ein anderer geht mit rauf, es dürfen nicht mehr als zwei dort oben rumkrauchen, hält Papier und Bleistift, da-

mit er aufschreiben kann, was ihr hört. Sie machen unten eine Pause zwischendurch, dann müßt ihr euch abwechseln. Das Ganze kann vier bis fünf Stunden dauern, geht vorher auf die Toilette.
Ich habe hier einen Zettel für euch mit der Reihenfolge der Fächer: Deutsch, Geschichte, Gegenwartskunde. Hoffentlich hat sich daran nichts geändert. Am besten wäre, ihr beide entschließt euch für den Dachboden und sagt den andern erst gar nicht, wie ihr an die Vorzensuren rangekommen seid. Noch was: gebt jedem nur seine eigenen Vorzensuren bekannt. Eure Liste müßt ihr noch am selben Tag verbrennen.
Das Loch befindet sich Richtung Bodenluke, also vom Lehrerzimmer aus gesehen am Ende des langen Tisches, nicht an der Fensterseite. Hinterlaßt auf dem Boden alles genauso, wie ihr es vorfindet. Und einer von euch übernimmt die Aufgabe, nächstes Jahr der Abiturklasse Bescheid zu sagen.

Berta und ich haben geschlagene vier Stunden auf dem Dachboden von Haus zwei gekauert und die ganze Zensuren-, Prüfungs-, Abiturvorbereitungskonferenz abgehört. Wir haben jede Einschätzung, Beurteilung und Vorzensur mitgeschrieben. Während die Lehrer eine Kaffeepause einlegten, vervollständigten wir unsere Aufzeichnungen. Eine von uns lauschte und wiederholte flüsternd, was sie unten hörte, die andere schrieb auf. Wir lösten einander mehrmals ab. Wir leisteten Schwerarbeit.

Charakter einer Gesellschaftsordnung:
»1. Die Produktionsverhältnisse analysieren!
2. Erste Besonderheit der Produktion: die Produktionsweise verändert sich.
3. Zweite Besonderheit der Produktion: die Entwicklung wird

stets gekennzeichnet durch die Veränderung der Produktivkräfte.
4. Dritte Besonderheit der Produktion: neue Produktivkräfte entstehen immer im Schoße der alten Produktionsverhältnisse.«

Während der schriftlichen Prüfungen, die sich über eine Woche hinzogen, hörten unsere Nervenzusammenbrüche ganz auf: keine Zeit, keine Zeit. Wer sich zerstritten hatte, hielt endlich zusammen; allerengste Freundinnen dagegen redeten nicht mehr miteinander. Eltern, Verwandte waren nicht länger gefragt. Liebesbriefe fanden keine Boten mehr. Schwester Lydia verschonte uns mit ihren zweideutigen Späßen und verteilte Baldriantropfen.
Nach der schriftlichen Prüfung ging die Paukerei weiter. Die Lehrer korrigierten die schriftlichen Arbeiten und setzten Zensuren, die uns verborgen bleiben sollten. Anhand dieser Zensuren wurden wir neu benotet. Jetzt erst einigten sich die Lehrer darüber, wer in welchem Fach noch mündlich geprüft werden mußte. Neue Vorzensuren wurden festgesetzt, und unsere Liste konnten wir wegwerfen.
Sich auf die mündlichen Prüfungen vorbereiten, hieß also für sechs Fächer lernen. Manche Schüler hatten durch die schriftliche Arbeit längst eine fertige Endnote; sie konnten ihre Kräfte auf vielleicht nur drei Fächer konzentrieren.
Wir mußten an die Ergebnisse der schriftlichen Arbeiten ran, wir wollten die neuen Vorzensuren wissen.
Fräulein Gerloff hatte mir drei Jahre zuvor, als ich sie oft besuchte, den Schlüssel zu ihrer Wohnung gegeben. Ich brachte ihr regelmäßig Heftstapel und anderes Material rauf und durfte mir, wann ich wollte, Bücher aus ihrem Arbeitszimmer holen. Später

hatten wir uns zerstritten, dann waren wir Schülerinnen jedes Jahr in ein anderes Haus gezogen, und ich hatte den Schlüssel verkramt. Nach fieberhafter Suche lag er wieder auf dem Tisch.
Welche Vögel lärmen um Mitternacht und wie?
Der Buchfink zum Beispiel: Titi teto toto totze.
Stimmt nicht. Der schlägt erst gegen zwei.
So lange können wir nicht warten.
Und die immer und ewige Nachtigall: Quorror tiu pipiqui?
Selber pipiqui.
Wir brauchen ein Zeichen, das Ellen an Berta und Berta an Irene weitergibt, wenn wir oben in Fräulein Gerloffs Wohnung sind.
Ihr habt mich gefragt.
Mal im Ernst jetzt.
Lü ly li le loi le: eine echte Nachtigallenstrophe, wobei die älteren Männchen entschieden besser singen als die jungen.
Für mich ist das Chinesisch. Wer solln das lernen?
Dann eben die Wachtel: Bückwerwück.
Ellen wischte sich mit dem Nachthemd Tränen aus den Augen.
Wir ziehen uns aus, fahren in unsere Badeanzüge, bleiben barfuß. Wenn wir die Gerloff unterwegs treffen, muß es so aussehen, als wollten wir nochmal schwimmen gehen. Handtuch mitnehmen.
Auf Deutsch: Bück den Rück, bück den Rück!
Lächerlich.
Wieso?
Wir einigten uns auf ein hochangesetztes »Bückdenrück«.

Am »Tag des Lehrers« war der ganze Pädagogische Rat in Buckow, trank und feierte und überschüttete sich selber mit Lobreden.
Wir zogen kurz vor Mitternacht los, zu viert, im Badeanzug,

Handtuch um den Hals, Strümpfe unterm Arm. Rechterhand lag in völliger Dunkelheit Haus fünf. Auch unterm Dach bei Fräulein Gerloff brannte kein Licht.

Wir hielten uns an der Hecke von Haus sechs und liefen dann zu Haus fünf rüber. Ellen ging ein Stück weiter und bewachte den Waldweg, der den Hügel hinabführte. Dort mußte die Gerloff vorbei, wenn sie früher als üblich nach Hause kommen sollte. Irene preßte meinen Arm. Ducken, Warten. Nichts. Kein bückdenrück.

Neben der Pforte wucherte eine Clematis. Ich riß aus Versehen ein paar Ranken ab. Im Haus rührte sich nichts.

Wir tasteten uns an den Zimmern im Parterre vorbei und die Treppe rauf. Dann wischten wir uns die Füße ab und zogen Strümpfe über. Oben unterm Dach suchte ich mit dem linken Daumen das Schlüsselloch zu Fräulein Gerloffs Zimmer. Langsam schob ich den Schlüssel rein. Er drehte sich leicht.

Irene zog die Vorhänge zu, stellte sich ans Fenster und blickte durch einen Spalt zu Berta hinunter. Ich knipste die Tischlampe an. Es roch nach der porösen Haut der Gerloff, nach ihren halbmondförmigen Schweißfängern.

Die Tabelle lag auf der Anrichte; es war eine Kleinigkeit, alles abzuschreiben.

Schlechtes Gewissen?

Nee.

Angst?

Wovor?

Daß es einer verrät.

Wer denn!

Das war unser zweiter Betrug.

Wer jetzt noch durchfällt, ist wirklich doof.

Mit der Abschrift der Tabelle gingen Ellen und ich auf Umwegen

nach Haus drei zu den Jungs unserer Klasse. Auch Paruch war noch nicht vom Lehrerfest zurück, aber in einem der Jungszimmer brannte noch Licht.
Als wir, unseren Zettel schwenkend, die Tür aufrissen, standen die Jungs in einem Kreis mitten im Raum, vom Bauchnabel abwärts nackt. An ihren steifen Pimmeln hingen beladene Kleiderbügel. Wer die meisten Hemden, Jackets, einen ganzen Anzug tragen konnte, sollte Sieger sein.
Sie brüllten und wollten uns wieder rausjagen, aber wir blieben im Zimmer. Die Jungs drängten sich in die Ecke, sie hielten jetzt die Kleiderbügel in der Hand, als käme eine ganze Brigade gerade von der Reinigung.
Sie zogen sich Hosen über, dann schnappten sie nach den Heftseiten, die wir in die Luft hielten, dann warfen sie uns auf die Betten, hielten uns fest und kitzelten uns ab.

Noch während der mündlichen Prüfungen erhielt ich einen Brief von der Fliegerschule in Laucha, ob ich nicht als Lehrerin für Marxismus-Leninismus bei ihnen anfangen wolle, aber ich hatte mich schon an der Universität Leipzig eingeschrieben.
Noch während der mündlichen Prüfungen erschien eine fünfköpfige Abordnung der KVP und warb bei den Jungs; einige verpflichteten sich zu zwölf Jahren Dienst.
Noch vor den Prüfungen bekam ich den Auftrag, die Rede zur Abschlußfeier zu halten, und entwarf eine flammende Selbstverpflichtung: wir würden unsere junge Republik mit der Waffe in der Hand und bis zum Äußersten verteidigen.
Ich hielt diese Rede, und nicht nur Fräulein Gerloff standen die Tränen in den Augen.
Der Abiturientenball fand in der Eberkehle statt. Ich hatte ein weinrotes Kleid mit Rüschen an, das Ellens Mutter mir genäht

hatte. Meine Turnschuhe waren frisch geweißt, und Egbert Paruch brachte mich nach Hause. Wir knutschten unterwegs; kurz vorm Internatsgelände trat er die Scheinwerfer eines Autos ein und war plötzlich unheimlich wütend.

Das Meer ist ein Auge
weit aufgerissen
mal tränt es
dann wieder Starre.
Je nach den Wolken
ist es vom grünen Star befallen oder vom grauen.
So viele Schlachten
so viel Blut ist hineingeflossen
Das Meer müßte öfters über die Ufer
getreten sein als es Springfluten gibt
aber das Wasser hat alles in Wasser verwandelt.
Da es die Farbe des Himmels annimmt
weiß keiner
wie das Meer aussieht.
Es spiegelt nur Farben
ein Auge das uns nicht ansieht
nicht reagiert auf unser Auge
wir sind ihm egal
nur daß seine Lider sich niemals schließen.
Schläft es mit offenem Auge?
Das Meer schläft nicht.
Nichts was zu mir paßt läßt sich
auf dieses ewige Auge anwenden.
Es macht mich böse
weil mir dem Wasser gegenüber nichts bleibt
als meine Hingabe zu verweigern.

Fertig mit der Schule und erstmal nach Thüringen zu meinem Akkordeonspieler, nach Schwarzbach, und mit ihm unter hohen Pappeln eine Chaussee entlang, immer weiter weg vom Dorf, über eine hölzerne Grabenbrücke, mitten durch Thüringen, Arm in Arm mit dem Bauernsohn, Akkordeonspieler und Eiergießer, stehenbleiben und sich küssen, und weiter die Chaussee entlang, und wieder stehenbleiben und sich anfassen, einander überall und alles anfassen, und weiter weg vom Dorf und auf ein nächstes zu und wieder stehenbleiben: irgendwie will ichs nun aber langsam hinter mir haben. Ich hab doch gesagt, nach dem Abitur, soll ich etwa als Jungfrau an die Universität gehen, und weiter die Chaussee entlang und wieder umdrehen in nördlicher Richtung, wenn wir immer so weitergehen würden, kämen wir nach Erfurt und später direkt auf den Kyffhäuser, der genauso häßlich ist wie das Völkerschlachtdenkmal. Endlich stellt mich mein Akkordeonspieler an die rauhe Borke einer Pappel, schiebt Bluse und Hemd hoch, daß beide zwischen Kinn und Brust zerknautschen, holt meinen Rock rauf und steckt den Saum einfach ins Bündchen, zieht flink und ohne Federlesen meinen Schlüpfer runter und drückt ihn mit einem Fuß weiter und weiter, bis er auf der Erde landet. Dann preßt sich Hannes an mich ran und drückt mit seinen Knien meine Knie auseinander und hebt mich ein bißchen hoch, ich schwebe einen Augenblick in der Luft, und schon ist er drin. Und rauf und runter, es tut überhaupt nicht weh, wenn die Pappel nicht so kratzen würde, und mit einemmal beeilt er sich wie irrsinnig und hört dann plötzlich auf.
Unter einer Brücke habe ich mich im Bach gewaschen. Darum also so viel Trara, das kann nicht alles gewesen sein, so hastig, so schnell. Dann habe ich mir ein Büschel weiches Gras in die Unterhose gestopft, damit es nicht durchblutet. Plötzlich wollte ich

meinen Akkordeonspieler und Eiergießer gar nicht mehr anfassen, nichtmal einhaken. Plötzlich dachte ich an seine Briefe, in denen kein Wort richtig geschrieben war, plötzlich lachte ich mich halbkaputt, und als er fragte, warum, antwortete ich, daß ich mich auf meine Reise freue, nach Leipzig über Dessau, wo mein Vater gelebt habe, ein schöner Mann mit grauen Augen, groß und ein bißchen braune Haut: mein Vater, Architekt und Baumeister, mit Sicherheit Antifaschist. Aber Hannes wußte so recht nicht, was ein Antifaschist ist. Wir gingen ins Dorf zurück.

Die Halle des Dessauer Bahnhofs war mit zwei Losungen bestirnt. Rechts hieß es: JUGEND BEREIT ZUM AUFBAU DES SOZIALISMUS! Links hieß es: FÜR BEWAFFNETE VERTEIDIGUNG DES FRIEDENS!
Zuerst trank ich an einem Kiosk ein Malzbier. Ich freute mich auf die Stadt, in der mein Vater gelebt hatte: hier hat er geatmet, gezeichnet, entworfen, hier ist er spazierengegangen, hat Freunde gehabt, Kollegen, Geliebte.
Mit der Straßenbahn fuhr ich zum Hauptfriedhof. Rechts vom Eingang befand sich ein eisernes Tor für Fußgänger. Es regnete nicht mehr, doch die Luftfeuchtigkeit war so hoch, daß der Wind die Nässe auf Gesicht, Haaren, Händen ablud und die Kleidung besprühte. Den Hauptweg säumten breite Familiengräber, von Hecken umgeben oder nackten Kieselstegen. Auf den Beeten blühten noch Margeriten und schon Astern, noch das Leimkraut und schon die Dahlien, noch der Storchenschnabel und schon die Fackellilie, und überall an den Ecken prangten mattrosa die Fetten Hennen.
Das rote, angeschlagene Haus konnte ebensogut das Krematorium sein. Hinter einem Fenster ging Licht an, und ich sah ein Fräulein mit kleinem Kopf und anliegenden Haaren. Sie hatte

an diesem nebligen Septembertag nicht länger sehen können, ohne die Lampe einzuschalten; nun ruckte das Fräulein an seiner Brille und schrieb auf einer Maschine mit hohem und weit überhängendem Wagen.

Ich trat ins Haus und klopfte an ihre Tür. Sie rief Herein und trieb mich gleich wieder hinaus: Füße abtreten! Hinter ihr war eine Wand voller Leitzordner; der Jahrgang 1937 hatte den Krieg überlebt. Es dauerte nicht lange, da hatte das Fräulein ihn gefunden und sagte: Ihr Vater ist aber nicht da.

Was soll das heißen?

Abgeholt.

Ich dachte, er sei hier begraben.

Eingeäschert.

Und die Urne?

Die Asche des Verstorbenen ist überführt worden nach Hamburg zum Bruder des Verstorbenen.

Schon gut. Und die Adresse des Bruders in Hamburg?

Wissen Sie, ich kann Ihnen gar nichts weiter sagen. Sie müssen sich ans Standesamt wenden. Dort liegen die Akten, bitten Sie um Einsicht. Wir führen nur die Namen derer, die hier liegen.

Arbeiten Sie schon lange hier?

Oh ja, sehr lange.

Schon, als er eingeäschert wurde?

Obwohl es so weit zurückliegt, erinnere ich mich an den Fall. Aber gehen Sie zum Standesamt, ich habe zu tun!

Damit neigte sie den Kopf wieder über ihre Schreibarbeiten. In der Tür drehte ich mich nochmal um und fragte, wo das Standesamt sei. Sie antwortete nicht mehr.

Ich lief zwischen den Gräbern hin und her. Es war kurz vor eins. Der Wind hatte sich wieder gelegt, von Sonne keine Spur. Ich scheute den langen Weg zurück in die Stadt.

Vor dem Ausgang sah ich auf einer Bank eine Frau sitzen, deren eine Gesichtshälfte entstellt war. Sogar ein Augenlid hatte gelitten, denn das Auge stülpte sich ungeschützt aus dem Gesicht heraus und glich einer Murmel. Ich zog einen großen Kreis und kam wieder an der Bank vorbei: die Frau saß noch genauso krumm und versunken da. Ich ging auf die Bank zu, setzte mich neben die Frau, grub eine angerissene Tafel Schokolade aus der Kollegmappe und bot sie der Frau an. Entweder war sie kurz eingeschlafen oder hatte nachgedacht: nur langsam kam sie zu sich, nickte und brach sich eine Ecke Schokolade ab.
Als sie den Kopf hob, war ihr Gesicht plötzlich ganz unverletzt, ohne Narben, ein müdes, aber glattes, etwa fünfzigjähriges Hausfrauengesicht, traurig, ohne tiefere Einschnitte.
Haben Sie einen Angehörigen verloren?
Nein. Aber in letzter Zeit träume ich jede Nacht dasselbe.
Das kann lästig werden, wenn es was Schlimmes ist.
Ich träume, ich sei von Lepra befallen, oder mein Gesicht sei von Brandwunden übersät!
Ach.
Haben Sie sich schon mal das Gesicht verbrannt?
Das Gesicht? Nein. Die Hände oft, auch mal die Arme, als ich den Schnellkochtopf zu früh aufgemacht habe.
Sie hatten also nie die Hälfte Ihres Gesichtes voller Narben, so daß es aussah, als sei die Haut abgezogen?
Nein nie. Warum?
Ich frage bloß.
Wissen Sie was, Sie schlafen schlecht. Da ist Schokolade nicht das Richtige, auf keinen Fall abends.

Gepeinigt erschlagen geweckt von Bildern
die stehenbleiben aufblitzen fliehn
Drehbühne im Kopf lebende Bilder Gesichter
das redet auf mich ein das hackt und bohrt
Vorwürfe Reue Selbstvorwürfe also morgen
anders werden aber wozu aber wie.
Nichts ist wiedergutzumachen
morgen dieselbe dieselbe dasselbe warum
für wen für alle was sind wir alle.
»Ich weiß nicht,
was ich bin, ich bin nicht,
was ich weiß: Ein Ding und nicht ein Ding;
ein Tüpfel und ein Kreis.«
Suchen
einen Sinn erfinden einen neuen
keine Ursache.

Das Standesamt war in einem hellgrauen Altneubau untergebracht. Nur mit Oberarm- und Schulterkraft gelang es mir, eine der schweren Türen aufzuschieben. Ich hielt sie fest, während ich mich schnell um die schlecht gepolsterte Kante herumdrückte.
Diese dicken schwingenden Türflügel, die einem besonders bei Warenhäusern und Postämtern begegnen, machen mir solche Angst, daß ich oft nicht wage, den Griff loszulassen. Das Hereinfluten der Menschen bei gleichzeitigem Hinausströmen des Gegenverkehrs hält die Türen zwar offen, aber in zwei verschiedene Richtungen. Und nicht selten bricht die Bewegung ab, die Schwingtüren schießen aufeinander zu, und ich sehe mich oder irgendeinen anderen Nachzügler eingekeilt, und einer der metallenen Längsgriffe bohrt sich in den Rücken, und der andere

haut auf Bauch oder Brustbein. Diese Vorstellung verleitet mich oft dazu, am Ausgang eines öffentlichen Gebäudes stehenzubleiben und zwanzig, dreißig Menschen die Tür aufzuhalten.
Diesmal kam mir niemand entgegen. Ich ließ die Tür hinter mir zurückschnellen und hörte, wie sie Luft ausstieß, als wolle sie neben ihrer Partnerin anhalten und sie zum Ausweichen veranlassen, dann pendelten sich beide Türen stöhnend ein.
Vor mir in der Halle stand ein Kasten mit Schiebefenster; dahinter saß der Pförtner. Aus seinem Haus drang eine Wolke Zigarrenqualm. Der Pförtner betrachtete mich und drehte zwischen Zungenspitze und Oberlippe einen ausgeglühten Stummel hin und her.
Wo ist bitte das Standesamt?
Der Pförtner rollte mit den Augen, schob die Iris nach rechts oben, dann nach rechts unten, senkte den Blick und schielte mich von unten an.
Nana, überlegen Sie's nochmal! So jung, und wollen schon heiraten?
Ich denke nicht daran zu heiraten. Trotzdem will ich wissen, wo das Standesamt ist.
Vielleicht hat er seit fünf Jahren 'ne andre? Ist es das, was Sie nachschlagen wollen? Na, der Schreck, der da auf Sie zukommt! Noch können Sie weg. Ja, so wie Sie aussehen, kann ich nur sagen: der ist schon vergeben.
Wer denn?
Sagen Sie die Wahrheit! Sie suchen nach einem Mann! Ein Männername schwebt Ihnen auf den Lippen!
Stimmt. Und ist das nicht meine Sache?
Der Pförtner zog ein Streichholz hervor, legte es quer über die Schachtel, rollte den Stummel seiner Zigarre aus dem Mundwinkel in die Mitte, holte das Streichholz mit der rechten Hand zwi-

schen Daumen und Zeigefinger unter dem linken Daumen hervor und riß es an der Reibefläche an.
Ich habe Sie gewarnt.
Das ist nicht Ihre Aufgabe.
Die rechte Treppe rauf, dann weiter rechts halten, kurz den Flur entlang, Zimmer 338.
Welcher Stock?
Der dritte.
Ist ja wie im Hotel.
'ne Liebeslaube! Sieht man dem Haus gar nicht an.
Der Beamte, mit dem ich es dann zu tun hatte, war ein runder Mann mit Augen wie Zwiebeln. Ich stand noch zwischen Schreibtisch und Sitzecke und sagte die Daten meines Vaters auf, da hatte er schon den Leitzordner von 1937 aus einer der beiden voll besetzten Regalwände gezogen. Er flüsterte, Januar, Januar und drückte die Pappdeckel auseinander: lauter Tote, die Todesanzeigen waren auf dickes, sprödes Papier geschrieben. Der Beamte blätterte, es hörte sich an, als würde er trockene Kuhhäute zählen; dann zeigte er auf einen leeren Stuhl.
Ich setzte mich an den zerkratzten Teetisch in der Ecke. Der Beamte legte mir die Akten mit den Sterbeurkunden hin: Ein Vordruck, die punktierten Linien waren mit Tinte in steiler Schrift ausgefüllt, mit gut lesbaren, lateinischen Buchstaben, die oben und unten die gedruckten Formularzeilen weit überlappten. Name und Datum stimmen, Architekt und Baumeister, Freitod, Dessau, Bahnhofstraße 7. Die Adresse war es, die ich überprüfen wollte.
Der Beamte saß auf seinem Platz und schrieb. Als ich fragte, ob er die Bahnhofstraße kennen, ob das Haus wohl noch stehen würde, antwortete er nicht. Er hatte sich vertieft.
Ich überlas noch einmal die Sterbeurkunde meines Vaters und

blätterte achtlos weiter: eine Frau war am selben Tag gestorben, auch in der Bahnhofstraße 7. Ich schlug auch diese Seite um und stieß wieder auf einen Frauennamen, dieselbe Adresse. Ich wollte weiter umschlagen, da sprang der Beamte hoch und stürzte auf den Leitzordner zu.
Was suchen Sie denn da noch? Sie haben in diesen Papieren nichts weiter zu suchen! Ich habe Ihnen die entsprechende Seite doch aufgeschlagen.
Das Zimmer war trocken, mottig, es roch nach uraltem Brot. Mir blieb die Luft weg, ich wollte lächeln. Es gelang mir nicht, oberflächlich, heiter, gleichgültig zu wirken. Während der Beamte am Ordnerdeckel zog, hielt ich ihn fest.
Ich blättere ja bloß so ein bißchen rum.
Sagen Sie mir erstmal, was Sie mit dem Verstorbenen zu tun haben. Warum wollten Sie die Urkunde sehen?
Es ist mein Vater.
Zeigen Sie mir Ihren Ausweis.
Das hat wenig Sinn, denn ich heiße ganz anders als mein Vater.
Ihren Ausweis will ich sehen!
Ich bin nämlich adoptiert, und deshalb trage ich einen anderen Namen.
Sie sind hier eingedrungen und haben sich Zutritt verschafft widerrechtlich! Wenn ich nicht sofort Ihre Personalien zu sehen kriege
Ich gab ihm meinen Ausweis, den er gründlich durchsah.
Es ist wirklich mein Vater gewesen, der leibliche Vater, wie man so sagt.
Beweise!
Die liegen bei meinen Zieheltern im Buffet. Mein Ahnenpaß.
Ahnenpaß! Ich werde Ihnen helfen. Verlassen Sie sofort meine Geschäftsstelle!

Ich nahm meinen Ausweis und ging, hielt mich am Treppengeländer fest und sagte immerzu: Nicht hinfallen, nicht hinfallen. Unten rief mich der Pförtner zurück. Nun verlangte auch er den Ausweis und trug die Daten in ein Buch ein.

Die Bahnhofstraße 7 stand nicht mehr: eine Ruine, der restlichen Balken längst beraubt, unten Schutt, in dem das flachliegende Hartheu blühte und buschiges Feuerkraut, das nicht mehr rot war und schon haarige Samen trug. Nebenan putzte eine Frau das dunkle Treppenhaus. Ich blieb auf dem helleren Absatz stehen, vor bunten, geriffelten Fenstern, Butzenscheiben, die Bleifassungen hatten gehalten.
Entschuldigen Sie bitte, rief ich und drehte mich so, daß die Frau mein Gesicht nicht sehen konnte. Sie richtete sich auf und kam die paar Stufen herunter.
Was ist?
Wohnen Sie schon lange hier?
Seit zwanzig Jahren in dieser Straße.
Da müßten Sie sich doch noch erinnern können. Im Nebenhaus, das war lange vorm Krieg, ich meine zwei Jahre vorher: ist da nicht mal ein Mann gewesen, der sich erschossen hat?
Klar. Und nicht nur das. Ein Blutbad, sage ich Ihnen, bis auf die Straße raus.
Was, das Blut?
Wo denken Sie hin. Das Gebrüll, meine ich.
Sind Sie dabei gewesen.
Nicht direkt.
Also bitte nochmal von vorne, ganz langsam. Was war denn nun?
Umgebracht hat er sie.
Und sich selber doch auch!

Also dreie.
Wen und warum?
Verrückt, irrsinnig, geistesgestört, durchgedreht, tobsüchtig. Vielleicht wollte sie ihn verlassen, vielleicht hatte sie 'n andern, vielleicht beides.
Und die andere Frau?
Das war die Nachbarin. Sie wollte zu Hilfe eilen. Da hat er sie einfach umgelegt, ein Wahnsinniger. Warum wollen Sie das alles so genau wissen?
Weils mein Vater gewesen ist!
Wenn Sie rüber zur Werkstatt gehen, in die Autowerkstatt, da wissen sie mehr.

Worauf warte ich denn, warum sitze ich hier auf dem Bürgersteig, ich bin nahe daran einzuschlafen, dabei kann ich gar nicht müde sein, jetzt nicht dösen, weiter, was unternehmen, und warum nicht gleich zum Bahnhof, warum nicht gleich nach Leipzig, jetzt bin ich mal hier, ich will's durchstehen, was soll denn noch kommen, ich weiß es ja schon, kein Grund umzukippen, nicht wegsacken, so schnell gehe ich nicht ein.

Ein langes Grundstück, das niedrige Wohnhaus am Ende kaum zu sehen, Zaun, Gartentor, schwarzer Schotter, rechterhand Garagen, links ein offener Schuppen: die Autowerkstatt. Weit und breit war aber kein Auto zu sehen. Trotzdem surrte es in der Werkstatt, es roch nach Gummi. Eine blonde Frau ging über den Hof, die noch jung aussah. Während sie näher kam, wurde sie älter mit jedem Schritt.
Ich will Sie nicht lange aufhalten, nur ein paar Fragen. In der Nummer sieben da gegenüber –
Wo die Ruine ist?

Ja. Da ist vor vielen Jahren, ich meine, vor genau siebzehn Jahren –

Was sind siebzehn Jahre ...

Vor genau siebzehn Jahren hat dort ein Mann gewohnt, der hat sich erschossen.

Gewohnt hat er da nicht, nur seine Frau. Eines Tages hat sie ihn verlassen, das hat er nicht verkraftet.

Um den geht es mir. Es war also seine Frau?

Gott, Genaueres weiß ich natürlich auch nicht, aber ich habe ihn oft gesehen.

Wie ist es überhaupt zu dem Unglück gekommen?

Tja, er hat es wohl nicht verwunden, daß sie ihrer Wege gehen wollte. Er kam jeden Tag ein paar Mal, rief auch von der Straße rauf. Er soll sie oft bedroht haben, und deshalb hat sie nicht mehr aufgemacht. Er war auch nicht von hier.

Wo kam er denn her?

Aus dem Norden, von der pommerschen Küste, glaube ich. Wissen Sie was: mein Vater, der weiß das alles noch genau. Kommen Sie mit rein. Er ist fast achtzig und sitzt im Rollstuhl.

Nein, nein. Ich wollte nur noch wissen, wer die andere Frau –

Mit der hatte er im Grunde gar nichts zu tun. Sie wohnte auf demselben Stock und ging in die offene Wohnung, als sie den Krach hörte. Er war eben ein unglücklicher Mensch, rasend vor Eifersucht – aber hat es das nicht immer gegeben?

Ich weiß nicht.

Noch wissen Sie nicht, warten Sie ab.

Ich mußte lachen und sagte: Nie, niemals!

Seien Sie nicht so streng, der Mann war ja nicht ganz normal. Einmal hat er sogar versucht, von außen an der Fassade hochzuklettern, bis in den dritten Stock rauf, ich bitte Sie.

Haben Sie das gesehen?

Neinein, es wurde nur erzählt. Aber zuzutrauen war es ihm.
Eigentlich heißt Kader nur »Personal in Wirtschaft und Verwaltung«. Abgeleitet von »Rahmen« oder »Einfassung«, ist das Wort dem Militärwesen entlehnt und hat eher eine technische Bedeutung: »l'ensemble des officiers et sousofficiers d'une compagnie«. Die Kader sind der Effektivbestand einer Armee, Berufssoldaten.
Die Kaderpolitik umfaßt die Auswahl, Heranbildung und den Einsatz von Kadern.
In jeder Verwaltung, in jedem volkseigenen Betrieb besteht eine Kaderabteilung. Dort werden über die Beschäftigten, egal in welcher Position, Entwicklungskarteien geführt. In diesen Karteien werden fachliche Leistung und Qualifikation, Arbeitseinsatz, Disziplin und Beteiligung an politischen Aktionen vermerkt, der ganze Werdegang eben. Bei Wechsel des Arbeitsplatzes wird das Karteiblatt der nächsten Kaderabteilung übersandt; auch vom neuen Betrieb wird bei der Kaderabteilung des ehemaligen Betriebes nachgefragt.
Kader sind zuverlässige, verantwortungsvolle, politisch bewußte und parteiliche Funktionäre, die der Arbeiterklasse und dem Aufbau des Sozialismus dienen – wie Stalin sagt: »Die goldene Reserve!«

                DIE AUSGEFEILTEN
              METHODEN
                DER SORGFÄLTIGE
              SPIEGELBLANKE
              SCHLIFF
                DES NEUEN
                  DES KOMMUNISTISCHEN
                MENSCHEN
                BEI DER
ERZIEHUNG
  JUGENDLICHER KOLLEKTIVE
    ZUR FEINSTEN
      JUWELIERARBEIT
        AN DER PERSÖNLICHKEIT
      ÜBERGEHEN
        DAMIT SIE IN SCHÖNHEIT
UND KRAFT
  ERSTRAHLEN
    BEI DER
      KADERSCHMIEDE
        DEN LETZTEN STAUB
        DER VERGANGENHEIT
      WEGWISCHEN
  DIE KADER ENTSCHEIDEN ALLES
    DIE KADER ENTSCHEIDEN ALLES
      DIE KADER ENTSCHEIDEN ALLES

Wir auf der Kundgebung
wir in Uniform
wir beim Freilichtbühnenbau
wir beim Schießen

wir im Eisenhüttenkombinat
wir beim Ensemble-Wettstreit
wir – wie Stalin sagt –
»Die Goldene Reserve«

ich bin losgelöst vom Kollektiv, von den Mitschülern, vom Heim, von allen getrennt und fühle mich niemandem verpflichtet
die Kaderschmiede hat den Staub der Vergangenheit nicht von mir abgewischt, im Gegenteil, mit diesem Staub bin ich angetreten, um mich schmieden zu lassen, jetzt ist er wieder da, der Staub der Vergangenheit, und hat mich eingehüllt
der Feind steht überall, Blödsinn, ich habe keinen Feind, ich bin frei, ich segle, gleite, schwebe frei herum
wer wird mich behüten, wer wird mich vor solchen Anfällen schützen, kein Kollektiv, die Partei nicht, und ein Kader wird aus mir nie und nimmer, das ist vorbei, Geißelung und Selbstzerfleischung werden mir nicht helfen, die maßlose Wut, die mich manchmal überfällt, werden sie nicht zügeln, ich bin allein, und was ich nicht selber mache, wird kein anderer für mich tun, frei sein heißt ab jetzt alleine sein, und nichts und niemand wird mich eines besseren belehren
das ist ja verrückt, was will ich denn ohne die anderen anfangen, es ist mein Land und mein Sozialismus, was geht mich mein Vater an, ich lebe, und wir bauen uns eine vollkommen neue Gesellschaftsordnung, alles gehört uns, und damit gehört es mir, das Eisenhüttenkombinat gehört mir, die Kartoffeläcker gehören mir, alles, was ich bearbeitet habe mit den anderen zusammen, gehört mir, das Land, durch das ich fahre, gehört mir, der Harz gehört mir, die Mark Brandenburg, die Straßen zwischen Strausberg und Seelow, auf denen ich begriff, daß mit Stechschritt

nichts zu holen ist und mich der Ekel packte vor dem Nacken
meines Vordermannes

Der internationale Eisenbahnverband
hat die 3. Wagenklasse abgeschafft.
Auf Rädern und fahren wegfahren
von den Toten bleibt
daß ich lebe und weiterfahre
auf einem Schienenpaar auseinanderlaufend.
Geteilt Korea geteilt Vietnam
Deutschland endgültig auseinandergerissen.
Solche Umwege nehme ich und springe
von einer Schiene zur andern.
Ich suche am 38. und am 17.
Breitengrad an der Elbe im Bayrischen Wald
nach Türen Tunneln Löchern durchlässigen Stellen
und möchte eine Kugel sein.

Helga M. Novak
Die Eisheiligen

Schöffling & Co.

Erste Auflage 1998
© Schöffling & Co. Verlagsbuchhandlung GmbH,
Frankfurt am Main 1998
Alle Rechte vorbehalten
Die Erstausgabe erschien 1979
im Luchterhand Verlag, Darmstadt
Satz: Reinhard Amann, Aichstetten
Druck & Bindung: Pustet, Regensburg
ISBN 3-89561-113-1

Für Hedwig Esper †

I

Das Wasser ist resedagrün und mit Schaum gesprenkelt. Ich stehe neben Kaltesophie und betrachte ein Schiff. Weit draußen ein helles Schiff, ein Leuteschiff, ein Feiertagsschiff, aus dem unverhofft ein dunkles, betäubendes, himmelschreiendes Heulen hervordringt. Ich schlage lang hin und breite die Arme aus. Kaltesophie stellt mich wieder auf und drückt mich mit dem Rücken an eine Hauswand. Wieder und wieder jagt das Schiff dieses Heulen aus sich heraus. Ich halte mir die Ohren zu und höre es trotzdem. Ich bin vollkommen eingehüllt in die Sirenentöne. Ich starre es an und kriege nicht heraus, ob es wegfährt oder sich nähert. Ich will, daß das Schiff aufhört zu brüllen und herkommt. Meine erste Erinnerung ist das Toben einer Schiffssirene auf der offenen See vor Cuxhaven-Duhnen.

Noch jahrelang hat Kaltesophie, wenn Besuch kam, erzählt, wie ich verlorenging. Sie hatte mich am Strand ausrufen lassen.

> Gesucht wird ein Mädchen, vier Jahre
> alt, dunkel, mit einer roten Propeller-
> schleife und langen goldenen Ohrringen.
> Es ist nackt und streckt den Bauch vor.
> Wer das Mädchen gesehen hat, melde
> sich bitte sofort bei der Strandwache.

Dann zeigte sie ein Foto herum, groß wie ein Küchentablett, und ich kroch unter den Eßtisch.

aufessen
aufessen
der Teller wird leergegessen bis zum letzten Happen
rein in den Mund und schlucken

schlucken
schlucken nicht vergessen
kau nicht ewig auf derselben Kartoffel herum
bitte
nimm den Schieber nicht in den Mund
zum Essen ist der Löffel da
mit dem Schieber wird das Essen auf den Löffel
geschoben
rein in den Mund
kauen
schlucken
ich bleibe so lange neben dir sitzen bis der Teller leer ist

Ein Fremder begleitete uns zum Kurkonzert und an den Strand.
Ach, die wunderhübschen Schleifen, die sie trägt.
Die sehen abends auch anders aus als morgens.
Die Augen, die Haare, sie muß aber ganz nach dem Vater kommen.
Nimm deinen Eimer und die Schippe und geh buddeln!
Karl befand sich in Altheide und kurierte sein Herz.

Und die Wärme des Hauses, in dem wir ein Zimmer haben
und die Wärme der Heuschober, wo ich meine Arme reinstecke
und die Wärme des Kuhstalls, wo ich mich verkrieche
und die Wärme in den Milcheimern, wo heimlich meine Hände
untertauchen
und die Wärme der Wasserlachen, wo ich bei Ebbe drin sitze
und die Wärme der Modderpampe am Strand
und die Wärme, wie Concordia ankommt, extra von Berlin uns
besuchen kommt und mich hochnimmt und mich auf den Brunnenrand setzt

die große Concordia ist da
Concordia, alt, riesengroß, dünn, grauhaarig, in einem langen
geblümten Kleid
Concordia in Knopfstiefeln
und die Wärme, wenn sie mich ins Bett bringt und vorsingt.
      Maikäfer flieg
      dein Vater ist im Krieg
      dein Mutter ist in Pommernland
      Pommernland ist abgebrannt
      Maikäfer flieg.

Eines Tages stehe ich auf dem Gang vor einer Zimmertür. Die Türen gehen auf den Korridor, und mir fährt eine Tür über die nackten Füße. Ich trug dann Badeschuhe, trotzdem habe ich seitdem verkrüppelte Nägel an den großen Zehen.

Kaltesophie ist für ein paar Tage nach Helgoland rübergefahren, und ich habe Concordia für mich allein. Sie geht mit mir im Hafen und überall spazieren. Das Kurkonzert sparen wir uns.

wie es dröhnt und prasselt auf dem Rückweg von der Kugelbake zurück zurück die Seen schlagen über die Mole schlagen an die Steine an die seitlichen Befestigungen schlagen über uns hinweg die See rollt über meinen Kopf hinaus so naß so stark so weich klatscht es mir ins Gesicht ich habe Schaum im Gesicht und sehe nichts mehr Concordia hält mich an der Hand die rutscht ihr dauernd weg dann hält sie mich am Arm zieht mich und die Seen treiben uns an den Rand der Mole Concordia hält mich fest und zurück wir laufen nicht mehr wir waten wir treiben wir stoßen gegen die Wassermengen vor es peitscht mal hoch mal tief vorwärts wir sind selber schon ganz Wasser fliegendes Wasser am Strand liegen alle Körbe auf dem Rücken und keine Spur mehr von einer Burg

Längst wieder zu Hause in Berlin, richtiger: in dem Vorort, der am weitesten nach Osten liegt. Und so stelle ich mir, den späteren Erzählungen nach, folgenden Dialog vor.
Hast du denn erwartet, daß ein Kind, was mit drei erst laufen lernt, dauernd verschwindet und wegrennt und ist unauffindbar?
Weit kann sie ja nicht sein, bist du nicht hinterhergegangen? Hast du sie nicht gesucht?
Das kleine Luder hat sich seit vier Stunden nicht mehr blicken lassen.
Ihre Frau ist überall herumgelaufen und hat gefragt.
Ich wollte erstmal warten, bis du nach Hause kommst.
Warum bist du nicht zur Polizei gegangen, wenn sie nicht in der Nachbarschaft ist?
Damit sich alle den Mund zerfetzen.
Wir gehen jetzt los, soll Tante Mieze hier unten warten, ob sie von allein wiederkommt.
Ich wollte zum Bahnhof, Karl abholen, und bin aus Versehen am Dämeritzsee gelandet. Zwei Mädchen haben mich aufgelesen und nach Hause gebracht. Kaltesophie hat mich nicht geschlagen. Ich habe Karl gesagt, daß ich den ausgebrochenen Spinat wieder aufessen mußte. Kaltesophie hat gesagt, sie lügt doch wie gedruckt, aber sie hat mich nicht geschlagen.

Wir besitzen ein Paddelboot, das ist in einem Bootshaus am Flakensee untergebracht. Wenn wir ausfahren, schlingt Karl eine Wäscheleine um meinen Bauch. »Ich hab dich einmal rausgezogen, das kann auch schiefgehen.« Wir paddeln die Löcknitz rauf und runter. Zwischendurch steigen wir aus und gehen in einem Gartenlokal Kaffee trinken. Oder wir haben Kartoffelsalat mit und halten an einer Badestelle.

Im ersten Kriegswinter hat mir Kaltesophie zu Weihnachten eine überlebensgroße Babypuppe geschenkt, für die sie im Laufe der nächsten drei Jahre so viele Kleider gehäkelt und gestrickt und bestickt hat, daß Karl gezwungen war, mir einen Puppenkleiderschrank zu bauen.

Ihr Haar ist recht dünn und noch zu kurz, aber wenn man ein bißchen zieht, kriegt man schon richtige kleine Zöpfe raus. Sieh mal, Karl, wie das aussieht mit den beiden großen Schleifen. Frau Ederling hat heute, als wir im Laden standen, gesagt, wunderhübsch, wie Sie das Kind anziehen, bestrickt und bestückt von Kopf bis Fuß, und die Schleifen sehen ja aus wie Schmetterlinge. Und das Kleidchen, was ich ihr jetzt häkele, rosaumrandet, wie das zu dem Grün paßt, ich würde es mir am liebsten selber anziehen. Morgen fahre ich mit ihr nach Köpenick rein zu Kepa und suche passende Schleifen aus. Na, nun kommt essen.

sitz gerade beim Essen
Ellbogen vom Tisch
man spricht nicht mit vollem Mund
erst schlucken dann reden
halt die Füße still
kau nicht ewig auf dem einen Bissen herum
beeil dich
wozu ist eigentlich der Schieber da

Im Kindergarten spielen wir »Die Mahlzeit«.

Auf dem Boden liegt ein Apfel, den darfst du dir holen. Aber: du mußt kniend auf dem Boden vorwärts rutschen und mußt dich dem Apfel mit einem Stock in den Kniekehlen nähern. Während du dich kniend auf den Apfel zu bewegst, greifen deine Arme zwischen den Beinen unter dem Stock durch auf den Boden. In dieser Haltung versuche nun, mit dem Mund den Leckerbissen zu erbeuten.
Der Apfel kann auch in eine Schüssel Wasser gelegt werden. Dann wird gefischt, aber kniend und mit dem Mund.
Ich kriege jeden Tag einen Apfel mit, den werfe ich auf dem Weg zum Kindergarten in den Kanal, bis Gisela Mohn mich verpetzt und Kaltesophie mich durchhaut.

Es gibt keine Bananen mehr.
Kaltesophie sagt: Das liegt am Krieg.
Karl sagt: Die Engländer sollten mal eins aufs Haupt kriegen, aber sonst.

Karl fettet die Spazierstöcke ein und breitet Wanderkarten aus. Kaltesophie zählt und sortiert und bügelt und faltet und zählt nochmal nach. Koffer werden gepackt, mein Löffel und der Schieber liegen obenauf. Dieses Jahr fahren wir alle zusammen ins Gebirge. »Klettern, wandern, – sie muß ihre Beine stärken. Pack nicht so viel Kleider ein, Schuhe sind wichtiger.«

Das Gepäck wird mit der Bahn vorausgeschickt und ist nicht da, wenn wir ankommen. »Immer dasselbe«.
Hinter dem Haus, in dem wir zwei Zimmer gemietet haben, erstreckt sich eine endlose Liegewiese bis zum Fuße des Berges, der mit Fichten bestanden ist. Der Wald steht als schwarze Wand vor unseren Fenstern, und je nach Wetter nähert er sich

oder entfernt sich. Ich weiß nicht, was derweile mit der Wiese geschieht.

Ich stehe früh auf und laufe ans Fenster, und mit einemmal hängen die Wolken so tief, daß ich darüber deutlich wieder Bäume erkenne. Die Wolken fliegen über die Wiese, rund um das Haus, und über den Wolken Bäume. Die Spitzen der Fichten klettern den Berg hinauf.

Im Haus neben uns, es ist mit Holz verkleidet, beschnitzt und bemalt, wohnt ebenfalls eine Urlauberfamilie. Karl und Kaltesophie haben sich schnell mit denen bekannt gemacht, und ich spiele mit dem Sohn. Der Junge ist älter als ich, größer und heißt Hermann. Vor dem Kaffeetrinken komme ich allerdings nicht zum Spielen, erstmal die Berge rauf und runter.

Karl natürlich vorneweg. An seinem Gürtel hängt ein Emailletäßchen, in seiner rechten Hand läßt er den Spazierstock kreisen, er spielt Propeller und Windmühlenflügel. Sein Stock ist schon voller Plaketten.

Hier wachsen andere Pflanzen, manche haben Blätter wie Regenschirme, und die Farne sind größer als ich.

»Was unter zehn Kilometern ist, kann man nicht als Wanderung bezeichnen. Das ist besseres Spazierengehen, und dazu brauchen wir nicht ins Eulengebirge zu fahren.«

Also weiter getrabt und gesprungen und getrampelt und geschlichen und die Füße durchgescheuert und zurückgeblieben und gejammert und herbeigerufen und gerastet und an einer Quelle aus dem Emailletäßchen Quellwasser getrunken und auf und weitermarschiert und nach dem sogenannten Ausruhen taten die Füße noch viel mehr weh.

Karl natürlich immer noch vorneweg und singt besonders gern, wo er ein Echo erwartet, und singt Lützows wilde verwegene Jagd und ein anderes Lied, von dem ich nur zwei Zeilen erinnere: Und dennoch hab ich harter Mann so manches Mal gewaahahaint.

ich habe Zeit ich kann warten bis du aufgegessen hast
hier wird nichts übriggelassen
bei mir wird aufgegessen
na los schon
kauen ja und schlucken nicht vergessen
sowas habe ich schon einmal erlebt
mit meiner Christa
die sechs Stunden an einer Pflaume herumgekaut hat
sechs geschlagene Stunden an einer Pflaume
wer bin ich denn
das passiert mir nicht nochmal
bei mir wird alles aufgegessen

Kaltesophie neigt den Kopf und sagt, den Mund voller Torte: Gut, du darfst aufstehen.
In meiner Erinnerung, und die trügt wahrscheinlich, standen mindestens hundert Tische im Gartenlokal. Alle Sommergäste bei Kaffee und Kuchen unter Linden oder Kastanien oder Ahornbäumen, in blitzsauberen Kleidern, einander in Fröhlichkeit, die von Tisch zu Tisch sprang, überbietend, und die und wir Schnurrbärte aus Sahne und braungebrannt.
Darf ich aufstehen?
Kannst du keinen Moment still bei uns sitzenbleiben?
Laß sie gehen, sie ist ja fertig.
Na, meinetwegen. Aber nicht auf die Straße! Nicht das Grundstück verlassen!
Aus Silberpapieren von Zigarettenschachteln und Schokoladentafeln hatten wir uns, Dorfkinder und Sommerkinder, einen

kleinen Ball geformt. Damit spielten wir Fußball auf der Dorfstraße, unter der ein Bach verlief: egal, wo man die Straße überquerte, man ging über den Bach. Der rauschte und lag ziemlich tief. Nicht weit vom Gartenlokal war ein gemauerter Zugang zum Wasser, das über eine Steintreppe erreichbar war. In dieser tosenden Höhle hatte ich die Waschfrauen verschwinden sehen und sie nicht beneidet um ihren Untergang.

Wer den Ball hatte, versuchte, ihn dorthin zu stoßen, wo er selber als Nächster wieder herankam. Als ich am Ball war, stieß ich ihn vorsichtig, aber doch ganz nahe an den Rand der brodelnden Tiefe. Kein anderer sollte sich zwischen mich und den Ball schieben können. Irrtum: der Junge aus der Urlauberfamilie im Haus neben uns rempelte mich hart an und stieß mich mitsamt dem Ball in die Tiefe. Heulend und patschnaß fand ich mich zwischen Steinbrocken im Wasser und kroch zerschlagen die Treppe zur Straße hinauf.

Da stand auch schon Kaltesophie, das Wasser übertönend mit Gebrüll. Sie hob mein triefendes Kleid hoch, zog mir die Hose runter und schlug und schlug.

Inzwischen waren alle Gäste aus dem Gartenlokal herbeigestürzt, ebenso die Dorfbewohner. Umkreist von Kindern und Leuten verdrosch sie mich nach Strich und Faden mitten auf der Straße.

Ich denke mir was aus.
Ich bleibe die nächste Nacht aufrecht im Bett sitzen.
Ich warte, bis mir was Passendes einfällt.
Ich weiß, mir fällt was ein, darauf kann er Gift nehmen.
Ich schlafe nicht ein.
Ich nicht.
Ich binde den Gürtel von meinem Nachthemd am Bettpfosten fest.

Ich kann gar nicht einschlafen.
Ich stelle mir was vor, was Schreckliches.
Ich bemühe mich, nichts Schreckliches auszudenken.
Ich kann gar nicht anders, als mir was Schreckliches ausdenken.
Ich zahle es ihm heim, der soll sich noch wundern.
Ich weiß, daß er mich mit Absicht gestoßen hat.
Ich weiß, wo er wohnt.
Ich weiß, in welchem Zimmer.
Ich weiß, daß die jeden Abend ihre Schuhe rausstellen.
Ich zermartere mir den Kopf.
Ich schlafe natürlich ein.
Ich werde wach.
Ich habs und gehe ans Werk.

Beim Schuppen ein Flaschenhaufen, dort finde ich Steine und nehme mir eine Wein- oder Bierflasche vor, jedenfalls grün. Dort zerschlage ich eine Flasche zu kleinen, immer kleiner werdenden Brocken, Scherben, Splittern und sammle die Splitter in eine Konservendose. Ich stehle mich zwei Morgen später und noch vor dem Frühstück – »Du gehst mir weder vor dem Frühstück noch nach dem Abendbrot einen Schritt vor die Tür!« – also noch vor dem Frühstück ins Nachbarhaus, und da stehen tatsächlich seine Schuhe vor dem Zimmer.

und rein mit den Splittern in die Schuhe nicht alle nicht zu viele daß sie nicht gleich hervorkollern und nach vorne in die Spitzen geschüttelt und raus aus dem Nachbarhaus niemand hat mich beobachtet niemand mich gefragt den Jungen hab ich bis zu unserer Abreise nicht mehr gesehen und zurück wieder in mein Bett ich bin nochmal davongekommen.

Endlich wieder bei Concordia. Sie umarmt mich und setzt mir Malzkaffee in einer bemalten Tasse vor. Bei ihr kann ich mich wärmen und ausruhen. Concordia hantiert in der Küche, tappt von dort in den Garten, kehrt mit einer Schürze voll Pflaumen zurück und rührt einen Brei aus Obst und Weißkäse an. Sie fährt sich mit dem Handrücken über die Stirn, dann bindet sie sich die Schürze ab und kramt das Schachspiel hervor, nachdem sie sich die Hände an der Schürze abgewischt hat. Ich will nicht, mich interessieren die Termitenbauten in Uluguru viel mehr. Bitte, zeig mir das Zigarettenbilderbuch von Afrika und lies vor. Afrika ist für uns vorbei und erledigt.
Ach wo, lies doch bitte vor.

Omarururivier zur Trockenzeit. Wie fast alle Flüsse Südwestafrikas führt er nur zur Regenzeit oberirdisch Wasser. Andererseits ist das Anschwellen, das sogenannte Abkommen bei plötzlichen Regenfällen so gewaltig, daß Mensch und Vieh nicht Zeit finden, sich vor den Fluten zu retten und elendiglich umkommen.
Herero und Buschmann. Die Hereros gehören zu den hochstehenden Bantuvölkern Südafrikas. Diese ihre Herden über alles liebenden Viehzüchter waren groß, oft herkulisch gebaut. Ihre geistige Befähigung war keineswegs gering, aber ihr Charakter war wenig ansprechend. Hochmut, Anmaßung und besonders Grausamkeit waren für sie bezeichnend. Im größten Gegensatz zu den Hereros stehen die zwergenhaften, unstet durch die Wüsten und Steppen Deutsch-Südwestafrikas wandernden Sammler und Jäger, die nur 150 cm großen Buschmänner.

Wir spielen im Kindergarten »Negertanz«.
Mehrere oder mindestens zwei Kinder fassen sich bei den Händen und versuchen, einander auf die Füße zu treten. Wer einem

anderen Kind dreimal auf die Füße getreten hat, scheidet aus.
Das letzte Kind ist der Verlierer.
An meine verkrüppelten Zehennägel denkt dabei niemand.

Karl hat mir den Weg zum Bahnhof eingeprägt, mit Festpunkten, die ich auswendig lerne und mir unterwegs laut vorspreche.
Wenn ich rauskomme, gehe ich Richtung Marktplatz, und auf der Seite bleibe ich auch. Ich lasse die Gärtnerei Landgraf rechts liegen und gehe weiter, so daß ich an Eberts Tischlerei vorbeikomme, gegenüber hat Mutter Wolfen gewohnt, ich gehe die Wilhelmstraße runter, bis sie zu Ende ist. Dann biege ich nach links um die Ecke und überquere die Straße bei der Sparkasse. An der nächsten Ecke gehe ich rechts rum, und schon bin ich auf der Kanalbrücke zwischen Dämeritzsee und Flakensee. Ich gehe über die Brücke, sehe drüben und unter mir den Laden von Uhrmacher Kalisch liegen, daneben das Studio des Fotografen Harupka. Ich aber bleibe auf der Straße, bis ich die Eisenbahnunterführung sehe, kurz vorher überquere ich noch einmal die Straße und stehe direkt vor der Treppe, die zum Kindergarten hinauf führt.
Kaltesophie hat mich meinen Namen, Alter und Adresse auswendig lernen lassen.
Concordia hat mir beigebracht, meinen Namen auch schreiben zu können, vorerst in kleinen Buchstaben. Anfangs hielt sie eine Schiefertafel bereit und Griffel, später kramte sie summend eine Blechschachtel hervor, Faber-Bleistifte, und legte einen winzigen Bleianspitzer und einen Radiergummi neben mein Heft. Sie ließ mich Buchstaben für Buchstaben nachzeichnen, während sie jedem einzelnen eine märchenhafte Geschichte andichtete. Zuletzt schrieb ich die beiden Wörter als Ganzes. »Es heißt nicht Nachname, sondern Familienname!«

Frau Düring ist alt und weiß geheimnisvolle Sätze, die sich auf Pflanzen reimen. Anstatt Guten Tag sagt sie: Nessel, schmerzhaft drückt mich deine Fessel.

Karl trägt mich abends huckepack in mein Zimmer.
Karl bringt mich ins Bett.
Karl liest aus dem Zigarettenbilderalbum »Deutsche Hausmärchen« vor.
Karl erzählt vom Kaiser und vom Sedanfest.
Karl erzählt vom ersten Weltkrieg und zeigt mir seine Narben.
Karl hat eine Narbe im Genick und eine neben dem Herzen.
Karl hat in seinem Nachttisch ein Eisernes Kreuz.
Karl gehörte zur Truppe der Gebirgsjäger.
Karl sagt: Bei uns durfte keiner unter einsfünfundachtzig sein.
Karl ist größer und fast so groß wie Concordia.
Karl ist zu Fuß über die Alpen, hin und zurück.
Karl ist zu Fuß über die Karpaten, hin und zurück.
Karl muß mir jetzt mal Jorinde und Joringel vorlesen.
Karl liebt das Märchen von Rapunzel.
Karls Firma heißt so ähnlich wie Köllnrottweil.
Karl lehrt mich seine Telefonnummer, wenn mal was ist.
Karl ist früher manchmal Jäger gewesen.
Karl hat unsere Veranda voller Hörner und Geweihe gehängt.
Karl sagt: Das sind nicht bloß Staubfänger, jedes hat eine Geschichte.
Karl muß unbedingt die Gänsemagd vorlesen, die habe ich am liebsten.
Karl singt: Wem Gott will rechte Gunst erweisen.
Karl sang als Kind bei den Berliner Domspatzen.
Karl sagt zu Kaltesophie: Soffie – du brummst.
Karl liest nochmal die Gänsemagd: Jetzt ist aber Schluß.

Ich konnte einigermaßen meinen Namen schreiben, als Kaltesophie mit mir wie üblich zur Sparkasse ging, um auf mein Sparbuch zwei Mark einzuzahlen. Es handelte sich regelmäßig um einen funkelnagelneuen Schein, denn Karl brachte nur neues Geld mit nach Hause, worauf ich sehr stolz war.
Concordia: Wenn er nichts kann, Geld drucken lassen kann er.
Kein Fältchen dran, der sieht wieder aus wie selbstgemacht, sagte der Schalterbeamte lächelnd. Ich habe ihn extra gebügelt, antwortete Kaltesophie und zwinkerte dem Mann seltsam zu. Der Bankbeamte beugte sich über seine Barriere und ließ mich selber einen Zettel unterschreiben, weil er wußte, daß ich das schon kann. Er sprach mich mit »junge Dame« an. Noch schrieb ich mich klein, aber ich schrieb meinen Namen.

Dieser infernalische Gestank wieder, ich schäme mich zu Tode. An nicht einem, an keinem einzigen Morgen steht die Göre aus dem Bett auf, ohne daß die Matratze, daß das Laken, ja sogar das Oberbett klatschnaß sind. Die kriegt ab jetzt keinen Tropfen mehr zu trinken beim Abendbrot, keinen Schluck mehr ab mittags. Und nachts werde ich sie regelmäßig zweimal wecken und auf den Topf setzen. So geht das nicht weiter. Nirgends gibt es dermaßen große Gummiunterlagen. Ich bin vollkommen ratlos und weiß auch gar nicht, wie ich das Zeug und wo trocknen soll. Auf dem Hof etwa, vor aller Nachbarn Augen?

Patsch – eine Backpfeife.
Zu faul, nachts aufzustehen, was?
Patsch – ein Katzenkopf.
Ist dir wohl zu weit zum Nachttopf?
Patsch – eine Kopfnuß.
Wenn du noch einmal das Bett naßmachst!

Pengpeng – rechts und links eine geklebt.
Alles nur aus Gemeinheit gegen mich!
Ritsch – noch ein Backenstreich.
Verschwinde in deinem Zimmer, verdammte Pißjule!
Drrrr – an den Zöpfen hin und her.
Willst mich vor allen Leuten unmöglich machen!

> O du Falada, da du hangest,
> O du Jungfer Königin, da du gangest,
> Wenn das deine Mutter wüßte,
> Das Herz tät ihr zerspringen.

Und in dem Feld setzte sie sich wieder hin und fing an, ihr Haar auszukämmen.

Ich gehe nicht an den kleinen Barren.
Ich gehe im Kindergarten nicht ans Reck.
Ich habe Angst vor dem Turnen.
Ich werde feige genannt und eine Memme.
Ich sage keine Liederstrophen auf.
Ich kann kein s sprechen, kein l, kein sch.
Ich erhalte täglich die Aufgabe, laut vorzusprechen.
Ich soll sagen: Esel essen Nesseln nicht, Nesseln essen Esel nicht.
Ich kann auf dem Hof auf den Ahornbaum klettern.
Ich kann über den Maschendrahtzaun klettern.
Ich kann schnell laufen: Du bist doch kein Junge.
Ich kann beim Schattenspielen den bösen Wolf an die Tapete werfen.
Ich habe eine Sicherheitsnadel aufgebogen.
Ich schreibe überall meinen Namen hin.

Ich ritze ihn mit der Nadel in Tische, Stühle, Fensterbretter ein.
Ich soll sagen: Sechshundertsechsundsechzig sächsische Schuhzwecken. Die andern lachen sich kaputt.

Kaltesophie ist nicht groß. Sie geht Karl bis an die Schulter. Karl und seine Schwester sind groß. Onkel Egon geht Concordia bis an die Schulter. Ich wachse schnell. Karl sagt: Wenn du so weitermachst, kannst du mit fünfzehn aus der Dachrinne trinken.

Du mit deinem Gequassel, bringst mich ganz durcheinander.
Wenn ihr die Leiter unter den Füßen weggleitet, bin ich schuld. Wenn ihr beim Abschrecken der Nudeln – Concordia: Nudeln schreckt man nicht ab! – das Sieb wegrutscht und das Essen in den Ausguß strömt, daß es aussieht wie ein blasses Schlangennest, bin ich schuld. Wenn sie ihre Brille verlegt hat und mit aufgeschlagenem Lokal-Anzeiger von der Küche ins Wohnzimmer segelt, auf der Kredenz landet, hinüber zum Buffet und von dort zum Sofatisch flattert und zwar vergeblich, bin ich schuld. Wenn ihr bei allzu heftigem Abwaschen ein Zinken aus der Aluminiumgabel bricht, bin ich schuld.
Kaltesophie hat schwarze, dauerkrause Haare. Sie hat dunkelbraune Augen. Ihre Lippen sind dünn, besonders die obere. Am wichtigsten sind ihre Augen, nicht zu vergessen die schwarzen zuckenden Brauen. Sie ist nicht schlank, nicht dick und wird von ihren Bekannten als hübsch bezeichnet.
Ich finde Concordia hübscher. Sie hat hellgraue Haare, die sie tagsüber mit Kämmchen hochsteckt. An Feiertagen nimmt sie eine Brennschere und legt das Haar in Wellen. Zum Geburtstag schenkt Kaltesophie Concordia Porzellan. Concordia schenkt Kaltesophie ein Buch. Karl liest die Bücher, die Concordia seiner Frau schenkt.

Karl liest Gustav Freytag. Kaltesophie liest Gustav Frenssen. Concordia liest Flaubert. Sie ist schon zweiundsechzig Jahre alt.

Einmal, als ich aus dem Kindergarten kam, sah ich vor dem Fischladen in der Bismarckstraße einen Jungen stehen, den wollte ich sofort als Bruder haben. Hätte ich zaubern können, würde ich ihn ohnmächtig machen und mit nach Hause nehmen und in meinem Zimmer verstecken. Schon von weitem gefiel mir seine Haltung, er hielt den Kopf so hoch und hatte krause dunkelbraune Locken. Er war größer als ich, nicht viel älter und trug einen Arm angewinkelt und im Gipsverband. Ziemlich unwillig anwortete er mir, er habe sich den Arm gebrochen und heiße Reinhold Wagner und sein Vater sei nämlich Lehrer. Freundlich war er eben nicht, und ich habe ihn wieder aus den Augen verloren, obgleich er nicht weit von uns wohnte, gleich in der Friedrichstraße gegenüber der Kirche. Ach, hätte ich doch wenigstens solche Lederhosen wie der.

Mittlerweile hatte ich mehrere Sicherheitsnadeln erobert und sie gerade gebogen. Bei denen, die ich schon länger benutzte, krümmte sich durch starkes Aufdrücken die Spitze, wodurch vorne ein zierliches Häkchen entstand. Mit diesem Häkchen ließen sich Beize und Lack leichter durchdringen, und ich kam besser an die äußeren Holzfasern.
Als mich eines Vormittags die Kindergärtnerin bei der Arbeit unterbrach, um »ein paar Tische vor mir zu retten«, stach ich ihr ein paarmal in den Arm. Sie setzte einen Brief auf, den ich Kaltesophie übergeben sollte, und sagte, ich sei für den Kindergarten untragbar und gestorben. Sie sagte, ich bräuchte hier nie wieder aufzutauchen, und schickte mich nach Hause.

Kaltesophie war dermaßen entsetzt, daß sie mit dem Brief erstmal zu Tante Mieze hinauflief, bevor sie mich mit dem Besenstiel versohlte. Ins Bett!

Karl: Wenn wir den Krieg gewinnen, kaufen wir uns ein großes Motorboot.

Unglaublich, nach den Wolkenbrüchen gestern wieder das herrlichste Wetter, und ich sehe nach, klar, es handelt sich um einen jüdischen Feiertag, ahnte ich es doch, mein Leo hatte recht, recht hatte er, die werden vom lieben Gott bevorzugt behandelt, ist das Wetter nicht Beweis genug, es kann noch so trübe oder wild sein, an einem jüdischen Feiertag geht die Sonne auf und steht da und scheint uns ins Gesicht, aller Sturm vergessen, umgefallene Bäume vergessen, die abgedeckten Dächer, sowas, gestern standen wir noch unter Wasser, und heute ist eine Witterung, als befänden wir uns im sonnigen Süden, verstehen tue ich es nicht, ich sehe nur, mein Leo hatte recht, die haben mit ihrem Gott einen Sondervertrag abgeschlossen, na, verdient haben sie das nicht, und Leo schon gar nicht, daß an seinen Feiertagen ein Himmel blaut wie auf Postkarten, so unschuldig ist er wirklich nicht gewesen, und dann wieder, wenn ihre Festlichkeiten vorüber sind, geht's wieder los mit Nieselregen und Landregen und Dauerregen und Schauerregen, als wüßte Gott nicht genauso gut wie ich, daß Leo im ersten Krieg ganze Waggons mit Pelzen verschoben hat, der Ganove der, dem nicht beizukommen war, bloß gut, daß ich ihn rechtzeitig durchschaut habe, sonst wär ich noch mit dem ins Standesamt gelaufen, immer piekfein angezogen, der Herr Verlobte, und angegeben wie 'ne Lore Affen, höflich, zärtlich, ach wie gern habe ich ihn gehabt, und dann eines Tages verschwunden, auf Nimmerwiedersehen, mitten im Krieg und mitten in Antwerpen, einfach nicht mehr aufgetaucht, und was hatte ich davon, die Sonne an seinen Feiertagen, ach der.

Zur Kur, Herr Doktor?
Tja, vielleicht helfen Solbäder.
Wir sitzen im Heim abends am Kamin und lernen:
Wir haben das Kohorn geschnihitten mit unserem goldenen Schwert.
Wir werden in Zweierreihen zum Badehaus geführt und lernen, wo rechts und wo links ist.
Rechts ist die Hand, mit der ich den Löffel halte.
Rechts ist der Fuß, mit dem ich den Ball anstoße.
Rechts ist die Hand, die ich hochheb beim Grüßen.
Rechts ist der Fuß, den ich zuerst anziehe.
Wir gehen im Gleichschritt durch die Stadt und betrachten ein Denkmal von Gneisenau und Nettelbeck.
Wir sitzen auf einer Lichtung um ein Feuer, und die Leiterin singt zur Klampfe.
Wir besuchen im Hafen – »Ich habe einen Cousin, der ist Matrose« – ein Boot, das Minen sucht, damit andere Boote nicht von unten her entzweigehen.
Wir stolpern auf dem Boot bei jeder Tür über die erhöhten Schwellen, meine Schienbeine sind schon fast durch.
Wir hören, daß das Boot unten aus Holz ist, um nicht selber Minen abzukriegen.
Wir sitzen abends am Kamin, und die Leiterin spielt auf dem Schifferklavier: Blaue Jungs, blaue Jungs.
Ich komme inmitten vieler Kinder am Lehrter Bahnhof an, und Mütter und Väter stürzen uns entgegen. Kaltesophie ist auch da.
Ich habe eine Menge zu erzählen.

Was hast du denn da in den Haaren? Wo sind denn die Schleifen geblieben? Wie siehst du denn überhaupt aus? Das ist doch Strippe, reine Strippe, die du da in den Zöpfen hast.

Noch in der Bahnhofshalle wird mein Koffer inspiziert, an dessen Deckelinnenseite sich das sorgfältig eingeklebte Inhaltsverzeichnis befindet.

Ich stelle nur eins fest, es sind sämtliche Schleifen weg.

Dafür habe ich nicht ins Bett gemacht, nie.

Das interessiert mich jetzt nicht. Komm du mir mal erst nach Hause. Laß du uns erstmal unter vier Augen sein.

Es war weit vom Lehrter Bahnhof bis raus zum östlichsten Vorort von Großberlin.

Concordia, Onkel Egon, Karl und Kaltesophie sind alle noch im vorigen Jahrhundert geboren. Concordia ist zwei Jahre älter als Onkel Egon und zwölf Jahre älter als Karl. Karl ist vier Jahre älter als Kaltesophie.

Concordia und Karl haben als Kinder im Lustgarten den Kaiser gesehen, als ein Pfund Pflaumen nur sechs Pfennige gekostet hat. Sie sind in Berlin am Cöllnischen Ufer groß geworden. Sonntags erhielten sie zwei Sechser für die Kollekte, damit gingen sie in eine nahegelegene Konditorei und kauften sich für einen Groschen Kuchenbrocken. Sonntags saßen sie an der Spree und aßen süße Krümel.

Kaltesophie geht nicht in die Kirche: Beten kann ich auch im Wald.

Karl geht ebenfalls nicht in die Kirche: Ob es nicht doch ein höheres Wesen gibt?

Tante Mieze geht jeden Morgen um sechs in die Kirche. Kaltesophie sagt: Katholiken sind falsch. Concordia sagt: So'n Blödsinn!

Concordia und Karl hatten noch drei Geschwister. Ihre Eltern sind als Saisonarbeiter aus Polen gekommen und blieben. Der Vater arbeitete als Königlicher Kutscher, die Mutter konnte kein Wort Deutsch. Sie stammten aus Wolomin. Concordia war die Älteste, Karl der Jüngste, die anderen sind früh gestorben. Das heißt, Hermann ist erst später gestorben, er hat drei Dutzend Schreibhefte voller Gedichte hinterlassen, Gelegenheitsgedichte.
Wo liegt überhaupt Wolomin?

hör auf zu husten hör auf hör endlich auf zu husten wozu haben wir dich eigentlich zur Kur geschickt höööt aaaauuff ich halte das nicht länger aus du hast doch gar nichts hör auf zu husten der Arzt hat gesagt du hast gar nichts erst hat er gesagt Solbäder bitte schön Solbäder und wozu das alles du bist nicht krank du hast überhaupt keinen Husten Herrgottimhimmelnochmal halt den Mund sage ich dir schlucks runter und hör auf zu husten du hast einfach keinen Grund zu husten weder erkältet noch Asthma noch Bronchitis nichts nichts weiter als Theater Karl sag du ihr doch mal sie soll aufhören zu husten tut gerade so als würde sie ersticken die will mich bloß auf die Palme bringen jetzt reichts mir aber gleich setzt es was daß dir der Husten vergeht aber gründlich und für immer ich kann das nicht mehr ertragen

Im zweiten Kriegswinter stand zu Weihnachten ein langer Schlitten halb aufgerichtet an der Wohnzimmerwand. Naturfarben und mit breiten, blitzenden, gewölbten Kufen. Der reicht für drei Kinder: Na, weil ihr doch meistens im Liegen fahrt, auf dem Bauch. Dabei habe ich mir die ersten Kinnhaken geholt.

2

Tja, sagt der Arzt, und nichts weiter. Er steht gebeugt an unserem runden schwarzen Eßtisch und verstaut seine Utensilien, nachdem er mich vorne und hinten abgehört hat. In seiner Tasche blitzt es – »Steh' nicht nackend in der Tür herum, zieh dich an!« – die mit Kornblumen, Klatschmohn und dunkelgelben Ähren bestickte Tischdecke verrutscht, Kaltesophie zieht sie an der gegenüberliegenden Seite zurück, so daß der Feldblumenring wieder in die Mitte des Tisches zu liegen kommt. »Kein Rezept?« Sie sitzt am Tisch, sieht erwartungsvoll, freundlich, entgegenkommend, skeptisch zum schweigenden Arzt auf. Ich stehe halbangezogen in der Tür, drücke mich in der Ecke Buffet und Türrahmen herum. Der Arzt richtet sich gemächlich auf, dreht den Kopf nach mir, bückt sich, stellt seine Tasche auf den Fußboden, setzt sich Kaltesophie gegenüber an den Tisch, zieht die Augenbrauen hoch und weit auseinander und reibt sie rasch mit seinen ausgestreckten Zeige- und Mittelfingern, hin und her, hin und her. Ich stehe am Tisch, blicke von einem zum anderen.
Herr Doktor?
Nichts, sie ist kerngesund, vom Lispeln einmal abgesehen. Keine Bronchitis, keinerlei Entzündung, nichts.
Ich bin enttäuscht, Kaltesophie ist enttäuscht, ich habe den Arzt enttäuscht.
Und Sie wissen keinen Rat?
Oh, doch. Schicken Sie Ihre Tochter in die Schule, es tut ihr nicht gut, den liebenlangen Tag zu Hause herumzusitzen. Sie braucht Beschäftigung.
Beschäftigen könnte ich sie auch.
Anders ja, ich empfehle dennoch, ihre Einschulung zu beantragen. Sie braucht einen gewissen Umgang mit Kindern und Be-

schäftigung außerhalb des Elternhauses. Ich werde Ihrem Antrag meinerseits ein Gutachten hinzufügen.
Ich hopse auf einem Bein durchs Zimmer – »Benimm dich« – hurra, ich gehe in die Schule. Der Arzt mit seinen welligen, grauen Haaren und dem geriffelten Mund sagt: Noch ist es nicht soweit. Er erhebt sich, und ich drücke ihm die Hand und mache einen Knicks. Kaltesophie sagt, nachdem sie ihn zur Tür gebracht hat: Das ist eine ausgezeichnete Idee, dich einschulen zu lassen. Jawohl, in die Schule mit dir. Dort wirst du endlich gehorchen lernen.

Karl: Du mit deinen jüdischen Feiertagen.
Kaltesophie: Nimm deren Neujahr, nimm Laubhüttenfest, nimm Versöhnung – klarer Himmel, Sonnenschein.
Karl: Ich nehme gar nichts, und du laß das niemanden hören, bringt uns in Teufels Küche.
Kaltesophie: Wieso denn?

Concordia und Onkel Egon besitzen ein Reihenhaus in Köpenick, in der Wolfsgartensiedlung Richtung Hirschgarten. Karl hat vor seiner Heirat bei Concordia gelebt, Kaltesophie war seine Nachbarin, sie hat mit ihrem Bruder Max bei ihrer Mutter gewohnt. Die Gärten beider Anwesen lagen, nur durch einen Dungweg getrennt, nebeneinander. Karl arbeitete in derselben Firma wie jetzt, Kaltesophie arbeitete als Verkäuferin bei Wertheim. Karl gehörte zu einem Ruderclub und nahm in Grünau an der Regatta teil, in seinem Zimmer hingen Urkunden, standen silberne Pokale, und eines Tages lud er Kaltesophie ein und erklärte ihr, was ein Vierer mit Steuermann ist.
Als sie heirateten, war Kaltesophie dreißig, Karl war vierunddreißig. Es stellte sich heraus, daß Kaltesophie keine Kinder krie-

gen konnte, und sie nahmen ein Pflegekind. Um ein Kind zu adoptieren, hätten sie zehn Jahre älter sein müssen. Das Mädchen hieß Christa.

Alles umsonst, das mühsame Sparen, die Anschaffungen, alles hinüber. Kein Fensterbrett mehr, kein Küchenmöbel, kaum drehe ich mich um, ist es passiert, nichtmal die Kredenz im Wohnzimmer hat sie verschont. Wir sind ruiniert. An Einladungen, an Besuch ist nicht mehr zu denken. Unmöglich, noch jemanden in die Wohnung zu bitten. Selbst auf der Tischplatte prankt ihr Name, eingeritzt mit irgendetwas Spitzem, Nadeln oder gar Nägel, prankt ihr Name. Ihr eigenes Zimmer sieht aus wie ein Reibeisen. Unangetastet ist bis jetzt nur unser Schlafzimmer geblieben. Wer kann mir die Frage beantworten, warum dieses Luder überallhin ihren Namen schreibt? Was heißt schreibt? Einritzt, einkratzt. Das ist nicht normal, behaupte ich, das ist reine Zerstörungswut und Gemeinheit. Ich mache da nicht mehr mit, diesmal kommt mir das Biest nicht ungeschoren davon. Wir sind ruiniert, und das soll sie mir büßen. Ich will sie nicht mehr haben, ich verzichte. Soll dahin gehen, wo sie hergekommen ist.

Karl sagt: Wenn wir den Krieg gewinnen, kaufen wir uns ein Haus, vielleicht drüben in Woltersdorf ein Wassergrundstück.

Sie schreibt irgendwas. Sie faltet den Bogen Papier zusammen. Sie steckt ihn in einen Umschlag. Sie sagt: Zieh dich an! Sie beleckt die Gummierung der Klappe. Sie sagt: Mantel und Mütze! Sie zwängt mir den Brief in die Manteltasche. Sie sagt: Hast du die Handschuhe schon wieder verloren? Ist jetzt auch egal. Sie sagt: Mein Maß ist gestrichen voll, ich will dich nicht mehr sehen, geh dahin zurück, wo du hergekommen bist. Sie sagt: Wo der Bahnhof ist, weiß du ja. Sie sagt: In Köpenick steigst du aus und gehst zu Concordia, die Adresse steht drauf. Sie sagt: Der gibst du den Brief. Nun geh schon, geh! Ich stehe da mit gespreizten Armen. Sie steckt mir Fahrgeld in die andere Manteltasche.

Sie sagt: Nun geh!
Ich sage: Wohin?
Sie sagt: Habe ich dir doch eben erklärt, zum Bahnhof!
Ich sage: Und dann?
Sie sagt: Da siehst du es, dich hat der Esel im Galopp verloren.
Sie schiebt mich zur Wohnungstür hinaus, und ich trete flennend den Weg zum Bahnhof an. Am Marktplatz vorbei, die Wilhelmstraße hinunter, und nichts in Sicht vor lauter Heulerei. Ich bin fast auf der Höhe von Eberts Tischlerei, da werde ich am Ärmel zurückgezogen.
Sie sagt: Willst du wieder mit nach Hause kommen?
Ich sage: Ja, ja.
Sie sagt: Wirst du ab jetzt immer artig sein?
Ich sage: Ja, ja, immer artig sein.
Sie sagt: Vergiß es ja nicht, sonst schicke ich dich wirklich weg.

Und die Morgenstunden unserer Sonntage, Karl befestigt einen breiten Lederriemen an der Klinke der offenen Küchentür und schärft seine Rasiermesser, vor und zurück, vor und zurück, schon kocht das Wasser, mit dem er in einem braunen Bakelitschüsselchen einen Berg Seifenschaum herstellt. Zuerst schmiert er den Rasierpinsel an der Palmolive-Rasierseife dick ein, dann rührt er mit dem Pinsel rasch und lange in dem Schüsselchen herum, wobei die Seife sich auflöst und in lockeren Schaum verwandelt, anschließend geht er mit der Seife, dem aufgeklappten Rasiermesser, eine Serviette um den Hals, eine Zeitung unter dem Arm ins Badezimmer und ich hinterher. Während er mit Daumen und Zeigefinger der linken Hand seine Gesichtshaut in alle Richtungen zieht, stecke ich dauernd den Kopf zum Badezimmer hinein und rufe: Servus Schneemann, Servus Schneemann. Sein Gesicht ist ein Schneefeld mit einem Krater darin, es ruft aus dem Krater: Ich servier dir gleich. Der Krater spuckt und lacht, Karl schnippt eine große Seifenwolke in meine Richtung, wupp, die bleibt innen an der Badezimmertür kleben, weil ich blitzschnell die Tür zuschmeiße und wieder rein, und sein eingeschneites Gesicht und wupp, ich brülle, wenn er mich getroffen hat, und wasche hastig die Seife ab, um weiterzumachen, bevor er fertig ist, glänzend aus dem Badezimmer tritt mit winzigen Fetzen Zeitungspapier auf den Backen, am Kinn, am Nasenflügel, blutgetränkte Papierchen, und wupp fliegt mir wieder eine Wolke entgegen, diesmal lasse ich die Tür weit offen, trete nur ein Stück beiseite, und die Wolke fliegt durch die Tür, durch den Korridor, sie überquert das Wohnzimmer und segelt zum Fenster hinaus. Da schwebt sie zwischen den Kastanien, steigt höher und höher und über Schützes Haus hinweg, wo sie sich langsam vermehrt, zusehends mehr und mehr schneeige Wolken gleiten über den Bahndamm und entfernen sich in Richtung Kranichsberge, diese himmelhochjauchzenden Wolken sind die Morgenstunden unserer Sonntage.

wirst du ab jetzt
artig sein
fügsam sein
willig sein
gehorsam sein
dankbar sein

fleißig sein
ja ja ja ja ja
versprichst du mir das
du Findling du
ich verspreche
artig zu sein
fügsam zu sein
willig zu sein
gehorsam zu sein
dankbar zu sein
fleißig zu sein
erstmal ins Bett mit mir
bis sie erlaubt
ihr wieder unter die Augen zu treten
ich will ab jetzt
immer gehorchen

Fräulein Mammert sagt: Ich heiße Fräulein Mammert und bin eure Klassenlehrerin. Sie ist älter als Kaltesophie und hinkt und ist auf ihren Stock angewiesen. Wir folgen ihr aus der Aula auf den vor dem Schulgebäude liegenden Pausenhof und nehmen am Fahnenappell teil. Die größeren Kinder stellen sich auf und nehmen die rechten Arme hoch, wir bilden mit unseren Müttern einen ungeordneten Haufen, das wird bald anders, und hören den Direktor eine kurze Ansprache halten.
Ostern, und auf meiner Schultüte ist ein Mädchen mit einer Schultüte, auf der ein Mädchen mit einer Schultüte zu erkennen ist. Ich stelle die Tüte neben mich, sie geht mir bis ans Kinn und ist schwer.
Später folgen wir Fräulein Mammert in unser zukünftiges Klassenzimmer, wo sie uns einzeln aus dem Gedränge ruft, uns unse-

ren Namen sagen läßt – »Lauter!« – und uns gründlich mustert. Angst? Scheu? Still? Sie weist uns Plätze an, und ich gelange nach vorn in die zweite Reihe, Mittelgang. Ziemlich dicht am Lehrerpult.

Ich drehe den Hals, schaue mich um – »Ich stehe hier vorne, da hinten ist nichts, was dich angeht« – nach den größeren Kindern in der letzten Reihe. Hinter der letzten Reihe stehen unsere Mütter, die werden hinausgeschickt: Warten Sie bitte auf dem Flur, es dauert nicht lange.

Die Lehrerin läßt uns aufstehen, läßt uns die rechten Arme heben – »Richtig ausstrecken, höher, und ganz gerade halten, nicht einwinkeln« – läßt uns den deutschen Gruß nachsprechen, den sie uns laut und deutlich vorgesprochen hat, im Chor, läßt uns den deutschen Gruß wiederholen – »Das sitzt noch nicht« – spricht leise vor sich hin, läßt uns sodann die Hände falten, sagt ein Gebet auf, läßt uns hinsetzen, verteilt Lese- und Rechenbücher, läßt uns aufstehen, grüßen, entläßt uns: Nicht wie eine Lämmerherde hinausstürzen!

Von der Schule aus zog ich an Kaltesophies Hand und in Gesellschaft anderer Kinder und Mütter die Zittauer Landstraße hinunter, die Friedrichstraße hinunter, über das Flakenfließ, rechts am Anfang der Bahnhofstraße zum Fotografen.

Der Fotograf hieß mich, die Tüte schräg in den Arm nehmen, legte meine Zöpfe nach vorn, so daß die Schleifen auf der Brust lagen, und verschwand mit dem Kopf unterm schwarzen Tuch.

Angst vor der Schule?

Nee, ich freu mich.

Nein heißt es.

Tante Mieze sagt, ein Findling ist ein großer Stein, der alleine im Wald oder auf einem Feld liegt, den hat die Eiszeit hinterlassen.

Wenn ich zu Besuch bin, woanders übernachte, passiert es mir nie. Ich gebe mir große Mühe, nachts nicht einzuschlafen. Ich bleibe aufrecht sitzen und binde mich mit dem Gürtel meines Nachthemds an die vorderen Bettstreben. Ich denke mir Sachen aus, damit ich nicht einschlafe. Ich schlafe auch im Sitzen ein und schrecke hoch, wenn Laken und Matratze vollkommen durchnäßt sind.

Ich lege mich nachts unters Bett, um auf dem Fußboden zu schlafen, und klettere vor Kälte ins Bett zurück: nichts zu machen. Ich stelle mich ans Fenster und betrachte die Lebensbaumhecke, die Dürings Grundstück vom Nachbargarten abschirmt. Ich betrachte den Himmel, Concordia hat mir Sternbilder gezeigt. Unter meinem Fenster ist die Hauswand mit Wein überwuchert, der an einem Spalier befestigt ist und genau zu meinem Geburtstag tiefdunkelblaue, pralle Beeren hervorbringt.

Nachmittag bei Concordia. Sie holt das Schachspiel hervor und läßt mich die Figuren anfassen. Alles, was ich begreife, ist der Rösselsprung. »Tu mir nicht die Schande an und bleibe ein Leben lang an der Rätselseite hängen.«

Dann haben wir einen schweren Atlas vor uns liegen. Concordia blättert um und liest mir Namen aus Deutsch-Südwest vor. Sie zeigt mir die Meere, auf denen sich ihr Sohn Bertholt gerade befindet. Sie erzählt von Palmen und Ochsenfröschen und vom Staudamm auf der Farm Hoffnung. Onkel Egon setzt sich selten zu uns. Er weiß, wie man Lehmöfen mauert, Antilopenfleisch trocknet, einen Ochsenwagen durch feindliche Hererogebiete geleitet. Er spricht von Hendrik Witbooi und dem Häuptling Maharero dem Jüngeren, als seien es Leute, die um die Ecke wohnen.

Mein Cousin Bertholt, der als einfacher Schiffsjunge angefangen hat, er ist viermal so alt wie ich, mußte zur Kriegsmarine überwechseln. Concordia weiß immer seltener, auf welchem Meer er sich in dem Moment befindet.

Überschwenglich den Ranzen geschultert der klappert und allmorgendlich losgerannt fast eine Stunde früher die Wohnungstür zugeknallt die Haustür das Gartentor zugeworfen – »Knall nicht so mit den Türen!« – sie ruft mich zurück obwohl ich schon an der Ecke bin und befiehlt mir langsam und leise die Türen zu schließen.
Rache is Blutwurscht.
Was war denn das?
Ach, nischt.
Hier wird nicht berlinert, ist ja ganz neu.
Schnell am Vorgarten entlang noch unter ihren Augen am Schlafzimmer Wohnzimmer am nördlichen Verandafenster vorbei und geduckt an Dürings oberem Garten entlang wo die Hecke ihren Blick aus dem östlichen Verandafenster noch nicht ganz verdeckt sie mich noch immer ausspähen und zurückrufen kann rasch bis zur Ecke des Grundstücks die gleichfalls die Ecke Hübner-Wilhelmstraße ist entkommen und angehalten und in die Hocke und die kratzenden Strümpfe von den langen mit Knopflöchern versehenen Gummibändern abgeknöpft und runtergerollt so daß die dicken wollenen Ringe über die Hacken hinunter auf der Erde nachschleifen jetzt von dem durch Kaltesophie streng vorgeschriebenen Schulweg abgewichen und nicht etwa die Hübnerstraße weiterverfolgt sondern sie überquert und geradeaus bis zum Friedhof dort krauche ich durch den verwilderten Kurpark stoße am Kriegerdenkmal auf die Zittauer Straße und bin schon da und sitze als erste im Klassenraum lange bevor die andern eintrudeln.

Wie sehen denn deine Finger aus?
Fräulein Mammert hat mich geschlagen.
Warum?
Wir haben einen Vogel fliegen lassen.
Wer?
Alle.
Und nun sehen alle Hände aus wie deine?
Nein.
Also wer?
Susanne Lampertz und ich.
Wer ist Susanne Lampertz?
Aus dem Gemeindehaus.
Schöner Umgang, weiter.
Der Vogel hat die Scheibe kaputtgemacht.
Was war das für ein Vogel?
Eine Taube. Dann hat sie uns auf die Finger geschlagen, mit ihrem Lineal auf die Fingerspitzen. Wir mußten die Hände zwischendurch drehen, damit sie innen und außen rankommt.
Und wer soll die Scheibe bezahlen?
Ich.
Patsch, patsch – eine links, eine rechts.
Und jetzt ins Bett, Denkpause.

Im dritten Kriegswinter schenkten sie mir zu Weihnachten ein Paar Schlittschuhe. Das waren solche zum Anschrauben, die setzten wir unter unsere normalen Winterstiefel und drehten und bohrten die Schlittschuhklammern so lange in den Absatz, bis er sich in seine geschichteten Bestandteile auflöste. Vorne hing auch bald die Sohle herab, aber ich war nicht mehr von den Schlittschuhen herunterzubringen. Gelernt habe ich gegenüber auf Inderans Gartenteich.

3

Um diese Zeit fing ich an, wie eine Wahnsinnige meine Fingernägel abzubeißen. Weder Drohung noch Schläge, weder Blamage – »Leg mal deine Hände auf den Tisch und zeig Tante Grete, wie die Nägel aussehen« – noch Verdammungsurteile vor dem Schlafengehen hinderten mich daran, Fingernägel zu kauen. Hatte ich sie bis auf die Kuppe runtergefressen, ging ich zu der Haut seitlich der Nägel über. Von dort aus nahm ich mir das Nagelbett vor, bis die Nägel suppig und karminrot umrandet waren. Aber keine Sorge, Kaltesophie wußte Rat.

Tante Mieze war durch eine Bekannte auf die »Frau von heute« abonniert, die sie sich aus Böhmen-Mähren schicken ließ, und Kaltesophie entnahm dieser Zeitschrift praktische Winke zur Herstellung von Waschlappen, so schnell wie billig.

Man schneidet aus Frotteeresten Rechtecke aus, welche die Maße 12 mal 20 cm nicht überschreiten sollen. Diese länglichen Tücher werden zu handgroßen Säckchen zusammengeklappt, die, sauber vernäht, eventuell auch mit farbigem, aber kochfestem Baumwollgarn umhäkelt werden können. Es empfiehlt sich auf jeden Fall, an einer Ecke der Öffnung einen gedrehten Aufhänger zu befestigen.

Nachdem Kaltesophie ihre alten Handtücher aussortiert hatte, verfertigte sie mehrere Paare dieser Waschlappen, sie besaß keine Nähmaschine, und steckte beim Zubettgehen meine Hände in je eins der Säckchen, die sie außenherum mit Bindfaden zuschnürte.

Das Umhäkeln und die Aufhänger hatte sie sich gespart.

Konnte ich mich gar nicht mehr beherrschen, bohrte ich mit einem spitzen Messer Löcher in Kaltesophies Inlett, sicher, daß die Löcher sich vergrößern und beim Beziehen unangenehme Flocken hervordringen werden, seidig, spitz und unaufhaltbar eine Feder die andere nach sich ziehend. Die sammelten sich während des Schlafens im Bettbezug, mißmutig hervorgeschüttelt, landeten sie auf dem Teppich, setzten sich fest, waren schwer zu tilgen.

ich bin Preuße und meine Tochter geht krumm neee
stell dich mal hier hin
ganz gerade
gerade stehen
Bauch rein
Brust raus
Kopf hoch
jetzt die Hände auf den Rücken
nicht wackeln
so
fünf Bücher auf den Kopf
nun machs mal wie die Negerfrauen
stillhalten
und jetzt geh langsam zum Fenster
ganz ruhig weiter weiter
dreh dich um na dreh dich schon um
so
und jetzt zurück
Vorsicht
das sind gute Bücher keine Schulhefte
nochmal
jaaa guuut
das probierst du ab jetzt jeden Tag
den Schiller auf den Kopf

und dann los
laß die Bücher bloß nicht fallen
die habe ich als Auszeichnung bekommen
als ich die Schule verließ
sechs Bände
aber mit sechsen schaffst du es nie zum Fenster

>   Rote Haare Sommersprossen
>   sind des Teufels Volksgenossen.

Montags faltete Fräulein Mammert auf dem Katheder die Gelderliste aus: Schulsparen ist in diesen Zeiten oberstes Gebot. Was für Zeiten? Und warum in diesen? erklärte uns niemand. Sie hieß uns einzeln vortreten, Name und Summe nennen und hatte immer Bemerkungen parat, wenn aus den letzten Reihen ein paar Groschen nach vorne getragen wurden und Lilo Finke schüchtern erklärte, sie habe ihr Spargeld vergessen. Lüge, so vergeßlich könne ja niemand sein in diesen Zeiten, um die Geschichte beim Namen zu nennen, habe ihre Mutter wohl mal wieder die gesamte Fürsorgeunterstützung durch die Kehle gejagt, unverantwortlich, da sie das Geld nicht für sich, sondern zur Ernährung ihrer Kinder erhielte, um ihre Kinder am Leben zu erhalten, und für nichts sonst.
Montags schonte Fräulein Mammert mich und äußerte sich beifällig, wenn ich meinen spiegelglatten und noch nie geknifften Zweimarkschein aus dem Lesebuch fischte und nach vorne trug. Aah, sie streckte den Geldschein in die Höhe: Seht euch das Scheinchen an, keine Knitterfalte, kein Untätchen, blank wie ein Märchen. Ich setzte mich aufrecht hin, hob den Kopf.
Ich wuchs mit meiner Spareinlage.
Montags erweckte ich das Interesse meiner Klassenkameraden.

Ich besaß unter ihnen keine Freunde, hielt mich sonst abseits, und jetzt umringten sie mich in der Pause und fragten: Wo arbeitet dein Vater denn, daß er so neues Geld kriegt? Inner Schießpulverfabrik. Haha, dreht er da Kanonen oder Granaten? Neee, der is Prokurist. Watn det? Na'n Anjestellter isser. Ach soo.

Das erste Volksschuljahr ist rum, und Lilo Finke und Erwin Droht sind nicht versetzt worden, dabei haben sie sowieso schon in der letzten Reihe gesessen. An ihrer Stelle kommen nach den Ferien Maria Wehrle und Inge Wassermann zu uns. Auch Inge Wassermann wohnt im Gemeindehaus hinter der Schranke, und ihre Mutter geht regelmäßig zum Schrankenwärter Rüdiger auf Besuch, der gegenüber in Schützes Souterrain wohnt – »Auf gut Deutsch – eine Kellerwohnung«.
Sitzenbleiber – Kartoffelreiber! Sitzenbleiber – Kartoffelreiber!

Wie ich ihre Schritte belausche wenn sie sich durch den Korridor nähert um aufzumachen
ich klopfe in der mir eigenen Art zu klopfen
jetzt kommt sie heran
langsam träge schlurfend widerwillig
ist ihr die Milch angebrannt?
oder rennen Laufmaschen am Bein herunter?
Oder hat etwa der Staubsauger gehustet und ist dann weggeblieben?
egal – bei diesem Schritt besteht keine Gefahr
anders wenn sie herbeihastet dabei fest und energisch auftretend
nur eben schneller
auf dich habe ich gewartet komm mal her hierher

anderntags trampelt sie über den Kokosläufer wie ein Elefant
und selbstvergessen
aha ihr ist was in die Quere gekommen was sie nicht durchschaut
sie hat was gehört oder gelesen was sie beschäftigt
bleibe ruhig sie wird es nie verstehen
aber sie hat wenigstens was zu knabbern
sollte sie jedoch tänzelnd gar summend auf die Wohnungstür zu-
fliegen ist der Tag gerettet
sie drückt mich selten und wenn sie es tut
stoße ich mich ab winde mich
stemme mich weg mit meinen Handflächen weg von ihrem Geruch.

Karl sagt: Wenn wir den Krieg gewinnen, fahren wir mal einen Winter nach Norwegen.

Allnächtlich meine Fäuste
in kleinen Taschen
bis mir die Krallen nachgewachsen sind.
Von jetzt an hebe ich sie mir auf.

Inge Wassermann kriegt in der Schule die meisten Schläge. Sie hält es nicht aus und verfällt in wilde Tänze. Sie schreit und dreht sich wie ein Kreisel und hat nicht die Kraft, auf Fräulein Mammerts Befehl hin, die Handflächen nach jedem Schlag umzudrehen, damit die Innen- und die Außenseite gleichviel abbekommen. Sie dreht sich auf einem Bein, springt hoch in die Luft, vollführt Spitzentänze und heult in hohen, zitternden Tönen. In den Pausen steht sie allein. Ich hake sie unter und gehe ein Stück mit ihr. Dafür haben die anderen mich tagelang nicht angesprochen.

Hast du aber alte Alte, die könnten ja deine Oma und dein Opa sein.

Am letzten Schultag vor den großen Ferien brauchen wir nicht zu lernen.

Nachdem eine Menge Pfänder zusammengekommen sind, spielen wir »Römisch beichten«.
Bei Römisch beichten muß einer, den wir weggeschickt haben, drei Fragen beantworten: Wie oft hast du das ERSTE getan? Wie oft das ZWEITE? Das DRITTE?
Wir haben in seiner Abwesenheit genau ausgemacht, welche Sünden und wie er sie büßen muß. Machen wir etwas Gutes aus, dann wird er fünfmal belohnt, wenn er Fünf gesagt hat.
Diese heimlichen Abmachungen sind beeinflußt von Sympathien, auch vom Ansehen des betreffenden Schülers. Unsere Urteile hängen außerdem davon ab, ob wir Angst haben vor dem, der Römisch beichten muß. Die Jungen aus der letzten Reihe verprügeln uns sonst auf dem Nachhauseweg.
Am Ende werden wir von Fräulein Mammert mit Händeschütteln und Winken verabschiedet. Traurig hinkt sie mit ihrem Stock ins leere Gebäude zurück. Sie hat keinen Mann. »Meine Kinder seid ihr, ihr seid mein Ein und Alles!«

Kaltesophie windet sich hinter einem Strauch und ruft nach einem Taschentuch und erbricht das Mittagessen. »Es ist noch kein Gericht auf den Tisch gekommen, das sie ohne Kümmel zubereitet haben.« Mit Hirtentäschel gewürzte Speisen spuckt sie genauso aus.
Sudetengau, Glashütte, Ferien 1942. Wir wohnen in einem Komplex verschiedener Höfe, die zusammengehören. Neben

dem Gasthaus steht ein Bauernhof, beiden sind ein Sägewerk und eine Glashütte angeschlossen. »Die schütten den Kümmel sogar in den Pudding«, und Kaltesophie läuft blubbernd und glupsend aus dem Speisesaal.

Nachmittags besuchen Karl und ich oft die nahegelegene Försterei, weil der Förster zusammen mit Karl im ersten Weltkrieg gedient hat. Karls Bekannte sind alle Förster oder Jäger. Sie sind alle riesengroß und jetzt nicht im Krieg, da sie die Fünfzig schon überschritten haben. Beim Förster erfahre ich, daß hier gar nicht mehr Deutschland ist, sondern die Tschechei.

Mitten auf den Feldern ducken sich hellgraue Bunker aus Beton. Schießscharten und dumpfe Eingänge, die Bunker stehen auch in den Wäldern und recken ihre verrosteten Eisenstreben in die Luft.

Haha, die wollten gegen uns antreten, wurde aber nichts draus, wir sind schneller gewesen.

Geh da nicht rein.

Warum nicht?

Man weiß nie, was für Kroppzeug da reinkriecht.

Nun grade.

Der Glasbläser tippt mir mit einem langen, heißen, gläsernen Stab auf den nackten Arm, und ein Zucken durchläuft mich, als hätte ich den Finger in eine Steckdose gedrückt. Völlig außer mir gehe ich rückwärts bis an die Brettertür, nein, es war eher wie das saure Stechen einer Waldameise, allerdings ohne den nachfolgenden, langanhaltenden Brand, es biß nicht. Zwar mache ich denselben kurzen Sprung, doch das Kribbeln setzt sich nach innen fort, bis zu den Füßen runter und steigt wieder herauf, in die Kopfhaut. In mir ballt sich ein Kloß zusammen, der pendelt zwischen Bauch und Hals, wird leichter, luftiger, tänzelt und bleibt irgendwo im Bauch stecken. Ich sehe dem Glasbläser nicht ins Gesicht.

Auf unseren Wanderungen bringt mir Karl bei zu singen. Auf, auf, Kamerahaden, aufs Pferd, aufs Pferd, ihins Feld, in die Freiheitt gezoogen. Im Fälde, da ihist der Mannn noch was wert, daha wird ihm das Härz noch gewoogen. Zwischendurch pfeift er den Yorkschen Marsch und richtet meine Beine, die Schritte nach dem Takt aus, den er anschlägt. Dann läßt er mich die Arme anwinkeln, die Ellenbogen so weit wie möglich nach hinten drücken und schiebt mir meinen Spazierstock quer über den Rücken durch die Armbeugen. So gehe ich eine Weile vor ihm her, um Haltung zu gewinnen.
Kopf hoch! Kopf hoch! schreit er, dabei hält er ihn selber gesenkt. Unter dem Gewicht seines Fernglases tut ihm die Narbe im Nacken weh. Bei jedem zweiten Schritt schwingt er seinen Spazierstock bis in die Waagerechte und stößt ihn dann in den steinigen Weg. Kaltesophie verursacht mit ihrem Stock dasselbe Knirschen. Ich ziehe meinen hinter mir her und hinterlasse irgendwelche Zeichen, damit wir den Rückweg finden. Karl hat eine zuverlässige Karte bei sich und geht nie denselben Weg zurück.

Er setzt einen Klumpen Masse an, bläst die Backen auf, augenblicklich besteht sein Gesicht aus drei Kugeln, eine milchige vorneweg, rechts und links verfolgt von zweien aus Haut mit roten Äderchen. Der Ballen vor seinem Mund nimmt Tropfenform an, neigt sich, hängt herunter, jetzt hat er eine gewaltige Zunge, die dreht sich, stellt sich auf, wippt am Ende und wird immer länger. Die Zungenspitze wächst sich aus, nimmt wieder Kugelgestalt an, während seine Hände vor dem Mund sich drehen

und drehen, als wolle er sich eine übergroße Schraube in den Rachen stoßen. Ich gehe ganz nahe an ihn heran, wie er da sitzt, dünn, auf seinem niedrigen Hocker, und besichtige die aufgerissenen Nasenlöcher, in denen kleine Haare flattern. Selbst seine Augen sind gläserne Murmeln und sprühen und jagen mir Schreckschüsse ein, die sausen bis in die Fußsohlen.
Jede freie Minute drücke ich mich in der Glashütte herum. Ich pflanze mich vor ihm auf und strieze ihn mit endlosen, hastig erfundenen Wortreihen: Hutzel, wutzel, knutzel, schutzel, mutzel, rutzel, dutzel, butzel, lutzel. Solange er pustet, läßt er sich nicht stören. Plötzlich versucht er mich zu packen, ich laufe weg, er hinterher, ich falle in einen Haufen Sägemehl, er ist weg.
Was treibst du denn da? Laß ihn in Ruhe!
Jaaaajaaaa.

Karl und Kaltesophie begeben sich auf eine Rundfahrt und überlassen mich der Obhut der Wirtin. Der Glasbläser schnitzt mir eine grobe Holzpuppe, mit der Puppe im Schoß sitze ich neben ihm »Rück mir nicht so auf die Pelle« – auf einer Kiste und stiere ins Feuer. Nach ihrer Rückkehr packt Karl ein Kristallschiff aus, mit gezacktem Rand und lichtsprühendem Schliff. Das Ding ist so groß wie eine Bratenpfanne, und Kaltesophie hat mir eine Negerpuppe mitgebracht mit Turban und roten Pluderhosen. Die interessiert mich nicht.

Hör dir mal an, was ich in der Küche aufgeschnappt habe, wie die Tschechen mit ihren Neugeborenen verfahren, wenn sie einen Buckel haben. Ooch, wie die mit ihren Kindern umgehen. Also, wenn ein Kind einen Buckel hat, rühren sie Brotteig an und legen das Baby so tief hinein, daß nur noch die Augen rausschauen. Ist der Teig ausgegoren, packen sie das kleine Wesen ins

Bett, backen Brot aus dem Teig und legen dem Kind drei ausgebackene Brote zur Seite. Hast du sowas Hirnverbranntes schon gehört?
Meine Mutter hatte auch allerlei so Zeug aus Polen mitgebracht, ansonsten verstehe ich sowieso nichts von Kindererziehung.
Karl, hier geht es nicht um Kindererziehung, sondern um Hygiene.

Unter uns liegen breite Felder, grün und gelb. Die Bunker überragen das hohe Korn. Im Nu ist alles grauingrau, Wolkenbruch und Gewitter. Hinter uns kollern die Kieselsteine, die rennen, rutschen, schlittern genau wie wir ins Tal hinunter, naß und glänzend. Kaltesophie zuckt bei jedem Blitz zusammen und hält mich fester, bis wir auf die Blockhütte stoßen mit den Goldfischen im Fenster. Und nichts wie rein.
Ein großer Raum mit Brettern ausgeschlagen, und Hunderte von Holzfiguren in den Regalen. Kaltesophie interessiert sich für eine Tischlampe, deren Fuß eine alte Eiche darstellt. Der bemalte Schirm ist aus Pergament, er weist braune Nähte auf und zeigt Bilder aus der Jägerei. Und das ist nicht alles. Unter dem Schirm, von der Birne in Licht getaucht, steht auf dem Sockel der Lampe ein röhrender Hirsch mit hocherhobenem Geweih. Der reißt aber das Maul auf, und Kaltesophie wird nicht weggehen, ohne dieses Vieh unterm Arm zu tragen. Dessen ist der Holzschnitzer sicher.
Ich stehe vor dem angestückelten Fensterbrett und starre in das Glas, groß und rund wie ein Medizinball, leise schwebende Wasserpflanzen und voller Goldfische. Warum sind Goldfische rot statt gelb? Finger da weg, laß die Fischchen in Ruhe!
Das Gewitter schickt Blitze durch das handtuchkleine Fen-

ster und direkt ins Goldfischglas. Ich rühre darin herum, flitsch, flatsch. Die Biester sind glitschig und schwer festzunageln.
Kaltesophie fährt mit den Fingerspitzen am Hirsch entlang.
Ich suche, taste, rühre im Glas nach einem Fisch. Zack, dich hab ich, du Zappelphilipp. Und mir vorne rein in die Bluse, wo er auf dem Bauch landet und nicht mehr wegkann, »drei Uhr und stockfinster draußen«, gefangen über dem schmerzhaft festgezurrten Schürzenband. Oft trage ich rund um mich herum einen dicken Wulst über der Gürtellinie, ein Haufen Kram und Zeug läßt sich da verstauen und mitnehmen. Igitt, ist der naß und kalt und schlägt weiter aus. Ich presse die Hände auf den Bauch und drücke, bis er aufgibt und stillhält. Ruhe erstmal.
Der Holzschnitzer schraubt das Geweih ab und packt es extra ein. Die reinsten Mistgabeln, die er in Holzwolle verbuddelt. Aaaah, es klart auf, und auf schnellstem Weg nach Hause.
Kaltesophie läuft zu Karl, ich in die Glashütte, meinen Goldfisch geangelt und dem Glasbläser hinten in den Hals unters Hemd. Der hat vielleicht gebrüllt. Rasch weg und aufpassen. Ach, jetzt zertrampelt er das tote Fischchen, der Idiot.

Concordia empfiehlt mir, Hammer statt Amboß zu sein. Das kapiere ich nicht.
Sie ist gelernte Weißnäherin, allerdings hat sie einen Bildungsverein und später regelmäßig die Volkshochschule besucht. Wenn ich sie frage, warum sie nach Afrika gefahren sei, sagt sie: Frage mich nicht, das kapierst du doch nicht.
Concordia sammelt Goethezitate, die einander widersprechen wie Bauernregeln.

Wie Kaltesophie aufschloß und keuchend den Korridor entlangeilte, die Tür fiel hinter ihr ins Schloß, und der Küche zustrebte, wo sie die Einkaufstasche auf den Tisch hob und patsch und tief einatmete und erschöpft ausatmete, da traute ich ihr nicht. Dieser mit schweren Lauten getränkten Stille, der traute ich nicht.

Sie ruft mich in die Küche. Sie steht mitten im Raum und deutet mit dem Zeigefinger auf den Tisch auf einen Stapel Schreibhefte, linierte Übungshefte für die Deutsche Schrift, und sagt: Um richtig zu schreiben, braucht der Mensch Papier, auf die Schiefertafel geht ja nichts rauf, lächerlich.

Verblüfft und überrascht, fröhlich stürze ich mich auf den Packen, so hoch wie ein Bierglas – »War nicht einfach zu kriegen, die fangen an, das Papier zu rationieren« – schlage das oberste Heft auf, die sind alle gleich und mindestens zwanzig Stück, und bewundere die Buchstaben und Wortteile, die links auf jeder Zeile vorgeschrieben stehen. Saubere große und kleine Schriftzeichen und Pfeile deuten an, wie der Buchstabe in Angriff genommen werden soll und wie das *n* sich vom *u* und das *u* sich vom *n* unterscheidet und das große *N*, welches um keinen Preis mit dem großen *M* verwechselt werden dürfe, und die Wörter *Europa* und *Fußball* und *Endspiel* alle drei untereinander. So, und nun los, die Zeilen ausfüllen, einfach weiterschreiben, so, wie die da angefangen haben. Ich freue mich halbdämlich. Und bevor ich das Wort *Heimat* ausgeschrieben habe, ohne abzusetzen, bin ich fast erstickt, weil ich die Luft angehalten habe, und bin seelig, wenn ich bloß das große *H* schaffe, und bin schweißgebadet beim letzten kleinen Aufstrich, den ich dem *t* versetze.

Hast du von meinem guten Service einen tiefen Teller fallenlassen?
Nein.

Oder beim Abtrocknen irgendwo damit angestoßen?
Nein, wieso?
Na, der hat einen Sprung, und den hat er nicht von alleine.
Ich wars nicht.
Also das kannst du jemandem erzählen, der die Dummheit mit Löffeln gegessen hat, aber nicht mir. Da ich es nicht war, muß du es doch gewesen sein.
Nein, bestimmt nicht.
Sag doch einmal die Wahrheit, ein einziges Mal, es passiert dir nichts. Ich will nur wissen, wie der Sprung in den guten Teller gekommen ist.
Weiß ich nicht.
Dann sage mir wenigstens, wie der Sprung anders hat reinkommen können. Ich wars nicht, du warst es nicht, Karl hat seit vier Wochen nicht abgetrocknet.
Ich weiß nicht, wie, aber ich wars nicht.
Du bleibst dabei?
Mir ist er nicht runtergefallen, ich habe ihn nicht angestoßen, ich habe den Teller nicht kaputtgemacht.
Patsch, ich kriege eine geschoben.
Ich wars nicht.
Peng, noch eine.
Ich wars nicht.
Puuuh, rechts und links, daß es mich schüttelt wie einen Affen auf dem Weihnachtsmarkt, und ich weinend ihre Finger einzeln geküßt – »Ich wars nicht« – und ihre Handrücken mit Tränen überschüttet – »Ich habe den Teller nicht entzweigemacht« – als hätte ich kleine Tassen im Kopf voller Wasser – »Wirklich nicht« – und meine Augen wären die reinsten Tee-Eier.
Richtig herzerweichend, und du meinst, ich glaube dir? Nein,

nicht von hier bis über die Straße glaube ich dir, und wenn du noch so heulst. So lange du leugnest, ist mit mir nicht zu reden. Und jetzt setzt du dich hin, nimmst eins der Hefte vor und schreibst eine ganze Seite runter: Ich soll nicht lügen. Immer hintereinanderweg. Ich soll nicht lügen. Wenn die Seite voll ist, werden wir weitersehen.

Ich soll nicht lügen. Ich soll nicht lügen. Ich soll nicht lügen. Ich soll nicht lügen. Ich soll nicht lügen. Ich ....
Kliere nicht so!

Wer lügt – der stiehlt.
Wer stiehlt – der tötet auch.
Wer tötet – wird aufgehangen!

Auf jeder Seite oben und unten Sprüche und gute Ratschläge.
Sitze bequem, aber aufrecht! Kopf hoch! Nicht den Brustkasten anlehnen!
i-Punkte und *ü*-Bogen, Umlaut-Striche zuletzt! Nicht stükkeln oder flicken!
Beide Füße ganz aufstellen, nicht die Fußspitzen unter den Sitz!
Wadenkrampf staut das Blut!
Beide *d* sind lebendige Formen, beachte ihre stolze Kopfhaltung!
Heft schräg legen! Schreibst du in die unteren Zeilen, so nimm das Heft höher hinauf, nicht die Arme an die Tischkante herab!
Unter die Hand ein Löschblatt! Handschweiß verdirbt Papier und die Schrift!
Das *r* hat Leben und Bewegung, verlangt aber gute Arbeit!
Führe den Halter leicht und locker! Wozu ihn pressen und drücken?

Dich sollte man mal aufsäbeln, um zu wissen, wie es eigentlich in deinem Kopf aussieht. Na, lieber nicht, schlecht könnte mir werden.

Damit ich nicht sehe, wie die zierlichen, blutigen, teelöffelkleinen Mandeln, meine Mandeln, in die tiefe, weiße, nierenähnliche, mit kobaltblauem Rand versehene Emailleschüssel fallen, hält eine Schwester mir die Augen zu. In meinem Rachen steckt eine gespreizte Klammer, ein Arzt fuchtelt mit seinem Puppenbesteck vor meinen halbverdeckten Augen herum. Sein Gesicht mit den niedergeschlagenen Augen berührt gleich meine Nase und kraucht mir buchstäblich in den Hals. Rrrrraaaaahrrr. An Narkose war nicht zu denken, »die werden ja nur gekappt«, und von den Kindern aus meiner Klasse, aus meiner Straße, aus unserem Viertel landet sowieso jedes einmal irgendwann im Rüdersdorfer Krankenhaus.
Ich bleibe eine Woche zur Beobachtung auf der Kinderstation. Dreimal die Woche Besuch, und Kaltesophie bringt mir mein Lesebuch. »Damit du den Anschluß nicht verlierst.« Ich habe einen leichten Schock davongetragen und kann nicht sprechen. »Sie kann nur deswegen nicht sprechen, weil sie denkt, daß sie nicht mehr sprechen könnte.«
Wir sind Jungen und Mädchen, und sobald das Licht der tiefblauen Nachtlampe alles verwischt, setzt ein geheimnisvolles Rumoren, Kichern, Zischen, Tappen, Schleichen ein. Ich reiße die Augen auf und verfolge die Zusammenrottungen in den Ecken. Zeigefinger tauchen auf, deuten hierhin, dorthin. Dann unterdrücktes Heulen, Schluchzen. Na, jetzt verhauen sie einen.
Ein Mädchen in der Bettreihe gegenüber hat seine Puppe dabei: eine überlebensgroße Babypuppe aus Zelluloid mit Schlafaugen,

die Mama sagen kann. Mit flehender Mimik bedeute ich dem Mädchen, daß ich die Puppe mal geliehen haben möchte. Ich fuhrwerke mit Händen und Füßen vor ihrem Bett herum und drücke das hohle, klappernde Baby an mich, bis die Puppenmutter sagt: Hm, für eine Nacht.
Links neben mir liegt ein älterer lauter Junge, dem ein Bein bis zum Knie fehlt. Ich versuche dauernd, nicht hin zu sehen, denn er zeigt oft und plötzlich seinen verknorpelten Stumpf. Ruckzuck streckt er seinen vernähten und rötlich vernarbten Rest unter der Decke hervor und geradewegs in Richtung meines Gesichts. Und nie läßt er seinen Stock los. Der liegt immer neben ihm auf der Decke. Manchmal nimmt er ihn sogar mit ins Bett. Fällt der Stock trotzdem auf den Boden, befiehlt der Junge mir streng, sofort den Stock aufzuheben: ein dunkelbrauner Stock, der unten in einen Gummipfropfen mündet.

Eine Woche später redete ich wieder wie ein Wasserfall, durfte meine Sachen packen und wurde in einen anderen Trakt überführt, in Quarantäne. Ich hatte mich im großen Saal mit Diphtherie angesteckt. Kaltesophie ließ mir mein Rechenbuch aushändigen.
Ich gewöhnte mir an, nachmittags zu schlafen. Stand sie mittwochs und sonntags hinter oder, von ihr aus gesehen, vor dem Fenster, drehte ich mich in meinem Bett zur Seite und kniff die Augen zu. Quarantäne, das hieß, sie konnte mir nicht auf den Leib rücken.
Zuerst hatte sie getobt, dann kam sie seltener. Zuletzt erkundigte sie sich telefonisch, wie es mir ginge.
Zwei Monate später kam Karl und holte mich ab. Er mietete uns ein Auto, und mein Zimmer zu Hause war renoviert. Ein Kindersofa hatten sie mir anfertigen lassen, darüber hing ein be-

stickter Wandbehang: »Hab Sonne im Herzen, obs stürmt oder schneit.«

Ganz verkommen und verdorben sind die Pflanzen am Weg an den Wegen nach Rüdersdorf
vom wilden Hafer über den Beifuß die Schlehen die rauhhäutigen Birken bis zu den Kiefern.
Was hier wächst ist grauhaarig und versteinert
bevor es alt wird oder groß oder verwelkt.
Dick bepudert und schwer neigen
sie ihre Köpfe und Wipfel und Kronen.
Ihre Adern und Zellen sind durchdrungen von Kalk.
Die Pflanzen in Rüdersdorf und seiner Umgebung gehören samt und sonders ins Altersheim.

Ehe Concordia schlafen geht, zieht sie die Kämmchen und Nadeln aus dem hellgrauen Haar, sie kämmt sich und flicht zwei lange Zöpfe. Dann zieht sie ein weißes Leinennachthemd an mit Spitzen, das bis zur Erde reicht. Sie ist die Allerschönste und sieht aus wie ein Mädchen.
Kaltesophie läßt sich selten breitschlagen. Wenn ich bei Concordia übernachten darf, sagt sie: Ich habe mich mal wieder breitschlagen lassen.

Der Affenbrotbaum oder Baobab ist ein Charakterbaum der weiten Steppengebiete des inneren Ostafrika. Sein Stamm erreicht einen gewaltigen Umfang. In der Trockenzeit wirft der Baum die Blätter ab, so daß er fünf bis sechs Monate blattlos dasteht.

Berlin ißt heute sein Eintopfgericht.

Meine liebe Gertrud, ich habe ein schwieriges Kind großzuziehen und beim besten Willen keine Zeit für Deine Frauenschaft. Was den Eintopf betrifft, so koche ich mehrmals in der Woche Eintopf, aber meinen Speisezettel, den stelle ich mir immer noch selber zusammen. Wenn ich Appetit auf Linsen habe, gibt es Linsen, und Kartoffelsuppe mache ich ebenfalls, wenn ich Lust darauf habe, und nicht am Sonntag, bloß weils in der Zeitung steht.

Im vierten Kriegswinter erhielt ich zu Weihnachten ein Paar Skier, mit denen ich nur einige Male die winzige Böschung von der Wilhelmstraße zum Marktplatz hinuntergefahren bin. »Säubern, trocknen, putzen, wachsen.« Außerdem nahmen die Luftangriffe ein solches Ausmaß an, daß ich selten ausgeschlafen war. Jede Nacht in den Keller, und ich schlief nachmittags nach der Schule.

Heiligabend gab es bei uns Gardesterne. Ich habe – »Schling nicht so« – acht Stück gegessen. Wenn Kaltesophie Kartoffelpuffer macht, sagt Karl: Laß mich reiben, bei dir wirds wieder die reinste Blutsuppe. Kaltesophie ist verrückt nach Grünen Heringen, davon macht sie eingelegte Bratheringe, auf Vorrat. Rollmöpse gelingen ihr am besten. »Ich hab als Kind Rollmöpse gedreht für Vaters Laden bis zum Gehtnichtmehr. Trotzdem hat er Bankrott gemacht. Wir hatten eben nur Laufkundschaft.«
Mit süßen Nudeln kann sie mich jagen, mit Spinat und Schmorgurken erst recht, und an Milchreis mit Zucker und Zimt finde ich auch nichts. Buletten lasse ich mir gefallen, auch Löffelerbsen und Pellkartoffeln mit Beamtenstippe.
Karl ißt kein Hammelfleisch, er ißt keinen Kochfisch, und an die Béchamelkartoffeln gießt sie viel zu viel Essig ran.
Kaltesophie sagt: Kiesätig, und das mitten im Krieg. Du als

Erwachsener gehst mit schlechtem Beispiel voran, hast du den Kohlrübenwinter vergessen? Na, ihr werdet noch froh sein, alle beide!
Also, was mir wirklich hochkommt, ist Leinöl mit Quark.

Und jedes Weihnachten ein Haufen Zeug für die Aussteuer. Mit sieben verfügte ich über ein Dutzend Frotteetücher und ein Dutzend Geschirrtücher und ein Dutzend Gläsertücher. Mit acht überreichte sie mir einen Stapel Bettwäsche, immer zu Weihnachten, zweimal komplett zum Beziehen. Concordia war nicht viel besser, aber sie tanzte wenigstens mit selbstgemachten Kochlöffeln an, mit Milchquirlen aus Holz und kreisrunden Topflappen.

4

Karl bezeichnet es als Verschwendung, Geld für Schreibhefte in Bergen zu zwei Dutzend hinauszuwerfen. Seitdem bringt er aus der Firma neue Kontobücher mit, festgebunden, hundert Seiten stark, doppelt so groß wie ein Schreibheft, und die blaulinierten Seiten mit zarten, roten Längsstreifen versehen. Links oben steht Soll, und rechts jeweils Haben.

Ich soll nicht das Bett naß machen.
Ich soll nicht das Bett naß machen.
Ich soll nicht das Bett naß machen.
Ich soll nicht das Bett naß machen.
Ich soll nicht das Bett naß machen.

Längst habe ich eine neue Methode herausgefunden. Zuerst schreibe ich die Seite runter *Ich*, dann die Seite runter *soll*, und so weiter. Das geht viel schneller, als die Sätze hintereinanderweg zu schreiben. Unangenehm ist es nur, wenn Kaltesophie sagt: Du setzt dich so lange hin, bis ich sage Schluß. Das unbefristete Strafschreiben ist ein Grauen.

Vorsichtig lockere ich den Hahn am Heizkörper ihres Schlafzimmers. Nachts ergießt sich dann eine brühendheiße Fontäne, die waagerecht auf die Ecke des Kleiderschranks zuschießt. Die Tapete unterm Fenster trieft nur so. Der Teppich kräuselt sich wie eine Fingerkuppe, die lange im Waschwasser war. »Paß bitte auf, Karl, und geh besser mit den Heizkörpern um, die Bettumrandung ist hin.«

Ein Johlen, Kreischen, anschwellend, verklingend, dann immer lauter werdend. Ich lief an Dürings oberem Garten entlang und um die Ecke in die Hübnerstraße hinein. Dort sah ich sie, ein Haufen Leute, bei der Oberschule hervorquellen und in die Friedrichstraße einbiegen. Im Viertel Neuseeland war ein englischer Flieger abgestürzt. Die Menge wurde größer, schien sich in gebückter Haltung vorwärts zu schieben, schrille Jauchzer ausstoßend. Nichts wie hin.

Unterhalb der Kirche holte ich sie ein. Die Menge bewegte sich langsam, heftig, dunkel, spritzte auseinander und rottete sich wieder zusammen. Das Knäuel scharte sich um eine nicht festzumachende Mitte; es kostete allerhand Kraft, mich durch die Leiber und gesenkten Köpfe zu drängeln. Das Zentrum bestand aus einem flachen Handwagen, auf dessen Pritsche ein uniformierter Mann lag, dem ein Bein mitsamt dem Hosenbein fehlte. Der Mann grunzte, röchelte, stöhnte. Seine Laute mischten sich mit dem Rattern der Wagenräder, die, klein wie Frühstücksteller, eisern über das Pflaster rollten. Ich tappte in Blut und schrie und blieb eingekeilt. – »Warum brüllst du denn wie am Spieß?« und sah, wie der Verwundete die Arme hochreckte, so daß einen Moment lang zehn Finger in die Höhe standen.

Einer der Bewacher, die Augen wie aufgeklappt, hob einen Knüppel und schlug zu. Es knackte wie im Wald das trockene Geäst unter unseren Füßen, es hörte sich an wie Fräulein Mammerts Lineal, wenn es auf unsere Fingerrücken niedersauste. Unmöglich, sich frei zu rudern.

Ich steckte das Gesicht in die Armbeuge. Als ich zu mir kam, befand ich mich auf dem Bürgersteig vor dem Tor, das zum Rathaus-Park hinunter führte. Eine Frau nahm mich bei der Hand und brachte mich nach Hause.

Ich heulte den Abend lang weiter; Kaltesophie machte mir ein Lager im Schlafzimmer auf der Besuchsritze zurecht. Karl flößte mir Baldriantropfen ein und summte mir ein Lied nach dem anderen vor, es half alles nichts. Ich kriegte keine Luft und zerfetzte den Bettbezug. Kaltesophie rannte hin und her und schaffte Tee herbei und wickelte mich in nasse Handtücher und zwang mir ein Pulver ein, das sie aus einem weißen Briefchen in den Löffel schüttete. Nächsten Morgen brauchte ich nicht in die Schule zu gehen.

Im Krönichen wachsen Narzissen, zu denen sagt Karl Dichternarzissen. Tante Mieze nennt die Blumen Pankrazerln, und mich nennt sie Pankrazia. Das kommt mir vor wie Bärentatzen.

stell dich mal vor mir hin
wollen die Übungen etwas erweitern
erschweren sozusagen
gerade stehen
Kopf hoch
Bauch rein Brust raus Kopf hoch
laß die Arme diesmal lose runterhängen
die Bücher soo
und ab heute nimmst du Abschied von den kleinen
Trippelschritten
drück die Knie durch
nicht anwinkeln beim Gehen
gerade halten beide Beine
rechten Fuß anheben
der Fuß wird gestreckt
nicht die Zehen einkrümpeln
strecken
jetzt das linke Bein
so nun geh los
links zwei drei vier links zwei drei vier
du brauchst dich nicht zu beeilen

kehrtmachen am Fenster
ja dreh dich um und komm zurück
vortrefflich ganz ausgezeichnet
nächstes Mal regulieren wir die Armbewegungen
dann hast du den richtigen Stechschritt intus
Hauptsache gerade gehen
huck huck Stuck verschluck
das ist wichtiger als mit der Winterhilfsdose rumzurennen
Körperbeherrschung kannst du vielleicht nochmal gebrauchen

Auf dem Nachhauseweg aus der Schule im Gänsemarsch und schreiend die Straße langmarschierend. Parademarsch, Parademarsch, der Hauptmann hat ein Loch im Arsch. Parademarsch, Parademarsch, die Mammert hat ein Loch im Arsch!

Ich habe doch Windbeutel bestellt und keine Lucca-Augen.
Es macht Spaß, mit Kaltesophie ins Café zu gehen. Sie lächelt dabei. Malzkaffee und Windbeutel mit einem Inhalt aus Pudding. »Das waren noch Zeiten, als sie bis zum Überlaufen mit echter Sahne gefüllt waren.« Nächstes Mal bestellen wir uns Schillerlocken. Mal sehen, ob derselbe Vanillenpudding drin ist. Mir schmecken sie auch so.
Halt die Füße still und hau mir nicht gegen die Schienbeine!
Warum geht der Geiger von Tisch zu Tisch?
Pscht, ich höre zu.
Jetzt kommt er zu uns.
Putz dir die Nase und zieh nicht immer hoch.
Wieviel hast du ihm gegeben?
Das geht dich nichts an, iß nicht so hastig.
Warum nicht?
Nicht in der Öffentlichkeit. Plapper nicht so viel.

Ich will noch einen.
Ich will?
Ich möchte.
Die Dinger? Gut, ich bestelle dir noch einen. Gefällt es dir hier?
Ja, sehr gut.
Wir gehen nächsten Sonntag wieder Kaffeetrinken, hm?
Ja.
Immer, wenn wir aus dem Krankenhaus kommen?
Ja. Warum tanzen die?
Sie tanzen zum Fünfuhrtee; bitte, fang nicht schon wieder an, mir Löcher in den Bauch zu fragen. Nimm die Ellenbogen vom Tisch.
Der kommt wieder an. Gibst du ihm nochmal was?
Nicht so laut.
Wo ist denn ihr Pianist geblieben?
Den haben sie eingezogen.
Ach jeee!
Sie hört nicht auf zu lächeln, und in ihren schwarzen Augen sind Blitze.

Nein, sagte Karl, die bringen uns nicht jede Nacht runter. Manchmal dauert der Angriff eine ganze Stunde, und die haben uns nicht weiter als bis auf den Gang hinausgefahren.
Schon wieder diese Verzweiflung in deinen Reden, sagte Kaltesophie.
Vielleicht wissen sie dann genau, daß hier nichts runterkommt.
Das ist der Anfang vom Ende, sagte Karl, kannst du mir glauben. Ich habe gestern Morgen ganze hundertfünf Pfund auf die Waage gestellt.

Nun mal Kopf hoch, du, sagte Kaltesophie, ich bringe dir zu essen, was ich auftreiben kann.
Du siehst es ja selber, sagte Karl. Meine Krankheit frißt mir alles weg, und das Herz schlägt mir auf die Lunge, daß ich kaum Luft kriege.
Ich spreche nachher mal mit dem Arzt, sagte Kaltesophie, was der sagt.
Der sagt dir auch nichts anderes, sagte Karl, als ich dir erzähle. Es ist ja nicht so, daß ich hungere. Es setzt nur nicht an.
Wie lange, sagte Kaltesophie, denkst du denn, daß du hier drin bleiben mußt?
Der Oberarzt rechnet glatt mit einem halben Jahr, sagte Karl.
Das ist ziemlich lange, sagte Kaltesophie, aber das halbe Jahr vergeht auch. Laß dir keine grauen Haare wachsen.
Herr Scherer aus der Hübnerstraße, habe ich gesagt, hat auch Basedow und wird immer dicker.
Das ist ja das Komische, sagte Karl. Wenn man Basedow hat, wird man entweder dick oder dünn, und ich habe die Sorte, von der man ewig abnimmt.
Dafür hat der Scherer einen Kropf und Froschaugen, sagte Kaltesophie, und die hast du nicht, mein Lieber.
Kann ja noch kommen, sagte Karl.

Anneliese Kleiber, die vor mir saß, hatte einen Bleianspitzer, der war so groß wie ein Tischtennisball, kullerrund, farbig, aus Blech und zugleich ein Globus zum Aufschrauben. Bleistifte hatte ich genug und Buntstifte und Papier, aber einen solchen Bleianspitzer hatte ich noch nie gesehen, der lag so gut in der Hand. Vor Ende der großen Pause lief ich in die Klasse, kramte Annelieses Mappe durch, nahm den Bleianspitzer an mich und knotete ihn in mein Taschentuch. Dann steckte ich mir das Taschentuch

vorne in den Pullover und lief mit eingezogenem Bauch und ohne Luft zu holen aufs Klo, wo ich das Knäuel in dem zweiten Wasserbehälter rechts oben verstaute.
Mitten im Diktat meldete sich Anneliese und schrie über unsere stillen, geneigten Köpfe hinweg: Die haben mir meinen Bleianspitzer geklaut.
Fräulein Mammert sagte: Gestohlen heißt es. Und jetzt wird erst zu Ende geschrieben.
Bei Schulschluß behielt sie uns da und ließ uns die Mappen auskippen. Alle, wie ihr seid, nachsitzen! Bis der Bleianspitzer wieder auftaucht.
Er tauchte aber nicht auf, und nach anderthalb Stunden durften wir nach Hause gehen.

Sie hat es eilig mit dem Abendbrot und läuft ins Schlafzimmer, ohne abzuräumen, und öffnet knarrend die Mitteltür, die mit dem langen ovalen Spiegel, und die linke Seitentür und gibt den Blick frei auf Sachen, Sachen, Sachen, und ein leichter Mottenkugelduft fliegt heraus. Sie steht und wählt nicht lange und zieht ihr gutes Blaues heraus, ihr Ball- und Theaterkleid, lang wie ein Nachthemd, ein fließender Strom aus Blau, blauem Kreppsatin, innen ganz und gar mit hellblauer Seide gefüttert, das schimmert und schillert nur so. Sie legt ihr Jackenkleid ab und holt aus dem Wäscheteil hinter der rechten Flügeltür des Schranks ein Korsett hervor, wickelt sich hinein und läßt mich an den Bändern ziehen, fester, und zieht den Bauch ein und hebt mit ihren Händen den Busen hoch, daß er richtig in den Körbchen liegt, fester, und hebt vorsichtig das Kleid an und legt es breit und weit, ohne sich in ihrem Korsett groß bücken zu können, aufs Bett, breitet es auf dem Bett aus und daneben das endlose, rutschende, glänzende, hellblaue Samtband, ihre Schärpe. Dann liftet sie den hinteren

Rocksaum und zieht die knisternde, raschelnde, hellaufleuchtende Hülle über den Kopf, sie taucht ein, taucht überhaupt nicht mehr auf, stöhnt unter dem blauen Zelt, taucht doch wieder auf, rollt mit den Augen, zupft, zerrt, hält den Atem an, drückt die Brust flach: jetzt rutscht es nur so runter, fließt, fällt auf den Fußboden wie ein ausgeschütteter Eimer Wasser, so rauscht das hinunter. Sie atmet aus und läßt einen Augenblick die Schultern hängen. Ruhiger und lächelnd greift sie nach der Schärpe, bindet sie sich um den Bauch und bindet eine Schleife, zwei Bänder fallen herab und werden geordnet, der Samt läßt keine Verdrehung, keine Falte zu, dann seufzend die Haare aus dem Gesicht gestrichen, die Ärmelbündchen herum- und zurechtgezupft, fertig? Nein. Die Schuhe, die Sandalen, Sandaletten, Sandalettchen fehlen noch, die im Hutfach in einem beigen Karton zwischen Seidenpapier aufbewahrt werden, die aus hauchdünnen Sohlen, zugespitzten Absätzen und einem Gewirr von silbernen Riemchen bestehen, Silbergeflechte, in denen sie kaum stehen kann, also zugemacht mit den Schnallen so klein wie ein Kleinfingernagel und zum Spiegel gestakt.

Die langen Ärmel waren vom Bündchen bis zum Ellenbogen hinauf offen, Schlitze, aus denen das hellblaue Futter hervorstrahlte. Ein ähnlicher, auseinanderspringender Schlitz zog sich vom geschlossenen Halsbündchen über den Brustansatz hinunter. Auch hier schimmerte das seidige Futter hervor, wenn sie, wie in diesem Moment, die Schultern hoch und zusammenschob.

Vor Bewunderung hielt ich mich etwas abseits, verfolgte aber trotzdem jeden Schritt, jede Bewegung, ganz versunken in den Traum aus Blau, in das Wellenspiel der schwingenden Stoffbahnen.

Ja, sie posierte hingegeben vor ihrem Schlafzimmerspiegel, ließ die Augenlider herabsinken, senkte auch das Kinn, drehte sich dem Fenster zu und schaute sich selber über die Schulter, so daß der Spiegel ihren Rücken und das Gesicht im Profil zurückwarf. Ich fragte: Willst du weg? Sie sagte leise: Bloß mal sehen, obs noch paßt. Ich sagte: Sieht schön aus; und der Neid riß mich fast mitten entzwei.

Concordia ist ausgebombt.

Im Lebensmittelladen Steinkraus hing im Fenster ein Schild »Juden verboten!«

Mittwochs fuhr Kaltesophie allein zur Charité. Ich blieb in der Obhut von Tante Mieze zurück, die mir erlaubte, bei ihr oben das Bild mit dem Adler und Ganymed zu bewundern, wie sie zwischen zerfetzten Wolken dahinsegeln. Tante Mieze war katholisch; ich liebte die Marienbilder, die sie aufgehängt hatte. Sie sagte mir bei den Schularbeiten die Rechenergebnisse direkt ins Kästchen, damit wir mit den Aufgaben nicht den ganzen Nachmittag vertrödelten. Wir hörten die alte Frau Nentwich, Tante Miezes Zimmerwirtin, nebenan Klavier spielen und schwiegen einen Moment. Dann ging ich hinüber und fragte – Frau Nentwichs Mann war Kupferstecher gewesen – ob ich die Kupferplatte anfassen dürfe, die schräg auf ihrem Buffet stand. Langsam tastete ich die feinen Rillen und Linien ab. Sie stellten eine Birke dar, bei Sturm. Ich stand auch lange vor einem Gemälde: eine breite Straße in Paris bei Regen. Die Frauen trugen lange Röcke, kurze Jäckchen und Schirme. Die Straßenlaternen glimmten, und das Bild bestand aus lauter Punkten.

Sonntags fuhr ich mit Kaltesophie zusammen Karl besuchen. Zuerst gingen wir Ecke Marienstraße in ein Restaurant, wo sie uns rosane Krebssuppe vorsetzten. Können Sie mir bitte erklären, fragte Kaltesophie, wozu Sie mir Fettmarken abgenommen haben? Später standen wir in einer schwarzen Menschentraube vor dem Eingang zum Krankenhaus. Zwischen den dunklen Gestalten leuchteten Blumensträuße auf. Die Angriffe fordern mehr und mehr Opfer. Anschließend liefen wir ins Café. Die Schillerlocken waren ebenfalls mit Vanillenpudding gefüllt, und der Geiger kam zum Schluß ohne sein Instrument und setzte sich kurz zu uns an den Tisch. Er sagte zu Kaltesophie: Schöne Frau. Und sie nannte ihn im Scherz Zigeunerbaron.

Pst! Feind hört mit.

Als wir an unserer Station aus der S-Bahn stiegen, blickte sie an mir herab. Ich trug ein rotes Seidenkleid mit Pikeekragen und weißen Manschetten. Ihre Augen wanderten hin und her. Jetzt erwachte sie und schlug zu: ich hatte in der Bahn, in die wir leicht noch hätten zurückspringen können, meine rote Lackledertasche liegenlassen.
Wenn ich nicht auf alles achte, du Kamel, du! Was, glaubst du, habe ich mir für Mühe gegeben, eine Tasche aufzutreiben, die zu deinem Kleid paßt! Kleine Idiotin! Peng. Drrrr, an den Zöpfen gezogen. Dir ist einfach nichts was wert, schon gar nicht, wenn es von mir ist. Du achtest weder meine Sachen noch deine, und das mitten im Krieg. Satansbraten. Steh nicht so dämlich da! Ich bring dich zum Aufsichtsbeamten und fahre nochmal nach Friedrichstraße rein. Soll er auf dich aufpassen.
Zwei Stunden später kam sie mit meiner Tasche unterm Arm zurück. Ich hatte inzwischen alle Stationen bis Friedrichstraße auswendig gelernt.

Karl: Selbst wenn wir den Krieg gewinnen, kriegen sie mich nicht in die Partei. Mich nicht, eher lerne ich Autofahren.
Kaltesophie: Du mit deinen Herzattacken, und dann Autofahren.
Karl: Ich habe nicht gesagt, daß ich anfangen will zu rasen.
Kaltesophie: Ich denke, wir schaffen uns ein Motorboot an, das ist weicher.
Karl: Vielleicht nichts von beiden, noch haben wir den Krieg nicht gewonnen.
Kaltesophie: Wer soll denn den Krieg gewinnen? Laß das bloß keinen hören.
Karl: Du hast es gerade nötig, du mit deinen jüdischen Feiertagen.

Nimmt es mir im Großenganzen gesehen immer wieder viel Zeit weg, anstatt mit dem Unterricht fortzufahren, mich eurer Erziehung und Disziplin widmen zu müssen. Diejenige, die es betrifft, wird bald merken, alle werden bald merken, worum es heute geht, denn der Spengler hat in den großen Ferien einen besonderen Fund gemacht, den ich euch sogleich zeigen werde. Und wo hat er den Fund gemacht? Diejenige wird es wissen, wenn ich euch nun ein kleines Taschentuch vorführe: gewaschen, gebügelt, gefaltet habe ich es inzwischen, natürlich war es mir unmöglich, die Rostflecken zu entfernen. Wenn diejenige, der das Taschentuch gehört, denkt, länger schweigen und ableugnen zu können, hat sie sich geirrt, das Taschentuch ist nämlich gezeichnet. Moment, ich gebe es sofort durch, so daß ihr es in Ruhe betrachten könnt. Vorher sagt uns diejenige aber mal laut und deutlich, wo der Handwerker es gefunden haben mag. Na? Nichts – aber das hilft doch nicht. Also sage ich es euch: er hat es auf eurer Toilette gefunden. Das rostige Taschentuch mit einem sehr interessanten Inhalt schwamm im Spülwasserbehälter, oben unter der Decke, im Wasserbehälter einer eurer Toiletten. Und was stak darin, was war in das Taschentuch eingebunden? Diejenige, die es dort versteckt hat, schweigt ebenfalls? Ist feige? War nicht zu feige, einen Diebstahl zu begehen? Und ist nun feige? Wir können warten. Inzwischen zeige ich euch den kleinen runden, nun leider rostigen, also verdorbenen Gegenstand, der sich in dem Taschentuch befunden hat: da seht ihr, wie es ans Licht der Sonnen kommt. Und nun bitte ich diejenige, sich zu erheben, na, komm schon, komm schon nach vorne, hierher zu mir, jaaa, die Finger ausstrecken, es ist ganz unsinnig, jetzt einen Knicks zu machen, steh gerade, ganz aufrecht und strecke die Hände aus, flach halten, drehen, jaaah.

Der vorweihnachtliche Himmel
läßt seine Sternbilder verblassen
hinter einem Vorhang
aus gekreuzten Scheinwerferstrahlen
dick wie Balken
und kreuzigen Kassiopeia und Andromeda.
Außerdem hängen am Himmel
lauter Weihnachtsbäume und Leuchtkugeln
machen Feuerwerk.
Der Himmel hat an zahlreichen Stellen
die gewohnten Bilder mit Licht erschlagen.
Neben mir steht ein großer Mann
nur noch Haut und Knochen
der Weihnachten unbedingt zu Hause sein wollte.

Kaltesophie sagt: Die hat ja 'n Flitz.
Tante Mieze sagt zu ihrem Sonntagsessen Köchen. Sie sagt zu

Grieben Grammeln. Sie sagt zu Pfefferkuchen Lebzelten. Sie sagt zu Pilzen Schwämme. Sie sagt zu Weißkäse Topfen. Sie sagt zu Tomaten Paradeiser. Sie sagt zu Blumenkohl Karwjol. Sie sagt zu Rosinen Zibeben. Sie sagt zu Schrippen Wecken. Sie sagt zu Wienerbrot Kopenhagner Schnitte.
Tante Mieze sagt zu mir: Nadu Aschkappelmuster – und lacht.
Karl sagt: Ich versteh kein Wort.

Die Nacht vor Heiligabend, und wieder raus und wieder runter. Ich bete und bete und bete und bete. Zusammengekauert sitze ich in meinem mit Decken ausgeschlagenen Liegestuhl und bitte den Herrgott, niemanden von Bomben treffen zu lassen. Wenn ich darum bitte, daß es niemanden erschlägt, meint das Gebet auch mich, und ich bin gerettet. Die Einschläge kommen immer näher; nie würde ich wagen, für mich allein zu bitten. Ja, ich bin fest davon überzeugt, daß Gott mir geneigter ist, wenn ich auch für die anderen bitte.
So nahe sind die Bomben denn doch nicht, das täuscht, die nehmen sich die Fabriken vor. Frau Nentwich lehnt es wieder einmal ab, herunter in den Keller zu kommen. Sind wir nicht für die alte Dame verantwortlich? Was tun, sollte das Haus abbrennen, und wer stürzt dann hinein, sie holen?
Entwarnung. Es ist eine einzige Bombe niedergegangen, am Rande der Ortschaft. Aber dort hat eine einstürzende Hauswand ein siebenjähriges Mädchen erschlagen. Es war ein Jahr jünger als ich.

Zwischen Weihnachten und Neujahr fand die Beerdigung statt. Kaum eine Familie aus unserem Ort, die keinen Abgesandten schickte. Manche Familien erschienen geschlossen. Leichter Hundepfotenschnee blieb in den Eiben hängen und tropfte her-

unter. Am ersten Eingang des Friedhofs und gleich rechts, in der Reihe, die sich an der Mauer hinzog, war ein Grab ausgehoben. Die Bevölkerung belagerte die Grube und erwartete raunend, daß die Kleine – »Das erste Opfer unserer Kirchengemeinde, Bombenopfer meine ich doch« – in die Erde gesenkt würde.
Kaltesophie und ich stolpern zwischen Gräbern und Marmorsteinen herum, da kommen sie. Der Pfarrer richtet eine kurze Ansprache an uns alle, dann fährt das Mädchen hinab. Als die Mutter vortritt und statt Erde Puppen hinter dem Sarg herwirft, geht ein Stöhnen von Mund zu Mund.
Jede Nacht im Westen ein Feuerschein. Berlin brennt. Jetzt hat der Krieg die Vororte erreicht. Was für unfröhliche Weihnachten dieses Jahr.
Die Friedhofsverwaltung ordnet an, einen Jagen Wald zu roden und das Gelände bis zur Bahnüberführung hin zu vergrößern.

5

Nach den Weihnachtsereignissen schlief ich lange nicht mehr durch. Entweder schrak ich von Träumen hoch, oder mich weckten die Sirenen. Ich wachte bei jeder Gelegenheit auf, Karl konnte mich noch so vorsichtig in den Keller tragen, und dann blieb ich sicherheitshalber gleich munter. Wir mußten nicht selten zweimal, sogar dreimal nachts in den Keller gehen.

Karl hatte einen Kollegen, dessen Familie von Weißensee nach Mecklenburg evakuiert war, der besorgte uns eine Unterkunft. In der ersten Januarwoche fuhren Kaltesophie und ich nach Güstrow, wo wir in einem schiefen Fachwerkhaus eine Schlafkammer bezogen, die vom Wohnzimmer der Vermieter nur durch eine vorgehängte Decke getrennt war.

Die Leute hatten einen Franzosen als Arbeiter für ihre kleine Landwirtschaft. Sie hatten Kaninchen und Federvieh und hielten sich einen dressierten Schäferhund. Der Hund hieß Uz. Der Franzose bekam Päckchen von Zuhause und fütterte den Hund und mich mit Bonbons. Kaltesophie freundete sich mit dem Hund an und sprach mit dem Franzosen Französisch.

Abends saßen wir alle unter der tiefhängenden Lampe im Wohnzimmer – »Von Verdunkeln haben die wohl hier noch nichts gehört« – und ich durfte aus alten Bilderbögen Anziehpuppen ausschneiden und eine Eisenbahn, die sich falten und aufstellen ließ. Ich hatte nur die Nähte mit Mehlbrei zu verkleben.

Morgens los auf Pantinen in Fäustlingen aus schlecht gegerbtem Kaninchenfell die hingen an einer wollenen Kordel um den Hals außen unterm Mantelkragen damit die Kordel nicht scheuert und in der Schule von Güstrow kein Wort verstanden und die

Kinder nicht verstanden seltsames Kauderwelsch was die reden und gefroren also mit Mantel in die Bankreihen gedrückt seitenlang Ernst Reuter vorlesen vorlesen kann ich sowieso nicht und wenn ich es versuche brüllen die andern vor Lachen dafür habe ich meine Schlittschuhe mitgebracht die hier haben nur zwei eiserne Drähte längs unter ihre Pantinen genagelt zum Schlittern lächerlich also die Schlittschuhe angeschraubt und auf die Bäche und mit den hinteren Spitzen gehackt daß die Absätze wackeln und Löcher gebohrt dasselbe auf einem Teich und eingebrochen bis zum Bauch.

Karl ist da und klagt über unpünktliche Zugverbindungen.
Und jetzt werde ich dir mal erklären, warum wir den Krieg doch gewinnen. Sieh mal, was ich hier aufzeichne, ist Rußland, daneben ist Deutschland, richtig, viel kleiner, das stimmt, die Russen haben auch viel mehr Leute, stimmt, weiß jeder, die sind mehr als wir, und was haben wir, was die nicht haben? Rate mal! Wir haben Maschinen, und Köpfchen haben wir. Die schicken Kinder mitten in die Front, denen sie kleine Bomben oder Granaten auf den Bauch gebunden haben, das haben wir nicht nötig. Nimm deine Eisenbahn und denk dir, die fährt mit einem Pferdewagen um die Wette. Wer kommt schneller vorwärts? Die Eisenbahn natürlich. So ist es mit allem. Wir verfügen über Eisenbahnen, die über Panjewagen, wir haben Kanonen, Panzer, Maschinengewehre, die haben manchmal nur ein Messer in der Hand, da kann gar nichts schiefgehen.

Seltsame Gegend, und seltsame Gedichte müssen wir in der Schule lernen. Berge sehe ich erstmal keine, dafür dickköpfige und kahle Weiden entlang der Bäche. Die Wiesen unter dem knirschenden Schnee sind eingezäunt von Stacheldraht und

Knüppeln, die in alle Windrichtungen stehen. Unbegreiflich, was die schwarzen Vögel suchen, die den Himmel aufreißen und niederfliegen wie Rußfetzen. Bibbernd und mit aufgeplatzten Lippen spreche ich im Chor nach:
>   Herr Dagbrand kämpfte harten Strauß
>   mit Ungemach und Erdengraus
>   Die Pest verschlang ihm Weib und Kind,
>   der Krieg ihm Hof und Ingesind:
>   Und wie er ganz sich arm vermeint,
>   stahl ihm Verrat den liebsten Freund.

An den Nachmittagen, wenn der Himmel größer ist als jemals Zuhause, Schlittschuhlaufen mit laufenden Nasen, oder einer zieht den anderen auf dem Schlitten hinter sich her. Keine Abfahrt, so flach ist es hier, und die Brücken über schmale Bäche aus Holz und oft so morsch. Einzelne Bäume, und immer ist Wind. Außerdem knallen die hier Obst ans Essen. Rosinen, Pflaumen, Birnen mit Fleisch zusammen. Das schmeckt mir kein bißchen. Wirklich gut sind bloß die Griebenroller.

Kannst du nicht deinen Gürtel opfern, hast ja zu Hause mindestens vier andere.
Mir schlottern die Hosen am Bauch.
Du hast Hosenträger dran.
Für diesen Franzmann etwa?
Ja.
Hm, sehe ich nicht ein, hätten besser kämpfen sollen.
Er hat uns dauernd was zugesteckt aus seinen Päckchen.
Warum schicken sie ihm dann keinen Gürtel?
Was weiß ich.
Na, guuut.

Auf dem Kopf trug Kaltesophie zu der Zeit ein Wagenrad, aufrechtstehend und mit einer Hutnadel befestigt. Ach, wenn sie zur Haustür hereinkam, zur Wohnung, und im Gegenlicht dastand mit diesem Rad auf dem Hinterkopf, der ihr Gesicht mit einem schwarzen, unheiligen Schein umgab aus Filz und Pappe. Anfangs dachte ich, der Hund unserer Wirtsleute sei mein Freund, obwohl er streng dressiert wurde. Aber wer konnte schon mitten im Krieg einem dressierten Schäferhund trauen.

Wenn Kaltesophie das Haus betrat, war es meine Aufgabe, ihr den Mantel abzunehmen, in den Flur zu tragen und aufzuhängen. Einmal nahm ich den Mantel nicht höflich entgegen, sondern riß ihn schlechtgelaunt an mich: da sprang mich auch schon der Hund an, der auf zwei Beinen stehend mich überragte. Ich hielt noch den Mantel im Arm, Kaltesophie nestelte noch an ihrem Hut, der Köter schlug mir seine zwei oberen Schneidezähne in die rechte Augenbraue. Ich schrie. Die Wirtin schrie.

Später erklärte Kaltesophie den Zusammenhang: Der Hund habe nur gedacht, ich wolle ihr den Mantel stehlen.

Ich kroch auf den Knien im Schafstall herum: nichts. In die Milchkammer: nichts. Die Treppe runter in den Keller mit dem Eingeweckten und dem Geselchten und dem Sauerkrautfaß: hier stieß ich endlich auf rötliche, fast violette Körner, die in Häufchen am Boden lagen. Ich ramschte alles zusammen und steckte mir das Zeug in die Manteltasche.

Auf dem Weg zur Schule nahm ich meine Brote her, kratzte die Leberwurst ab, knabberte die Kruste runter und knetete das Rattengift in den Brotteig. Ich bespuckte den graubraunen Ball und knetete den ganzen Vormittag mit einer Hand in der Tasche an drei Kugeln, die sich auf dem Heimweg schnell erhärteten.

Am Nachmittag warf ich die Brotkügelchen in den Zwinger. Das Ergebnis war gleich Null. Also am nächsten Morgen dasselbe nochmal, aber mitsamt der Leberwurst.

An dem Abend heulte der Köter und jaulte stundenlang zum Himmel hoch, bis der eilig herbeigerufene Veterinär ihm ein Brechmittel in den Hals stopfte. In der folgenden Nacht hat der Hund, sie hatten ihn in die Küche hereingenommen, dauernd gewürgt, gekeucht, gehustet, gebrochen. Gestorben ist er nicht, aber: Unser Uz ist nicht mehr derselbe wie früher.

Kaltesophie sagt: Ich gehöre zu meinem Mann, ich gehöre in meine Wohnung, ich gehöre nach Hause. Was habe ich hier verloren, mitten im Eis und kein Wald in Sicht, und die Leute reden anders, und wir haben nichts als eine winzige Kammer und ein einziges Bett und keinen Schrank. Und nachts können wir keine Tür hinter uns zumachen und haben bloß eine Decke zwischen deren Wohnzimmer und unserer Kammer. Ich gehöre nach Hause zu meinem Mann.

Kaltesophie sagt: Jetzt wird gepackt. Ich bleibe hier keinen Tag länger, bloß weil du mal einen Luftangriff nicht vertragen hast. Du wirst im Leben noch ganz andere Sachen durchzustehen haben, schließlich ist ja gar nichts passiert. Die Bombe, die da fiel, war meilenweit weg. Also ab nach Hause.

Eines Morgens war es dann soweit. Ich hatte Kaltesophies Niveadose gestohlen, ging, wie so oft schon, eine Stunde früher in die Schule und nahm mir die Wandtafel vor. Nach gefährlichen Klettertouren war ich mit ihr auf gleicher Höhe und schmierte sie bis in alle Ecken mit Creme ein. Da rutschte jeder Strich ab, da war es unmöglich, was mit Kreide an die Tafel zu klieren. Da nutzte es wenig, wenn Fräulein Mammert, ehe sie den Raum

verließ, irgendein Kind an die Tafel beorderte und sagte: Du schreibst alle auf, die schwatzen oder Krach machen.
Inge hatte mich ertappt, als ich noch an der Tafel herumturnte. Zwar war ich nun ganz in ihrer Hand, gottlob hatte ich sie in der Pause manchmal untergehakt, aber es fiel mir nicht schwer, sie einzuweihen und schwören zu lassen. In der Stunde blickte ich mich nach ihr um. Ich kniff die Augen zusammen, riß sie dann drohend auf, Inge zuckte leicht mit der Schulter, was ich eigentlich von ihr wolle. Bald darauf ging ich zum ersten Mal und heimlich ins Gemeindehaus, und ihre Mutter setzte mir eine Kohlroulade vor.

Noch ein Schlag! Und ich steck ihr wieder 'ne Stecknadel ins Sofakissen, daß sie wie von 'ner Tarantel gestochen in die Luft geht.

Drei Hanowski-Jungen saßen in unserer Klasse, und Rudi Hanowski ist es gewesen, der eines Tages nach vorne kam, ihren Stock packte und in Nullkommanix über seinem Knie zerbrach. Wir hielten die Luft an. Stumm und gelähmt blickten wir ihm nach, wie er seelenruhig auf seinen Platz zurückging.
Hach, und wie Fräulein Mammert laufen konnte und nach hinten peeste und Orgel spielte auf den Gesichtern der letzten Reihe.
Rudi hat die Schule nie wieder betreten. Der hatte es gut.

Besuch, Besuch. Onkel Hans hat vier Tage Urlaub und kommt direkt aus Paris. Er stellt mir eine braune Papiertüte hin, gefüllt mit lauter Möbel für meine Puppenstube. »Kannst dich neu einrichten, alt ist modern.« Kaltesophie kriegt einen Schal und Toilettenwasser, für Karl hat er ein funkelnagelneues Rommeespiel in der Tasche. Onkel Hans ist groß, braunhaarig, guter Laune, seine Uniform ist gebügelt, und die Teile aus Metall blitzen in der Märzsonne. Und noch was: Morgen brauchst du nicht in die Schule zu gehen, ich hab Lust, mit euch einen echten deutschen Waldspaziergang zu unternehmen. Hm? Hurra. Und Kaltesophie: Wir nehmen uns Brote mit und gehen früh los, gleich bei Sonnenaufgang. Und Onkel Hans: Einen Likör habe ich auch dabei, den heben wir uns auf für die Morgenkälte. Und Kaltesophie: Nein, wird der Karl sich freuen, wenn er nach Hause kommt.

> Im Märzen der Bauer die Rößlein einspannt
> Auf einem Baum ein Kuhukuck
> simsalabimbambasaladusaladim
> Hat dein heimatliches Land
> keinen Reiz für deinen Sinn
> Rote Kirschen eß ich gern
> schwarze noch viel lieber
> Wir fahren übern See, übern See
> wir fahren übern See
> Drei Reiter zu Pferd
> wo kommen sie her?
> Von Sixen, von Sachsen
> wo die schönen Mädchen
> auf den hohen Bäumen wachsen
> hätt ich eher dran gedacht
> hätt ich dir eins mitgebracht

Ist heute zufällig ein jüdischer Feiertag?
Sophia! Du fragst vielleicht Sachen. Nanu, Tagesalarm?
Haach, ich bin noch ganz erschöpft vom Rumlaufen.

Tagesalarm, habt ihr das öfter?
Erst das zweite Mal, eine reine Vorsichtsmaßnahme. Bei Tagesalarm überfliegen sie nur, da werfen sie nichts ab.
Von wegen, jetzt aber schnell runter. Laßt die Mäntel gleich an.

Das war ein Tag. Am hellen Nachmittag wurde es ganz finster, und in der Nacht war es warm und hell, daß man draußen hätte Zeitung lesen können.
Hans übernimmt sofort das Kommando.
Raus aus dem Gang, rein in die Seitenkeller. Na, in Paris wars ruhiger. Hinhocken, zusammenrücken, ganz fest zusammenbleiben und hinhocken! Arme über die Köpfe halten! Keiner geht einzeln!
Hanowskis Haus brennt.
Weg vom Fenster! Weg da, bei den Stützbalken bleiben!
Und zu Kaltesophie: Hörst du nicht, beug dich über das Kind, ich beug mich über euch.
Raus! Ich will hier raus! Raus!
Hiergeblieben! Und wenn ich dich k. o. schlage!
Die hauen uns das Haus überm Kopf zusammen, ich will raus!
Brüll nicht so! Das ist die zweite Welle. Die kommen nochmal wieder. Na, mehr als drei werden sie nicht loslassen.
Ich ersticke!
Wenn du rausrennst, ist das dein sicherer Tod. Am Schluß kommen sie runter und knallen euch auf der Straße ab. Ruhe, verdammt! Die dritte Welle ist vorbei. Na, hörst du die Maschinengewehre? Hörst du sie?
Alles, was wir hören, sind Explosionen, Detonationen, berstende Mauern. Singen, Zischen, Aufschlag, Detonation. Dann hört das Pfeifen der niederfallenden Bomben auf. Wir hocken

noch eine Weile zusammengekrümpelt und übereinander. Dann hoch und rauf, obs brennt. Das Kellerfenster ist geplatzt, Rauchschwaden dringen herein. Zwanzig Minuten, länger hat das Ganze nicht gedauert. Dürings Schuppen brennt, er ist voller Kohle und Kaninchen.

Löschen, löschen! Steht nicht rum. Bevor das Feuer aufs Haus übergreift.

Hans klettert erstmal auf den Wäscheboden und findet eine Stabbrandbombe, die sich nicht entzündet hat. Er trägt sie mit bloßen Händen in den Garten.

Schützens, Inderans und wir haben nichts abgekriegt, sonst brennt, soweit wir sehen, jedes Haus. Aus den Leitungen kommt kein Wasser mehr. Vor Hanowskis Pumpe im Garten steht eine Riesenschlange. Wir bilden eine Kette, um den Schuppen zu löschen. Ich habe einen Marmeladeneimer. In der Kette sind mir die Abstände zu groß, ich gehe allein und schleppe und renne zurück und stelle mich nicht an und schleppe wieder. Der Strumpfhalter reißt mir, ich befestige den Gummi rasch außen an einem Mantelknopf, dann laufe ich wieder los und schleppe Wasser. Hans setzt die Kohlen unter Wasser, die unter der Haustreppe eingelagert sind. Zentnerweise Kohlen, die fangen erst nach einer Weile richtig an zu brennen und strömen eine Bullenhitze aus.

Die Straße ist voller Menschen, die heulen, schreien, kreischen, jammern. Und mitten in das Gequietsche hinein die alte Frau Düring: Rettet meine Kaninchen, hört ihr sie denn nicht, die Kaninchen, die Kaninchen, helft ihnen doch!

Onkel Hans, ihr ins Ohr schreiend: Madame, Ihre Kaninchen überleben das sowieso nicht, wichtiger ist jetzt, die Kohlen zu löschen, damit das Feuer nicht auf Ihr Haus, Madame, übergreift, Madame! Ooch, man merkte, der kam direkt aus Frankreich.

Immortelle, es ist besser, daß ich mich verstelle.

Nachdem der Schuppen oberflächlich gelöscht war, glimmten die Kohlen noch tagelang weiter, und jeder Hausbewohner übernahm ein paar Stunden Feuerwache. Kaltesophie warf sich ihren Mantel um und zog mit mir durch die Straßen, um irgendwo Dachpappe oder Sperrholz zu erstehen, um sie vor die Fenster zu nageln.
Die Bürgersteige voll Hausrat, Bettzeug, Kinder obenauf. Wir hielten uns ängstlich in der Mitte des Fahrdamms. Die Hitze war unerträglich; aus den Häusern prasselten Steine, zischte glühendes Gebälk.
Was in einer halben Stunde alles in Klump gehen kann.
Die Wiese, der alte Marktplatz, voll Menschen, dazwischen Ballen und Bündel, Bettzeug und Sachen, rasch in Bezüge gestopft. Überall werden Leute und Kinder verbunden. Dann links um die Ecke und rauf in die Friedrichstraße. Rechts und links brennende Häuser, einstürzende Giebel und Dachstühle.
An der Ecke, wo wir in die Friedrichstraße einbiegen, liegt ein totes Pferd. Das war das Pferd von Bolles Milchwagen, und das da unter der Decke? Kann nur der Milchmann selber sein.
Komm weiter, nicht stehenbleiben! Wo soll ich denn jetzt Dachpappe oder Sperrholz auftreiben? Mal sehen, wie es am Ende der Straße aussieht, entsetzlich, womit haben wir das verdient.
Frau Mohn läuft uns verrußt und heulend in den Weg.
Zwei Sessel habe ich runtergeschleppt, als ich nach dem dritten gerannt bin, mitten ins brennende Wohnzimmer und hatte ihn glücklich draußen, waren die ersten beiden weg. Geklaut! Wer? schreit sie, wer? In solcher Feuersbrunst, wer hat da Zeit und Nerven, uns das letzte Bißchen noch zu klauen, wer? Aber ich

werde meine Sessel wiederfinden, und wenn ich in jede Stube krauche.

Beruhigen Sie sich, Sie leben. Und wo wollen Sie jetzt noch heile Stuben finden?

Dann sind es Auswärtige gewesen, ich gebe nicht auf.

Kommen Sie über Nacht zu uns, unser Haus steht noch. Bleiben Sie nicht draußen in der Kälte.

Es wird nicht kalt heute Nacht, eher wärmer.

Trotzdem. Weiter jetzt.

Mit einem Mal ist es stockdunkel. Der Rauch lagert dicht über der Ortschaft und nimmt uns nicht nur den Atem, auch die Sicht. Mit einem Mal ist es Nacht, trotz der Flammen, trotz der schwelenden Balken. Daß Knistern so laut sein kann. Dichtgedrängt sitzen die Ausgebombten in den Gärten, auf den Bürgersteigen, halbnackt die einen, eingemummt die anderen. Viele sehen aus wie Rouladen: eingewickelt in dicke Decken und die Köpfe mit nassen Handtüchern umwunden. Hunderte sind, was wir noch nicht wissen, verschüttet und müssen ausgebuddelt werden. Kaum jemand, der sich nicht mit einer schweren Last abmüht, und pausenlos überholen uns welche mit Eimern und Spaten.

Bis zum Rathaus haben wir uns durchgeschlagen, auch das brennt lichterloh. Wir stehen am gegenüberliegenden Straßenrand und hören Frauen und Kinder schreien. Bricht denn keiner die Gitter auf? Die sind doch noch im Keller, die wedeln da doch mit was aus den Kellerfenstern. Warum haben die denn die Gitter nicht beizeiten entfernt?

Zurück, zurück, alles zwecklos. Weg, weg, zurück, nach Hause!

Wir biegen in eine Querstraße ein, geraten auf die Wilhelmstraße. Was haben wir für ein Glück gehabt, da steht ja auch kein Haus mehr. Zurück und wieder am Marktplatz vorbei und nach Hause.

Als wir zurückkamen, war unsere Wohnung voller Leute, die trampelten wehklagend auf den Fensterscherben herum. Bei Schützes lag ein Blindgänger im Hof, sie mußten das Haus verlassen, bis das Ding entschärft war, und Onkel Hans war gerade dabei, die Fensterrahmen mit Läufern zu vernageln. Die Bettumrandung aus dem Schlafzimmer hatte er schon verarbeitet; die überhängenden Teppichbahnen hingen herunter auf den Fußboden, daß man darüber stolperte. In allen Betten lagen zwei, drei Personen, die Sessel wurden zusammengeschoben.
Wer kann denn in dieser Nacht schlafen?
Legen Sie sich hin, ruhen Sie trotzdem.
Die Pumpen laufen leer, Inderans Teich ist ausgeschöpft. Dafür sprudelt Wasser aus kaputten Leitungen, das reicht doch aber nicht, um eine Feuerwehrpumpe anzuschließen.
Nehmt Eimer!
Erstmal haben, und ein Ende mit weg sein.
Hahaha, wollen Sie ein dreistöckiges Haus mit Wassereimern löschen?
Und wenns der erste Stock ist.
Und wie reinkommen mit dem Eimer?
Sind die Kohlen unter der Treppe auch richtig gelöscht?
Jaja, die harken sie schon raus auf den Hof.
Wenn nur nicht der Schuppen wieder anfängt, das schlägt zu uns rüber.
Der alte Düring steht dabei und paßt auf.
Dann sitzt Kaltesophie ein paar Minuten auf einem Küchenstuhl und stiert vor sich hin. Dann fährt sie schreiend hoch: Und wo bleibt Karl? Wo bleibt mein Mann? Die müssen doch in Berlin wissen, was bei uns los ist, die müssen doch den Feuerschein sehen. Wo bleibt er bloß?
Dann sagt Onkel Hans: Bewege dich, unternimm was, sitz nicht

da und warte. Jetzt nicht grübeln, Sophia! Es gibt genug zu tun. Dann sie wieder: Er muß ja doch nach Hause kommen. So finster wie es ist, er sieht ja nichts, er sieht ja die Hand vor Augen nicht mehr. Dann ruft Onkel Hans aus dem Wohnzimmer: Er wird es schon sehen, daß das Haus noch steht, er wird schon sehen, wir leben noch. Nun komm schon, Sophia.
Das monotone Surren der Pumpen nimmt ab, dafür tönt das Jammern, Klagen, Stöhnen, Wimmern vom Marktplatz herüber. Der Pole und der Ostarbeiter sind drüben in Schützes Haus geblieben – »Haben die keine Angst?« – ebenso Bahnwärter Rüdiger. Der sagt, er habe stets in seinem Bett geschlafen, egal, was von oben runterkam, und wird das auch heute beibehalten. Vielleicht hat die drei auch keiner zu uns rübergebeten, die Fremdarbeiter bestimmt nicht.

Wie verlorene Rohrpostbehälter lagen in den Gärten, auch im Wald die achteckigen Stabbrandbomben herum. Das Kopfsteinpflaster blieb lange aufgerissen, Häuserwände lagen platt auf der Straße mit Fensterrahmen und Gardinen dran. Noch jahrelang roch es bei Regen und Schnee nach feuchtem Mörtel, nach Asche, Ruß und morschem Holz, während aus den Fensterlöchern schon Sträucher und junge Birken hervorblickten.

Von zehntausend Einwohnern über zweitausend Tote, fünfundachtzig Prozent der Häuser bis auf den Grund zerstört. Die Kugellagerwerke arbeiten weiter, ebenso die Rütgerswerke. Und der Maulbeerbaum rechts vor der Apotheke, schräg gegenüber vom Rathaus, der steht noch.
Aus meiner Klasse hat es eine Menge Kinder auf dem Heimweg erwischt, aus der Luft erschossen.

Diesmal ist Kaltesophie durchgedreht, und keine Woche später sind wir wieder evakuiert: über Frankfurt mit dem Dampfzug nach Kunersdorf, von dort mit der Kleinbahn nach Süden, dann mit einem Fuhrwerk in ein Dorf direkt an der Oder.
Die Schule bestand aus zwei Räumen, erste bis vierte Klasse in einem Raum, fünfte bis achte in einem anderen. In der dritten Klasse war kein Platz mehr, sie setzten mich in die Bänke der vierten. Das weitläufige Schulgebäude war von einem Schulgarten umgeben. Die Lehrerin, ebenfalls evakuiert aus Berlin, schickte uns mit Eimer und Müllschippe auf die sandige, zerfahrene Dorfstraße, um Kuhmist und Pferdeäpfel einzusammeln. Sie ließ uns Mistbeete und Komposthaufen anlegen, Erbsen stecken und Petersilie aussäen und sagte: Petersilie braucht manchmal ein Vierteljahr, bevor sie aufgeht. Ob wir dann noch hier sind? Aber sicher. Wir haben sogar noch Winterspinat ausgesät.
Wer den wohl gegessen hat, die Polen oder die Russen oder deren Pferde?

Ich kann 'nen lebenden Maikäfer runterschlucken.
Glaub ich nich.
Ich kann 'ne lebende Maus runterschlucken.
Glaub ich nich.
Ich kann 'ner lebenden Ratte 'n Kopf abbeißen.
Iii, glaub ich nich.
Was zahlsten?
Janischt.
Weil de nix hast.
Paaah.

Da gab es die Oderwiesen mit Sandkuhlen und Gruppen raschelnder Strauchpappeln, die papiernen Blätter oben hellgrün,

unten silbern, daß sie glänzten wie Weihnachten, und die Buhnen erstreckten sich in den Fluß hinaus, wo es schon zu tief ist für mich, und zwischen den Buhnen die Strudel, die einen runterziehen, wenn man nicht schwimmen kann wie ich. Am Ufer die trockenen, vom Wind schrägen Sträucher, in denen wir uns umziehen und ausziehen und verstecken und unsere Sachen vergraben.
Abgebrochene Besteckmesser haben wir uns zugespitzt mit Zange und Stein und geschliffen. Nur der Älteste von Abrahams, in dem Dorf hießen fast alle Leute Abraham, besaß ein richtiges Taschenmesser. Und rein und raus und bibbernd angezogen und mit der Fähre hin und her, mit den leeren Leiterwagen hinüber und den vollen zurück. Viele Bauern hatten auch jenseits der Oder Land, besseres Land. Hier wuchsen Kartoffeln und Roggen, drüben gediehen Zuckerrüben und Weizen. Auf unserer Seite standen auf dem Brachland wildriechende Katzenpfötchen und Ginster, westlich des Flusses sah ich überhaupt kein Brachland; bei uns wuchsen Mohnblumen, drüben Kornblumen und Ackerschachtelhalm. Bei uns hatten wir Wald mit Erdbeeren und Maronen zwischen den Föhren, drüben sammelten sie Schampinjongs. Da war Pilzesuchen keine Kunst. Auf unserer Seite mußten wir mit den Zehen den Waldboden um und um stülpen, um auf ein paar Pfifferlinge zu stoßen. Drüben wohnte der Rechtsanwalt und Notar, die drübige Seite hieß Loose, und oderabwärts stand hinterm Deich das Vorwerk. Auf unserer Seite gefiel es mir besser, da war mehr los. Da mußten die Polen bei Pulverkrug Harz abzapfen und in Fässer füllen und die Fässer in ausgehobene Gräben legen, damit das Harz nicht den Wald gefährdete, wenn es Feuer fing, und nachts steckten sie es heimlich an.

Das Klavier war alt, es summte und kicherte in seinem Bauch. Hansi Abraham konnte richtig spielen. Er nannte das Flohwalzer und haute auf die Tasten und immer lauter und hörte nicht auf. Wir sangen Stücke von Schlagern und Filmmusik, er war nur zur Untermalung da und spielte stets dasselbe. Auf den konnten wir bauen, der ließ uns nicht sitzen.

Frau Seemann, unsere Wirtin, pflegte keinen Umgang mit Frau Abraham, der Nachbarin. Beide standen einer großen Gastwirtschaft vor, Frau Abraham der größeren. Sie hatte außer ihrer Gaststube noch ein Billardzimmer, und der Tanzsaal von Abrahams war größer als der von Seemanns.
Abrahams Saal war leer und wurde nicht benutzt. Die Bühne stand voller verstaubter Kulissen, und hinter der Bühne zeigten mir die Jungs Kisten wie Särge, aus denen Lumpen, Hüte, Tücher und Fetzen quollen. Wir verkleideten uns und spielten Familie und Krieg und schrieen: Links, links, links 'ne Pappel, rechts 'ne Pappel, in der Mitte 'n Pferdeappel. Wir spielten Hochzeit: Mein Häärz hat heute Premjäääre, und spielten Schule.
In diesem Oderdorf sind wir nicht geschlagen worden in der Schule.

Wenn ich mir was vorstelle, muß ich heulen.
Wenn ich mich an was erinnere, muß ich heulen.
Wenn ich Märchen höre, muß ich heulen.
Wenn ich was Wahres höre, muß ich heulen.
Wenn einer geschlagen wird, muß ich heulen.
Wenn mir was wehtut, muß ich heulen.
Wenn ich was nicht darf, muß ich heulen.
Wenn ich im Kino sitze, Zarah Leander

oder Der Große König, muß ich heulen.
Wenn ich was nicht schaffe, muß ich heulen.
Wenn ein Köter humpelt, muß ich heulen.
Wenn ein anderer heult, muß ich auch heulen.
Manchmal heule ich die halbe Nacht durch
dann esse ich von dem Brot, das ich im Taschentuch
im Strohsack aufhebe oder von der Mohrrübe.
Wenn mich einer beim Heulen überrascht,
heule ich erst recht.

Die Jungs über zehn sagten zweimal die Woche: Keine Zeit heute, Mist zu sammeln, Dienst! Wir gehen mit der Büchse rum und sammeln fürs WHW. Die Jungmädel sammeln ebenfalls fürs WHW und nehmen die schönsten Anstecknadeln für sich, Flieger und kleine Panzer und so. Ich bin acht und werde im Herbst neun, erst im nächsten Herbst werde ich zehn.

Daniela spricht so Deutsch wie wir und läßt sich von Frau Stiehler Danuta nennen und von mir Danka, ich nenne sie auch Dankachen.
Frau Stiehler sagt: Soll sie etwa auch ihre Socken zeichnen, hä, und die Pantinen, und das Band in ihrem Zopf, daß ihr ein P aufn Hintern runterhängt. P wie Po? Meine Danuta ist immer als Dienstmädchen gegangen, vorher und jetzt, und jedesmal bei Deutschen, und haben nicht alle immer polnische Dienstmädchen gehabt? Was ist da Neues dran, daß sie sich ein P aufs Hemd nähen sollen, seh ich nicht ein, die sind bei uns in Stellung gewesen als Knechte und Mägde und werden das bleiben, egal, wer regiert, und bei dem Kroppzeug, was sie jetzt anfahren, Ukrainer und Weißrussen und welche mit Schlitzaugen, weiß der Teufel, wo die noch herkommen, da hab ich Glück gehabt mit

meinem Mädchen. Stammt doch wenigstens aus zivilisierten Verhältnissen, na, aus unserer eigenen Gegend eben.
Frau Stiehler ist Hebamme, und Danuta hat schon alles darüber bei ihr gelernt. Danka ist erwachsen, wenn sie auch einen Zopf auf dem Rücken trägt. Neunzehn oder zwanzig ist sie bestimmt schon. Ich gehe mit ihr nach Matschdorf, sie holt Waschpulver, Chlor und Rattengift, ich hole Grützwurst. Ich hole unsere Milchkanne voll Blutwurst mit Grütze, mehr Grütze als Blut, also Grützwurst, die esse ich leidenschaftlich gerne, mit bißchen Senf. Danuta sagt: Wenn wir schlachten, bring ich euch mal richtige Blutwurst. Auf dem Rückweg finden wir noch Pfifferlinge und kommen nach Hause, die Taschen voll zerquetschter Pilze. Danuta rennt mit mir den Hügel runter von der Post bis vor Seemanns Haus, ich komme außer Atem, sie hält mich fest und rennt mit mir. Ich bin ganz verrückt nach ihren Händen, sie soll dauernd mit mir irgendwohin rennen.
Baden gehen darf sie nicht. Dafür hat meine Danuta nun wirklich keine Zeit, sagt Frau Stiehler, mit euch noch in der Oder rumzuhopsen, vor dem ganzen Dorf und nichts an, würde sie selber nicht machen, selbst wenn ich es erlauben täte.

Wenn ich mit Kaltesophie ins Holz gehe, brauchen wir für den Hinweg eine Stunde. Die Kiepe schlenkert zwischen ihrer rechten und meiner linken Hand; zurück zieht die Stunde sich in die Länge, verdoppelt sich nicht selten. Der Korb mit dem frischen, zerkleinerten Knüppelholz hängt schwer an unseren Schultern und Armen. Über dem Kleinholz ist in Gehrichtung und fest ein Bündel längerer Äste verschnürt, obenauf das kleine Beil, tief in die Seile geschoben.
Die Griffe der Kiepe werden heiß, feucht, rutschen und scheuern. Wir umwickeln sie mit unseren Taschentüchern, später mit

Lappen, die wir schon auf dem Hof mit Baumwollgarn befestigen. Wechseln. Wir stellen den Korb ab, umkreisen ihn halb und nehmen ihn wieder auf. Die vorher strapazierte Hand hängt runter, fängt etwas von dem Zug auf, der durch den anderen Arm, über die hochgeschobene Schulter, damit der Korb nicht schleift, über den Rücken in die unbelastete Hand fährt. Die leere Hand füllt sich mit Blut und schwillt ein bißchen an. Wechseln. Dann kurze Rast auf dem Brachfeld, links unter der einzelnen, alten Akazie, die einen durchlöcherten Schatten liefert.

Auf Strohsäcken zu schlafen macht Spaß. Da kann ich alles drin verstecken, was Kaltesophie nicht sehen soll. Ich habe sogar zwei alte Fackeln unter mir liegen, die sind fast abgebrannt, ist aber noch Schwarzes dran. Bleistifte habe ich im Strohsack, ein winziges Kruzifix und eine Mohrrübe. An der kaue ich nachts, wenn ich was nachdenken muß. Und natürlich meine Messer, verschieden lang.

Unsere Wirtin hat zwei Söhne, die sind jünger als ich. Wir sitzen um den Küchentisch, Frau Seemann hat einen Topf Pellkartoffeln auf die Platte geschüttet und ein Salzfaß dazugestellt. Wir pellen die Kartoffeln mit den Fingernägeln, stupsen sie in Salz und stecken sie in den Mund. Wir rollen sie mit geblähten Backen im Mund hin und her, holen zischend Luft und warten, daß sie ein bißchen abkühlen.
Frau Seemann steht derweil mit Frau Stiehler am Herd, beide eine Kaffeetasse in der Hand. Alle schwatzen und lachen, plötzlich deutet Frau Stiehler auf mich und fragt: Ist sie das? Frau Seemann nickt mir beifällig zu und sagt: Ja, ist aber nicht ihr eigenes, ist ein angenommenes. Auch Frau Stiehler betrachtet mich

freundlich; dann reden sie von was anderem, während wir die Kartoffeln aufessen.
Als Kaltesophie nach Hause kommt, frage ich: Was ist ein Angenommenes? Sie sagt: Wie kommst du denn darauf? Sie sagt: Blödsinn, wer redet dir sowas ein? Sie sagt: Was? Die sagt das in deiner Gegenwart? Sie sagt: Die kann dich nicht gemeint haben. Sie sagt: Die hat über jemand anderes gesprochen, aber nicht über dich, da hast du dich gewaltig verhört. Sie sagt: Du gehst mir nicht mehr in die Küche, die essen ja noch mit den Fingern.
Am späten Abend, ich lag schon im Bett, haben sie in der Küche einen himmelschreienden Krach veranstaltet. Kaltesophie drohte Frau Seemann mehrmals mit dem Gericht.

Das Gewitter kommt nicht über die Oder, und wenn es dann doch herüberkommt, findet es nicht über die Oder zurück und bleibt auf unserer Seite hängen. Eines Nachts stand bald eine Scheune in Flammen. Frau Stiehler sagt: Wenn bei einem Bauern der Blitz einschlägt, kommt lange vor der Versicherung erstmal die Polizei und zählt die Streichhölzer nach.
Kaltesophie und ich laufen zur Unglücksstelle.
Ich höre die Kühe brüllen und brüllend aus dem Stall drängen, der inzwischen Feuer gefangen hat. Das ganze Dorf steht herum und blickt aufgeregt und mit strahlenden Augen auf das knisternde, funkensprühende Anwesen. Heu- und Strohbüschel steigen brennend auf und zischen. Die Luft ist voller Sternschnuppen. Wenn das jämmerliche Quieksen und Gebrüll der Tiere und der Frauen nicht wäre, die Löscharbeiten mit dem summenden Ton der Pumpen, die das Wasser von der Oder heraufholen, üben eine eher beruhigende Wirkung auf uns aus.

Der stand schon tagelang bei uns und redete auf Kaltesophie ein. Er lehnte sich zum offenen Fenster herein, so daß sein Kopf beinahe die Vase umstieß, die auf der Kommode stand, welche wir aus unseren drei übereinandergeschichteten Koffern hergestellt hatten, Tischdecke rüber, fertig. Neben Kamm und Bürste standen da die Vase und eine Bonbonniere mit Haarklemmen auf der leicht schwankenden Kommode: dazwischen sein längliches Gesicht. Er breitete vor Kaltesophie seine Herkunft aus, Rheinländer, und seine Familienverhältnisse, verheiratet, kleine Tochter, und war uns schon eine Woche auf die Pelle gerückt, bevor sie ihn bat, uns beim Holzholen zu begleiten.

Von da an brauchte ich nicht mehr zu schleppen. Bald darauf hatte auch Kaltesophie die schlimmste Plackerei hinter sich und ging vom Tragen zum Ziehen über, denn der Rheinländer borgte jeden Nachmittag einen kleinen Handwagen. »Schieben, nicht bummeln da hinten!« Wer kontrollierte schon, wie ich mich ins Zeug legte, gut gedeckt von der überladenen Fuhre.

Frau Seemanns ausgeräumter Fest- und Tanzsaal beherbergte ungefähr ein halbes Hundert Soldaten. Die lagerten auf Stroh, wuschen sich mit Trara auf dem Hof und nannten sich Flieger, obwohl weit und breit kein Flugplatz zu sehen war. Sie wurden aus einer Gulaschkanone versorgt, marschierten in der Gegend rum und über die Felder, krochen durch das Korn und über hochgelegte Baumstämme und hatten nebenbei viel Zeit.

An den Wochenenden, an denen Karl uns besuchen kam, gingen wir nicht ins Holz. Die Flieger blieben den ganzen Sommer über, und ich brauchte dann überhaupt nicht mehr mitzugehen. Dafür zog ich gern allein die von Apfelbäumen bestandene Chaussee nach Aurith hinunter. In den Bäumen hingen Heu und Stroh wie Haare.

Kaltesophie hatte gegen unsere Wirtin einen Prozeß angestrengt, der erst im Spätherbst und mit einem Vergleich endete.
Der Rechtsanwalt wohnte am anderen Ufer der Oder.
Karl sagt: Alles, was recht ist, aber du gehst immer aufs Ganze.
Kaltesophie sagt: Was Recht ist, muß Recht bleiben, wo käme ich hin.
In unserem Rücken das Dorf wie ausgestorben, alle in der Kirche.
Kaltesophie sagt: Bis der wieder hier ist, das dauert bis morgen.
Karl sagt: Los, gehen wir noch ein paar Schritte auf und ab.
Kaltesophie sagt zu mir: Nichts wie Ärger deinetwegen.
Karl sagt: Laß das, das versteht sie doch nicht.
Kaltesophie sagt: Ist ja egal, gehen wir noch ein Stückchen.
Ich trotte hinterher, wie sie von der Anlegestelle wegstreben, bald kehrtmachen und zurückgehen. Die Fähre schaukelt herbei, sie sieht aus wie ein schwimmendes Küchentablett, aus Brettchen zusammengenagelt.
Karl sagt: Schöne Beschäftigung. Die paar Sonntage, die ich euch sehe.
Kaltesophie sagt: Mach mir keine Vorhaltungen, lieber komm seltener, aber gern.
Karl sagt: Bei der Entfernung, und wie die Züge jetzt fahren, ist es wirklich eine Strapaze. Und dann noch Prozesse führen in einem wildfremden Dorf, wo alle zusammenhalten wie Pech und Schwefel.
Kaltesophie sagt: Kannst ja hierbleiben, wenns dir nicht paßt.
Karl sagt: Na endlich.
Kaltesophie sagt: Ein Kahn hätte auch genügt.
Der Fährmann sagt: Konnte ich nicht ahnen, ich sah nur jemanden winken.

Langsam setzen wir über. Der Rechtsanwalt und Notar empfängt uns. Ich werde so lange aus dem Zimmer geschickt.
Am nächsten Morgen hat Frau Seemann die Küchentür verrammelt. Sie benutzte den Zugang von ihrem Zimmer aus, und wir konnten nicht mehr kochen. Kaltesophie saß ohne Kaffee da und mit rohen Kartoffeln.

Was wissen die Bauern hier schon, was Krieg ist, nie einen Alarm, nie in einen Keller, nie das Haus überm Kopf angezündet, zu essen haben sie genug, Wolle zum Stricken und lassen sich Felle gerben, brauchen also auch nicht zu frieren, sommers auf Pantinen, winters auf Pantinen, wo kriegen wir denn in der Stadt noch wollene Socken her und Schmalz bei der Verknappung aller notwendigen Dinge zum Leben. Wären wir nicht evakuiert, in der Stadt hätte ich nicht gewußt, wie ich euch durchbringen sollte. So kann ich Karl noch was mitgeben. Man bedenke, es gibt in manchen Dörfern noch Schlachtwurst ohne Marken, wenn sie auch arg gestreckt ist mit Mehl und Graupen, immerhin, und Brot kann ich auch mehr auftreiben, als uns allein für meine Marken zusteht. Trotzdem würde mich langsam interessieren, ob das ein Daueraufenthalt werden soll oder wie alles ein glückliches Ende nehmen wird und wann etwa, die Schule kann man schließlich nicht allzu ernst nehmen, gelernt wird da nichts, und es wäre schon angebracht, mal wieder in ordentliche Verhältnisse zurückzukehren, wie gesagt.

Der Seemannschen und der Abrahamschen ihrer waren an der Front, der Stiehlerschen ihrer war daheim. Der schien aber nicht viel zu sagen haben, weil er nicht viel sagte, und wenn er was sagte, waren das böse, zänkische, für mich aufregende Wortfetzen wie: Binnich jeck? oder: Dammte Schlaimschaißerai. Vielleicht

standen ihm nur wenige Wörter zur Verfügung, denn er begnügte sich stets mit halb gehusteten Zwischenbemerkungen. Die Hebamme hat ihn nie unterbrochen. Wahrscheinlich hat auch sie darauf gewartet, daß mehr aus ihm rauskommt als: Desauigln hamnmais zetramplt andersrumufhängn. Wer, wann, wo, das hat er uns nicht verraten.
Trotzdem hat er mal Kaltesophie erzählt, wie vor einem Jahr gleich drei junge Männer, frisch eingezogen, in die Oder gegangen und wie im drauffolgenden Frühjahr zwei von ihnen, als Eis und Hochwasser abgezogen waren, blau, aber noch gut erhalten auf der Oderböschung gelegen sind, während der dritte an einer Buhne hängengeblieben war, einen ausgestreckten Arm frei in der Luft. Kaltesophie schüttelte sich und sagte: Sind wohl Freunde gewesen. Stiehler dazu: Michn desan? und senkte seinen Arm, den er zur Unterstützung seines Berichts hochgehalten hatte wie ein Lahmer.
Ich möchte, daß er weiterredet, weil ich davon Gänsehaut kriege. Aber da kommt nichts mehr, und er geht wieder in die Stube und kraucht ins Radio.

Erstmal Zöpfe auf, dann rein ins gute Blaue, die Schleifen auf die Stirn, ihre silbernen Theaterschuhchen, hmmm sinddiesüß, muß ich irgendwie festbinden, wie sieht die denn aus, ein Nachtgespenst, ein Nachtgespenst, los tanzen, mach Musike, mach Musike, da ram ta ta, springen, drehen, wippen, haschen, Bauchtanz, trippeln, segeln, Küßchen werfen, Brücke, kreischen, laufen, Grimassen schneiden, erstarren, Platz-da-aus-dem-Weg-Knallköppe, hinsinken, Beine hoch, Ringelreihen, die Määäänner sind aaale Betrüüüger, iha Härz is ein finsteres Lochch, spielen-spielen-mitsingen-ihr-Armleuchter, das Kleid geht in die Luft, verwickelt sich, da da ram ta ta, da da ram ta ta, da da ram da dam da ram ta ta, Massen Stoff, leicht und weich und weit und lang, das bläht sich, bauscht sich, aba liiieb, aba liieb, sind sie dochch, wie das weht, eine Wolke aus Blau, stolpern, hüpfen, Rock hoch, der schleift, höher, puuuh, schön is die Liiebe im Haaaafen, schön is die Liiiiebe zur Seeee, da da ram ta ta, peng, im Klavier ist was gerissen, weiter, und wir fallen alle übereinander, huch, aua, ritsch, mein Kleid, mein Kleid, aua, du hast mich gekniffen, schrei doch nicht so, los, auf, alle raus.

> Unser beider Schatten sahn wie einer aus
> daß wir lieb uns hatten das sah man gleich
> daraus
> Auch in Tropenregionen
> leben Millionen
> Auf deutsch sie hieß Marie
> Unter den Pinien
> von Argentinien
> unter den Bananen
> begann ich es zu ahnen
> unter den Zypressen
> hab ich mich vergessen
> unter den Kakteen
> ist es dann geschehen
> Mein Herz geht an Bord und fort
> muß die Reise gehn
> blau
> ist das Meer
> und wie groß kann der Himmel sein
> Mein Herz hat heute Premjäre
> das Stück heißt du und ich
> und wenn ich mich auch wehre

ich lieb nur dich nur dich nur dich
Jeß Söör noooou Sööööörr

Als es dunkelte, die Kleider geschürzt, und ich rüber, um meine Fackeln auszugraben. Vorne nahm ich einen dicken Rockzipfel hoch und zog ihn durch den Gürtel, hinten bildete der Rock eine lange Schleppe. So schritten wir in der Dämmerung die Dorfstraße hinab. Frauen winkten uns aus den Fenstern zu, eine rief, euch juckt wohl das Fell. An meinen Lichtern war nicht mehr viel dran, und ich hielt die Arme weit auseinander, damit die Fackeln nicht aufs Kleid sprühten. Parademarsch, Parademarsch, Das ist Lützows wilde, verwegene Jagd.
Die Flieger hauen ab, die marschieren weg. Na, hinterher doch.
Eeeerikaaaa, In einem kleinen Städtchen.

Immer mehr Lastkähne schippern an unserem Dorf vorbei, überladen mit Menschen, Viehzeug, Pferdewagen, Sachen in Bündeln.
Warum fahren sie oderaufwärts?
Die kommen aus der Warthe und nehmen den Kanal.
Was sie nur alle in Berlin zu suchen haben, da steht doch kein Haus mehr.
Den Lastkähnen folgen Motorboote, später auch Ruderboote, aber die kommen nicht gegen die Strömung an und geben auf und fragen nach einem Bahnhof. Einen Bahnhof haben wir nicht, da müssen Sie nach Pulverkrug gehen.
Karl: Wie sollen wir denn den Krieg gewinnen, wenn alle abhauen?
Auch die Flieger sind abmarschiert. Über Nacht ist das Stroh, auf dem sie geschlafen hatten, aus Seemanns Tanzsaal hinüber in

Abrahams Saal geschafft worden. Als wir am anderen Morgen durch die Seitenfenster, die auf unseren Hof rausgingen, reinsehen wollten, kamen Soldaten und haben uns weggejagt.
Nach der Schule rotteten wir uns zusammen und drangen zu einem der fast zugewachsenen Fenster an der Oderseite vor. Es war ein trübes, verstaubtes Fenster; der Saal war voll, mit Frauen belegt. Es flüsterte, tuschelte, summte darin wie in der Kirche nach dem Gottesdienst.
Mit dieser Nachricht zu den Erwachsenen und Löcher gefragt. Zigeunerinnen sind es, Polinnen, Kriegsgefangene, Spione oder die Frauen von Spionen, naja, wir wissen auch nicht mehr, aber mit Sicherheit kommen sie aus Polen oder von noch weiter, wir wollen die auch gar nicht hierhaben, Russenfrauen, Kalmücken, was wissen wir. Keine Ahnung, warum sie in unserem Dorf lagern und für wie lange. Frau Stiehler hatte selber spioniert und sagte: Da sind zwei Schwangere dabei, eine ist gleich soweit. Und der Soldat am Eingang: Nein, nein, leider, da darf keiner rein, keiner raus. Die kriegen ihre Kinder schon von ganz alleine, wenns Zeit ist.

Kurz und klein gekochte Sandknochen auslutschen: ich sitze mit Danuta in Stiehlers Küche, wir trinken Wurstsuppe und essen Roggenfladen. Frau Stiehler sagt: Die steht wirklich kurz vor der Entbindung, aber sie lassen mich nicht zu ihr.
Wir schlürfen die Suppe aus braunen Schüsseln. Sie ist so heiß, daß mir vom Dampf die Nase läuft. Am Boden sammeln sich Krümel von Blut- und Leberwurst. Draußen herrscht dicker Nebel, die Küchenfenster sind ganz beschlagen.

Eines Tages empfing mich Kaltesophie nach der Schule mit zwei frischen, grünen Weidenruten in der Hand.

Wann, wann, frage ich, hast du mein Kleid versaut? Und die guten Schuhe voller Modderpampe, und die Riemchen eingerissen. Wann?
Und bei jedem Wann zischten mir die Ruten um die Beine. Wann?
Als – du – in – Berlin – warst.
Als ich in Berlin war? Da hast du mit deinen Dreckfingern meine Sachen durchwühlt?
Ich – habe – ja – bloß – die – Rosinen.
Ach, an den Rosinen bist du auch gewesen? Genascht hast du? Die letzten Vorräte weggefressen?
Nicht – ganz.
Keine Zeit mehr, was? Das Kleid verhunzen war dir wichtiger, was? Mein Theaterkleid durch die Pfützen zu schleifen, darauf kam es dir an, was? Dafür hast du lieber ein paar Rosinen übriggelassen, oder? Sie hatte mich längst an die Stubenwand getrieben. Dort klebte ich fest und roch Kalk, und bei jedem Was zog sie mir die Ruten über. Die pfiffen, legten sich um meine Beine und rissen die Waden, die Kniekehlen, die Schenkel auf.
Hergucken, sage ich! Hängt hier nicht das Futter raus, wie? Ist nicht der halbe Rock mit Erde verkrustet, wie? Ist der Saum nicht ab und zerfasert und zerfetzt, wie? Hast die Schärpe verknotet und nicht mehr aufgekriegt, wie?
Bei irgendeinem Wie entfernte sich die Wand und legte sich mir zu Füßen. Ich knickte langsam ein und fiel hin.

Und draußen ist soviel los und ich liege im Bett und kann mich nich rühren und die weicht nich von meiner Bettkante mit ihren feuchten Umschlägen und Danuta kommt und haut mir triefendnasse Erde auf die Beine und die Seemannsche lugt herein wenn Kaltesophie aufs Klo geht und wenn sie einkaufen geht flößt mir die Seemannsche ne Art Tee ein der schmeckt nach Eicheln und wirklich da schwimmt ne Borke drin rum und dann taucht die Stiehler auf mit ner Schüssel Sauerkraut und reißt Kaltesophies Umschläge ab und bepackt mich mit Sauerkraut und schon ist Danuta wieder da die läuft mächtig zwischen meinem Zimmer und Abrahams Saal hin und her da drin kriegt eine jetzt gleich ihr Baby und die Stiehler darf nich rein und ich liege hier fest wie ne Flunder aufm Sand und Kaltesophie die mir vorlesen soll im Augenblick kann ich se umn Finger wickeln und ich sag noch n Gedicht sollse vorlesen wie Concordia eins wo was drin vorkommt und die tischt mir ne Geschichte auf da schneidet einer seiner Mutter das Herz raus weils seine Braut so will und schleppt es durchn Wald und durchn Moor ums der blöden Braut zu bringen und dann ungefähr so: und als im blutroten Mondesbrand ihn zur Stelle begräbt überschollender Sand – hingefalln isser der Nieselpriem anstatt die Füße zu heben – da fängt das Mutterherz zu weinen an mein Sohn hast du dir wehgetan: mit som Quatsch über den ich nun ganz und gar nicht heulen kann stiehlt sie mir die Zeit während Danka hinter ihrem Rücken von draußen zum Fenster herein Faxen macht und Mätzchen Kaltesophie geht mal raus und schon is Dankachen drin und wuselt unter mir im Strohsack rum was suchstn da ich wills dir bloß auflockern sagtse geh von mein Strohsack weg pscht mach jetzt nicht den Hund in der Pfanne verrückt mit mir könnses ja machen in allem was Kaltesophie mir vorliest kommt ne Mutter drin vor jetzt reicht es mir aber und nich zu glauben tritt Danuta paar Tage später herein mit ner zugedeckten Schüssel und sagt das Kind is raus is prima gegangen und gesund ich denke schon die hat das Baby mitgebracht aber da sind tatsächlich geriebene Kartoffeln in der Schüssel.

Als ich wieder aufstehen konnte, war nichts mehr wie früher. Die Frauen aus Abrahams Saal waren zu Fuß weg, Richtung Frankfurt. Danuta war auch weg, keiner wußte, wo lang. Frau Stiehler war von Haus zu Haus gegangen fragen; zuletzt hatte sie eine Suchanzeige aufgegeben, ohne Erfolg. Einen halben Monat später kamen zwei Männer zu ihr und forschten nun ihrerseits nach Danuta, und da hat Frau Stiehler erfahren, daß Danuta eigentlich mit den Frauen aus Abrahams Saal mitgehen sollte.
Warum? Bedauern, Achselzucken.
Das im Saal geborene Kind war inzwischen bei der NSV-Schwester gelandet, und Frau Stiehler füllte einen Antrag aus, das Baby zu sich nehmen zu dürfen, bitte, da sie selber kinderlos sei und, wie alle bestätigen könnten, mit Säuglingen durchaus umzugehen verstünde. Kurz darauf erzählte sie Kaltesophie, daß ihr Antrag abgelehnt worden sei.
Warum? Bedauern, Achselzucken.
Das Kind wurde in ein Heim überführt, denn die NSV-Schwester hatte keine Zeit, sich einem durch ein Kleinstkind bestimmten Privatleben zu widmen. Nach diesen Zwischenfällen hat Kaltesophie Frau Stiehler nicht mehr besucht.

Hurra hurra hurra
Karl bleibt jetzt da
seine Firma ist in Klump
der Tresor liegt
verschüttet im Keller
die Bücher sind verbrannt
er hat keine Arbeit mehr
unser Kanarienvogel ist
bei Tante Mieze in Pflege

hurra hurra hurra
Karl bleibt jetzt da.

Den letzten Kriegswinter verbrachten wir an der Oder. Wir gingen Heiligabend lange spazieren, aber die Stimmung war nicht wie sonst. Concordia hatte mir ein Paket geschickt, darin war eine Flickenpuppe, die trug genau solche Kleider wie Concordia immer anhat, dann kam eine Handvoll Zinnsoldaten zum Vorschein, in alten Uniformen, und zuunterst lag das Zigarettenbilderalbum Deutsche Kolonien, endlich. Ich informierte mich über Kalebassen, Zauber- und Wahrsagehölzchen, Knochenmesser und vergiftete Pfeilspitzen. Afrika war mir sicher, ganz zu schweigen vom Bismarckarchipel, wo in Häusern aus Stroh Dämonen leben und die Boote in Neupommern aus einem einzigen Baum geschnitzt werden mit der Hand.

6

Ein Lidschlag, Danka steht auf der Buhne und springt, die Arme ausgebreitet, graue Schwingen. Der Fluß zieht weg, der Strudel zwischen den Buhnen zieht nach unten. Wenige erreichen die offene See.

Ein Pfiff, wer pfeift – ein Schrei, wer schrie? Die Kinder von Abrahams haben sie gesehen. Das ist ein Vierteljahr her, und sie werden selber verschwunden sein, bevor es taut.

Danka im Strudel unter Eis: wenn sie auftaucht, sind die Einwohner des Dorfes über die Oder gegangen, wie in diesem Augenblick Dankas Brotherrin peitschenknallend neben ihrem Pferd, ihrer beweglichen Habe hergeht. Die Reichsten sind als erste eingebrochen.

Danka wird auf die Oderwiesen gespült. Es ist keiner mehr da, der sie kennt.

Heb die Füße! Du hast keinen Grund, so zu schlurfen. Wir sind genauso müde wie du. Denk an deine Schuhe, ich hab nichts zum Wechseln. Heb die Füße! Du brauchst dich nicht am Rand entlang zu drücken. Geh hinter mir, bleib in meiner Spur, und heb die Füße!

Der Schnee hat die Herbstgräser nicht gefällt. Ihre Halme, die Dolden und Rispen schwanken im Wind. Der Schnee hält sie aufrecht in seiner trockenen, wehenden Stille. Rechterhand und kurz vor Pulverkrug brennt der Wald. Links die Oderwiesen sind von Radspuren zerschnitten. Ich gehe zwischen Karl und Kaltesophie nach Norden. Unsere Chaussee kommt von Aurith. Sie führt durch Kunitz nach Reipzig, von dort an die Oder zurück und nach Frankfurt.

Kaltesophie sagt: Die Polen sind nicht mehr zu bändigen, sie stecken überall den Wald an.
Karl sagt: Es brennt, weil niemand mehr löscht.
Kaltesophie sagt: Das letzte Jahr über hat es ständig gebrannt.
Karl sagt: Da haben sie nur das Harz angesteckt.
Kaltesophie sagt: Wenn sie das Harz verbrennen, können sie sich doch denken, daß das Feuer auf die Bäume übergreift.
Karl sagt: Es sind ja nicht ihre Bäume.
Eine kalte, schneehelle Januarnacht. Wir sind allein auf der Straße. Die Bauern gehen quer übers Eis. Die Eisdecke knirscht und donnert manchmal bis zur Chaussee herauf.
Karl sagt: Die werden einbrechen mit ihren Wagen.
Kaltesophie sagt: Die Auswärtigen. Die Einheimischen wissen, wo es hält.
Karl sagt: Kommt darauf an, wieviel sie mitnehmen.
Karl und Kaltesophie tragen Rucksäcke und Koffer. Ich trage eine Milchkanne mit Pflaster, Tabletten, Verbandzeug und unserem Fieberthermometer darin. »Ein Haushalt ohne Fieberthermometer ist wie ein Krankenhaus ohne Arzt.«
Morgengrauen in Frankfurt. Wir steigen in einen überfüllten Güterzug nach Berlin.
Karl sagt: Wenn wir erst zu Hause sind, mag kommen, was will.
Beim Halt auf freier Strecke werden tote Säuglinge hinausgereicht.
Zu Hause packt Kaltesophie die Koffer nicht aus. Sie richtet im Keller Betten her. Nachdem sie das Eingeweckte sortiert hat, packt sie zwei Waschzuber voll Geschirr und Kristall. Sie ruft nach Zeitungen für das Kristall. Ich bringe stapelweise Berliner Lokalanzeiger.

aufstehen
den rechten Arm hoch
deutscher Gruß
die Hände falten
beten
setzen

Mein Zimmer ist mein Territorium. Ich hasse es, wenn Kaltesophie die Tür aufreißt und sagt: Ich muß doch mal nachsehen, du bist so still.
In meinem weißen und kupferfarben verzierten Eisenbett vollführe ich die gefährlichsten Übungen und bin Turnerin Nummer eins. Auf dem Sofa unter dem Wandbehang – »Hab Sonne im Herzen, obs stürmt oder schneit« – umgebe ich mich mit meinen Zigarettenalben und schreibe aus Sigismund Rüstig wilde Stellen ab. In meinem Vertiko, auf dem ein Foto von Bertholt in Matrosenuniform steht, habe ich Verstecke angelegt, die jeden Gefängnisinsassen mit Bewunderung erfüllen würden. Vor dem zwei Meter hohen Spiegel, eingefaßt in einen breiten, gerillten Mahagonirahmen, ziehe ich teuflische Gesichter, mache Faxen, drehe und wende mich, bücke mich und schaue mir von hinten in meine Löcher: da studiere ich alles, was an mir dran ist, und stehe wieder auf und halte eine Rede an den Führer, daß wir den Russen Beine machen werden, und zwar ein bißchen plötzlich. Gerd Hanowski, der im Garten eine Panzerfaust versteckt hält, hat gesagt: Der erste Russe, der in unsere Straße einbiegt, gehört uns. Sollte sich mir die Gelegenheit bieten, zu den Werwölfen zu gehen: keine Frage – sofort!

Die vierte Klasse ist in einen anderen Raum gezogen. Ich komme zu spät, niemand beachtet mich. Fräulein Mammert und Inge

Wassermann stehen vor dem Katheder. Fräulein Mammert drischt mit ihrem Lineal auf Inges Finger ein. Die hölzerne Kante ist zersplittert, bis in die letzte Reihe ist die metallene Schiene zu sehen. Ich setze mich nach hinten und ducke mich. Inge dreht sich um die eigene Achse. Sie kreiselt und wirbelt herum und macht Luftsprünge. Fräulein Mammert packt ihren Oberarm und hält sie fest.

Dir werde ich helfen, Kastanien in die Tintenfässer zu stecken, bis die Tinte überläuft und rausschwappt und auf den Fußboden rennt.

Hände her! Beide Hände nebeneinander, und die Finger ausgestreckt! Handrücken jetzt oben, jaaa. Finger auf, und stillgehalten.

Inge hüpft. Ihre Finger haben geknackt.

Stehenbleiben! Dreh dich nicht, dreh dich nicht. Stillhalten. Keine Fäuste machen, Finger auf!

Inge Wassermann geht auf ihren Platz. Sie hält ihre Hände weit von sich ab. Die Finger hängen in der Luft.

Fräulein Mammert ruft mich nach vorne. Sie sagt: Die Evakuierte ist wieder da, und setzt mich in die zweite Reihe, wo ich früher saß.

Zwischen den Winterbäumen, unter Krähen liegen wir auf dem glasklaren Teich und beobachten die Wasserpflanzen. So schwarz ist das Grün unter dem Eis in Inderans Garten.

Im Herbst ist der Teich übergelaufen und hat nun den Graben unterhalb des Bahndammes in eine lange Schlittschuhbahn verwandelt. Wir fegen das Eis auf dem Graben. Hier ist es milchig und klingt hohl. Dumpfes Rollen, wenn oben ein Zug vorüberfährt. Der Graben hat eine Gänsehaut, das Wasser muß gezittert haben, als es gefror.

Aber mit einemmal hat die Schule ihre Türen geschlossen.

Karl hat was gegen Tante Mieze.
Mir als Wienerin darf der Führer den Zucker im Kaffee nicht streitig machen.
Hahahaha, die leidet ja an Gehirnerweichung. Da, wo unser Zucker herkommt, im Oderbruch stehen längst die Russen.
Wenn sich jemand Zucker in seinen Kaffee schüttet, dann die.
Die Russen trinken keinen Kaffee, die trinken Tee.

Ein staubiger, unkrautiger, steintrockener, rissiger, sehr breiter, sandiger Landweg, in den unsere Straße, die Wilhelmstraße mündet. Wer diesen Weg nimmt, kommt unweigerlich an unserem Haus vorbei.
Der Landweg führt parallel zur Eisenbahnlinie direkt nach Osten. Er ist eine alte Heerstraße und begleitet den Streckenverbund Berlin-Fürstenwalde-Frankfurt bis nach Warschau. Vielleicht hört der Weg auch dort nicht auf. Entweder in unserem hellen brandenburgischen Licht oder bei ekelhaft langem Landregen oder unter weittreibendem Schnee zog Friedrich der Zweite diesen Landweg nach Osten und verlor in Kunersdorf siegreich eine Schlacht. Andere Heerführer zogen ihm nach, der Sonne entgegen, und kehrten der Sonne entgegen zurück. Seit dem zeitigen Frühjahr zogen Flüchtlinge vorbei, anfangs mit Pferd und Wagen. Im April zogen über den Landweg große Teile der Roten Armee, Kosaken, Tscherkessen, dann Hunderte von Panjewagen. Keinen Monat später kamen die Polen durch, singend, fluchend, auf Pferdewagen, Zwangsarbeiter auf dem Weg nach Hause. Ihnen entgegen tauchten die ersten Heimkehrer auf, an selbstgeschnitzten Krücken, mit leeren Hosenbeinen, leeren Ärmeln an ramponierten Uniformen. Zur selben Zeit tra-

fen Überlebende aus deutschen Gefängnissen und KaZets ein, so blaß wie unser Licht im April. Bald darauf folgten ihnen die Verschleppten, Frauen und Jugendliche, die als Torfstecher in russischen Lagern gearbeitet hatten. Dann zogen die Flüchtlinge, die im März vor der Front nach Westen geflohen waren, zurück nach Osten und kehrten wieder nach Westen um, als sie erfuhren, daß die Gebiete jenseits der Oder an Polen gehen.
Ein unbefestigter Landweg, Kiefern rechts und Birken links und Habichtspilze rechts und Birkenreizker links. Von den Pilzstellen will ich nicht reden. Vielleicht haben sie sich geändert. Vielleicht kehre ich zurück, und sie haben sich nicht geändert. Karl hat selten Pilze gefunden, lieber hat er gesungen: Auf, auf, Kameraden, aufs Pferd, aufs Pferd, ins Feld, in die Freiheit gezogen. Die alte ausladende, zerfahrene, sandige Heerstraße hat in dem Jahr viel Fußvolk gesehen und viel Reiterei. Aber so weit sind wir noch nicht. Es ist April, und zwar genau der zwanzigste. Und Karl singt nicht länger: Das ist Lützows wilde, verwegene Jagd, das ist Lützows wilde, verwegene Jagd.

Dürings gehen als erste in den Keller. Der Hauswirt klopft kurz und sagt: Sie kommen. Er steht da in seinem feierlichen schwarzen Tuchmantel und sagt: Sie kommen. Dann geht er die Treppe hinunter. Frau Düring und Edith folgen ihm schweigend. Dick angezogen, tragen sie Netze und Taschen und allerlei Zeug bei sich. In der Nähe heult und pfeift eine Stalinorgel.
Mit Gelächter und Getrappel ziehen Dr. Kenzig (Chemiker, Katzenfarm, neunhundert Katzen außerhalb) und Tante Mieze (Wienerin, unverheiratet, lebt seit acht Jahren mit dem Doktor zusammen) in den Keller hinunter. Tante Mieze hat ein Kruzifix unterm Arm und in einer Hand das Bild mit Ganymed und den irrsinnigen Wolken. Stille. Einzelne Schüsse. Stille.

Dann geht Frau Nentwich hinunter (achtundsiebzig, Witwe eines Kupferstechers). Sie trägt einen Kochtopf vor sich her, über den sie eine Serviette gebreitet hat. Langsam, Stufe für Stufe, leises Ächzen.

Bei uns passiert gar nichts, bis Kaltesophie aus der Wohnung stürzt in ihrem wehenden Pelzmantel und Schaftstiefel an. Das Kopftuch tief im Gesicht, schwenkt sie ein Lederköfferchen, nicht größer als Karls Aktentasche. Karl läuft hinterher und kriegt sie auf der Vortreppe zu fassen. Das Rattern von Kettenfahrzeugen wird lauter.

Im Haus brennt kein Licht mehr. Das Wasser ist weg, der Gasherd verödet. Ich gehe zu Karl und Kaltesophie auf die Vortreppe. Karl zerrt an ihrem Ärmel, sie wehrt sich. Sie gewinnt eine Stufe in Richtung Gartentor, er zieht sie wieder herauf.

Soffie, komm zu dir! Wo willst du denn jetzt noch hin?

Weg. Laß mich los!

Die Russen stehen schon zwischen Kurpark und Friedhof.

Eben, und ich glaube einfach nicht, daß sie dort stehenbleiben.

Laß das, ich will wissen, wo du hinwillst.

Zum Bahnhof, zum Bahnhof.

Daß ich nicht lache. Den Bahnhof gibt es nicht mehr. Komm sofort in den Keller.

Ich laß mich doch nicht von denen!

In den Keller, hab ich gesagt, bevor es zu spät ist.

Karl! Da drüben, zwischen Schützes und Hanowskis, sind sie das schon?

Tatsache. Wie vierzehnachtzehn. Genau-so-sehen-sie-aus.

Und weg und rein und runter in den Keller und ans Fenster. Kopf da weg! Duckt euch! Paah, die Neugier siegte bei Kaltesophie

und mir. Nichtzuglauben, das sind sie. Bei Kartoffel-Schütze an der Hausecke stehen zwei, ihre Uniformen sind graubraun wie Erde, sie halten Maschinenpistolen in den Händen und blicken vorsichtig um die Ecke und in Schützes Vorgarten. Zwei Russen, und sonst niemand zu sehen.
Aber was soll denn das bedeuten? Karl, sieh doch mal!

Bahnwärter Rüdiger, der bei Schützes das linke Kellerzimmer bewohnt, schiebt keine drei Meter von den Russen entfernt etwas Dickes, Gerolltes, Weißes aus seinem Fenster und dreht und dreht und entrollt ein gewaltiges, ewiglanges Tuch. Bahnwärter Rüdiger kapituliert und schleift eine weiße Fahne hin und her über Schützes Kaiserkronen und Osterglocken.
Sieh mal an. Der hat heimlich und mindestens drei Laken aneinandergenäht.

na warte
wenn die Russen kommen
die nageln uns alle
mit der Zunge an den Küchentisch
oder sie legen uns nebeneinander
auf die Straße
und fahren mit Panzern über uns rüber
paß bloß auf

Wir standen im Kellergang und hielten die Arme hoch. Du auch! sagte Karl. Höher, verdammt!
Der erste Russe war alt und hatte einen Bart. Er kniete sich hin und gab mir weiße Schokolade, Fliegerschokolade, nach der man nicht einschlafen kann. Sie sah aus wie Palmin. Einer ging in die Keller und kam mit einem Bündel Kleider von Dürings zurück.

Einer zog die Hände und Handgelenke der Hausbewohner zu sich herunter und zerrte die Uhren ab. Sie wühlten alles durch, und wir zogen uns in die Waschküche zurück. Ich ging in unseren Keller rüber: da packte einer Kaltesophies Kristall aus, ein anderer stand vor unserem Lagerregal und packte das Eingeweckte in einen Sack, behutsam, Glas für Glas. Gott sei Dank die Kirschen gehen aus dem Haus. Kaltesophie war immer zu faul gewesen, sie zu entkernen. Zucker hatte sie auch nie genug. Karls goldene Taschenuhr lag tief unter den Eierkohlen.

Das hat uns Doktor Kenzig die ganze Zeit verschwiegen, daß er Russisch kann, und jetzt redete er mit denen in ihrer eigenen Sprache. Dabei hat Tante Mieze noch vor kurzem stolz erklärt: Uns Wienern wird der Führer den Zucker für den Morgenkaffee nicht streichen.

Am späten Abend, als das Haus für einen Augenblick leer blieb, rissen die Frauen Decken und Bettzeug an sich und huschten die Treppen hoch und auf den Dachboden. Sie zogen die Leiter ein und stellten Gerümpel auf die Bodenklappe: Frau Düring, Edith, Tante Mieze und Kaltesophie. Betty, Frau Dürings Dienstmädchen, ließen sie bei uns im Keller.

Ende April und zum ersten Mal alles offen.
Pausenlos Hufschläge
auf dem Kopfsteinpflaster und Wagenrollen
die hölzernen mit Eisenreifen beschlagenen
Felgen leiern und sprühen Funken
die Hufe der Pferde
zünden kleine Blitze wie unser Gasanzünder
stehende stechende Säbel.

Ach was alles die Luft zerschneidet
und manches Menschen Herz
aber nicht meins.
Gebrüll Gelächter Gegröhle Getanze
ganz vergessen und entrückt
sind die Befehlshaber unserer Kindheit.
Lärm und Gelage und Rauch
und beißende Gerüche eine Art Freiheit
kommt hoch
nicht mehr zu löschen nicht mehr gutzumachen.
April und Mai ein Getümmel
unter den blühenden Kastanien in unserer Straße
das kein Ende nehmen soll
weder bei Tag noch bei Nacht
kein Halten mehr
kein Innehalten.
So viel Luft ist in allen Bälgern
daß sie sogar die Ziehharmonika
auf unserem Hof nicht mehr zusammenkriegen.

Überall Einquartierung: und sofort hatten die Russen zur leichteren Ein- und Ausfahrt oder achtlos und nebenbei, aus Versehen aber sicher nicht, die Gartenzäune bei Inderan und Düring niedergelegt. Dasselbe bei den Hanowskis oder bei Kartoffel-Schütze zu tun lohnte nicht, denn deren Häuser standen dicht an der Straße. Ihre Vorgärten hatten nicht Platz genug, um mit Troß und Reiterei sich breitzumachen oder in Gruppen rauchend und Mundharmonika spielend sich auf der Erde auszustrecken.
Das ist er, der Kommunismus: einfach die Grenze zwischen Straße und Gärten niederzuwalzen, naja. Jetzt nahm ich täglich

folgende Abkürzung: aus dem Waschküchenfenster auf unseren Hof und über den Hof an Dürings Kaninchenstall vorbei und längs durch Dürings unteren Garten, und schon stand ich auf dem Marktplatz, der lange nicht mehr als Marktplatz diente. Die Stände wurden seit Jahren zwischen Kirche und Oberschule errichtet; das Grundstück unterhalb Dürings Garten hatte sich in eine wilde Wiese mit Regentümpeln und Schilf verwandelt.

Nun weideten die Russen dort ihre Pferde. Sie hatten einen dreizehnjährigen Jungen aus dem Bahnhofsviertel als Hütejungen angestellt, Siegfried Conradi, dem ich nicht von der Seite wich. Ich hatte mich dermaßen in ihn verknallt, daß ich krank wurde vor Bauchschmerzen, wenn ich bloß an ihn dachte.

Siegfried rannte schneller als die Hanowski-Jungen.
Siegfried fiel vom Pferd und weinte nicht.
Siegfried rauchte mit den Russen Selbstgedrehte.
Siegfried hatte braune Augen und schwarze Haare.
Siegfried trug drei Pullover, auch bei Sonne.
Siegfried schwitzte immer.
Siegfried kraulte die Pferde am Kopf, an den Nüstern.
Siegfried schlug die Pferde unbarmherzig in die Weichen.
Siegfried holte sich Essen aus der russischen Gulaschkanone auf Schützes Hof.
Siegfried sprach wenig, eigentlich gar nicht.

Ich habe mich mit solcher Ausdauer und Zähigkeit und Hingabe an ihn gehängt, bis er mir, wortlos natürlich, ich war einfach nicht abzuwimmeln, erlaubte, mit ihm die Pferde zu hüten, mit ihm zu essen, den Tag in seiner Nähe auf dem Marktplatz zu verbringen.

Als auf dem Marktplatz kein Halm mehr stand, zogen und trieben wir die Pferde in Dürings unteren Garten, direkt zwischen die Johannisbeeren und auf die Beete, direkt ans frische Grün der zerrauften Hecken. Es waren kleine, bockige Pferde, die sich an den Obstbäumen scheuerten und zu träge waren, die Blüten wieder vom Hintern zu schütteln. Ihre Augen sahen aus wie Sand, ihr Fell war versandet, sie rochen nach Sand. Und ihre Mähnen waren voller Läuse: unterm Pony, in der Mähne drin, alles Läuse. So viel Läuse auf einen Sitz hat noch keiner gesehen. Ein Ameisenhaufen war nichts dagegen.

Pferdeläuse? sagte Tante Mieze, die es nicht lange auf dem Dachboden ausgehalten hatte. Was du auf dem Kopf hast, sind echte Menschenläuse! Mongolische wahrscheinlich, weil sie so gelb sind. Das sind reine, reinrassige asiatische Läuse, die Zöpfe müssen runter.
Die Zöpfe bleiben dran.
Die Zöpfe müssen ab.
Die Zöpfe bleiben dran.
Dann machen wir eben die Essigkur. Die Haare auf, mit dem Läusekamm gründlich gekämmt und in heißen Essig gewickelt. So heiß, wie dus verträgst. Wir können ein paar Kräuter gebrauchen, obwohl ich bezweifle, daß diese Viecher Vegetarier sind. Erst ein Handtuch fest um den nassen Kopf, dann einen Schal, damit keine Luft an die Haare dringt, und vier Tage nicht aus dem Haus. Du wirst aussehen wie ein Sultan, wie der kleine Muck wirst du rumlaufen.

Der Doktor betätigt sich als Lehrer.
Wenn sie schon mal da sind, wenn schon keine Schule ist, kannst du bei mir jeden Tag ein bißchen Russisch lernen, wirst sehen, es ist ganz einfach. Das A ist dasselbe wie bei uns, das B

hat oben einen offenen Bauch, na, mitschreiben mußt du schon, während unser B bei denen das W darstellt. Das E ist dasselbe, und ein umgekehrtes N heißt bei den Russen I, unser H ist deren N, das M ist wieder gleich, das O auch, und unser P heißt auf Russisch R, pfui Teufel stinkt dein Kopf, ich schreibe dir jetzt das Wort Berlin auf. Siehst du, das B mußt du schreiben lernen und das L, beim B ziehst du einfach oben die Rundung nicht zu, und das L, warte mal, tu mal so, als ob du ein großes A schreiben wolltest, halt, nein, kein A mit Spitze oben, etwas rund, wie ein geschriebenes großes A, sooo, ja, laß den Querstrich weg, nur den Bogen, jaa, das könnte glatt ein L sein. Nun nochmal das Wort Berlin, langsam, langsam, morgen nehmen wir uns das Wort Frankfurt-Oder vor, jeden Tag üben wir einen anderen Städtenamen, weil sie jetzt an jeder Straßenecke ihre Wegschilder anhängen, da kannst du dir die Bilder einprägen, wirst sehen, ganz einfach.

Mittlerweile hatten die Russen die Pferde zum Flakensee getrieben; Siegfried Conradi ließ sich nicht mehr sehen. Tagsüber weideten sie im Wald, abends wurden die Tiere ins Wasser gejagt, dort, wo die Liegewiese, unsere Schlittenbahn, zum grauweißen Ufersand abfällt.
Mit Gertraude Esser lief ich hinterher. Sie war in der Schule die Erste und saß in der ersten Reihe, hatte nie Bekanntschaft mit Fräulein Mammerts Lineal gemacht, ein strebsames Mädchen, das leise auftrat und selten sprach. Gertraude war zum Kotzen artig. Ihre langen, dünnen, weißen Zöpfe hatte sie zu einem Kranz aufgesteckt; sie kam pünktlich zur Schule und ging ohne Verzögerung und allein nach Hause.
Geduckt in den Sträuchern oberhalb der Liegewiese sahen wir zu, wie die Russen im See badeten: mindestens zwanzig nackte

Männer, kahlgeschoren, weiße Haut, die prusten und panschen und tauchen und holen Modder und Algen vom Grund und bewerfen sich und johlen und springen aufeinander drauf und lassen sich fallen und laufen ans Ufer und holen die Pferde ins Wasser und spritzen um die Pferde rum und versuchen aufzusitzen und jagen sie ans Ufer zurück und kommen selber bibbernd heraus und hüpfen und ziehen ihr Zeug an ohne sich abzutrocknen und japsen und hocken sich hin und entwirren ihre Fußlappen und wickeln ihre Füße ein und treten in den Stiefeln nochmal nach.
Also jeden Tag mit Gertrude Esser zum Flakensee und den nackten Russen beim Baden zuschauen.

Auf Schützes Hof waren alle verfügbaren Männer zusammengetrieben worden, keiner unter fünfundfünfzig. Ich sah Karl gleich aus der Reihe herausragen. Frauen und Kinder liefen aufgeregt um die Männer herum. Die fahren sie weg, die transportieren sie alle nach Sibirien oder in die Taiga, Herrgottimhimmel, die sehen wir nicht wieder, keinen von denen.

Vier Mann Einquartierung, und pausenlos Musik. Tante Mieze hatte ihnen beigebracht, unser Trichtergrammophon zu bedienen. Die Platten rauf, die Platten runter, die Rillen auswischen mit dem Samtbürstchen, neue Nadel rein und Kurbel andrehen. Wenn das Gedudel anfing, ging ich rauf, die Kurbel bedienen. Am liebsten Filmmusik, Weißer Traum, aber auch Radetzkimarsch und Wiener Walzer. »Ma Mutterl woa ä Wjiäääänerin« ist als erstes in die Brüche gegangen, eins von Kaltesophies Lieblingsliedern. Fürs Kurbeldrehen drehten sie mir Zigaretten, die ich in einer Faber-Bleistiftschachtel aufbewahrte. Hatten sie allerdings Schnaps, habe ich davon getrunken. Mit welcher

Selbstverständlichkeit sie den Wodka in Kaltesophies Sammeltassen einschenkten.

Alles halb so schlimm, Kabel ausbuddeln, wir sind schon fast bei Karutzhöhe, einen Meter tief, und die Kabel dann auf den Weg hochziehen, schwer ja, aber ich mache einfach ein bißchen langsamer. Klar hatten wir befürchtet, daß sie uns nach Rußland verfrachten. Als sie uns einen nach dem andern auf die Waage stellten und sahen, ich hab keine sechzig Kilo drauf, stellten sie mich gleich in die Gruppe, die in den Wald mußte. Die stärkeren wurden beim Gleisabbau eingesetzt. Als wir erfuhren, was sie mit uns vorhaben, fingen alle an zu lachen, ich nicht, mir war himmelangst vor jeder körperlichen Arbeit. Also ich lachte nicht, und der hinter mir stand, sagte: Wolltest wohl lieber nach Sibirien, bei Suppe aus grünen Tomaten? Oder warum ziehste so'n mieses Gesicht? Ich hab natürlich nicht gesagt, wie krank ich bin, hab ihn nur darauf hingewiesen, daß ich mit ihm zusammen noch keine Schweine gehütet hätte, seitdem sagt er Sie zu mir. Was mich erstaunt, wie nachlässig sie uns bewachen. Die Kerle lehnen sich an einen Baum und rauchen oder hocken sich hin und singen was oder schießen Kaninchen. Wir sind ihnen wohl zu alt, nichts mehr wert. Wer nicht arbeitet, soll auch nicht essen: ob die nicht bei sich zu Hause die Alten einfach verhungern lassen.

Als Kaltesophie den Dachboden wieder verließ, verlor sie sofort die Nerven.
Sie haben unser Hänschen abgeknallt!
Aber Sophie, er ist einfach verhungert.
Dann haben sie ihn eben verhungern lassen, diese Mörder! Bring ihn weg, Karl, buddel ihn ein. Armer, kleiner, quittegelber Hans.

Unser Vaterland liegt am Boden, und du jammerst um einen Kanarienvogel.
Daß das Vaterland am Boden liegt, haben wir diesem Hitler zu verdanken.
Auf einmal!
Du hast ihn ja von Anfang an nicht gemocht, weil du für den Kaiser warst, du Monarchist! Dagegen war Hitler noch fortschrittlich.
Den Fortschritt sehen wir ja nun.
Er hat uns eben getäuscht.
Mich nicht.
Ich habe gesagt, ihr sollt den Vogel begraben. Den Vogelbauer gleich mit. Weißt du noch, wie sein Herzchen immer gepuckert hat?
Deins puckert auch gleich, wenn du so weitermachst.
Du bist ziemlich streitsüchtig geworden, Karl, während ich weg war.

Ich habe schnell die Handvoll Gelb im Garten beerdigt, ungefähr an der Stelle, wo Karl seine kleine Pistole vergraben hatte.

Warum habt ihr Betty nicht mit raufgenommen?
Die ist doch verrückt.
So verrückt ist sie nicht, daß Dürings sie nicht als Dienstmädchen gebrauchen könnten.
Die Heulsuse. Umsonst hat sie nicht im Heim Gottesschutz gelebt.
Du weißt genau, daß sie keine Eltern hat. Und wenn sie dreimal nicht ganz richtig ist, hättet ihr sie nicht bei uns in der Waschküche lassen dürfen.
Sie hätte uns sofort verraten mit ihrer Heulerei.

Dafür haben die Russen sie jede Nacht in die Wohnungen raufgeholt. Das müßt ihr da oben doch gehört haben. Ihr müßt doch gehört haben, wie sie schrie.
Betty schreit immer, egal was ist.
Na, ich wünsche dir, daß du mal so schreist.

Kommandantur inmitten der Ortschaft
eine Villa prächtig nachgedunkelte Gründerzeit
unter mehrhundertjährigen Eichen Kastanien
wen sie da reinführen
der sieht uns selten wieder
inmitten der Ortschaft die Villa
Hilfe schreien die Frauen
ein Dreiertrupp nimmt die Spur
der nächtlichen Schreie auf
wen sie fassen
der sieht sein Land nicht wieder.

Es war noch sehr früh, da wurde ich wach. Ich sehe zum Fenster und sah im Fenster einen Kopf mit Pelzmütze: Einer von den Hanowskis, mitten im Sommer mit Pelzmütze. Das Spalier knarrte unter seinen Füßen, und er klammerte sich mit den Händen innen am Fensterrahmen fest. Ich natürlich sofort hoch.
Haste nich jehört? Wach uff! 'n Unjlückk, direkt vor unsre Tüa! Los, zieh dia an. Die Straße is volla Erbsen un Reis un Bohn', allet da. Der letzte Waren is umjekippt, isn Lastwaren rinjefahrn, un der Wagonn volla Essen. Tempo, Tempo! Un bring 'ne Tasche mit, 'n Sack, wenn de hast.
Also habe ich mich angezogen, deinen alten Hosenrock.
Ach den, der ist noch von siebenunddreißig, als wir das erste Mal nach Cuxhaven-Duhnen gefahren sind.

Einkaufstasche gepackt und los. Barfuß, damit ihr nichts merkt, und rüber zur Schranke.

Wir hatten den Zusammenstoß gehört, und als ich ans Fenster ging, wen sehe ich da laufen?

Mich natürlich.

Früh um fünf. Mal wieder auf und davon, ohne ein Wort zu sagen. Ich habe Karl hinterher geschickt, er kam aber gleich zurück. Laß sie mal, hat er gesagt, sind eine Menge Leute da, die heben irgendwas auf.

Ich hab ihn nicht gesehen. Warum ist er nicht dageblieben?

Das habe ich ihn auch gefragt. Ist nichts für mich, hat er gesagt, ich hab genug gesehen im Leben.

Einer aus meiner Klasse hat gesagt: Sieh gar nicht erst hin, der war gleich tot.

Wer wars denn überhaupt?

Na, der Fahrer vom Lastwagen, ein Russe. Er ist tatsächlich in den Zug reingefahren. Die Straßenbreite war von dem umgekippten Güterwagen versperrt, und dahinter stand der Rest vom eingedrückten Auto. Unter all dem Schrott dann Ströme von Erbsen, Linsen und Reis. Der Reis ist über die ganze Hübnerstraße gespritzt, bis in die Gärten hinein.

Hatte der Wärter vergessen, die Schranke runterzulassen?

I wo, die Schranke war runter, die lag unter dem Waggon, total verbogen.

Und kein Arzt? Kein Krankenwagen?

Nichts weit und breit, nicht mal eine Patrouille. Pfui Deiwel, die Alten krauchen da untern Lastwaren rum, wo det Blut von dem Fahrer runterjeloofen ist, sare ick, da schreit 'ne Alte, wo solln wa denn sammeln, wenn ia den Wagonn besetzt hält, kannst ja 'n Handfejer nehm, sare ick, licht jenuch uff'n Bürjersteich, aba nee, mitten innet Blut müssen se, keene Scham im Laibe.

Und wo hast du aufgelesen?
Im Waggon. Wir sind da geschlittert und ausgerutscht auf all den Körnern und haben uns die Taschen vollgestopft. Die Seelenbinders und die Hanowski-Jungen haben eine Kette gebildet und ihre Beutel und Tüten durchgereicht, als wären es Mauersteine.
Die aus dem Armenhaus waren ja immer die ersten. Sie haben ja neben der Schranke gewohnt. Jedenfalls, während wir da herumgewühlt haben, ist Rüdiger die Strecke rauf und runter gelaufen aus Angst, es käme ein anderer Zug. Mal Richtung Berlin, mal Richtung Fürstenwalde, und hat mit roten Tüchern gewedelt.
Vielleicht ist der Fahrer betrunken gewesen.
Wahrscheinlich.
Was die in sich reinschütten.
Der Krieg ist aus.
Für die.
Für mich auch.
Du wirst dich noch wundern.

Langes wehendes farbloses Haar viel zu lang für sein Alter
(der hat den Schlamassel nicht überlebt/und wie der überlebt
hat).
Alles an ihm ist lang er schießt in die Höhe und übers Ziel
(taucht auf Arm in Arm mit dem Feind/die haben ihn ja rausgeholt).
Neuerdings streckt er noch den Rücken in seinem zu weiten
Anzug
(und spielt den Bürgermeister/es wollte kein anderer das Amt)
den Rücken den er nicht krumm gemacht hat den haben andere
gebeugt

(eigentlich gehört er ins Krankenhaus nach vier Jahren Lager).
Seine Hände unterzeichnen täglich Aufrufe und Bestimmungen
(wenn er auf der Kommandantur was zu fressen kriegt hat er ja was)
und er hält Reden vor der Rathausbaracke an ein Dutzend Passanten
(ich hab gehört im Oktober fängt die Schule wieder an).
Lehrer Bonhoff jetzt Bürgermeister macht Hoffnung auf bessere Zeiten
(gottlob kommen die Kinder von der Straße runter die verwildern sonst)
während einer seine tote Frau auf einem Handwagen vorbeifährt
(dann geht Lehrer Bonhoff sicher in den Schuldienst zurück).
Geduldig und unter Gelächter nennt er den Zusammenbruch Aufbruch
(erst gesessen und dann mit den Russen unter einer Decke)
das Wort Befreiung vermeidet er wohlweislich oder ist es Taktik
(anschließend die Hände nach unseren Kindern ausgestreckt der Sozi).
Er bettelt in der Kommandantur um beschlagnahmte Vorräte
(armes Deutschland armes armes Deutschland)
und bettelt um die Männer vom Volkssturm sein Jahrgang nämlich
(wie tief sind wir gesunken armes Deutschland alles im Eimer)
damit sie nur bei der örtlichen Demontage eingesetzt werden
(daran trägt ja nun Lehrer Bonhoff keine Schuld an dem Elend).
Seine Augen tief und schiefergrau überblicken mehr als andere
(solche wie er haben das verhindern wollen was wir jetzt haben)
wo viele sich ducken macht er sich nützlich und zieht halbfroh
(wir haben ja nichts mehr und also nichts mehr zu verlieren)

die Karre aus dem Dreck und sieht weiter ohne jemanden zu übersehen
(weil sie den Rest abbauen und die Maschinen nach Rußland schicken).

meine Geduld ist gleich zu Ende
kannst du nicht ein einziges Wort Hochdeutsch reden
ihr seid dermaßen verwildert
wird Zeit daß irgendwann mal wieder die Schule anfängt
wenn du nicht ab sofort vernünftig sprichst
erhältst du von mir keine Antwort mehr
auf nichts egal was du wissen willst
aber ihr fragt ja schon gar nicht mehr
dieser Hordentrieb neuerdings
mir wird schlecht wenn ich euch schon sehe
nichts ist vor euch sicher
kein Garten kein Keller kein Stall keine Ruine
aber merk dir ein für allemal
innerhalb meiner vier Wände wird eine andere
Sprache gesprochen als draußen

In der Rathausbaracke geben sie Kochtöpfe aus: zwei Stahlhelme – ein Kochtopf.
Und wo sollen wir die Stahlhelme suchen?
Im Wald, wo denn sonst!
Wir sofort in den Wald. Traudchen Esser, die nie am Religionsunterricht teilgenommen hat, regt sich auf, wenn wir die Helme von den Grabkreuzen nehmen. Wir sind kein einziges Mal auf Leichen gestoßen, nur Gräber – in den Kiefern, bei der Schuttablade, in den Schonungen, überall Gräber aus den letzten Kriegstagen. Die Kreuze sind meistens aus Birkenknüppeln zu-

sammengebunden: kein Name, nur ein Stahlhelm drauf, fertig.
Manchmal sieht das obere Ende Holz wie ein Gesicht aus. Die
Birkenrinde ringelt sich und hängt von den Knüppeln runter.
Die armen Gefallnen!
Wenn Kaltesophie mich wieder nach Holz schickt, zieh ich auch
die Kreuze raus.
Komm, wir gehen lieber in die Unterstände, da liegen die Helme
auf einem Haufen zusammen.
Die Unterstände sind halb eingefallen, innen wie Blockhäuser,
die Decken hängen durch. Wir raffen alles zusammen, Helme,
Uniformen, Geschirr. Die Helme geben wir in der Rathausbaracke ab, die Uniformen können wir auftrennen. In dem
Unterstand, der in Richtung Fangschleuse zwischen der Bahnlinie und den Schrebergärten der Eisenbahner liegt, stoßen wir
auf eine Schreibmaschine, die wir kaum tragen können. Klaus
Seelenbinder kommt uns entgegen und sagt: Die is'n Dreck wert,
hat ja kein Schreibband. Also haben wir sie wieder weggeschmissen. Abends sagt Karl: Ihr seid aber dumm, ein Farbband
kriegen wir überall. Geht mal morgen und holt die Maschine
her.
Am nächsten Tag war die Maschine weg, und bei Seelenbinders
drin hats getippt.
Gertraude ist gewachsen. Sie hat mich fast überholt. Sie steckt
die Zöpfe nicht mehr hoch und geht jetzt auch barfuß. Sie redet
immer noch wenig, aber ihre Schultern sind breiter geworden,
und sie hat keine Angst mehr, bei den Russen Essen zu holen.
Kochtöpfe für die Stahlhelme gab es erst zwei Jahre später.

die will mir einreden die Silberstücke hätten sich in Luft aufgelöst so ein Biest so eine Dreckschleuder so eine verlogene hinterlistige Jöre so ein Miststück so ein Satansbraten so eine freche

Stirn so eine Diebin wer lügt der stiehlt wer stiehlt der tötet auch wer tötet wird aufgehangen so eine Rumtreiberin will mir tatsächlich weismachen das Zahngold sei von alleine aus der Sammeltasse entsprungen ebenso die silbernen Fünfmarkstücke aus der Sammeltasse herausgeklettert die Karl aus Altheide mitgebracht hat oben links im Buffet stand sie mitsamt ihrem Inhalt und jetzt ist sie weg

Sogar das Kino hat wieder gespielt. Die Erwachsenen mußten die Vorstellungen besuchen, wir sind freiwillig gegangen.
Heh, warte mal, muß ich dir sagen, ich war grade im Kino im Klosterhof, 'n russischer Film, kein richtiger Film, aber echte Aufnahmen, wie sie in ein KaZet reingekommen sind. Weißte wahrscheinlich nich, was das is: Meinliebermann. Müssen alle rein ins Kino, sonst gibts keine Lebensmittelkarte, wennse nich drin warn. Meine Alte hat mich mitgenommen und ist mittendrin rausgelaufen, stand aber einer an der Tür und hatse wieder reingeschupst, weil die sehn solln, was da los war in dem KaZet, wie sie die Leute ham verhungern lassen und umgebracht und Ofen warn da mit eiserne Särge zum Reinschieben, jesses, Kinder warn auch drin. Also meine Mutter hat sich die Augen zugehalten, ich nich. Wollte mal wissen, was da los war. Wirst ja sehen, deine Alten müssen auch rein, sonst kriegen sie keine Marken. Die Bilder warn wirklich echt, mir soll noch einer von denen was erzähln. Nächste Woche isn richtiger Film, Vier Herzen im Schnee, russischer Liebesfilm.
Wir sind ins Kino gegangen. Die Erwachsenen wollten es nicht sehen.
Eines Tages bei Hochsommersonne wusch Kaltesophie mein Kleid, weiße Bluse, geblümter Trägerrock, kobaltblaue Schürze mit Borten, weiße Söckchen dazu passend, und legte ihr Jacken-

kleid zurecht. »Morgen ziehst du Schuhe und Strümpfe an! Wir nehmen den Weg nach Köpenick, Concordia besuchen.«

Auf der Höhe von Hessenwinkel stießen wir auf die ersten geschorenen Frauen und Jugendlichen, die sie zum Torfstechen in die Taiga verschickt hatten. Seit Wochen kehrten sie auf den von Panzerketten aufgeriebenen Straßen heim. »Neuntausend sind wir im Lager gewesen, und nur zwölfhundert haben die Ruhr und den Hunger überlebt.« Sie hatten nur ein Ziel: nach Westen, nach Westen, und nicht im Kreise drehen, keine Umwege machen. Später überholten wir noch andere Gruppen, die aus russischen Lagern kamen. Unmöglich, die mageren, kahlköpfigen Jugendlichen nach Junge und Mädchen zu unterscheiden.

Mitten auf der Fürstenwalder Chaussee, zwischen Rahnsdorf und Friedrichshagen, hielt scharf und quietschend ein Lastauto, das uns bis Hirschgarten mitnahm. Ein Soldat hob mich auf seinen Schoß; ich versuchte mich einzuschmeicheln, indem ich halb deutsch, halb russisch erzählte, mein Vater arbeite in einer Fabrik. Der Soldat zog an meinen straff geflochtenen Zöpfen.

Concordia mußte uns schon von weitem an den Stimmen erkannt haben. Sie wartete regungslos auf der Schwelle des Hauses. Kein Schritt, kein Wink, die auf Wiedersehensfreude hindeuteten; groß, schmal und derzeit siebenundsechzig Jahre alt, in ihrer eierschalenfarbenen Bluse mit der weichen Schleife unter dem Kinn, in dem dunklen, langen, mit winzigen Blüten übersäten Kleiderrock, aufrecht in ihren schwarzen Schnürschuhen, den schwarzen Strümpfen in Lochstrickerei stand sie ruhig da und kniff die Augen zusammen, in denen sich schon der Graue Star bemerkbar machte. Ähnlich gekleidet hatte ich sie zuletzt einen Tag, nachdem ihr Haus abgebrannt war, breitbeinig in einem blauen Meer von Scilla sibirica sitzen sehen. Ähnlich

oder genauso gekleidet war sie fünfzehn Jahre später, als ich mit ihr in »Mutter Courage« ging.
Sie bat uns an den Tisch in der Veranda; im Fenster spielte die Sonne in Kräuterflaschen, in denen Concordia Likör angesetzt hatte. Ihre sanften, dennoch ein bißchen hölzernen Gesten strömten große Ruhe aus. Ich war nahe daran einzuduseln. Das graue, volle Haar hatte sie nicht wie früher mit der Brennschere in Wellen gelegt, sondern in einem lockeren Dutt hoch oben auf dem Kopf festgesteckt.
Nachlässig brachten Kaltesophie und Concordia ein Gespräch in Gang.
Unsere Umgebung hat sich in einen Steingarten verwandelt, wir haben es mit einem Glasgarten zu tun.
Was ist das für ein Kind?
Das ist Jutta. Wir pflanzen und pflegen nicht nur, wir müssen zuallererst die gepflanzten Gewächshäuser aus der Erde sieben.
Reizende Aschenputtelei, aber dafür haben wir zu essen.
Jutta – und weiter?
Goldstücker.
Das sieht man ihr an.
Egon steht früh auf, er hackt Holz, schneidet Gras für die Kaninchen, dann reinigt er die Beete von den Glasscherben. Gibt es Pilze bei euch draußen?
Da mußt du meine Tochter fragen, ich betrete den Wald nicht.
Und wie ist das Mädchen hierhergeraten?
Sie ist seit dreieinhalb Jahren hier in der Gärtnerei.
Schule?
Jutta ist erst sieben und hat noch nicht viel versäumt.
Mutter?
Tot.
Vater?

In Australien.
Donnerwetter, daß du uns das nie erzählt hat.
Wir haben uns ja nur einmal gesehen, seitdem Egon und ich ausgebombt sind. Jutta war nicht mir anvertraut, sondern dem Gärtner, bei dem wir hier wohnen.
Immerhin.
Wie geht es meinem Bruder Karl?
Auf Demontage, sie bauen jetzt die Kugellagerwerke ab.
Fällt es ihm schwer?
Es ist viel zu anstrengend für sein Herz. Er ist nur noch Haut und Knochen. Und dein Sohn Bertholt?
Seit wann interessiert dich mein Bertholt? Er lebt, er ist in Gefangenschaft.
Wo denn?
Die letzte Nachricht kam aus Archangelsk.
Na, Conny, dann kannst du ja noch hoffen.
Sophie, ich bitte dich recht herzlich, mich nicht Conny zu nennen.
Früher hast du gesagt: Ich verbiete dir –
Abgesehen davon, daß es natürlich sinnlos ist, dich um etwas zu bitten: jetzt ist nicht die Zeit, sich zu zanken.
Dieselbe Empfindlichkeit.
Warum nicht? Ich habe mehr Kriege erlebt als du, und bisher hat keine Katastrophe meinen Charakter geändert.
Bist du auch Monarchistin geblieben?
Ich bin keine Parteigängerin von irgend jemandem gewesen. Ich lese manchmal.
Concordia schenkte mir rote Pulswärmer. Sie hatte sie letzten Winter für Jutta gestrickt und wollte sie eben auftrennen. Der Vater wird sie vor Einbruch des nächsten Winters nach Australien holen. Stunden später, die Dämmerung ging in Nacht über,

waren wir wieder zu Hause. Zweimal hatte uns ein Pferdewagen mitgenommen, den größten Teil des Weges legten wir zu Fuß zurück. Karl stand am Gartentor und sagte: Wo bleibt ihr denn? Lebt sie? Ich habe mir Sorgen gemacht. Kaltesophie antwortete: Deiner Schwester gehts blendend.
Ob das nicht eine deiner üblichen Übertreibungen ist?

Mehl ist da, wir backen, und Wodka genug, Eberhard wird noch Zwiebeln besorgen, und Lenchen hat Speck an Land gezogen, kannst du nicht euer Grammophon mitbringen?
Ich presse mein Gesicht gegen die Sperrholzplatten, mit denen unsere Verandafenster verschalt sind. Ob bei Wassermanns schon Rauch aufsteigt? Die messerdünnen Holzschichten lösen sich voneinander ab und bilden Spalten und Risse; im Winter lagen mehrmals feine Schneewehen auf dem Fensterbrett. Vom Wohnzimmer aus ist das Gemeindehaus nicht zu sehen. Von der Veranda aus erkenne ich den Bahndamm, die Schranke, das Bahnwärterhaus und dahinter den letzten Schornstein, der zu Wassermanns Zimmer gehört. Im Armenhaus kocht jede Partei in ihren eigenen Zimmern. Es quillt flauschiger Rauch aus dem Schornstein, und mich halten keine zehn Pferde mehr.
Im Armenhaus ist Hochzeit.
Wer mit wem?
Bahnwärter Rüdiger heiratet Frau Wassermann.
Na und?
Ich geh rüber.
Muß das sein?
Die backen Brot, und ich bin eingeladen. Ich geh rüber.
Jaa, jaa. Renn da bloß hin! Krauch bloß bei denen rum! Steck bloß deine Nase in deren Misthaufen!
Sophie, beherrsch dich, laß sie laufen.

Du halt dich lieber raus! Wenn einer die Plackerei hat, bin ich es. Du hast dich früher nicht um ihre Erziehung gekümmert, und jetzt schon gar nicht. Dir gegenüber hat sie immer nur ihr Sonntagsgesicht aufgesetzt.
Halt den Mund und laß mich schlafen!
Jaaa, schlaf du nur! Die anderen haben ihren im Krieg verloren, und mein Mann liegt auf der Couch und schläft. Und die Göre? Die treibt sich in Häusern herum, die aus gottunerfindlichen Gründen keine einzige Bombe abgekriegt haben. Wo alle anderen abgebrannt auf der Straße stehen.
Meinst du uns damit? Wir haben bis heute außer dem Rundfunkempfänger, um den es jammerschade ist, noch kein Stück Mobiliar verloren.
Und die Teppiche? Und die Bettwäsche? Und das Eingeweckte? Und meine seidenen Strümpfe? Alles geklaut und geplündert, und die rennt zu Wassermanns und Seelenbinders und holt sich die Krätze und die Pocken und die Ruhr? Und die Pest und steckt uns alle an?
Karl antwortet darauf nicht.
Ich habe dich was gefragt.
Da du gerade von Anstecken sprichst, ich hab Tuberkulose.
Kaltesophie schweigt erschrocken.
Tuuberkulooose! Auf gut Deutsch: die galoppierende Schwindsucht. Und nun laß sie laufen, sie ist draußen besser aufgehoben als in der Wohnung. Wenn sie sich ansteckt, dann hier.
Kaltesophie schreit und weint.
Tuuuuubäääärkuuulooooosäää!
Beruhige dich. Ich bin schon beim Bürgermeister gewesen, der besorgt mir eine Einweisung.
Auf der zweistufigen Vortreppe zum Armenhaus sitzen meistens Kinder; ich komme nicht ins Haus, ohne daß sie mich kneifen,

puffen, stoßen, mir den Rock runterziehen. Dorthin gehe ich nur noch in Hosen und Schuhen, damit ich besser treten kann. Habe ich den Grenzübergang hinter mir, bin ich in Abrahams Schoß. Inge Wassermann hat zur Hochzeit ihrer Mutter ein neues Kleid an aus Gardinen: üppige, braune Blumen auf gelbem Untergrund. Das Haus riecht nach Sauerteig und neuen Zwiebeln.

Rüdija is jlatt zum Bürjameesta jeloofen un hat um Musik jebeten. Na, der hat vleicht jelacht. Denn hat er sich uff de Socken jemacht un hat die zwee Russkis mitjebracht, deswejen ham wa Musike. Außa ihre eijne Lieda un Walza könnse ja nischt, aba der Bürjameesta leecht ma'n Stücke Tango zwischenrein.

Inges Mutter ist unschlagbar. Sie läßt keinen Tanz aus und probiert tatsächlich, in der Hocke herumzuspringen wie die Russen: eine kleine, zerknitterte Frau, die sich dreht und aufstampft und die Arme hochwirft und qualmt und Walzer linksrum. Erst hat sie ihre Dielen mit Sand gescheuert, danach unter einer Schicht Bohnerwachs begraben, schließlich hat sie gebacken.

Ich angle mir noch einen Schusterjungen. Seit Stunden wälze ich eine Speckschwarte im Mund, die wird überhaupt nicht alle. Mit der könnte ich noch zehn Brötchen tränken, wenns die gäbe.

Inge tanzt mit Eberhard Hanowski. Lenchen hüpft ganz alleine rum. Das würde ich mich nie und nimmer trauen. Dafür stelle ich mir vor, Siegfried wäre eingeladen. Herrschaftsechser, den habe ich seit Mai nicht mehr getroffen. Wie der wohl ohne Pferde aussieht? Höchstwahrscheinlich nach gar nichts, der Idiot. Idiot und Blödian und Lackaffe der. Eingebildet bis dorthinaus, hätte doch kommen können.

Mit Einbruch der Nacht sind es mehr und mehr die Flaschenhälse, die da kippen und sich drehen.

das werde ich dir noch alles austreiben die blöde Kuh und die dämliche Zicke und die alte Zuchtel und die Scharteke und die Spinatwachtel und die Zimtziege und die Schreckschraube das treibe ich dir noch alles aus deine liebevollen Bezeichnungen wenn du denkst ich höre das nicht hast du dich geirrt und deine Arschlöcher und Gullitaucher und Nachttopfindianer und was ihr singt hinter unserm Rücken In der Nacht in der Nacht wenn der Büstenhalter kracht ich krieg dich noch ich krieg dich noch windelweich für dich hänge ich noch einen Fußabtreter auf aber in Kopfhöhe für das alles was aus deinem Mund rauskommt

Eines Morgens im Frühherbst raschelte es wieder in dem Wein, der sich unter meinem Fenster hochrankte. Diesmal war es einer von den Seelenbinders, der mir knapp erzählte, Frau Esser hätte ihre sieben Kinder vergiftet und sich dann in der Linde neben ihrem Behelfsheim erhängt. Ich zog mich an, kletterte aus dem Fenster und lief hinüber. Es standen eine Menge Leute vor dem Feuerwehrhaus und unter der Linde. Sie hatten Frau Esser längst abgenommen, die hatte noch das Mutterkreuz auf dem Kleid, und nach der Kommandantur geschickt. Die GPU hielt das Behelfsheim geschlossen. Die Nachbarn verbreiteten, Frau Esser hätte sich aufgehängt, weil ihr Mann nicht zurückkäme. War er gefallen? Das wußte niemand. Ein Junge neben mir sagte: Acht Esser weniger.
Die Ausflüge mit Gertraude Esser gab es nun nicht mehr.

Mit Stöcken und Steinen werfen wir nach den reifen Kastanien. Die Straße ist unter den dunklen Blätterhänden kaum noch zu sehen. Immer wieder treten wir uns die Stacheln ein.
Die Schule fängt wieder an, wir haben es ja gewußt. »Daß du mir

nicht aus Versehen Heil Hitler sagt zu den Lehrern« – und Angst zum Gotterbarmen.

Kein Antreten, kein Aufstellen im Block, kein Fahnenappell und rechter Arm hoch, bis er abgestorben auf die Schulter des Vordermannes fällt. Wir stehen auf dem Schulhof der Oberschule Hübner- Ecke Friedrichstraße im Kreis, in Gruppen, einzeln, ungeordnet. Vorne am Hofeingang des Schulgebäudes drängeln sich einige Lehrer, unsicher und gespannt wie wir.

Lehrer Bonhoff, der Bürgermeister, tritt in unsere Mitte und stellt uns den neuen Schulleiter vor, und das ist er selber. Der große, magere Mann lächelt. Kein Wort mehr von Direktor und kein Diiie Aaaugen rechts! und kein Stääällgestandn! Er fährt sich durch die Haare, zieht den Blick einmal langsam über unsere Gesichter; dann schreit er.

Ab heute wird in der Schule kein Kind mehr geschlagen! Das ist Gesetz!

Stille. Dann Gebrüll, ein solch hemmungsloses Gebrüll, wie ich es später nie wieder gehört habe.

Nach einer Weile stellt er uns die neuen Lehrer vor, von denen einige die alten Lehrer sind. Während er Fräulein Mammert zu uns heranwinkt und ihren Namen aufsagt, antworten wir noch einmal mit Geschrei, mit Toben, Jammern, Tumult, einzeln und im Chor: Nein, nein, nein, nein! Inge Wassermann legt ihren letzten großen Veitstanz hin; einige Kinder heulen laut heraus.

Lehrer Bonhoff hat Fräulein Mammert rasch am Ärmel zurückgezogen, zurück, immer weiter zurück. Neben dem Hofeingang, an die Hauswand gelehnt, blaß, erschrocken, erbost, habe ich die Klassenlehrerin meiner ersten Schuljahre zum letzten Mal gesehen. Sie ist noch vor Weihnachten nach Koblenz in die französische Zone gegangen.

Wir drückten uns noch eine Weile auf dem Schulhof herum, da

tritt ein Mädchen auf mich zu, daß ich erstarre und mich fühle, als sei ich mit roter Tinte übergossen.
Sie sagt: Heh, kennst du mich nicht mehr?
Ich zucke die Schultern hoch.
Sie sagt: Ich heiße Sieglinde Conradi, erinnerst du dich nicht, wie wir die Pferde in die Gärten gejagt haben?
Ich drehte mich um und lief weg. Ihre Eltern hatten sie verkleidet wegen der Vergewaltigungen. Ich habe nie mehr mit ihr geredet.

Wasserholen für Frau Nentwich: pro Eimer ein Groschen. Wasserholen für Tante Mieze: pro Eimer ein Sechser. Ich sage: Frau Nentwich gibt mir das Doppelte. Tante Mieze sagt: Die ist ja auch doppelt so alt. Wasserholen für Frau Düring: pro Eimer ein Sechser.
Ich sage: Frau Nentwich zahlt das Doppelte.
Frau Düring sagt: Hopfen, ich werde dir den Mund stopfen.
Wasserholen für Kaltesophie: pro Eimer gar nichts.
Ich sage aus ziemlicher Entfernung: Denn eben nich, denn hol dir doch dein Wassa alleeene. Hast ja sowieso nix zu kochen, und wennde Durst hast, ick sare dia jerne, wo bei Hanowskis drüm die Pumpe steht. Immer icke, ick soll immaa loofen, weil ick anjeblich nischt ze tun habe.
Kaltesophie sagt: Was knurrst du da eigentlich dauernd vor dir her?

Die ersten Nachkriegsweihnachten standen vor der Tür, aber an Weihnachtslieder war nicht zu denken. Lehrer Bonhoff übte mit uns für den ersten Mai. Vier Monate nahm er sich Zeit, um aus uns einen Schulchor zu machen.
Draußen vor den Fenstern der Aula stehen die tiefdunkelgrünen

Fichten und Eiben. Die Tage sind kurz und selten klar, und immer Stromsperre. Die abgewetzten Dielen knarren; Lehrer Bonhoff dirigiert in der Dämmerung mit schmalen Fingern.
Und nochmal von vorn: Brüder zur Sonne, zur Freiheit.
Und nochmal von vorn: Auf zum letzten Gefecht.
Und nochmal von vorn: Seit an Seit, und die alten Lieder singen.
Und nochmal von vorn: Es steht ein goldnes Garbenfeld.
Und weiter: Es geht der Sturm die Felder rein, es wird kein Mensch mehr Hunger schrein.
Er redet uns zu, sagt vor, läßt uns die Zeilen wiederholen. Auch die sitzengeblieben waren, auch die Stimmbruch haben, dürfen mitsingen.
In meiner Erinnerung verbindet sich jener Winter ohne Licht mit großer Helligkeit.

Du gehst jetzt mit diesen Zigaretten hinüber ins Armenhaus und gibst sie Frau Wassermann.
Die heißt jetzt Rüdiger.
Meinetwegen, gibst du sie eben Frau Rüdiger und läßt dir dafür Brotmarken geben. Ich weiß, daß sie tauscht.
Geh doch selber!
Kaltesophie haut mir eine runter.
Damit du es weißt, das sind meine Zigaretten, die habe ich von der letzten Einquartierung.
Dir gehört erstmal gar nichts, und noch lange keine Zigaretten.
Und deins ist, was ein blindes Huhn bei Nacht sieht.
Kaltesophie haut mir eine runter.
Du Scheusal, du. Bist aber auch zu nichts, zu gar nichts zu gebrauchen.

7

Karl war zwischen Berliner Straße und Gleiskörper zur Demontage der Kugellagerwerke eingesetzt. Er verließ morgens mit leerem Rucksack das Haus und kehrte abends mit einem Packen unbedrucktem Landkartenmaterial heim. In einem der ehemaligen Verwaltungsgebäude waren die Arbeiter auf einen umfangreichen Vorrat dieses Materials gestoßen, eine Art Wachstuch. Das nahmen sie mit und verarbeiteten es zu Hause zu Kleider- und Wäschestoff. Die Wachstuchstücke, groß wie eine Bettdecke und sehr steif, mußten lange geklopft und geschlagen werden. Ließen sich die weißlichgrauen Pappen ein wenig knautschen und drücken, wurden sie mit großer Anstrengung in den Waschkessel gepreßt und gekocht, gekocht, gekocht.
Karl hat uns mit einem halben Hundert solcher Stoffbahnen versorgt. Noch Jahre später trug ich Hemden, Blusen, Unterröcke und Schürzen aus jenem glatten, seidigen Baumwollgemisch.

Der tote Hase in der Veranda zum Beispiel
wie er an den Hinterbeinen hängt
mit weißen Waden und schaut über den Fußboden
und unter der Wohnzimmertür hervor.
Von dort streicht sein grüner Blick über den Teppich
und zu meinem Diwan herüber
daß ich die Vorderfüße neben den hängenden Ohren
nicht vergesse und nicht den Schnurrbart
rechts und links von seiner Hasenscharte
die er gegen mich ausspielt.
Wenn der tot ist fresse ich einen Besen.
Jetzt grinst er und jetzt hat er
tatsächlich gezappelt da am Verandafenster.

Oh, sagte Kaltesophie, ich hatte nie etwas gegen die Juden, ich war sogar als junges Mädchen mit einem verlobt, und gegen die Franzosen habe ich auch nichts, denn ich habe vor dem ersten Weltkrieg jahrelang in Belgien gelebt.

Puuh bei euch riecht es aber.
Wieso?
Na riech doch mal.
Heh was riecht denn hier so?
Bratkartoffeln.
Und?
Sie macht Bratkartoffeln.
Aus was?
Aus Schalen.
Na und?
Bratkartoffeln aus Schalen.
Und was riecht da so?
Das ist der Lebertran.
Kartoffelschalen in Lebertran?
Pfui Deiwel.

Karl wird von Tag zu Tag verrückter. Er ist zu nichts mehr zu gebrauchen und sagt dauernd: Ich bin zu nichts mehr zu gebrauchen. Neulich ist er nach Berlinmitte gefahren und hat seine Firma gesucht und kommt nach Hause und schmeißt Kaltesophie die große Pfanne ans Schienbein.
Willst du mit sechsundfünfzig noch Diskuswerfer werden? hat sie gefragt, aber er fing an zu weinen und zu schreien: Die Markgrafenstraße ist ein einziger Trümmerhaufen, ich habe sie nicht gefunden, meine alte Firma ist überhaupt nicht mehr aufzufinden und wird auch nie mehr aufzufinden sein. Ich konnte nicht ein-

mal das Haus, das Grundstück ausmachen, wo ich vierzig Jahre lang gearbeitet habe, wo sie mal draufstand, und nie wieder werde ich in meine alte Firma gehen. Jetzt, wo sie alles enteignen, aber da ist ja nichts mehr zu enteignen, Gott sei Dank ist sie futsch, haben sie wenigstens nichts zu enteignen, aber ich werde dort nie wieder Arbeit kriegen.
Zu arbeiten gibts genug, sagt Kaltesophie.
Halt deinen blöden, stupiden Mund, schreit Karl und reißt den Kartoffeltopf an sich, während Kaltesophie ins Wohnzimmer flieht.
Karl wird von Tag zu Tag jähzorniger. Ich bin raus, ich bin raus, ich bin aus allem raus, brüllt er, ich bin zu nichts mehr zu gebrauchen, die Lunge offen, die Beine offen.
Kaltesophie schaut um den Türpfosten herein und sagt: Und den Mund offen. Paß bloß auf, daß keine Fliegen reinkommen.
Dabei jeden Tag in die Waschküche, Landkarten auskochen. Nachlegen, feuern, kochen, rühren. Der Wrasen tropfte von der Decke, meine Arme überzog eine klebrige Schicht, die ich abends mit Messer und Bimsstein abschabte. Ich stand auf einem Hocker neben dem Backsteinherd und drehte mit einem schmalen Brett die Wachstücher im Kessel um. Ich kodderte und stauchte und zerrte an dem pappigen Zeug, das sich langsam auflöste wie Packpapier. Kaltesophie schöpfte die leimige Suppe ab, die sich an der Oberfläche sammelte, legte nach, pulverte das Feuer auf und ersetzte das verkochte Wasser. Laß es nun eine Weile blubbern, und hol mehr Holz rein! Stundenlang fuhrwerkte ich in dem Brei herum, bis die Stoffe wenigstens die Geschmeidigkeit von Scheuerlappen hatten. Dreimal tauschten wir das Wasser aus, um die Brühe zu klären.
Das Gewicht der einzelnen Teile gab mehr und mehr nach, so

daß sie sich immer leichter heben und tauchen und umrühren ließen.
Die Produkte, die wir endlich mit gerillten, aufgeweichten und draußen schnell vereisten Fingern auf die Leine hängten, waren seidenweiche, dünne, glatte Stoffbahnen in Lakengröße.

Kaltesophie hat drei Geschwister, die alle in Köpenick wohnen, zwei davon in der Wolfsgartensiedlung in unmittelbarer Nähe von Concordia. Kaltesophie ist die Älteste, dann folgt Tante Grete, dann Onkel Max. Katharina ist die Jüngste und vierzehn Jahre jünger als Kaltesophie.
Was, du bist bei meiner Schwester Käthe gewesen? fragt Kaltesophie.
Warum nicht, sagt Karl.
Ich bin sehr überrascht.
Das ist Katharina auch gewesen.
Ach, jetzt heißt sie plötzlich Katharina – wie ehrfürchtig.
Sie war sehr froh, daß wir wieder Kontakt aufnehmen.
Ich bins nicht. Was sagt sie denn, meine Schwester Käthe?
Daß sie bis heute nicht weiß, warum du seit zehn Jahren nicht mehr mit ihr gesprochen hast.
Hat sich wohl wieder Liebkind gemacht, das falsche Luder? So hat sie schon unsern Vater umgarnt, während wir Älteren im Laden stehen und arbeiten mußten.
Das ist über dreißig Jahre her.
Sie hat sich immer Vorteile zu verschaffen gewußt.
Jetzt steht sie allein. Rudolf hat sie verlassen, er ist mit einer Freundin in die englische Zone gegangen.
Ach, und die Kinder?
Sind beide hier und in guter Verfassung, sehr freundliche Kinder.
Wie alt sind sie mittlerweile?

Dolores ist zwölf und Berti neun.
Wollen wir sie nicht alle drei einladen?
Nein, ich fahre hin.

In unserer Küche hielt Kaltesophie die Färberei in Gang. Da drängten sich Eimer, Bottiche, Zuber mit grauen, nassen Tüchern oder ausgewrungenen Stoffen wie Seile. Unten in der Waschküche stand ich neben dem Herd, oben wirtschaftete sie im Einwecktopf herum. Schwarz war die einzige Farbe, die sie hatte besorgen können. Weil sie auch davon nicht genug hatte, schwammen die Stoffstücke in einem grauen Wasser, das sich kaum von der Farbe in meinem Kessel unterschied. Kaltesophie ist bespritzt, ihr Gesicht gesprenkelt wie von tausend Mitessern; sie faucht und prustet und zieht die Nase hoch, denn die aufsteigenden Dämpfe lösen alle Flüssigkeit.

Aus dem Wachstuch, das wir in Tücher zurückverwandelten, wurden Röcke, Blusen, Unterwäsche, Tischdecken und Bezüge genäht. Sie wärmten nicht, bedeckten jedoch den Körper.

Ihre Mutter hat gespaltene Ohrläppchen, weil die Russen ihr die Ohrringe rausgefetzt haben, und Hannchen Seiboldt läßt sich von denen unten anfassen. Jemand hat gesehen, wie sie mit einem Russen rechts auf der Wiese an der Scharnweberstraße unter einem Ahornbaum gesessen hat, und der Russe steckte seine Hände unter ihren Rock
Und was sagt Hannchen selber dazu? Die sagt: Der wollte bloß mal an den Haaren drehen.
Die Nutte. Die ist in der siebten und hat schon richtige Busen.
Wir sind dann nachmittags in die Scharnweber gegangen, aber sie hatten sich wohl einen anderen Fleck ausgesucht, oder ihre Mutter hat sie vertrimmt.

Wat machn die Russen eijentlich beim Verjewaltjen? Die stecken ihren Pipel da rein, wo bei der Ollen die Pisse rauskommt, und dann schaukeln sie uff ihr rum, und denn kriegtsen Kind. Gleichsofort? Neee, det isne Weile im Bauch, da wäxtet ne Weile, denn kommtet rausjeflutscht. Iiii. Wieson iiii, denen machtet Spaß. Jlooobick nich. Frare ma, die reden ja von nischt anderm. Ick werdse frarn. Die ham det jern, wetten. Du lüchst.

Auf Packpapier haben wir eine Losung ausgemalt:
»Vorwärts in eine helle Zukunft«,
und Lehrer Bonhoff sagt: Der erste Mai ist der Tag, an dem alle Arbeiter Geburtstag haben.
Glauben wir nicht.
Naja, Namenstag.
Unterrichtsfrei, und früh sammeln wir uns vor der Volksschule. Die achte Klasse hat zwei rote Fahnen. Kaltesophie hat für mich eine ihrer Blusen gekürzt und meinen Dirndlrock angestückelt; Karl hat vorsichtig mit seinem Rasiermesser die Spitzen aus meinen alten Turnschuhen herausgeschnitten.
Er sagt: Den ersten Mai haben wir vorher auch gefeiert.
Ich: Aber ich nicht.
Lehrer Bonhoff ließ uns in lockeren Dreierreihen antreten, und los gings: zaghaft singend die Schützenstraße entlang, Brüder zur Sonne, zur Freiheit, dann das Kriegerdenkmal, vor dem wir früher gesungen haben, rechts liegengelassen und in die Friedrichstraße mündend und über die Kreuzung Hübnerstraße. Vor uns liegt die neue Zeit, an der Oberschule vorbei und haltgemacht. Hier wurden wir schon mehr, von dort marschierten wir den Hügel hinauf und stellten uns direkt vor der Genezarethkirche zum Chor auf. Von der Kommandantur kommen ein paar Russen, sonst hört uns kaum jemand zu. Lehrer Bonhoff hat gute

Laune, er dirigiert, Auf zum lääätzten Gefächt, und wir kommen langsam in Fahrt. Wir singen lauter, bis ein Mann vor uns hintritt und seine Faust schüttelt.

Da isser, der Sozi un Kommunisst, un läßt de Jörn mitten vorde Kirche singn. Det is der, der unse Weihnachten abschaffen will un machtn soßjalistischet Wintafest draus.

Bonhoff lacht, zerschneidet die Luft, und jetzt: Mahle, Mühle mahle. »Es geht der Sturm die Felder rein, es wird kein Mensch mehr Hunger schrein.«

Anschließend gehen wir die Friedrichstraße ganz hinunter, rein in die Bahnhofstraße, die siebente und die achte Klasse wedeln mit roten Fahnen herum. Am Bahnhof holen wir die Arbeiter ab. Viele sind es nicht, aber nun kann uns keiner mehr. Vor dem Rathaus hält jemand eine Rede, die Arbeiter halten ebenfalls ein Transparent:

»Wir bauen das neue Deutschland auf«,

dann singen wir wieder, dann spazieren wir in kleinen Gruppen und untergehakt noch ein paarmal die Friedrichstraße auf und ab und wollen gesehen werden.

Dürings hatten Kartoffeln gesteckt, nachts kletterte ich am Spalier hinunter und grub ihre Saatkartoffeln wieder aus. Bei Schützes drüben versuchte ich dasselbe, aber die hatten nur Schalen mit Keimen eingebuddelt.

Nachdem unsere Einquartierung sich verzogen hatte, die Russen in geräumte Mietshäuser gesteckt, somit wieder kaserniert wurden, besuchten uns zwei Männer vom Wohnungsamt. Sie packten Zollstöcke und Schreibzeug aus und schritten durch unsere Wohnung, um sie eilig urbar zu machen. Sie maßen ab, trugen ein, multiplizierten und stellten fest: Fünfundneunzig Quadratmeter für zweieinhalb Personen, das ist haarsträubende Wohnraumverschwendung. Die halbe Person war ich. Sie hatten die vernagelte, düstere Veranda mitgerechnet und beschlagnahmten das Schlafzimmer, möbliert. Kaltesophie erhielt die Auflage, eine weitere Schlafgelegenheit in das Zimmer zu stellen. Deshalb wurde zu Füßen der Ehebetten noch das Bankbett ausgezogen.

Dann zog die Familie Simonow ein: Eltern und drei erwachsene Kinder, Olga, Lydia und Jakob. Sie stammten aus dem Osten und sprachen Russisch so gut wie Deutsch. Karl und Kaltesophie schlugen ihr Lager in meinem Zimmer auf, ich zog ins Wohnzimmer und wechselte von dort in die Veranda, wo ich nicht immerzu mit jemandem zusammenprallte. Simonows fuhren jede Woche aufs Land und kamen mit Kartoffeln, Gemüse, Brot, sogar mit Speck nach Hause. Kaltesophie fragte und fragte und erfuhr einfach nicht, wo und zu welchem Preis sie diese Waren eintauschten. Rätselhaft, sie besitzen nichts und machen doch Geschäfte.

Wenn Olga oder Lydia in unserer Küche kochten, ging ich an die Töpfe und fischte mir halbrohe Zutaten heraus. Dafür bediente Olga sich, wie Kaltesophie behauptete, mehrmals bei unserer Wäsche.

Die Frauen, denen wir zuhörten, waren alle schonmal vergewaltigt worden. Schließlich wollten wir selber wissen, wie das ist. Gisela Inderan und ich sind in den Kurpark gegangen und haben uns mitten auf einen Weg gelegt. Wir haben unsere Röcke hochgeschoben und, die Beine weit auseinander, gewartet und gewartet. Es ist kein Russe vorbeigekommen und auch sonst niemand. Dann haben wir es ein paarmal auf dem Friedhof probiert, aber auch dort ohne Erfolg.

Unsere Lebensmittelkarten sind verschieden. Es gibt Schwerstarbeiter-, Schwerarbeiter-, Arbeiter-, Angestellten-, Kinder-unter-fünfzehn- und Sonstigekarten. Kaltesophie und Karl, wenn er nicht arbeiten kann, sind Sonstige, ich bin Kinder-unterfünfzehn.

Und Karl: Warum färbst du die schönen Stoffe alle grau?
Und Kaltesophie: Eigentlich sollten sie schwarz werden, aber die Farbe.
Und Karl: Ist schwarz nicht genauso deprimierend?
Und Concordia: Schwarz ist überhaupt keine Farbe.
Und Kaltesophie: Woher dann richtige Farben nehmen?
Und Karl: Also wenn schon, dann lieber schwarz als grau.
Und Kaltesophie: Nichtmal schwarz kriege ich, so viel ich brauche.
Und Concordia: Wenn dein Schwarz nicht reicht, tu Eichenblätter rein und Borke.
Und Karl: Ich meinte hellere Farben, rot und blau oder so.
Und Concordia: Blaubeeren gibt es ja jetzt nicht, aber versuche es mal mit Löwenzahnwurzeln, die machen rot.
Und Kaltesophie: Die armlangen Dinger ausbuddeln?
Und Concordia: Laß deine Tochter die Pflanzen herbeischaffen.
Und Kaltesophie: Die hat zu Hause genug zu tun.
Und Concordia: Wenigstens ein helles Braun wirst du wohl zustande bringen, mithilfe von Holunderblättern, die wachsen einem ja ins Fenster.
Und Karl: Du mit deinen Weisheiten.
Und Concordia: Essig, schütte ein bißchen Essig hinzu.
Und Kaltesophie: Wo soll ich denn schon wieder Essig herkriegen?

Und Karl: Ideen.
Und Concordia: Ich habe Essig für dich, Egon hat letzten Winter reichlich Essig gemacht beim Weinansetzen.
Und Kaltesophie: Hör auf, Menschenskind, noch mehr Arbeit.
Und Concordia: Salz brauchst du zum Färben, Salz ins Wasser geben.
Und Kaltesophie: Ich koche seit einer Woche ohne Salz, Karl hat schon Wasser in den Beinen.
Und Concordia: Das liegt nicht am Salz, Salz bindet das Wasser ja erst.
Und Karl: Natürlich liegt es am Salz, mein Wasserhaushalt ist eben total gestört.
Und Concordia: Bald wird er offene Beine haben, dann läuft es von ganz alleine ab.
Und Kaltesophie: Jetzt reicht es mir aber. Du erzählst mir, im Himmel ist Jahrmarkt, und ich soll noch fragen, wo die Buden stehen.

ich dreh durch ich kann das nicht mehr aushalten ich werde verrückt wenn du dir nicht abends die Füße wäschst
drehe ich durch und es setzt was was du dir merken wirst
den ganzen Tag barfuß gehen und mit denselben Füßen ins Bett
wo immer ein Knopf hingehört fehlt er
und der Ärmel von deinem Kleid ist auch halb rausgerissen
du setzt dich jetzt hin und reparierst deine Sachen
dann kämmst du dir mal deine Haare die Zöpfe sind ja schon verfilzt
auch kann ich das nicht mehr hören wie du die Nase hochziehst
hast du dich jemals im Spiegel betrachtet
sieh dich mal im Spiegel an und sage mir ob du sowas Häßliches schon gesehen hast sag mir das

neulich habe ich beobachtet wie du auf der Straße gespuckt hast
und zwar dir über die Schulter hinter dich gespuckt
wo hast du das her wer macht dir das vor wem willst du damit imponieren ich gehe keinen Schritt mehr mit dir über die Straße
ich schäme mich so verloddert bist du

War ich ganz alleine in der Wohnung, was selten vorkam, öffnete ich das Schlafzimmer mit einem der Schlüssel, die ich gesammelt hatte, kramte Simonows Essensvorräte heraus und schnitt mir vom Brot, von der Wurst, vom Speck hauchdünne Scheiben ab. Kartoffeln nahm ich mir nie mehr als vier Stück auf einmal.

Lehrer Bonhoff hat Zettel verteilt zum Mitnehmen. »Die neue demokratische Schule soll die Jugend zu selbständig denkenden und verantwortungsbewußt handelnden Menschen erziehen, die fähig und bereit sind, sich voll in den Dienst der Gemeinschaft des Volkes zu stellen. Die Schule gibt jedem, ohne Unterschied des Besitzes, des Glaubens oder seiner Abstammung, die seinen Neigungen und Fähigkeiten entsprechende vollwertige Ausbildung und erzieht die Jugend im Geiste echter Demokratie zu wahrer Humanität.«
Kaltesophie sagt: Alles Schlagwörter, da werden wir auch nicht satt von.
Karl sagt: Demokratie in der Schule, ab jetzt bestimmen wohl die Kinder, was gelernt wird?
Der Zettel fliegt zerknüllt in den Kohlenkasten. Am nächsten Tag hole ich mir einen neuen.

Tante Käthe hatte früh geheiratet. Ihr Mann, von Beruf Bauzeichner, widmete seine Freizeit der Malerei und war auf Indianerporträts spezialisiert. Er soll ein stiller, empfindlicher Mensch gewesen sein, kriegsuntauglich und, wie sie erzählte, ohne eigenen Antrieb. Trotzdem war er nicht so träge, daß er sie nicht nach Kriegsende verlassen hätte. Er soll unter dem Einfluß seiner Mutter gestanden haben, einer Frau, die aber ständig auf Reisen war, also kaum in das Familienleben eingegriffen haben konnte. Tante Käthes Mann war in Petersburg geboren. Der Vater fiel im russisch-japanischen Krieg, und die Erziehung des Sohnes bestand vornehmlich aus Klavierspiel und Museumsbesuch. Eines Tages verliebte sich die Witwe in einen Violinspieler, dem sie fortan von Konzert zu Konzert, von Land zu Land folgte. Sie deckte ihn mit Rosensträußen ein, vertrieb sich die Zeit mit Handarbeiten und hinterließ ihrem versponnenen Sohn nichts als einen Haufen umhäkelter Taschentücher, Kragenecken, Deckchen und Umschlagtücher.

Kaltesophie: Es ist nicht zu fassen, Doktor Kenzig hat unserer Tochter ein kommunistisches Buch geschenkt.
Karl: Verstehe ich nicht, wo doch Tante Mieze dauernd nach ihrem Führer gerufen hat, und er dürfe den Österreichern nicht den Zucker zum Kaffee wegnehmen.
Kaltesophie: Hat er vielleicht auch nicht getan, wir waren ja nie in Österreich.
Karl: Die sind genau wie die Italiener. Kein Verlaß auf sie und vollkommen verweichlicht. Andererseits ist der Doktor ja gar kein Österreicher.
Kaltesophie: Dafür kann er Russisch.
Karl: Und das Buch?
Kaltesophie: Sage ich doch, es ist zwar auf deutsch, aber von einer gewissen Helene Bobbinska.
Karl: Will der uns das Kind verderben?

Karl sagt: Was sind das für Zeiten, da man an nichts anderes denkt als an Essen, von nichts anderem redet als vom Essen.

Warum wurden die Rütgerswerke nicht bombardiert?

Als ich Katharina kennenlernte, war sie 37 Jahre alt. Sie saß in einem getäfelten Wohnzimmer, zwei Wände mit Büchern bedeckt, an der dritten farbige Indianerköpfe in allen Größen. Auf dem Schreibtisch bauschte sich, was ihre Schwiegermutter ihr hinterlassen hatte: weiße, gehäkelte Spitzendecken, meterweise Frivolitäten, Wolken aus Sternen, Rosetten, Ringen, Spinnen, Bordüren.

Auch bei Tante Käthe wurde aufgetrennt. Sagmal, fragte Kaltesophie, was sind das für Schüsseln, die du da häkelst. Das werden Büstenhalter, sagte Katharina, ich kann doch nicht ohne Büstenhalter herumlaufen, bloß, weil wir den Krieg verloren haben. Später gingen die Schwestern nach Mahlsdorf, wo Tante Käthe als Heimarbeiterin angestellt war, und wir verkrochen uns im Gartenhaus und erzählten Bücher. Dolores berichtete von der Schatzinsel, ich von Niko Kabunauri, Berti hörte zu. Meine Cousine, die kurze, schwarze Haare hatte und Hunderte von Sommersprossen, schnitt für jeden von uns ein Stück Holz aus dem Wilden Wein, und wir rauchten zusammen.

Ich hole Karl aus der Berliner Straße von der Arbeit ab und gehe vorher immer in die Baracke, wo sich die Russen aufhalten, die das Demontieren der Maschinen beaufsichtigen. Sie geben mir Zwiebeln und Wodka in Tassen. Ich bringe meine Schürze voll Bratkartoffeln nach Hause, die schwimmen in Speck und sind weich. Kaltesophie schüttet sie in unsere Pfanne und brät sie knusprig.

Wollten wir allein sein, verkrochen wir uns in die Senke zwischen Inderans Garten und Bahndamm. Gisela hatte einen dicken schwarzen Fingerling besorgt, der war bestimmt für einen Männerdaumen gedacht, so groß und so weit wie er war. Es befanden sich auch zwei schwarze Bänder daran, um ihn am Handgelenk festzubinden. Eine von uns lehnte sich schräg an den Bahndamm, die andere zog den Fingerling über ihren rechten Zeige- und Mittelfinger und bohrte unten herum und schaute nach, ob ein Baby drin war. Sowie es weh tat, schrie ich mit Puppenstimme: Mamamama, und Gisela sagte: Ganz klar, Sie kriegen ein Kind, es ist bald soweit. Dann bat ich sie höflich nachzuforschen, obs ein Junge oder ein Mädchen wird. Ein Mädchen, iiiiii, neinnein, Zwillinge. Wenn ich noch nicht genug hatte, fragte ich: Ist es ein Russe oder deutsch? Das wußte sie nicht.
Ich wußte bei ihr immer gleich Bescheid. Eins hat Schlitzaugen, habe ich gesagt, das andere heißt Erwin Meißner, weil sie mit dem vom Schlittschuhlaufen weg manchmal in den Hühnerstall ging.

Feuer legen und wegrennen, heh bleibt doch hier, trampeln, trampeln, jetzt brennt schon das Schilf, puuh, Wasser, wie sollen wir denn Wasser holen, nimm deine Jacke oder die Schuhe, da kommen welche, wer kommt, bloß weg, quer über den Marktplatz in die Bismarckstraße rein, die Friedrichstraße runter, gleich hinter der Brücke links runter an den Dämeritzsee, die Uferpromenade entlang, den Sportplatz rechts liegenlassen, weiter neben dem Dämeritzsee her, kurz vor der Badeanstalt links, genau hier, Feuer legen und wegrennen, das Gras, die Sträucher brennen.
Speeta weaick Natuafoscha, du mit deine Neeja bisja plemplem, nee, die ficken ausde Entfäärung, weeßte det nich, wieson

dette, wail se Papiatüten uffn Piepel ham, jloick nich, det stimmt, häähäähäää.
Wie das knistert, zurück zurück, wie heiß es wird, da da ein Frosch, gib mal her, aufblasen, einen hohlen Stengel in sein Maul und pusten, pusten, weiter, wenn das keine Ratte ist, flutsch ins Wasser, Blindschleichen sind gar keine Schlangen, die sehen nur so aus, und giftig sind sie auch nicht, eine Blindschleiche tothauen, mal sehen, wie sie sich dreht und windet.

Mich piekt es und juckt im Hintern.
Würmer natürlich.
Und soll ich sie jucken lassen?
Ich gehe nachher zur Apotheke.
Die haben nichtmal Hustensaft.
Sauberkeit, das einzige Mittel, was hilft, ist Sauberkeit. Ich wundere mich gar nicht, daß du Würmer hast, so, wie du dich rumtreibst und überall deine Nase reinsteckst.
Ich habe sie ja nicht in der Nase.
Die können sich dermaßen vermehren, daß sie dir zu allen Löchern wieder rauskommen.
Prima.
Erstens, die Finger nicht in den Hintern stecken! Zweitens, die Hände waschen, vor und nach dem Klo! Drittens, jeden Tag eine saubere Unterhose! Hast du überhaupt eine an?
Nein.
Ich gebs auf.

Concordia sagt: Würmer? Damit werden wir noch lange fertig.
Sie setzt Zwiebelwasser an, schickt mich nach Brunnenwasser, weil Leitungswasser nicht gut dafür ist. Sie läßt das Zwiebelwasser zwei Tage ziehen, dann soll ich es abholen und trinken, aber

in kleinen Schlucken. Vorerst macht sie mir einen Tee aus Baldrianwurzel und Nußblättern, damit ich gleich etwas einnehme. Sie sagt: In kleinen Schlucken trinken, nicht die ganze Tasse voll auf einmal runterstürzen!

Kaltesophie ist in die Kurze Straße gegangen und hat zwei Bücher gekauft. Das eine sind Erzählungen, die lese ich. Das andere ist mal wieder ein Buch über eine Mutter. Verzichte. Ein paar Tage später schleudert sie es auf den Fußboden und tobt.
»So ein Mist, das soll eine Mutter sein.« Außerdem bedankt sie sich für den Sohn. Ein Säufer, nein danke.
Wenn Kaltesophie es nicht will, werde ich es lesen. Ich hebe das Buch auf und lege es in mein Vertiko unter die Bettwäsche.

Tut mir leid, ich geh nicht, sagte Kaltesophie, hängte ihren Mantel an die Flurgarderobe und setzte sich in der Küche auf einen Stuhl. Karl ging hinter ihr her, blickte auf sie hinunter und sagte: Was ist denn nun wieder? Natürlich gehen wir. Geh alleine, sagte sie, ich halte das für sinnlos, wo sowieso die Russen alles bestimmen, ich wähle nicht. Und wie du wählst, sagte Karl, los, zieh dich an. Glaubst du denn plötzlich an Demokratie, fragte sie, und er sagte: Ich glaube gar nichts, aber wählen ist eine Pflicht, und Pflicht geht vor Glauben. Und sie: Was soll ich denn wählen, ich wähle doch keine Kommunisten, und Karl sagte: Sollst du auch nicht, unterstehe dich, und Kaltesophie, indem sie wieder aufsteht und den Mantel vom Haken nimmt: Was wird denn eigentlich gewählt, eine neue Regierung? Und Karl: Beeile dich und frag nicht lange, wir wählen nichts anderes als unsere Gemeindevertretung, und wir wählen christlich, wie sich das gehört. Und Kaltesophie schon im Weggehen: Richtige Parteien? Kann ich mir nicht vorstellen, warum haben wir dann die

Kommandantur? Und Karl laut vom Gartentor zur Haustür zurück: Weil wir den Krieg verloren haben. Und damit wir die nicht ewig hierhaben, deswegen gehen wir beide jetzt wählen, verstehst du?

Worauf ich mich lange freute, aber erst dazu kam, wenn ich mit Sicherheit ein paar Stunden allein blieb, war die Durchsuchung unseres Buffets. Es war ein gewaltiges Möbelstück, vollkommen schwarz, sah aus wie drei Leiber und drei Gesichter aus Glas, wie drei dicke Schwestern in Trauer und war so tief, daß ich die Rückwand nicht erreichen konnte, ohne hinein zu krauchen.
Ich kniete mich vor den Mittelteil und hob einige Stapel Teller heraus, danach die Platten, Schüsseln, Terrinen und fand nichts Interessantes. Auch hinter den geringelten Tischvasen, Kompottschüsseln und Bowlegläsern verbarg sich nichts. Wenn ich die Teller wieder hineinstellte, klangen sie leise beim Anstoßen.
Rechts war abgeschlossen, und obwohl ich einen Schlüssel hatte, öffnete ich nicht. Der rechte Teil beherbergte unten nur Tischtücher und Servietten, im oberen Fach lag, wenn wir welches hatten, das Brot. Und an das Brot ging ich nur heran, wenn es schon angeschnitten war.
Im linken Teil stieß ich wieder auf den Schnellhefter, den ich schon früher gesehen, aber beiseite geschoben hatte. In dem Schnellhefter befanden sich Urkunden und Dokumente; auf dem Deckel stand einmal mein Name und zum anderen das Wort Ahnenpaß. Ich vertiefte mich in die Papiere und wurde überflutet von nie gelesenen und unverständlichen Wörtern. Ich begriff nur, daß ich adoptiert worden bin, daß meine richtige Mutter auf alle Rechte verzichtet hatte, daß sie nicht verheiratet gewesen ist und mein richtiger Vater seit neun Jahren tot war, Freitod.

Ich klappte den Deckel zu und ordnete das Fach, ohne Spuren zu hinterlassen.

Drei Tote hatte Simonows Hase gekostet, und drei Tage lang erschütterte die Totenklage unser Haus, bevor er gegessen wurde.

Es war schon Herbst, da kam Jakob Simonow allein nach Hause zurück.
Wieso allein? Wieso kommst du allein nach Hause?
Alle drei erschossen, alle drei tot, schrie er, Vater und die Mädchen gibts nicht mehr.
Nein!
Die Russen haben sie abgeknallt.
Neinneinneinnein!
Doch, Mutter, so wahr ich dein Sohn Jakob bin. Ich habe sie auf dem Bahnhof gelassen, im Wagen, wo es passiert ist.
Heillose Verwirrung, das Haus lief zusammen. Frau Simonow stampfte mit den Füßen auf, daß ich dachte, sie würde zu tanzen beginnen. Sie drückte ihre Brüste zusammen, sah durch uns durch, hob dann die Hände zur Decke und fiel. Jakob fing sie auf, legte sie aufs Bett und klopfte ihr das Gesicht. Die Ohnmacht dauerte nicht lange, und das große Weinen fing an, obwohl sie zwischendurch klare Augenblicke hatte und Direktiven erteilte.
Wir hatten sogar einen frischen Hasen ergattert.
Und wo ist der Hase?
Alles am Bahnhof.
Dann geh los, einen Wagen borgen, einen großen Handwagen.
Alles am Bahnhof gelassen, sagst du? Den Vater, die Schwestern, den Hasen?
Unser Schlafzimmer platzte aus den Nähten. Die ganze Straße kam kondolieren, sogar Bahnwärter Rüdiger schaute herein.

Wir sind spätnachts in einen Güterzug geklettert, der anderntags über Fürstenwalde bis Berlin rein fahren sollte, und freuten uns, nicht umsteigen zu müssen.
Wo ist es denn passiert, wo? fragte Kaltesophie.
In Dolgelin, sagte Jakob, auf dem Bahnhof. Wir hatten es uns gerade bequem gemacht zwischen unseren Säcken und Paketen. Erst haben sie uns mit Taschenlampen geblendet, meine Schwestern gleich hoch und sich an die Rückwand gepreßt; ich blieb ganz still in meinem Winkel liegen. Da schrien sie schon: Raus mit euch beiden, und zeigten auf Olga und Lydia. Vater sofort dazwischen und den Mädchen über die Schulter befohlen: Ihr bleibt drinnen, rührt euch kein Stück! Dann auf die Russen eingeredet, aber die ließen nicht mit sich spaßen. Sie schoben Vater beiseite und mähten mit zwei Maschinenpistolen quer durch den Waggon. Rein ins Dunkle, und in Brusthöhe. Kein Schrei, nichts, die Mädchen fielen tot um. Vater warf sich den Soldaten entgegen, dafür kriegte er einen Feuerstoß direkt ins Ohr. Daraufhin rannten sie weg, und ich kroch zitternd zum Stationsvorsteher. Der rief die Kommandantur an.
Drei Tage lang barst unsere Wohnung von Leuten, von Schreien, Weinen, Beten. Noch als die Kisten schon abgeholt und im Friedhof versenkt waren, versperrte mir der Hase, der an einem Fensterkreuz hing, die Rückkehr in die Veranda.
Besitzen Sie eine Spicknadel?
Selbstverständlich besitze ich eine Spicknadel.
Dann bereiten Sie den Hasen zu und schieben ihn in den Ofen.
Wieso ich?
Er wird unser Totenmahl sein. Für fünf sollte er reichen, also reicht er auch für fünf.
Wir sitzen um den Eßtisch und werden ausnahmsweise alle satt.

Frau Simonow, das gequollene Gesicht über den Teller gesenkt, brachte nicht viel herunter. Kaltesophie bereitete am nächsten Tag aus den abgenagten Knochen noch eine sehr ergiebige Suppe zu.

Jakob und seine Mutter zogen bald darauf weg, ohne sich beim Wohnungsamt abzumelden. Und Kaltesophie rollte das Wörtchen Dolgelin im Mund, als würde sie noch immer an dem gespickten Hasen herumkauen.

Tagsüber kriechen die Heimkehrer bei uns vorbei an Krücken Stöcken auf Holzbeinen und kommen alle vom Ural oder von der Wolga oder geradenwegs aus Sibirien und kommen das alles zu Fuß und wenns gegen die Russen nochmal wieder losgehen sollte sind sie fast alle wieder dabei nein das lassen sie sich nicht nehmen und haben schon keine Beine mehr nachts mache ich mich selber auf den Weg schlage genau die entgegengesetzte Richtung ein was die können schaffe ich noch lange durchs Fenster übers Spalier den oberen Garten entlang immer neben der Bahnlinie her bis Kunersdorf Warschau von dort aus ohne mich aufzuhalten nach Süden in den Kaukasus bis ich in einen Aul komme wo Beleidigungen bitteschön und Kränkungen bitteschön noch mit Messer und Gewehr vergolten werden und komme außerdem noch groß heraus sollte ich Gnade vor Recht ergehen lassen zum Sterben bereit rette ich das Leben meiner Nachbarn die es wirklich nicht verdient haben schwerverwundet robbe ich ins Dorf rufe ihnen zu daß eine Steinlawine heranrollt.

Den Anfang des Buches fand ich langweilig. Ich verstand ihn auch nicht; bald darauf schenkte mir Frau Wagner aus ihrem Care-Paket ein paar Mokassins, und ich verriet Niko Kabunauri ziemlich leichten Herzens an Sitting Bull, der meinen steten Rachedurst besser löschte und entschieden mehr fertigbrachte, als eine werdende Mutter zu retten. Außerdem hatten die Indianer weit mehr Adoptivkinder als der Stamm der Chewsuren.

Katharina läßt uns Hagebutten sammeln und kocht Hiffemark.
Katharina näht Dolores einen Mantel aus alten Wolldecken.
Katharina häkelt sich Büstenhalter aus Elsässer Garn.
Katharina hat eine Vorliebe für die Blume Kosmea.
Katharina strickt Handschuhe aus ehemaligen Sockenbündchen.
Katharina knüpft uns eine riesige Hängematte fürs Gartenhaus.
Katharina hat für Kaltesophie bei Eitners in Mahlsdorf Heimarbeit besorgt.
Katharina singt uns Schlager aus Friedenszeiten vor.
Katharina macht uns vor, wie sie vor dem Krieg getanzt haben.
Katharina hat schwarze Haare, schwarze Augen und ist sehr schön.
Katharina ist viel jünger und größer als Kaltesophie.
Katharina macht Sülze und gibt Concordia davon ab.
Katharina hat Bücher, sechzig Bände Karl May.
Katharina hat einen Freund, der ist Heimkehrer und jünger als sie.

Erika Brose ist heute das letzte Mal in der Schule. Ihr Vater ist Ingenieur und muß nach Rußland, er soll dort in einer Fabrik arbeiten. Erika geht dann in Rußland zur Schule. Ich beneide sie um ihren Umzug, sie hat da sicher genug zu essen.

streck mal die linke Hand vor
den Faden zwischen vierten und fünften Finger
dann unter dem vierten und dritten durch

so den Faden jetzt nach außen
dem Daumen zukehren
nun von rechts nach links über den Daumen legen
das Ende mit dem dritten und vierten Finger festhalten
halte den Häkelhaken in der rechten Hand
halte ihn so wie deinen Bleistift
zwischen Daumen und Zeigefinger
und stütze ihn auf den Mittelfinger auf
jetzt den Haken links bei dem Loch
ja über deinem linken Daumen den Haken reinstechen
den Faden aufholen der zu deinem Zeigefinger geht
durchziehen durch das Loch zu dir hin ziehen
die Masche auf der Nadel festhalten
nicht zu groß nicht zu weit rausziehen
jetzt wieder vom Faden eine Masche holen
den Faden einmal um den Haken schlingen
und nochmal den Faden um den Haken schlingen
dann die letzte Schlinge durch die beiden
Fäden auf dem Haken durchziehen
so das wäre eine feste Masche locker halten den Haken
die Schlaufen gleichmäßig weit
übe das jetzt ein bißchen immer rundherum
zwischen die festen Maschen machen wir eine Luftmasche
damit es sich nicht so zusammenzieht eben Luft kriegt

Seit vier Uhr ist es schon dunkel, der Wind wird stärker, und die Schneewehen wandern schräg über die Chaussee. Körniges, stechendes Schneetreiben. Vor zwei Stunden sind wir in Belzig aus dem Zug gestiegen, seitdem gehen wir in westlicher Richtung und sind jedesmal ratlos, wenn eine andere Chaussee unseren Weg kreuzt. Kaltesophie geht schneller; ich bleibe von Zeit zu

Zeit stehen und presse die Hände zwischen meine Schenkel. Es kommt niemand, den wir nach der Försterei fragen können. Kaltesophie tobt: Keiner, der für uns sorgt, der Mann im Krankenhaus, und wir drücken uns in der nächtlichen Kälte herum und haben uns verlaufen, wenn wir nirgends unterkommen, werden wir elend erfrieren. Sie mault vor sich hin, die Kälte treibt mir die Tränen ins Gesicht, meine Lippen sind geplatzt, ich kriege den Mund nicht mehr auf.
Wieder eine Kreuzung, sie bleibt stehen und wartet auf mich.
Also nochmal von vorn: Von Belzig sind wir doch richtig gegangen, Wiesenburg stand dran, die paar Häuser, wo wir durchgekommen sind, war Hagelberg, dann ging eine Straße rechts ab – ja, wo führte die hin? Daß aber auch keine Schilder aufgestellt sind. Weiter. Wiesenburg war noch nicht, muß also vor uns liegen. Wenn der Wind wenigstens von hinten käme, aber so, sehen kann man nichts mehr, rein gar nichts. Uns kann passieren, daß wir an einem Dorf vorbeigehen. Hilft alles nichts, wir müssen weiter, wir biegen nicht ab, sondern gehen geradeaus. Komm!
Wiesenburg liegt in vollkommener Finsternis, und Kaltesophie geht an ein Fenster klopfen.
Grundgütiger, nach Arensnest wollen Sie? Da haben Sie aber einen gewaltigen Umweg gemacht. Nach Norden müssen Sie, und fünf Kilometer sind es bestimmt noch. Wo wollen Sie denn da hin?
Wir suchen die Försterei.
Arensnest hat keine Försterei.
Das kann nicht stimmen. Wir haben Bekannte dort, die erwarten uns.
Die Försterei, die Sie suchen, liegt bei Hagelberg. Sie müßten den halben Weg zurück.

Unmöglich. Arensnest ist das Dorf, das wir suchen.
Wie heißen denn die Leute, zu denen Sie wollen?
Rusch heißen die.
Aaaach, Sie wollen zur Alten Hölle. Försterei Alte Hölle, die ist tatsächlich in Richtung Arensnest, aber lange nicht so weit. Gehen Sie dort aus Wiesenburg hinaus und bis Neuehütten, da fragen Sie besser nochmal.
Wieder auf der Landstraße, durch Wald, und von Neuehütten nochmal durch Wald. Hunde kläffen, eine warme Küche, der Herd bullert, auf dem Schrank stehen Gläser, in denen Käsebällchen schwimmen. Die Hausfrau stellt gekochte Kartoffeln vor uns hin, dazu eine Schüssel Buttermilch und Brot. Mit einem Stück Brot in der Hand schlafe ich am Tisch ein.
Mit sechzig Pfund Kartoffeln und einem Dreipfundbrot bepackt bringt uns die Familie am übernächsten Tag zur Bahn.

Sitzen, sitzen, sitzen und häkeln. Ooh, irgendwann rächt es sich aber, ein Blitz wird heruntersausen und direkt zum Fenster hereinfahren und Kaltesophie mitten entzwei sägen und zur anderen Seite wieder rausfahren. Die Hauswand wird er aufreißen und sagen, bitteschön, laß die Häkelei liegen und geh los, schmeiß die Papprollen weg, übergib die Berge von Gummilitze den Fliegen, Spinnen, Mäusen und Ochsenfröschen, pfeife auf die rote, grüne, schwarze, hellblaue Litze und auf die Gürtel und Handtaschen, das wird der Blitz sagen, und nichts und niemand wird überleben, außer mir. So satt wie ich die Heimarbeitscheiße habe, habe ich noch nie eine Scheiße satt gehabt, und wenn das nicht aufhört, werde ich mir den Häkelhaken direkt zur Nase hereinjagen und rauf in die Stirn und werde mir den Brägen aus dem Kopf ziehen und werde wissen, ob ich schon verrückt geworden bin oder ich werde überhaupt nichts mehr wissen. Ich

will nämlich gar nichts mehr wissen und merken und denken und fühlen, vor allen Dingen nicht mehr häkeln.
Fräulein Semmler, fünfzig, hat einen verrückten Sohn von zwanzig, der immer einen Schritt hinter ihr geht.
Sie sagt: Wenn mir jeder von euch täglich eine kleine Kartoffel mitbringt, brauche ich nicht zu verhungern. Es ist mir nämlich in meinem Alter nicht gegeben, aufs Land rauszufahren.
Wia fahrn ooch!
Un meine Mutta is schon üba fufffßich.
Na, dann lassen wir es.
Fräulein Semmler ist unsere Handarbeitslehrerin. Sie sagt: Wir lernen heute häkeln.
Nee, nich icke. Ick hekle 'n janßen Tach, von mittags an. Wenn hia ooch noch jehekelt werd, les ick.
Fräulein Semmler sieht mich groß an und sagt: Kannst du mir das Ganze einmal auf Hochdeutsch erzählen?
Heimarbeit! Ich mache Heimarbeit!
Aha, dann mache ich dir einen Vorschlag. Du darfst lesen, aber bitte laut. Während die anderen häkeln, liest du uns was vor.
Kaick nich. Ick stoße an.
Mit anderen Worten, du lispelst?
So doll ooch widda nich.
Wir versuchen es trotzdem. Hättest du denn etwas, was du vorlesen könntest?
Die Silberspangen.
Hm. Und von wem ist das Buch, wer hat es geschrieben?
Weeßicknich. 'n Russe.
Wo hast du es denn her?
Hat meine Mutta jekooft, jefällt ia aba nich, findse nich juut.
Nächstes Mal bringst du es mit, dann liest du uns deine Silber-

spangen vor. Heute hilfst du mir einfach zu erklären, wie gehäkelt wird. Zeigst es denen, die es noch nicht verstanden haben.

Eine Saukälte draußen und drinnen, klarer Himmel, klare Luft. Die Schneedecke ist verharscht. Ich kann fast nicht mehr gehen; Kaltesophie hat die Spitzen aus meinen alten Schistiefeln herausgesägt mit einem Fuchsschwanz, trotzdem sind mir nicht die Zehen erfroren, sondern die Hacken. Bevor wir Holz holen gehen, spreize ich die Zähne unserer Schrotsäge. Ich lege das Sägeblatt auf den Küchentisch, stütze mich mit der linken Hand, dem linken Unterarm auf das singende Blatt und biege die Zähne auseinander. Zuerst versuche ich es mit der Beißzange, aber die rutscht weg, springt ab, die Zähne vibrieren und schwingen nach. Dann eben die Flachzange: die Zähne greifen, fest zusammenpressen und mit dem ganzen Körpergewicht auf jeden zweiten Zahn drücken, nachher die Säge umdrehen und wieder jeden zweiten Zahn runterdrücken: Millimeterarbeit, aber nun müßte sie fassen. Das Holz ist noch frisch und sägt sich schwer – und was für Holz: dicke Kiefern, die Stubben nämlich, die die Russen stehenließen, als sie links vor der Autobahn einen Jagen kahl geschlagen haben und zu faul waren, sich zu bücken. Also die Stämme in Hüfthöhe abgesägt, den Rest holen wir uns jetzt, und nicht nur wir.
Wenn ich hochziehe, ist das Innere meiner Nase einen Moment lang eiskalt, tot und taub. Ziehe ich nicht hoch, läuft mir die Nase, und ich wische sie am Ärmel ab: da gefriert das Zeug. Lieber ziehe ich hoch. Sie kann das nicht ausstehen, und plötzlich kriege ich einen Knuff in den Rücken. Ich halte den leeren Schlitten an, der haut ihr an die Schienbeine, sie stolpert und fällt lang hin auf den Schlitten. Duuu, das hast du mit Absicht

getan. Ich habe es nicht mit Absicht gemacht. Ich ziehe weiter den Schlitten hinter mir her, auf der Sandstraße, die nun ein Schneefeld ist, entlang der Bahnlinie. Da hören wir sie auch schon, die Bäumefäller im Nachbarjagen. Weit klingt das Einschlagen der Beile, die Sägen machen Musik; bei solchem Wetter trägt der Wind sogar das Knistern ihrer Holzfeuer meilenweit. Wir wärmen uns auf, ehe wir beginnen; es kommt auch immermal einer der Männer und hilft uns beim Einhauen der Kerben. Während die Holzarbeiter flache, waagerechte Kerben in die Stämme schlagen, bringen wir nur die spitzen Kerben fertig, die wie ein V aussehen. Im Wald herrscht eine lebhafte, fast wilde Ruhe. Alle Geräusche sind klar unterscheidbar. Sie machen gute Laune und versetzen uns in einen gleichmäßigen Takt, bis wir ins Schwitzen geraten. Schon morgens gießt uns Kaltesophie je einen doppelten Deputatschnaps ein, und die Holzarbeiter lassen ebenfalls eine Flasche von Mund zu Mund gehen, aus der wir nur einen winzigen Schluck nehmen, während wir am Feuer sitzen. Einer stellt seine Milchkanne zwischen die prasselnden Äste, voller Gerstenkaffee, der riecht frisch gebrannt, weiter. Kaltesophie und ich hauen wieder Kerben ein, dann sägen wir mit der Schrotsäge die beinahe einen Meter hohen Stubben durch, dann drücken wir mit Hauruck und Gebrüll gegen den fast durchgesägten Stamm in Richtung der Kerbe: aha, er will noch nicht. Die Männer leihen uns Eisenkeile, wir schlagen sie in die gesägte Öffnung und stoßen mit den Füßen, den Schultern an den Stamm, bis er splitternd nachgibt. Wer hat behauptet, wir hätten erst dann gute Arbeit geleistet, wenn die Splitter auf dem Stubben stehenbleiben und nicht an unserm Holzstück? Ist das nun nicht egal, wo wir sowieso nicht mehr als drei Stubben am Tag schaffen? Wir packen sie auf den Schlitten und obendrauf noch Äste, Knüppelholz: so bringen wir die Tage hin, während die Holzfäller gleich neben uns richtige Bäume in den verschneiten Wald heruntersausen lassen. Das Rauschen der niedersinkenden Kronen, das lange Knacken der brechenden Äste, Vorsicht und weg da, und das immer schnellere Niederbrechen, dann der dumpfe Aufschlag und ran an die Äste und mit dem Rücken zur Krone abhauen. Ganz nackend liegt der Baum im Schnee: wie seine Borke nach oben hin dünner wird, hellbraun, Pergamentfetzen ähnlich.

An Winterabenden um sechs wachen die Brotfliegen auf und ertränken sich in den flüssigen Tranlichtern.

Concordias Ratschläge gegen Frostbeulen:
Zitronenscheibe
ham wa nich
zerstoßene Zwiebeln
ham wa nich
Alaunwasser
ham wa nich
Weißkäse
ham wa nich
Hasenschmalz
ham wa nich
angewärmte Wollsocken
ham wa nich
gebratene Rüben
wat for Rübm

Wie still es ist: sehr kalt, sehr dunkel und still. Früh fünf Uhr, und der erste Weihnachtstag hat begonnen. Ich habe die Talglichter angezündet und sitze in der Küche auf dem noch warmen

Herd. Meine Füße habe ich auf die offene Klappe der Bratröhre gestellt. Ich lese Tschelkasch und ziehe von Zeit zu Zeit die Ringe weg und puste mir Asche ins Gesicht. Ich lese: »Die Nacht war finster, am Himmel schwebten schwere Schichten zottiger Wolken, und das Meer war ruhig, schwarz und dick wie Öl.« In solchen Sätzen könnte ich drin liegenbleiben. Und weiter: »Und das Meer, das endlose, gewaltige, glänzende Meer breitete sich vor ihnen aus, wo aus seinen Wassern ganze Wolkengebirge in den Himmel türmten, bläulich, lila, von gelbflaumigen Rändern umzeichnet.«
Nun haben die Kienäpfel doch noch Feuer gefangen.

8

Januar, Februar, März, drei Monate im Bett, und der Winter nimmt kein Ende. Nichts mehr mit Wasserholen von Hanowskis Pumpe, kein Holzholen, kein Sägen mehr, kein Hacken und Mieten bauen. Froh bin ich, daß ich nicht mit aufs Land muß, Brot und Kartoffeln betteln und an der Haustüre abgewiesen werden, schon den Geruch von Pellkartoffeln und Speckstippe in der Nase.

Meine Füße, besonders die Hacken, sind blau bis schwarz und angeschwollen. Sie jucken, beißen, fressen und werden immer dicker. Concordia bringt Kamille mit und füllt einen Kopfkissenbezug mit heißem Kamillenstampf. Dahinein steckt sie meine Füße und wechselt alle zehn Minuten. Tante Mieze dagegen empfiehlt nasse Erde, auf jeden Fall ungedüngte, also nicht aus dem Garten. Na, wo in diesem Winter Erde herholen. Es ist alles gefroren, sogar die Toten können nicht versenkt werden.

Kaltesophie findet in Karls Nachttisch noch einen Rest Arnikatinktur, doch es ist alles umsonst. Unter der Haut sind Höhlungen entstanden, Hohlräume, in denen sich Eiter sammelt. Aufschneiden? Nein, nein, nein. Auch nicht reinstechen? Bloß nicht. Eines Tages platzen sie von selber, und sie platzen wirklich. Eiter rausdrücken, säubern, wieder Kamillenbrei drauf. Und täglich untersucht Kaltesophie meine Beine, ob sich rote Striche zeigen, und sagt: Blutvergiftung wäre das Ende. So wie meine Füße aussehen, stelle ich mir die Lepra vor, von der Concordia erzählt.

Dolores hat mir von Sonnleitner Die Höhlenkinder gebracht: im heimlichen Grund, im Pfahlbau, im Steinhaus. Concordia hat mir »Ausgewählte Balladen Goethes und Schillers für den Schulgebrauch und das Privatstudium« gebracht. Thule soll sich demnach nicht auf Island befinden, sondern auf den Shetlandinseln, wegen der sechs Tagesfahrten von Britannien aus. Und der Taucher soll in Sizilien gelebt haben, wo der König, als er nach Messina kam, eine goldene Schale in die Charybdis warf, um den berühmten Taucher Nikolaus überhaupt zu Gesicht zu kriegen. Nachdem Concordia mir von der Bluthochzeit erzählt hat, schreibe ich selber Balladen. Wenn die Zeilen sich hinten reimen, schreibt es sich manchmal von ganz alleine.

Der Doktor sagt: Die Sozies gibt es nun nicht mehr.
Karl sagt: Darüber freuen Sie sich wohl?
Der Doktor sagt: Mir egal, ich bin Chemiker.
Karl sagt: Ich hatte Sie für einen Kommunisten gehalten.
Der Doktor sagt: Das ist lange her.
Karl sagt: Aber Sie können doch Russisch.
Der Doktor sagt: Deswegen ja.

Wenn ich bloß daran denke, wie das Schicksal mit mir Fangeball gespielt hat, immer gestaucht und gestoßen, immer runter mit der Nase auf den Boden ganz tief runter, Zeiten sind das, die es mir beschert hat, und keiner da, der mir beisteht, keiner, der mir hilft, keiner, der für mich sorgt. Das hätte ich mir auch nicht träumen lassen, als ich vorm Standesbeamten Ja gesagt habe, Ja für immer und ewig, und jetzt liegt er zum wievielten Mal auf Leben und Tod, und ich soll hier alles alleine durchziehen. Wozu geheiratet, wofür bestraft, die ganze Ehe, für was, die Göre hätte ich mir auch sparen können, besteht nur aus Frechheiten, will aber trotzdem essen. Andersrum wäre ich weiter als Verkäuferin gegangen und hätte für mich selber gesorgt, wär ich besser mit gefahren, aber so, mit dem Mann habe ich mir was aufgehalst und mit dem Kind erst recht. Aber er wollte ja unbedingt, es mußte ja unbedingt ein Kind ins Haus, er hat ja unbedingt junges Blut um sich haben wollen, was Hübsches, Lustiges, was zum Lachen, was zur Freude seines Herzens, herzkrank ist er, und das Kind ist auch mißraten, von Freude keine Spur. Ich darf gar nicht daran denken, was ich alles falsch gemacht habe, habe mich rumkriegen lassen, das heulende Elend könnte ich kriegen. Dabei hätte ich schon einen Jungen haben können, glatt dreißig Jahre alt. Ich hätte jemand haben können, der für mich sorgt, aber das Schicksal ist dazwischengefahren, hat es mir nicht gegönnt.

Fräulein Semmler nahm mit uns Die Kartoffel durch und schickte uns anschließend auf die nahegelegenen Felder, wo wir Kartoffelkäfer sammeln sollten. Wir gingen vorschriftsmäßig durch die Reihen, fanden aber keinen der kleinen gelbgestreiften Käfer, die von den Amerikanern über der Zone abgeworfen sein sollten, um unsere Ernährung zu untergraben. Dafür wühlten wir selber nach den winzigen, noch unreifen Knollen und steckten sie in unsere Schultaschen. Immer wieder faßte ich dabei in eine der alten, faulen Mutterkartoffeln und zog die Hand vor Ekel blitzschnell zurück: ausgesogen wie eine Frau nach ihrem achten Kind, hohl, naß und stinkend, jedenfalls stellte ich mir eine kinderreiche Frau so vor wie diese Mutterkartoffeln. Ich wischte mir die Hände an den Stauden ab und schwor mir, niemals Kinder zu gebären, um nicht am Ende so dazuliegen, so ausgelaugt und suppig.

Die klauen Hühner und alle Gänse weg. Wo denn? Wer hat denn noch Gänse?
Die Zigeuner sind da. Zerlumpt wie wir, hungrig wie wir saßen die Kinder oben auf dem Wagen und ließen die Beine in die

Sonne hängen. Sie lagerten an der Neuzittauer Chaussee, gleich neben dem Schützenhaus und keine vierhundert Meter von unserer Schule entfernt. Den Pferden, die sie am Rand des Kartoffelackers weiden ließen, hatten sie die Vorderfüße zusammengebunden. Sie waren noch kleiner als die Russenpferde.
Inge Wassermann tauschte für ein Tischtuch Ohrringe ein. Ich hatte ja Ohrlöcher und durfte sie probieren, sie waren fast so lang wie meine Zöpfe. Ein paar Tage später nahm ich meine Schlittschuhe mit. Ich redete mir den Mund fusselig, aber sie hatten scheinbar keine Ohrringe mehr übrig. Dafür boten sie mir einen Köter an. Na denn. Der heißt Schauschau und is echt, der kann n Wagen ziehn und n Schlitten. Na denn. Das Vieh war tiefschwarz, hatte eine dunkelblaue Zunge und ganz dickes Fell. Der is wirklich echt. Mir doch egal, ob er echt is, wenn er vier Beine hat und kann bellen, nehm ich n eben.
Ich habe ihn Uz getauft, zur Erinnerung an den Schäferhund in Güstrow, den ich vergiftet hatte.
Ich verfolgte die Zigeunerkinder sogar, wenn sie in die Geschäfte einkaufen gingen.
Paß auf die Marken auf, die klauen, während man hinsieht!
Mit ganz verkrampften Fingern stand ich in Lemkes Bäckerei und öffnete immer wieder den Mittelfinger und starrte auf meine Brotmarken.
Übrigens hatten die Zigeuner selber Marken. Bloß wo sie die Drops herkriegten, mit denen sie sich die Lippen rotmalten, wußten wir nicht. Und dann ihre Sachen: die Jungen, die erst sechs oder sieben waren, hatten schon richtige Männerjackets an, wie von Anzügen, die Frauen ebenso. Sie trugen zerfetzte Röcke, lang, bunt und oben Jackets. Ich stand ewig dabei und glotzte, wenn Inge mit ihnen quatschte. Ob die mich wohl adoptieren würden? Wir nehm keinen mit. Denn ebend nich.

Ein Zigeunermädchen war strohblond, geklaut natürlich. Mensch, hätten die mich doch geklaut. Warum? Weil ich zuhause Dresche kriege. Wat glaubste, wat die kriegen, die kriegen mehr Dresche als wir.
Wie sie in der angeknacksten Eiche saßen und die Beine schaukeln ließen, machten sie mich mürrisch, einsilbig, neidisch.
Eines Morgens waren dann alle weg. Ich bin noch eine Woche lang meilenweit durch den Wald gelaufen, habe sie aber nicht gefunden.

Zu erwarten habe ich nichts mehr, mein Arbeitsleben ist zu Ende, und der Tod kommt, bevor noch mein Rentnerdasein angefangen hat. Dafür habe ich nun vierzig Jahre lang gezahlt, soundsoviel Prozente für meine Pension. Für dich und Soffi ist da ebenfalls was dabei, eine Pension für uns drei, dafür bin ich in die Firma gerannt vierzig Jahre lang. Daß sie jetzt die Firma enteignen und die Pensionen enteignen, ich frage dich, aber das kannst du mir natürlich nicht beantworten, warum streichen sie solchen wie mir die Pension, warum nehmen sie uns alten Leuten das Ersparte weg, was wir selber eingezahlt haben und von unserem kläglichen Gehalt, na mach schon, iß schon, Mund auf und iß, laß es dir schmecken. Hab ich aufgehoben von meinen Portionen, in der Heilstätte wird uns ja eher was zugesteckt, klar schmeckt das Brot wie Sand, aber zu Hause habt ihr auch nichts anderes als Sand zu fressen. Ich kann dir nichts anderes geben, tut mir leid. Und sagen frech zu mir, wo sie doch sehen auf dem Amt, ich kann nicht mehr arbeiten, bin am Ende, sagen frech, an Pension ist nicht mehr zu denken, die schlagen Sie sich man aus dem Kopf, denn die Firma, von der Sie reden, wissen Sie, die existiert gar nicht mehr. Na und, wovon soll ich leben, Sie kriegen, sagt er, Rente wie alle anderen auch, dieselbe Rente, bei uns verhungert keiner mehr, ob er alt ist oder jung, keine Sorge, es wird für alle gesorgt. Hier, das Stück Kuchen kannst du Soffie mitnehmen, wenn du es aber nicht aushältst von Zepernick bis raus zu uns, dann iß es selber, sind ja immerhin zwei Stunden. Ach, iß es gleich selber, ich kriege ja am Abend wieder was.

Diese ewige Flennerei, eine richtige Heulsuse bist du.
Maxim Gorki war fast zwei Meter groß und hat auch bei jeder Gelegenheit geweint.
Kenne ich nicht.

Ein Mädchen steht vor Concordias Haus. Das Haus sieht noch neu aus, und das Mädchen, blond, eine Propellerschleife im Haar, drei Jahre alt, nein vier, gar fünf, starrt abwesend in die Linse. Es schaut nicht interessiert, es schaut nicht den an, der es aufnimmt, es starrt durch ihn hindurch.
Ein Stapel Fotografien liegt in der Kredenz in einem schmalen Schuhkarton. Ich habe sie gefunden und auf dem Teppich vor mir ausgebreitet. Auf jedem Foto dasselbe Mädchen: es ist doch schon fünf Jahre alt, dem Gesichtsausdruck nach zu urteilen. Gut, die hellen Haare, die Propellerschleife mitten auf dem Kopf, das könnte ich sein, bin es aber nicht. Ohrringe hat sie auch. Auf den Rückseiten der Bilder steht Christa, aber wer ist Christa?
Da steht sie mit offenem Mund, das muß das Nordufer vom Flakensee sein, ja, die Sonne schwimmt im Wasser, und da drüben sind die Kranichberge. Christa schaut mit offenem Mund über den Fotografen hinweg, übers Wasser, auf die gegenüberliegenden Hügel. Wer ist das, und so teilnahmslos?
Ich werde Concordia fragen. Vielleicht habe ich eine Schwester, obwohl ich daran selber nicht glaube. Meine Schwester. Ein Ge-

danke, der mir richtig gut tut. Ich werde sie suchen und aufmuntern und in meine Pläne einweihen, sie wird schon anfangen, mal, einen Augenblick lang mal das Gesicht zu verziehen.
Hier steht sie zwischen Karl und Kaltesophie, beide noch viel jünger, frischer, glatter. Christa muß also etwas älter sein als ich. Ob sie krank ist? Sie wird ja hoffentlich nicht zurückgeblieben sein, doof oder so.
Und da steht sie wieder in Concordias Garten, sie hat sowas Sandiges, Verweintes, Verschleiertes an sich. Ach, sind die Pfirsichbäume noch winzig, als hätte Concordia Weidenruten in die Erde gesteckt.

Mir nur recht, wenn sie mich einkaufen schickte. Früh, noch vor Fünf, tigerte ich los und stellte mich an. Ich rannte nach Marmelade, nach Rindertalg, nach Heißgetränk, nach Schlagcreme, nach einem halben Pfund Schweinefleisch, nach Knochen, nach Brühe, nach einem Viertel Kuhkopf, nach Molke. Am längsten mußte ich beim Metzger warten. Das Brot, das ich heimbrachte, war der reinste Klietsch und dunkelgrau.
Anfangs stand ich immer ziemlich weit vorne, dann drängten mich die Frauen beiseite. Du bist noch jung, du kannst warten. Stimmte ja, bis ich dahinter kam, daß Fleisch oder Brot oft nicht für alle reichte, die anstanden. Auf einmal hieß es: Schluß, aus, fertig, nichts mehr da. Seitdem stand ich, wo ich stand. Ich wich keinen Fingerbreit zurück und verpaßte denen, die sich vor mich schieben wollten, Stöße an die Schienbeine und die Waden. Dabei kriegte ich selber Jähzornanfälle, wenn mir einer auf die Zehen trat. Meine verkrüppelten Zehennägel bohrten sich so schmerzhaft ins Nagelbett, daß mir die Tränen aus den Augen schossen und ich blind um mich schlug. Ich stand eisern Stunde um Stunde, bis ich dran war. Ich hatte genauso für eine Familie

einzukaufen wie die, und das sagte ich auch. So ein freches Maulwerk, in dem Alter schon dermaßen ausgebufft. Paaah, bloß kein Neid.

Wir sitzen auf der Wiese und überlegen, wie wir Beszehans die silbernen Fünfmarkstücke und das alte Zahngold von Kaltesophie verkaufen können.

Also, was brauchen wir?
Genau hundertdreißig Mark. Wenn kein Brot bei rausspringt, fangen wir gar nicht erst an.
Ein Dreipfundbrot, sage ich, nicht irgendein Brot.
Na denn. Gehen wir hin, knallen ihm das Zeug auf den Ladentisch und verlangen runde hundertdreißig Mark.
Ihr seid ja bekloppt. Vielleicht ist das Gold vielmehr wert, das Doppelte und Dreifache würd ich verlangen.
Denn geh selber.
Du meinst also, die Klunkern sind mehr als zweihundert wert?
Seid froh, wenn ihr hundertdreißig kriegt. Verlangt das und geht keine Mark runter, aber nehmt dann auch.
Ihr verfügt über die Sachen, als seien es eure.
Du hast doch gesagt, wir machen gemeinsam, gehst ja mit beim Verscherbeln.
Ich geh mit, aber ich will nicht selber anbieten.
Hansi sagt: Herr Beszehan, hier haben wir ein paar alte Fünfmarkstücke, unser Erspartes, echt Silber.
Und das Zahngold, haste das auch erspart?
Nee. Warte mal. Das hab ich geerbt.
Quatsch, wenn der lange fragt, kriegt er gar nichts.
Der fragt nicht. Wir fragen ja auch nicht, wo er die ganzen Uhren her hat.
Er ist schließlich Uhrmacher.

Da müßten ja die Fleischer auch genug Fleisch haben, du Trottel.

Heh, zuerst wollten wir mal schwören, daß es keiner meiner Alten sagt, daß überhaupt keiner zu Hause was sagt.

Keine Zeit für solchen Blödsinn. Ich denke, wir wollen heute noch das Brot an Land ziehen.

Wißt ihr denn wo?

Klar, es wird schon gebacken.

Inge weiß wo.

Während ich das Gewebe glatt auseinanderzog, vergaß ich, es festzuhalten und zerrte mit solcher Ungeduld an dem weißen Garn, daß die Kette aus Papierstrippe sich strikt zusammenzog. Das Bündel ähnelte einem zersplissenen Drahtseil, ich gebs auf, du meine Güte, wie wegkommen, wie abhauen, wie ausrücken, wie durchbrennen, wie davongehen mit der Sicherheit im Kopf, nie mehr kehrtmachen zu müssen, ich griff wieder zu dem Knäuel aus Wolle, die keine Wolle war, Kunstwolle mit Papierstrippe verwoben, nicht Wolle, nicht zerreißbar, nicht Baumwolle, obwohl sie beim Waschen weißer wird, aber nicht weicher, vergeblich, ich komme hier nie weg, dafür rauh und splissig wie Glaswolle etwa, aber Glaswolle ist es auch nicht, kann es nicht sein, ich sitze gefangen in der Küche und werde für alle Zeiten, für immer und ewig Zuckersäcke auftrennen, Glaswolle ist ja das reinste Gift, wie man weiß, daraus darf man keine Socken stricken, geht auch gar nicht, aber aus diesem rohen Zeug, danke, das kommt aufs selbe raus, Leinen ist es nicht, denn es läßt sich nicht färben. Bevor ich die verfilzte Kante auf dem Küchentisch breitziehe, glätte, glattstreiche, nehme ich mir einen anderen Sack vor und trenne die Seitennähte auf, ich drehe ihn um und lecke die Kanten aus, von Zucker keine Spur, und die hauchdünnen Fasern, die ich ausspucke, erinnern an Katzenhaare, aber ich komme weg, ich mache mich auf den Weg, auf meinen eigenen Weg, darauf kann sie Gift nehmen, und sie wird Gift nehmen, und wenn ich nachhelfe, ich verschwinde, und wenn ich mich selber umbringe, dann nutzt ihr kein Heulen und Zähneklappern. Ich räufle wieder die aufgetrennte Wolle auf, ist es lebensmittelfreundlich, so ist es auch hautfreundlich, der Zucker hat nicht gemerkt, wie es kratzt, wir haben Gift im Hause, und ich weiß auch wo, lösen sich die Gifttabletten, in denen beide dauernd ihre offenen Beine waschen, in klarem Wasser auf, dann lösen sie sich auch im Kamillentee, schön bitter, schmeckt man nicht gleich raus. Zuerst hat sie mich das Garn in Form von Haspeln über den Arm aufwickeln lassen, wollte es färben, wieder ihre Zuber und Bottiche aufstellen und in der Plürre herumrühren, es kann gar nicht schiefgehen, die kleinen Dinger, die aussehen wie winzige, dunkelrote Stabbrandbomben, erstmal Stück für Stück aus ihrem Nachttisch nehmen, nicht alle auf einmal, und wenn ich genug beisammen habe, sie zerreiben und auflösen in ganz wenig Wasser. Ist das Garn verstrickt, dehnt es sich nicht, unmöglich, den Strumpf über den Hacken zu ziehen, wenn das Gestrick sich nicht ausweitet, also hat Concordia versucht, so locker wie möglich zu stricken, wärmen tun die Strümpfe sowieso nicht, zum Schluß, wenn der Tisch gedeckt ist, die Lösung in den dampfenden Tee und nicht selber davon trinken, auch nicht zum Schein, was ich unbedingt brauche, ist ein wenig Zucker, sonst schmeckt das Gift vor. Zu Anfang sind in manchen Säcken noch ein paar Gramm Zucker zu finden gewesen, sollte ich nochmal auf Zucker stoßen, werde ich ihn sammeln, und während ich die Trennerei beiseitelege und mich an den Stapel heranmache und die Ecken umstülpe und Zucker suche, sehe ich sie plötzlich unter den Tisch rutschen, sie schneidet Grimassen, sinkt vom Stuhl, zieht die Decke mit runter und verschüttet den Tee, das kommt mir gelegen, tiefer, ein fürchterliches Stöhnen dringt unter dem Tisch hervor, ich biete mich an, zu Tante Mieze hinaufzurennen, dabei stürze ich in den Keller, greife nach meinem Gepäck, es ist noch Winter, dunkel draußen, und durch den oberen Garten, nicht erst auf die Straße, durch den Garten und vorne über den Zaun, die Sachen aus Zuckerwolle legen eine Haut aus Eis um die Füße, das Garn ist gekräuselt wie Elfenhaar, in Wellen gelegt mit einer Brennschere, so zierlich wie aus zwei Nähnadeln, und Karl, ich muß einen Abend aussuchen, an dem er etwas vor hat, doch Karl hat nie etwas vor, er geht zu niemandem auf Besuch, er ist immer zu Hause, schon gar zum Abendbrot, Pullover hat sie sogar aus der Zuckerwolle gestrickt mit Blumen drauf, da ziehe ich zwei Hemden drunter, und trotzdem kratzt es und scheuert wie verrückt.

Nessel – schmerzhaft drückt mich deine Fessel.

Entweder ich reiß mich in Stücke
oder ergreife eine andere einschneidende Maßnahme
wie diese: den ganzen Juni Juli über
Kirschkerne enthülsen das Innere der Kirschkerne
aufhäufen und verstecken in Marmeladegläsern.
Sechzig Milligramm Blausäure, wie wiegt man das ab
und bittere Mandeln sind natürlich nicht aufzutreiben
oder warten auf die Pfirsiche so rentabel
oder auf die Herbstzeitlosen, ich weiß wo sie stehn.
Eine Frage: Sind es die Blüten,
sind es die Zwiebeln mit dem Gift.
Ich nehme, was ich habe.
Also Kirschkerne sammeln knacken trocknen mahlen,

bitteres Mehl für dich oder mich.
Einen von beiden höre ich keuchen,
und Lähmung im Hals und der Kopf zerspringt,
die Krämpfe leiten über in Bewußtlosigkeit
mit Todesfolge, aber was heißt Todesfolge
ich meine, wann und wie lange.

Lehrer Bonhoff gibt Erdkunde und erklärt uns die Bodenreform. Er zeichnet ein breites Band an die Tafel, das von rechts nach links über der unteren Kante verläuft. Ich mache euch jetzt mit einem typischen Dorf in Mecklenburg bekannt, sagt er, und nennt das breite Band Die Dorfstraße und malt der Dorfstraße zu beiden Seiten eine Reihe kleiner flacher Häuser, die er als Katen bezeichnet, Bauernkaten. Von dieser Dorfstraße läßt er einen breiten Weg abzweigen, der sich aufwärts über die Tafel zieht, bis fast an die obere Kante. Diese Straße ist eine Allee. Bonhoff beschattet sie zu beiden Seiten mit Bäumen, deren runde, üppige Kronen einander überwachsen. Die Allee krönt er, und nun ist er am oberen Rand der Tafel angelangt, mit einem großen Haus, das er als Schloß bezeichnet. Aber damit kommt er bei uns nicht durch. Zwar hat das Haus viele Fenster, einen Balkon und eine Freitreppe, aber das ist kein Schloß in unseren Augen, und wir lachen ihn aus. Meinetwegen, sagt er, dann ist es eben ein Gutshof und kein Schloß. Dabei bleiben wir auch. Und der Mann, der es bewohnt, heißt Gutsbesitzer. Könnt ihr mir folgen? Wissen wir ja noch nicht.
Die Bauern, die in diesen Katen wohnen, sagt Bonhoff, besitzen einen kleinen Garten, ein paar Hühner, vielleicht ein Schwein, aber: sie haben kein Land. Sie sind eigentlich gar keine Bauern. Der Gutsherr dagegen besitzt die umliegenden Ländereien. Wer bestellt sie? Dumme Frage.

Die Bauern, die keine Bauern sind, sondern Landarbeiter, mit einem anderen Wort Tagelöhner, kriegen ihre Arbeit nicht mit Geld bezahlt, sondern werden mit Korn, Kartoffeln, Feuerholz, also mit Naturalien entlohnt. Es wird ihnen gerade so viel zugeteilt, daß sie halbsatt am nächsten Tag weiterarbeiten können. Der Gutsbesitzer wird immer reicher und kauft sich noch Land dazu.

Was ist nun das Neue an unserer Zeit? Die Bodenreform. Jetzt wird das ganze Land neu ausgemessen und dem Gutsbesitzer weggenommen und in gleich große Felder eingeteilt, und nun erhalten die Landarbeiter ihr eigenes Land, das sie nicht mehr für einen fremden Herrn, sondern für sich und die eigene Familie bearbeiten.

Lehrer Bonhoff geht durchs Klassenzimmer und erklärt und schwärmt und macht große Schritte und schaut sich über die Schulter und macht uns mit dem zukünftigen, freien und selbstbewußten deutschen Bauern bekannt. Wir sehen richtig, wie der den Rücken strafft. Der frühere Gutsbesitzer, wenn er nicht überhaupt in die Westzonen flieht, darf nicht mehr Land behalten, als er selber pflügen und eggen kann. Kurz und gut, alle, die mehr haben als hundert Hektar, keine Ahnung, wieviel das genau ist, werden enteignet. Und Bonhoff blickt wieder rückwärts, als würde er ein endloses Zentimetermaß hinter sich herziehen und damit Ackerflächen abmessen, nicht größer als fünf bis zehn Hektar.

Wie finden wir das? Gut und gerecht finden wir das. Halt, jetzt haben wir vergessen zu fragen, wieso es dazu kam, daß der Gutsbesitzer alles besaß und die Bauern nichts. Nein, das ist nicht immer so gewesen, deswegen mußte es auch nicht so bleiben. Nächstes Mal.

Die sowjetische Besatzungszone besteht aus fünf Ländern:

Mecklenburg, Brandenburg, Sachsen, Sachsen-Anhalt und Thüringen. Wir gehören zum Land Brandenburg.

Karl sagte: Das ist gelogen. Die Bauern wollen gar nicht das Land, von dem sie wissen, daß es ihnen nicht gehört. Sie sind es gewöhnt, beim Gutsherrn zu arbeiten, weil der ihnen genau sagt, was sie machen sollen, und ihnen das Essen zuteilt. Der Gutsherr übernimmt die ganze Verantwortung für die Bauern, und das ist ihnen so in Fleisch und Blut übergegangen, daß sie sich nun auf die faule Haut legen werden und gar nichts mehr bestellen. Die werden es nie lernen, als selbständige Bauern in eigener Regie eine vernünftige Ernte beizubringen, nicht in Mecklenburg. Die haben höchstens zwei Jahre Schule besucht, nein, die lernen es nie.
Ich sagte: Dann werden wir es ihnen beibringen.
Karl sagte: Ihr? Soso. Dann hätten sie auch ihren Gutsbesitzer behalten können.
Und dann will ich dir nochwas sagen, sagte Karl. So wie sie den Bauern jetzt das Land aufhalsen, was diese gar nicht haben wollen, so werden sie es den Bauern über kurz oder lang wieder wegnehmen und werden alles zusammenschmeißen und Kolchosen draus machen wie in Rußland. Der Bauer wird so arm und so abhängig werden wie nie zuvor und der Gelackmeierte außerdem.
Glaube ich nicht, sagte ich. Die Bauern kriegen ja das Land nicht von den Russen, sie nehmen es sich selber, und dann geben sie es auch nicht wieder her.
So ein Stuß, sagte Karl, wer erzählt euch denn so was?
Tatsache ist, sagte ich, daß Kaltesophie drei Paar Schuhe hat und ich gar keine.
Weil du aus allem rauswächst, sagte Karl.

Inzwischen, sagte ich, bin ich ja in ihre Schuhgröße reingewachsen.
Wenn es das ist, sagte Karl, was ihr in der Schule lernt, den eigenen Eltern wegnehmen zu wollen, was sie haben, na armes Deutschland.

Sie wirbelt den Kopf herum, schmeißt ihn nach hinten und steht da, bebend, rote Flecken im Gesicht. Ein langgezogenes Weinen, Klagen, Jaulen kommt aus ihrem Mund, wobei sie mit den Händen leicht über die Hüften fährt, hinunter bis auf die Schenkel. So verzweifelt wie ich, so unselig, so aufgeschmissen ist kein Mensch wie ich, so bestraft mit einem Wechselbalg, das aus nichts als Gemeinheit besteht. Die allerreinste Verkörperung von Hinterlist, eine Natter, ein Hurenbaby habe ich großgezogen.
Ich stehe in der Tür, wortlos, und versteife mich. Obgleich sie meinen Fall behandelt, gibt es keinen Blick, keine Brücke zwischen uns. Sie ist vollkommen einsam und nur mit der Darstellung ihres Unglücks beschäftigt.
Nein, schreit sie, nie und nimmermehr. Ich bin nicht genötigt, das Biest einen Tag länger unter meinem Dach zu behalten. Damit du es weißt, du bist nicht mein Kind und bist es in den ganzen zwölf Jahren auch nicht geworden, die Möglichkeiten dazu hattest du. Wer hat dich denn aus dem Heim geholt? Ich, ich, ich und nochmal ich. Und nichts warst du, und nichts hast du gehabt, nichtmal eine Mutter. Kein Elternhaus, keinen Menschen, der sich nach dir umgedreht hätte. Auf dein Lächeln bin ich reingefallen, ich Idiotin. Ich sitze da zwischen dreißig Kindern, zum Aussuchen, und du hast gelächelt. Dabei krank, und der Rücken krumm, und die Beine wie Flitzbogen. Die englische Krankheit hast du gehabt, unterernährt bis dorthinaus, aber

gelächelt. Ich verfluche dich, ich verfluche den Tag, an dem ich dich das erste Mal auf meinen mütterlichen Schoß gesetzt habe. Jaaa, es hat sich ausgelächelt, und du gehst verdammtnochmal genau dahin zurück, wo du hergekommen bist, verstanden?
Ich sage: Das weiß ich längst, daß ich nicht dein Kind bin, und wenn ich gehe, gehe ich gerne.

Es gab keinen Sommer wie diesen Sommer 1947 und keine solche Dürre mehr. Die Kapuzinerkresse rankte sich den Zaun entlang und schoß ins Kraut, dafür hörten die Kartoffeln und die Rüben auf zu wachsen. Concordia in ihrem langen Kleid und der langen Schürze darüber, beides blauweiß und zart gemustert, verfolgte auf steifen Beinen weiße Schmetterlinge. Mal klatschte sie in die Hände und zerdrückte sie mit einem hellen Jauchzer, mal schlug sie die Falter mit der Fliegenklappe nieder. Das? Das sind doch keine Schmetterlinge. Die heißen Kohlweißling und sind als Seuche zu betrachten. Patsch, und wieder zertrat sie ein Paar blasse, durchsichtige, ohnmächtige Flügel. Onkel Egon kratzte Ruß aus dem stehengebliebenen Schornstein seines Hauses und bekämpfte damit den Strom der Erdflöhe. Ich hockte in den Weißkohlreihen und zerdrückte die gelben Eigelege, die der Kohlweißling an die Unterseite der Blätter klebt. Viel ergiebiger und weniger eklig war Tiger sammeln. Tiger nannte ich die schwarzgrün gefleckten Raupen, die gelbe Streifen auf den Rücken hatten und vom Kohlkopf nur noch das Skelett übrigließen, einen kleinen wüsten Strauch.
Concordia blieb neben mir stehen und sah auf mich herunter. Ich erschrak ein bißchen, denn sie schien durch mich hindurchzuschauen.
Als Erstes, sagte sie, legst du zu Hause die Fotos dorthin zurück, wo du sie gefunden hast. Sie gehören dir nicht.

Das hatte ich sowieso vor. Ich wollte sie dir bloß zeigen und fragen, wer das ist.

Sie hatten vor dir schon mal ein Kind angenommen, und das war die Christa, die du auf den Fotos siehst.

Und wo ist sie jetzt?

Sie war schwer krank und ist gestorben.

Wann war das, als sie die Christa hatten?

Das ist fast zwanzig Jahre her. Mein Bruder wollte gern ein Kind im Hause haben, und als sich herausstellte, daß Sophia keine Kinder kriegen kann, bestand er darauf, eins zu adoptieren.

War Christa auch adoptiert?

Nein, sie war ein Pflegekind. Deine Eltern hatten noch nicht das gesetzlich vorgeschriebene Alter, um ein Kind adoptieren zu dürfen.

Warum kriegt Kaltesophie keine Kinder?

Das erzähle ich dir später.

Und ist Christa bei uns zu Hause gestorben?

Nein, in einem Heim. Sie war drei Jahre bei Karl und Sophia und ist dann wieder ins Heim gekommen. Dort ist sie gestorben.

Wie alt war sie da?

Sechs Jahre. Sie sollte gerade in die Schule kommen.

Aber wieso war sie wieder im Heim?

Das erzähle ich dir auch später.

Ich finde das beschissen und gemein von dir, mir nicht richtig zu antworten. Als ob ich jetzt nicht genauso viel verstehe wie im nächsten Jahr.

Das ist das erste Mal, daß du so mit mir sprichst. Und ich bin sicher, daß du diesen Ton nie wieder anschlägst. Statt dessen wirst du Geduld lernen, auch mit mir, so wie ich Geduld habe mit dir. Wer nicht warten kann, kann auch nicht nachdenken.

Der Kohlweißling ging auch an die Kapuzinerkresse, von der ich die kleinsten Blätter abpflückte und kaute. In der Dämmerung wurden rote Blumen schwarz, und weiße sahen hellblau aus. Onkel Egon hatte schon zwei Wespennester ausgeräuchert. Die Wespen fraßen den Wein, bevor er süß wurde.

Wo warst du so lange?
Uffn Wiesen.
Hast du Gras mitgebracht?
Nee, hatte kein Sack mit.
Und ich sitze hier mit der Arbeit und warte, daß du kommst.
Bin ja nu da.
Wenn die Rumtreiberei nicht aufhört, zerreiß ich dich in der Luft.
Mach ma.
Halt den Mund, halt den Mund, sag ich dir, sonst stopfe ich dir die Frechheiten genau da wieder rein, wo sie rauskommen. Geh an die Arbeit!
Ich geh ja schon.
Du hast zu Mittag nach Hause zu kommen wie andere auch.
Kochst ja sowieso nüscht.
Weil ich nichts habe, du Satansbraten du, und wenn du nicht arbeitest, kriegst du überhaupt nichts mehr, nicht einen Krümel Brot, gar nichts.
Besorg ich mir schon.
Schweig endlich, wenn dir dein Leben lieb ist. Was hast du auf den Wiesen gemacht, sag mir das mal.
Bin eingeschlafen.
Wer das glaubt: eingeschlafen.
Det stimmt.
Am hellen Tag, du und schlafen. Na, nun komm und häkle die Teile zusammen.

Ferien sind kaum Ferien; nach der Schule, wenn ich mal pünktlich nach Hause komme, erwartet mich täglich dasselbe: Kordeln drehen, Häkeln, Taschen weben, vor allen Dingen Kordeln drehen. An manchen Tagen schaffe ich hundert Stück. Von mittags an sitze ich in der Küche, die Sonne flutet herein, spielt verrückt auf dem gekachelten Feuerherd, tanzt in den Scheiben des Küchenschrankes, wirft Strahlenbündel auf den Tisch und haut wieder ab, so langweilig ist es ihr bei uns. Zuerst schneide ich Litze aus Igelit, ein Millimeter Durchmesser, in drei Meter lange Stücke. Die sind so glatt, daß sie sich nicht verheddern. Dann schlinge ich einen Faden um die Klinke der offenen Tür, verknote die beiden Enden und drehe vor mich hin. Nach einer Weile strafft sich das Zeug zwischen mir und der Klinke, also stehe ich auf, halte den Knoten mit der linken Hand fest, nehme mit dem rechten Daumen und Zeigefinger das Gedrehte fest in die Mitte, schlage die beiden Teile zusammen, ziehe die Schlaufe von der Türklinke und halte sie an den Endknoten fest. Nach einem kurzen, langziehenden Ruck lasse ich die Mitte des Fadens los und schaue zu, wie sich das Ganze verdoppelt und dreht. So entstehen die Kordeln, mit denen die mit Schlaufen behäkelten Gürtel zugeschnürt werden wie die Leibchen von Dirndlkleidern. Mittlerweile kann ich es im Schlaf. Ich habe ein Buch auf dem Tisch vor mir liegen, darin lese ich während des Drehens. Dolores hatte mir Die Höhlenkinder dagelassen, Karl hatte, als er die Schule verließ, einen sechsbändigen Schiller bekommen, Concordia versorgte mich mit Balladen, Tante Mieze mit Liebesromanheften, Dürings besaßen den Gesammelten Storm, und Kaltesophie hatte Gorkis Erzählungen gekauft und sie empört in die Kredenz geworfen. Außerdem besuchte ich die Leihbibliothek und ließ im Papierwarenladen in der Kurzen Straße Bücher über Bäume und Heimische Vögel mitgehen.

Ich schneide die Litze in kleine Stücke und stelle Kaffeeuntersetzer her. Ich ziehe die Gummiperlen zu achteckigen Tellern auf, die sind im Durchschnitt eine Handspanne groß. Diese Kaffeeuntersetzer trage ich im Dutzend zu dem Broderieladen neben Kuhnkes Kolonialwaren, wo die Inhaberin sie in Kommission nimmt und zu zwei Mark fünfzig das Stück verkauft. Das ist mein Taschengeld.

Mit den von Kaltesophie entworfenen Taschen und Gürteln aus Resten fuhren wir aufs Land, vornehmlich ins Oderbruch. Dort hatten die Bauern selber nichts. Sechsundvierzig die Deiche gebrochen, alles überschwemmt, das Vieh hatten ja schon die Russen weggetrieben, gleich fünfundvierzig nach der Schlacht bei den Seelower Höhen; der ersten Überschwemmung folgte die Überschwemmung mit Flüchtlingen, die Polen verlassen mußten. Viele Höfe waren ganz zerschossen, wer konnte uns da schon was abgeben. Trotzdem haben sie uns hier ein paar Kartoffeln, dort Rüben, an anderer Stelle einen Kohlkopf eingetauscht. An Brot oder gar Fett war nicht heranzukommen, und Wertgegenstände hatten wir nicht zu bieten. Fürstenwalde, Hasenfelde, Seelow, Dolgelin, dann runter über Komturei Lietzen nach Falkenhagen – kein Weiler, den wir nicht zu Fuß durchwandert haben. Es tauchte sogar ein Ort auf, der hieß Jammertal. Hatten wir unsere Rucksäcke glücklich voll, erwartete uns am Bahnhof nicht selten eine Razzia. Besonders gern überfielen sie uns auf dem Kleinbahnhof Hasenfelde, und die Frauen tobten. Ach, die ausgebufften, hinterfotzigen, säuischen Stiefelknechte.
Jewails drei Deutsche in der Uniform der Volkspolizei und drei Russen umrundeten uns auf dem Bahnsteig, wo wir auf unseren Rucksäcken darauf warteten, daß irgendein Zug kam. Mit einem Mal und ganz ohne Ankündigung trampelten sie zwischen un-

sere Säcke und schrien: Auskippen, auskippen! Wir schütteten alles auf den Perron, und sie brüllten wieder: Einpacken, einpacken, mitkommen!
Wir trugen unsere Rucksäcke ins Bahnhofsgebäude, wo wir sie noch einmal auskippen mußten. Unsere paar Kartoffeln, auf die wir uns so gefreut hatten, Frühkartoffeln, nicht ein bißchen erdig, richtig schön gelb und noch keine Schale dran, daß man sie reinweg roh essen möchte: die kommen in eine Ecke, auf einen großen Haufen. Gemüse schleppen wir zu einem anderen Berg.
Das haben sie sauber eingefädelt, haben uns traben lassen und betteln und tauschen und ranholen und was dafür opfern und jammern und feilschen. Und von zig Hunden gebissen haben wir das Zeug an uns gerafft und auf unseren Rücken und barfuß zum nächsten Bahnhof getragen, fünfzehn, zwanzig Kilometer und mehr, und all die Zeit nichts, keine Spur von Essen im Magen. Am Ende dann kommen die mit ihren kurzen Maschinenpistolen, lassen uns einfach alles ausschütten, diese Mischpoke, diese nach Pestilenz riechenden Arschlöcher.
Diese Wörter habe ich von den anderen Frauen aufgeschnappt.

Im Frühherbst verbreitete sich die Nachricht, in den Wäldern Richtung Fangschleuse-Fürstenwalde verbergen sich flüchtige Polen, die über die Oder gekommen, nach Westen unterwegs seien. Deserteure, Verbrecher, sagten die Leute und hatten es von der Kommandantur, Kriminelle, denen zu begegnen äußerst gefährlich und deswegen sofort zu melden sei. Wir stellten uns wildentschlossene Helden vor, ein Mittelding aus Trapper und Indianer, von Kopf bis Fuß in Felle gekleidet, die hungrigen Augen tiefumschattet, das Haupt- und Barthaar bis zum Gürtel gewachsen und bewaffnet mit Messern, Beilen, Drahtschlingen und Tellereisen. In dieser Zeit kam Dolores jeden Nachmittag extra aus Köpenick. Voll von neuen Gerüchten zogen wir, meinen Hund an der Klokette, in die Wälder auf Polensuche. Im Laufschritt bis zur Autobahn, dann langsam weiter nach Osten; dauernd stellten wir uns vor, wie wir sie finden und verstecken und weiterleiten würden. Wir hatten dazu zwei ziemlich verfallene Bunker ausersehen, die unterhalb der Müllablade standen. Von dort wollten wir sie ungesehen nach Berlin bringen, aber es wurde nichts daraus. Nie ist uns ein Flüchtling auch nur von weitem zu Gesicht gekommen.

Wir rupfen die Fransen aus, die oben aus den Maiskolben wachsen und braun werden bei der Reife, knüllen sie zusammen und stecken sie in unsere selbst geschnitzten Pfeifenköpfe. Wir rauchen auch zerriebene Eichenblätter. Haben wir keine Pfeifen dabei, schneiden wir fingerlange Stücke aus dem alten Holz von wildem Wein und stecken sie an. Sie glimmen ziemlich lange.

Wie sahen die Wolken aus? Wie eine Kuh, wie ein Apfelbaum, wie Spanien. Und jetzt? Rot umhäkelt wie ein Feld, so stellten wir uns Baumwolle vor. Blödsinn, eine Herde Schafe, nach der Schur wohlgemerkt.
An anderen Abenden blieben wir mitten auf Waldwegen stehen, suchten uns Stöcke und dichteten Verse. Wir schrieben sie in den Sand und lasen sie uns einander vor und dichteten weiter, ein Reim zog den anderen nach sich. Käfer, die herausgerissenen Schienen, die rotumrandeten Abendwolken, die Birkenallee inmitten der Kiefern: für alles fanden wir einen Reim.
Kannst du deins schon auswendig? fragten wir und sagten uns stockend, mit zugedrückten Augen, den Kopf hoch erhoben unsere Gedichte auf. Unsere Andacht vor der eigenen Poesie war

überhaupt nicht mehr einzuholen. Zum Schluß tilgten wir die Schriftzeichen im Sand mit Reisig und streuten Kiefernnadeln auf den Platz. Auf dem Heimweg flüsterten wir Strophen, die jeder, wenn er nach Hause kam, in ein Schreibheft eintrug.

Eines Tages kam Karl vom Demontageeinsatz mit einem halben Zentner Stearin nach Hause.
Kaltesophie saß, die Füße zwischen Sofakissen, am Küchentisch und häkelte. Ich hatte den Webrahmen auf dem Schoß.
Kaltesophie: Rohre!
Ich: Rohre gibt es genug.
Kaltesophie: Bleirohre!
Ich: Die kaputten Wasserleitungen in den Ruinen.
Kaltesophie: Ihr sollt nicht in die Ruinen gehen.
Ich: Bleirohre lassen sich am besten zerschneiden, ich besorge sie.
Kaltesophie: Zerschneiden lassen wir sie in Ziebigs Werkstatt.
Ich: Die Höhlenkinder haben ihre Kerzen nicht gegossen, sondern gezogen.
Kaltesophie: So viel Zeit haben wir nicht. Achte darauf, daß die Rohre nicht zu dick sind, höchstens drei Zentimeter Durchmesser.

Kaltesophie macht dicke Knoten in die zurechtgeschnittenen Garnfäden und zieht sie mit einer starken Nadel zuerst durch einen Korken. Dann steckt sie den Korken in ein Rohrende und leitet den Faden durch das Rohr. Am anderen Ende bindet sie das Garn an ein querliegendes Hölzchen und achtet darauf, daß der Faden genau durch die Mitte des Rohres verläuft.
Ich: Die Höhlenkinder haben als Docht zuerst Schilf, dann Nesselschnüre verwendet.

Ich rühre das flüssige Stearin und spucke in den rötlichen Brei. Der blubbert und schäumt. Kaltesophie schöpft das Stearin mit einem Milchtopf heraus und gießt es vorsichtig in die aufgestellten Bleirohre. Sind die Füllungen ganz erkaltet, schneiden wir die Knoten ab und ziehen die Korken heraus. Die Garnenden, die wir oben von den Hölzchen abwickeln, ergeben einen Docht von zwei Zentimeter Länge.
Kaltesophie: Leg diese ersten zwei Dutzend oben ins Wäschefach, die heben wir auf für Weihnachten. Abends durfte ich eine Kerze mit ans Bett nehmen. Ich las zu der Zeit nur in den Höhlenkindern.

Ich gehe langsam auf die Silbertanne zu und stelle mich dicht vor sie hin. Ich greife unter einen Zweig und stecke das Gesicht hinein. Die Triebe sind feucht und riechen gut. Ich fahre mit der anderen Hand über die Nadeln und streiche sie in Wuchsrichtung. Dann trete ich ein paar Schritte zurück, kneife die Augen zu und mache Scheuklappen aus meinen Händen. Die Äste der Tanne spreizen sich regelmäßig gewachsen vom Stamm weg, ohne an den Spitzen herunterzuhängen. Dennoch werden wir die Kerzen halbieren müssen. Sie kippen bestimmt um oder biegen die Zweige herunter.
Ich reiße einige zartgrüne Nadeln aus, knicke das Büschel, rühre und wische damit in meiner linken Handfläche herum, reibe die Nadeln, bis sie weich sind. Ich drücke meine Nase in die Handfläche und ziehe den Geruch ein. Dann zerrolle ich eine Menge Nadeln zwischen beiden Händen und wische mir die Feuchtigkeit auf die Handrücken und ins Gesicht.
Der eng beschriftete Grabstein, von Schröder Jakob und Elisabeth bis runter zu Hans-Joachim Schröder und Martina, hält sich breit und gerade wie ein Bahnhofsvorsteher, der gleichmütig die

Abfahrt der Reisenden beobachtet. Ich lege den Bindfaden, den ich aus den Kettfäden der aufgetrennten Zuckersäcke gedreht habe, kurz auf die Erde und umrunde den Baum. Dann binde ich das eine Ende des Bindfadens unterhalb der niedrigsten Äste fest um den Stamm. Während ich die Äste und Zweige mit der linken Hand hoch an den Baum presse, lasse ich den Bindfaden durch die Rechte gleiten, immer rund um den Baum, und ziehe kräftig an. Ich verschnüre den Baum, ich umkreise ihn erst gebückt, dann aufrecht, dann auf Zehenspitzen, schließlich führe ich den Bindfaden wieder nach unten, wo ich ihn mit dem Anfangsende verknote. Der Baum steht nun in einem Korsett, ganz eingepreßt, stachelig ja, aber die untere silberne Seite der Nadeln ist nach außen gerichtet und leuchtet und glitzert.
Nach einer kurzen Atempause krame ich aus der Buchsbaumhecke rechts vom Grabstein mein Handbeil hervor. Ich hocke mich breitbeinig hin, schätze die Schnittstelle ab, die ich leicht in die Erde verlege, um den Boden als Lärmschlucker zu benutzen, und halte die Luft an beim ersten Schlag. Mit Unterbrechungen und angestrengt lauschend vollführe ich die ersten zehn, fünfzehn Schläge und atme lautlos ein und aus. Endlich schlage ich drauflos, schwitze, tappe tief gebückt um den Fuß des Baumes herum. Es splittert, knackt dumpf, ich kniee, ich schüttle den Baum, er bewegt sich schon. Solche Stille, und die Kirchturmuhr schlägt sechsmal in die Dunkelheit hinein. Ich breche den zusammengebundenen Baum ganz zur Erde runter und hacke im rechten Winkel die Splitter im Inneren des Stammes durch. Dann liegt er vor dem Grabstein, ich recke mich, mir tun die Knie und der Rücken weh.
Jetzt entrolle ich meinen Zuckersack, der aus zwei Säcken zusammengenäht ist. Nein, erst noch Erde auf den flachen, zerhackten Stubben werfen. Sorgsam stülpe ich dann den langen,

weißglänzenden Sack über den Baum, das Fußende natürlich zuerst. Ich drücke nochmal den dickeren Mittelteil zusammen, ziehe, schiebe, hebe die Baumspitze vorsichtig an, zerre die Sacköffnung zu mir her, wickle den Sack über die Äste ab und streiche mit der Rechten die aufgezäumten Zweige entlang. Die Spitze biege ich ein Stück beiseite, klemme sie mir unter den Arm, hüte sie vor jeglicher Belastung. Der Baum paßt genau, bis zur letzten aufstrebenden Nadel in den Sack, und das ist kein Zufall. Ich binde oben zu, verschnüre, bandagiere die Spitze für den schleifenden Heimweg. Am Fuß des Baumes flattert noch eine Sackecke frei herum, in die wickle ich das Beil. Nachdem ich gehorcht und tief geatmet habe, schleife ich den Sack zum Friedhofszaun, werfe ihn hinüber in den Graben und klettere hinterher. Ich ziehe den Sack unterhalb des Bahndamms fast bis zur Hübnerstraße, biege kurz vorher ab und überquere ein Ruinengrundstück; ich überwinde die Kreuzung Wilhelm-Hübnerstraße, bin schon vor Dürings oberem Garten und hebe und stemme und wälze den Sack über den Zaun. Erschöpft, mit butterweichen Knien betrete ich unser Grundstück. Ich schleppe den Baum zum Haus, wo ich ihn aufrichte und gerade unter unserem Verandafenster abstelle. Ich werde behaupten, ich hätte ihn von einem verwilderten Ruinengrundstück geholt. Von hier aus kann ich ihn gut durchs Fenster hereinziehen.

Immerzu fragten uns die Leute: Wo gehts denn hier zum Bahnhof. Ende des Jahres ließ die Gemeinde vor Schützes Haus, Ecke Wilhelm-Hübnerstraße, ein Holzschild anbringen. Das Schild war eine Art Menschenarm und sah vorne aus wie eine Hand mit Zeigefinger. Auf dem Brett stand: Zum Bahnhof. Seitdem gaben wir keine Antwort mehr. Fragte uns jemand:

Wo gehts denn hier zum Bahnhof, deuteten wir schweigend und mit ausgestrecktem Arm, den Zeigefinger vorneweg, auf das Schild.

Ich komme aus der Schule, und Kaltesophie winkt mich sofort in die Veranda. Da stehe ich auch schon Frau Schröder aus der Bismarckstraße gegenüber, der Nachfahrin von Jakob Elisabeth Hans-Joachim Martina. Sie reißt die Augen auf und hält meine Silbertanne in der Hand. Aufgeschnürt, entfaltet sie die strahlenden Äste. Sie hat den Baum um die Mitte gefaßt und stampft ihn auf den Fußboden. Die Zweige wippen und duften, die Nadeln leuchten hellauf.
Mit einemmal hagelt es auf mich nieder. Kaltesophie schwingt einen Knüppel, ich flüchte in die Verandaecke, während Frau Schröder weiter den Baum tanzen läßt. Bloß nicht den Kopf hochrecken. Ich greife blindlings nach dem Stock, Kaltesophie zieht ihn mir blitzschnell durch die Hand, die Handfläche brennt, wie lange will sie eigentlich noch auf mich eindreschen, wie komme ich nur davon.
Ich schmeiße mich bäuchlings auf die Erde und brülle, bis Tante Mieze runterkommt. Da fängt die Schröder an, sich zu langweilen. Sie sagt: Lassen Sies gut sein, genug, das wird sie sich merken. Kaltesophie hört stöhnend auf. Frau Schröder sagt: Den Baum nehme ich natürlich mit. Ich freue mich schon, sagt sie, den stellen wir zu Weihnachten in die Stube. Und lachend: Wer kann sich schon eine Silbertanne leisten für die paar Feiertage, nun fehlen mir nur noch die Kerzen.
Ich schleppe mich ins Bett. Kaltesophie erzählt ganz gemächlich, wie sie Frau Schröder auf der Straße getroffen und sich die ellenlange Klage über einen verschwundenen Kirchhofbaum, eine Silbertanne, angehört hat und, als es ihr wie Schuppen von

den Augen fiel, einfach gesagt hat: Kommen Sie mal mit, vielleicht ist es die.
Arsch offen. Nie hätte jemand in unsere Veranda geschaut. Ach, wie sie sich brüstet mit ihrer Ehrlichkeit.

Die alte Frau Düring sagt: Nachtkerzen – gar leicht verstehen sich verwandte Herzen.

Ich sehe zu, wie sie den Brief schreibt und an das Heim adressiert.
Ich sage: Bitte, neinnein, nicht schon wieder, nicht in das Heim, wo wir ausgestellt werden und auf neue Eltern warten.
Idiotin freu dich doch du wolltest es ja nicht anders haben.
Lieber gehe ich selber, ganz alleine, irgendwohin.
Wo willst du denn schon hin wirst sehen wie gut es dir dort gefällt wird dir bekommen der Wechsel die Tanten und immer satt zu essen mindestens regelmäßig.
Bitte bitte, ich werde nie wieder was stehlen.
Das hast du mir zu oft versprochen und ich sage dir wer einmal lügt und wie stehe ich vor den Leuten da mit so einem Kind mit so einer Diebin mit so einer gotteslästerlichen Teufelsbrut die Gräber ja ganze Kirchhöfe unsicher macht heilige Orte bestiehlt die letzte Ruhe nicht einmal die respektiert wie stehe ich da habe ich gefragt.
Ich heule laut heraus und zerre an ihrer Strickjacke: Nach Weihnachten, warte bis nach Weihnachten, dann gehe ich, aber doch nicht gerade jetzt.
Aber gerade jetzt und keinen Augenblick später so voll ist mein Maß übervoll laß meine Jacke los.
Sie beleckt das Kuvert, schließt es und reibt mit der Faust die Rückseite.
Das hätten wir wer stiehlt der tötet auch du bist auf dem besten

Wege doch bin ich nicht gewillt zu warten bis es soweit ist ich mach das nicht länger mit ich nicht.
Warte wenigstens bis nach Weihnachten, ich werde auch immer gehorchen, immer, das verspreche ich dir, ich schwöre.
Du gerade du Mistvieh du zieh dich jetzt an diesmal werde ich meinen Entschluß nicht rückgängig machen wenn du darauf hoffst und nicht bereuen das Einzige was ich bereue ist jemals auf dich reingefallen zu sein.
Aber ich bereue, ich bereue alles, was ich getan habe, ich will nie mehr lügen oder stehlen.
Ruhe endlich schrei nicht wieder das Haus zusammen gehen wirst du auf jeden Fall zu spät kommt deine Reue hättest du dir früher überlegen sollen da hilft alles nicht mehr steh auf mach kein Theater zieh dich an sonst mach ich dir Beine still jetzt du Hurenbalg reiß dich zusammen löffel die Suppe aus die du dir eingebrockt hast wer dir nochwas glaubt bißchen dalli jetzt wer tötet wird aufgehangen und das will ich nicht erleben ich nicht nicht mit mir.
Ich reiße ihr meinen Mantel weg und raus und die Treppe runter und hinten ums Haus über den Hof und verstecke mich bei den Lebensbäumen im Düringschen Garten und halte die Luft an und bleibe, bis Karl kommt. Nach einer Weile höre ich sie die Wilhelmstraße erst runter, dann rauflaufen. Sie ruft, und ich antworte nicht. Ich bleibe einfach in der Nässe zwischen Kompost und Lebensbäumen hocken, höre sie erst leise, dann laut meinen Namen rufen und weggehen und wiederkommen. Ich höre Karl und Kaltesophie in der Küche streiten, dann weint sie. Meine Beine sind eingeschlafen, die Füße knicken um.

Kurz vor Weihnachten tauchte eine Diakonissin bei uns auf. Sie stiefelte durch den Korridor und betrat mit festen Schritten die

Küche, als sei sie hier zu Hause oder hätte uns schon hundertmal besucht. Lächelnd, mit lauter Fältchen im Gesicht, die nichts als Güte ausdrückten, obwohl ihr Blick ein bißchen an unseren Augen vorbeiging, bückte sie sich und ließ stöhnend Netze und Beutel auf den Fußboden sinken. Sie trug ein gefaltetes Häubchen auf dem Kopf mit einer Schleife unterm Kinn; ihre Kleidung war lang und tiefdunkelblau, unten schauten ein Paar funkelnagelneue schwarze Lederschuhe hervor. Sie blickte sich in der Küche um, schob die Haufen von Igelitlitze und Igelitperlen und Igelitbändern auf dem Tisch beiseite und setzte sich. Dann zog sie aus einer ihrer sackartigen Taschen ein Zweipfundbrot heraus, ein Kastenbrot, und packte es energisch auf den Tisch. Es hörte sich an, als sei es hohl, und oben hatte es ein Kreuz in der Rinde. Anschließend wühlte sie in ihrem Netz zwischen Unmengen Zeitungspapier herum, holte einen feuchten Ballen heraus und haute auch den auf unsere Gürtel und Kordeln. Kaltesophie seufzte tief, ich rollte mit den Augen. Die Diakonissin hörte nicht auf zu lächeln, als sie ein halbes Dutzend frische Plötzen auswickelte.

Du meine Güte, sagte Kaltesophie und hatte Tränen in den Augen, der Herrgott hat uns nicht vergessen. Er vergißt niemanden, sagte die Diakonissin, ohne eins ihrer vielen gekreuzten Fältchen zu verziehen, er wacht über uns allen und übersieht keinen. Kaltesophie schüttelte überwältigt den Kopf und sagte: So wird der liebe Gott ja auch wissen, daß wir das nicht verdient haben. So wird er ja auch wissen, daß meine Tochter nicht einmal davor zurückschreckt, auf den Friedhof zu gehen, um die seligen Toten zu bestehlen.

Auf das Sammeln von Obstkernen wollte ich mich nicht mehr verlassen. Die Blausäure darin war bestimmt zu wenig, ich wußte nicht, wie ich ihr das Gift einflößen könnte. Deshalb besann ich mich auf die Gifttabletten, die Karl und Kaltesophie für ihre Fußbäder benutzt hatten. Längst verfügte ich über vier der kleinen vieleckigen Stabbrandbomben. Einer von uns beiden mußte gehen. Wenn nicht sie, dann ich. Sie würde schon bereuen, es würde die Schuld schon auf sie kommen, wenn sie sich tränenüberströmt über meinen Sarg beugte und mich um Verzeihung bat für jedes böse Wort und für jeden Schlag und überhaupt.
Am zweiten Weihnachtsfeiertag ging ich mit meinem Frühstücksbrot und dem Kännchen voll Pfefferminztee ins kalte Wohnzimmer und deckte meinen Platz. Ich holte das in Zeitungspapier eingewickelte Pulver aus meinem Versteck in der Kommode und schüttete das ziegelrote Gift in meine Tasse. Ich goß Tee ein und tat genau fünf Saccharintabletten dazu. Ich starrte in die Tasse, während das Saccharin vom Grund aufstieg und zischte und schäumte. Dann stürzte ich den Inhalt mit drei Schlucken runter und stöhnte vor Ekel. Ich sprang auf und schrie. Kaltesophie war in der Küche, Karl rief aus dem Schlafzimmer: Was ist denn jetzt wieder los? Würgend und keuchend raste ich in die Küche und schrie: Ich sterbe, ich sterbe. Kaltesophie erschrak, dann faßte sie sich an den Kopf und lachte mich aus. Ich hielt mir den Bauch, stopfte vier Finger in den Mund, um zu kotzen, und fiel ihr vor die Füße.

Schöne Bescherung, sagte sie, als ich wieder zu mir kam. Dir sollte man mal den Kopf aufmeißeln.
Was du dir dabei gedacht hast, sagte Karl, würde ich auch gern wissen, aber lassen wir das jetzt.
Und während ich dahindämmerte und wieder wach wurde, saß

oft auch Tante Mieze an meinem Bett und sagte: Wenn ich dir nicht lauwarmes Salzwasser eingeflößt hätte. Mach das nie wieder, es ist ebenso eine Sünde, sich selber umzubringen, wie es Sünde ist, einen anderen Menschen zu töten.
Und Dürings Tochter brachte mir Heine-Bücher herunter, weil ich verrückt nach Balladen war, und sagte: Na, du hast mehr Glück als Verstand gehabt. Und Tante Mieze sagte: Hör bloß auf mit diesen blutigen Geschichten, und las mir Heiligenlegenden vor, die Eisheiligen schienen mir besonders vertraut. Concordia kam und versuchte nochmal, den Traum von Afrika aufzurollen, aber mich zog es zu dieser Zeit längst ans Schwarze Meer und in den Kaukasus. Also besorgte sie mir Bücher von Sven Hedin. Der hatte doch wenigstens die Richtung Osten eingeschlagen, und das bis zum bitteren Ende. So weit wollte ich nämlich nicht gehen, daß ich Kamelpisse trinken müßte und weit und breit kein Mensch und bloß Wüste.
Ich lebte noch, und nichts hatte sich geändert.
Geduld, sagte Concordia, du hast Zeit, lerne warten. Nichts über den Zaun brechen, Geduld.
Und Kaltesophie sagte: Die hat mal wieder der Teufel geritten.

Die alte Frau Düring sagt statt Guten Tag: Myrrhenheide, tu mir nichts zuleide.

Keine Dummheiten mehr. Du bist nun mal auf der Welt, sitzt in diesem Augenblick bei mir am Tisch. Gefällt es dir nicht?
Doch.
Dann beklag dich nicht dauernd.
Ich habe niemand, der mich leiden kann.
Bin ich niemand?
Naja, wie lange noch.

Ich bin immer für dich da.
Wenn du mal stirbst, werde ich nicht zu dir auf den Friedhof kommen.
Das hat noch Zeit.
Du bist doch gleich siebzig.
Das sagt gar nichts.

9

Die Winterfliege, die sich zwischen Fenster und Gardine verheddert und mit nachweihnachtlicher Trägheit an die Scheibe klopft, raus oder rein, ist schon so alt, daß sie nicht mehr weiß, was sie will.

Langweiliger kann es nirgends sein als hier, nirgends öder, stupider, trauriger als hier, und niemand häßlicher als ich, krumm und schief. Auf meinen Rippen kann man Klavier spielen, man kann mir durch die Backen pusten, und Kaltesophie sagt: Sag mal, hast du je in den Spiegel gesehen, weißt du eigentlich, wie du aussiehst. Seitdem habe ich in den Spiegel gesehen und weiß, wie ich aussehe. Ich sehe aus wie das Nest, in dem ich die Zeit und mein Leben totschlage, sandig und kahl und langweilig. Ich sehe aus wie die Kaffeeuntersetzer, die ich mache und in der Friedrichstraße im Broderieladen verkaufe, das Stück zu zweifünfzig, genau wie zweifünfzig sehe ich aus, wie die ekelhaft langen Igelitschläuche, die ich in gleichmäßig lange Perlen schneide, so sehe ich aus, und wie die Litze sehe ich aus, mit der ich die Igelitperlen auffädle zu achteckigen Kaffeeuntersetzern, und wie die Alte im Broderiewarenladen sehe ich aus, mager und verbissen. Meine Haare sind wie Stroh, sagt Kaltesophie, und da hat sie auch recht. Ich gehe schon so krumm, daß ich mit der Nase bald auf der Erde schleife.

Langsam werden die Straßen umbenannt. Aus der Hübnerstraße, die unsere Adresse ist, obwohl das Haus in der Wilhelmstraße steht, wird die Gerhart-Hauptmann-Straße. Rüdigers besitzen drei Grundstücke: der obere Garten grenzt an die Hübnerstraße, auf dem mittleren Grundstück steht unser gelbes dreistöckiges

Haus, das an die Wilhelmstraße grenzt und auch durch die Wilhelmstraße betreten wird. Der untere Garten, der bis zum alten Marktplatz reicht, grenzt ebenfalls an die Wilhelmstraße. Nun wird die Wilhelmstraße in Thälmannstraße umbenannt. Die Königstraße zwischen Bahndamm und Löcknitzwiesen heißt ab jetzt Breitscheidstraße, die Friedrichstraße, unsere Hauptstraße, heißt erst Hauptstraße und bald darauf Karl-Marx-Straße. Die Fürstenwalder bleibt die Fürstenwalder, die Bahnhofstraße bleibt die Bahnhofstraße. Dafür heißt die Bismarckstraße neuerdings Karl-Tietz-Straße, nach einem Mann, von dem überhaupt keiner mehr weiß, wer das war. Die Löcknitzstraße ist so kurz, daß es sich nicht lohnt, sie umzubenennen. Und von der jetzigen Beuststraße weiß ich nicht mehr, wie sie früher hieß, obgleich ich mich an die Beuststraße besonders gut erinnere, weil es mir dort zum ersten Mal im Leben Spaß gemacht hat zu arbeiten.

Im Frühsommer erhielt jeder Einwohner den Auftrag, zweihundert Steine zu klopfen, und Kaltesophie und ich wurden in die Beuststraße geschickt. Mit Eisenkeilen und Hammer, mit Handfäusteln und Zahneisen krabbelten wir in den Trümmern herum. Manche hatten sich nur mit Feuerhaken und Kohlenschaufel bewaffnet. Wir zerrten die heilen Ziegel aus den Haufen hervor, schlugen den alten und vielfach verrußten Mörtel ab und kratzten und schabten und stapelten. Als Kaltesophie sah, wie gerne ich das machte, ließ sie mich ihre zweihundert Steine mitklopfen. Die Frauen um mich herum redeten und sangen sogar. Und ich weiß auch, wovon die Hanowskijungen ihr Vaterhaus wieder aufgebaut haben. Sie holten sich nachts die sauber gestapelten Steine und versteckten sie in ihren Schuppen, Kaninchen- und Hühnerställen.

Morgens treffen wir uns eine Stunde vor Schulbeginn und spielen auf dem alten Friedhof, dessen Gräber längst eingeebnet sind, Völkerball. Als Ball dient eine mit Heu ausgestopfte Lederhülle. Nach einer halben Stunde dringt schwarzer Saft aus den Nähten, so zerschlagen ist das Heu, daß es seine letzten Tropfen Feuchtigkeit herauspreßt. Wir schnüren die Hülle auf und stopfen frisches Gras hinein. Jetzt fliegt uns erst recht grünes Wasser ins Haar, jetzt spritzt der Ball bei jedem Flug und wird glitschig und naß und noch vor dem Klingeln in eine Regentonne getaucht, damit er sich erholen kann. Er heißt auch nicht Ball, wir nennen ihn Mauke: in Wirklichkeit ein lederner und ekelerregender Putzlumpen.

Bis jetzt habe ich ihn nur von weitem bewundert, aber nun hat sich Kaltesophie mit seiner Mutter befreundet, da sehe ich ihn jeden zweiten Tag. Reinhold Wagner ist zwei Klassen höher als ich und gut in Mathematik und Physik und Chemie. Krimis liest er auch, aber keine Dramen. Seine Mutter ist Verkäuferin in einer Bäckerei. Wir helfen ihr abends, die Brotmarken auf halbe Zeitungsseiten zu kleben. Ich stehle beim Kleben keine Brotmarken, nichtmal für ein Brötchen. Reinholds Mutter muß die Marken abrechnen.
Reinhold ist eingebildet. Wenn seine Freunde dabei sind, redet er kaum mit mir. Wir spielen Karten wie verrückt oder gehen an die Löcknitz, um die Mauke mit altem Gras zu füllen. Er behandelt mich, als sei ich dümmer. Dabei kennt er keine Blumennamen und Kräuter, und für Tschelkasch interessiert er sich auch nicht.

Ich komme aus der Schule, und sie hat mein Vertiko ausgeräumt, eine Razzia veranstaltet. Überall liegt dreckige Wäsche verstreut, sie läßt mich seit einem halben Jahr die Wäsche selber wa-

schen, unter der Wäsche hat sie drei Hefte voller Gedichte gefunden.
Nun stehe ich vor ihr in der Küche, und sie liest mir meine Reime vor. Ich habe nicht nur die roten Ränder der Abendwolken, den Kiefernwald, meine Lieblingsplätze und die Stellen mit unbekannten Pflanzen beschrieben. Die meisten Verse sind über Kaltesophie. Ich stehe vor ihr, rot vor Scham und Wut. Sie zieht die Herdringe vom mittleren Feuerloch und stopft die Hefte ins Feuer, schiebt und drückt mit dem Feuerhaken nach, weil die Hefte sich nicht so einfach zusammenknüllen lassen.
Ich gehe in mein Zimmer und schlage den Atlas auf. Ich sehe nochmal nach, wo Afrika liegt, wo der Kaukasus langgeht und wie weit die Wüste Gobi ist.

Gerade hatten die frühsommerlichen Wolkenbrüche unsere Straßen in Flußarme verwandelt, die Ruinen eingeweicht bis auf den Grund, und es roch nach Ruß und Asche, da ging das Gerücht los, Lehrer Bonhoff sei die längste Zeit Schulleiter gewesen.
Gerade hatten die Juniregen das morsche Holz in den Ruinen unter Wasser gesetzt und Mörtel aufgeblättert und die Birken begossen, die aus den hängengebliebenen Dachrinnen wuchsen, weiß und aufrecht und einsam in ihren dritten und vierten Stockwerken, und es roch immer noch nach Krieg, da hieß es, Lehrer Bonhoff fliegt raus.
Gerade hatte der Regen aufgehört, und der Wind fuhr in die Ruinen, bildete Strudel in den Mauerresten und legte uns einen fetten, kalkigen, rußigen Geschmack auf die Zunge, da wurde darüber geredet, Lehrer Bonhoff muß seine Sachen packen.
Gerade hatten sie die erste Stufe der Währungsreform durchgeführt und jedem auf siebzig alte Reichsmark eine Art Coupon ge-

klebt, und auf der Straße flog das Geld herum, das keinen Coupon wert gewesen war, und wir Kinder sammelten es auf, da wurde gemunkelt, Lehrer Bonhoff nimmt seinen Hut.

Gerade waren die großen Ferien in Sicht, und noch zwei Tage Schule und keine Möglichkeit, lange zu diskutieren, da hieß es, Lehrer Bonhoff ist alt und ist krank und geht in Pension.

Dann hatte er sich das lange weiße Haar schneiden lassen, stand vor uns in der Aula und verabschiedete sich. Er sagte: Ich bin alt und krank, und obwohl es stimmte, hat er uns belogen.

Seit Kriegsende hatten unsere Eltern behauptet, Lehrer Bonhoff würde uns verderben. Jetzt beklagten sie seinen Abgang. Die einen sagten: Er ist wirklich sehr krank, die Zeit im Lager hat ihn kaputtgemacht, andere: Er ist eben Sozialdemokrat geblieben, er hat sich dagegen gewehrt, mit den Kommunisten in derselben Partei zu arbeiten.

Lehrer Bonhoff war in der Einheitspartei, so viel stand fest. Dieselben Leute aber, die sich den Mund zerrissen hatten darüber, wie kommunistisch er sei, sagten jetzt: Er ist kein Kommunist gewesen, nur deshalb wird er rausgeworfen. Erst trugen sie ihm nach, daß er im Lager war, jetzt hielten sie es ihm zugute.

Lehrer Bonhoff hatte in meinen Augen die Prügel abgeschafft und eine neue Form der Schule eingeführt. Er hatte uns beigebracht, Schüler- und Klassensprecher zu wählen; wir konnten ins Lehrerzimmer marschieren und Beschwerden vorbringen und wurden weder abgewiesen noch bevormundet.

Nun stand er vor uns in seinem immer noch zu weiten hellen Anzug, fuhr sich durch die gestutzten Haare, stellte höflich den neuen Schulleiter vor und wischte sich nichtmal die Tränen aus dem Gesicht. Irgendwer hatte uns betrogen, aber wer? Mir kam wieder die alte Wut gegen die Erwachsenen hoch, eine Wut gegen Unbekannte, von denen ich nur wußte, daß sie das Heft in der Hand halten. Auch Lehrer Bonhoff war ohnmächtig wie wir.

nein so gehe ich nicht mit dir raus
bitte geh und sieh dich mal im Spiegel an
merkst du nichts
du siehst wieder mal verboten aus verboten
nicht mal in der Lage sich zwei Zöpfe zu flechten
der eine hängt hinten in der Mitte
der andere irgendwo vorne links
kannst du nicht oder willst du nicht
man muß sich ja schämen so wie du aussiehst
und Füße waschen
nie gehört nie was von gehört
und dann mit den dreckigen Quanten ins Bett
nein
mit dir gehe ich nicht mehr unter Leute

Nachmittags gingen wir zu Hermann Jahnke, einem Schüler aus den höheren Klassen. Wir brachten Buntstifte, Bleistifte und Tuschfarben mit und hatten als Papier nur die Tägliche Rundschau. Quer über die Zeitung malten wir dick Sätze wie: Gebt uns Lehrer Bonhoff zurück! Lehrer Bonhoff soll bleiben! Wir wollen Lehrer Bonhoff behalten! Keine Schule ohne Lehrer Bonhoff!
Unsere Plakate klebten wir mit Mehlbrei an Hauswände, Zäune, Straßenbäume, an Briefkästen und Gartentore. Niemand schritt ein oder behinderte uns. Wir hatten auch keine Angst, denn wir wußten nicht, wie streng es verboten war. Wir liefen noch die Straßen rauf und runter, als wir längst fertig waren, und über-

prüften, ob der Leim auch hielt und der Wind nicht eine Ecke unserer Plakate abgelöst hatte.

Und welche Enttäuschung uns in der Schule erwartete, wo wir gespannt von einem Bein aufs andere trampelnd den Unterrichtsbeginn erwarteten. Die Lehrer schwiegen und führten ihre geplanten Stunden durch, von Lehrer Bonhoff keine Spur. Er hat das Schulgelände nie wieder betreten. Aber jedes Jahr im Mai gingen welche von uns zum Geburtstag zu ihm über die Straße und brachten ihm Blumen und schenkten ihm ein Buch, für das wir gesammelt hatten. Er stand oft am Gartenzaun und winkte uns, wenn wir mittags nach Hause gingen, und erst als ich in die Smolkastraße zur Oberschule überwechselte, vergaß ich ihn langsam.

Concordia hat Dolores einen Berg alte Arena-Hefte mitgegeben. Darin lesen wir über andere Länder. Die Fotos zeigen uns, wie es vor dem ersten Weltkrieg aussah. Wir wissen selten, was sich inzwischen geändert hat. Dolores behauptet, der Kaukasus sei zu hoch und die Wüste Gobi zu weit. Sie ändert jede Woche ihre Pläne, und ich befürchte, sie will nicht wirklich weg.
Und nach Polen?
»Ein Leben aus Tat, Traum und Trank, das seinen Dreiklang an den Wölbungen dunkler Stollen, leuchtender Kathedralen und rauchgeschwärzter Gaststuben brechen läßt. Das letzte Echo Asiens vertönt in diesem Lande, in diesem Grenznachbar Rußlands. Wer je die fächerhafte Ausbreitung eines polnischen Jahrmarktes sah, wird sich weit eher im Reiche des Zaren wähnen als in einem Winkel, in dem deutsches Industrierittertum gewaltige Triumphe feiert, indes der Landmann still und bescheiden hinter seinem Pfluge einhertrottet. Und wuchtig dreht sich hier das Lebensrad.«

Nee danke.
Wieso nich?
Lieber nach Spanien.
Der Zar is doch längst tot.
Weils wärmer is, deswegen.
Also nach Spanien!
»Die spanische Verfassung, die so viel Schutz und Freiheit gewährt, wie man sie kaum in einem anderen Staat von 1911 finden wird. Einige besonders charakteristische Paragraphen derselben mögen als Beleg dafür folgen: jeder Verhaftete muß innerhalb vierundzwanzig Stunden in Freiheit gesetzt oder dem Gericht überwiesen werden, niemand darf in die Wohnung eines Spaniers oder eines in Spanien wohnenden Ausländers (Wir schlafen sowieso draußen), die der Post anvertrauten Briefe dürfen von der Regierungsbehörde weder angehalten noch geöffnet werden (Ich schreib keinem, wo ich bin), jeder hat das Recht, in Wort und Schrift frei seine Gedanken und Meinungen zu äußern (Da gehen wir hin). Recht charakteristisch für den jugendlichen König Alfons XIII. ist der Ausspruch, den er einst getan hat. ›Von der Vorsehung bin ich an die Spitze des Landes gestellt. Mein Stolz geht aber auch dahin, der erste Ackerbauer Spaniens zu sein‹ (Glaub ich nich). Auch als wagemutiger Seemann hat er sich bewährt.«
Und was machen wir?
Wir arbeiten beim Bauern.
Als was denn?
Bananen pflücken und Apfelsinen.

Die zweite Währungsreform war schon besser. Im Sommer gab es wieder neues Geld, Deutsche Mark der Deutschen Notenbank. Wir tauschten die alten mit Coupons beklebten Scheine ein, dreimal siebzig Mark. Außerdem hatte Kaltesophie achthundert Mark auf ihrem Sparbuch, dafür kriegte sie achtzig neue Mark; ich hatte fünfhundert Mark, das waren nochmal fünfzig Mark. Der Rest, den Karl gespart hatte, wurde nicht eingetauscht. Er hatte sich während des Krieges aufs Eiserne Sparen verlegt; seine Einlagen waren samt und sonders der Rüstung zugeflossen. Ende Juli besaßen wir also dreihundertundvierzig Mark.

Wenn Concordia es mir nicht erklärt, gehe ich zu Katharina. Sie sagt mir bestimmt, was diese Christa hatte und warum sie gestorben ist.

Kaltesophie sagte: Noch keine dreizehn, und schon die ganze Nacht unterwegs. Wo bist du gewesen? Es gibt nichts zu leugnen, Frau Hanowski hat dich gestern Nacht aus dem Fenster steigen sehen, und sie hat auch beobachtet, wie du heute früh um fünf wieder reingeklettert bist. Also wo warst du?
Ich war in Köpenick bei Tante Käthe, bei Dolores war ich, sagte ich.
Aha, schrie sie, bei Nacht und Nebel zu meiner Schwester Katharina. Da krauchst du hin und beklagst dich und ziehst über mich her. Mit Katharina schmeißt du dich zusammen, ja, da bist du richtig, die hat sich ja schon immer den Mund zerrissen über mich. Das kann ich dir versprechen, deine Freundschaft mit Dolores wirst du in Zukunft abschreiben, den Umgang werde ich dir versalzen. Aus der Familie tritt mir keiner mehr über meine Schwelle, kommt nicht in Frage. Kaum, daß man sich schlafen legt, machst du dich auf und davon. Das ist er, der Einfluß meiner Schwester Katharina und ihrer Ausgeburt von Tochter. Früher hat sie Vater und Mutter aufgehetzt, und nun mein eigenes Kind.

Christa war drei Jahre alt, als sie zu Karl und Kaltesophie kam.
Christa kam als Pflegekind, denn sie war nicht zur Adoption freigegeben.
Christa hatte eine Halskrankheit und konnte nicht schlukken.
Christa war seelisch gestört, sagt Katharina.
Christa hat Schläge gekriegt, wenn sie nicht gegessen hat.
Christa ist ins Heim zurückgekommen, weil eine Nachbarin Kaltesophie verklagt hat.
Christa ist gestorben, nachdem sie wieder ein Jahr im Heim gewesen war.
Christa hat überhaupt nichts mehr gegessen am Ende.
Christa wollte einfach nicht essen, sagt Kaltesophie, die war bockig bis dorthinaus.

Da ist wieder das Gefühl, daß es mich gar nicht gibt. Ich existiere nicht, bin überhaupt nicht da, bin nicht wirklich am Leben, nicht jetzt. Ich bin meine eigene Erfindung, eine, die herumläuft, eine, die sich verkriecht, ich bin vollkommen außer mir, außerhalb meines Körpers, meines Kopfes. Ich bin eine, von der ich mir vorstelle, wie sie herumläuft, wie sie sich verkriecht, ich denke, was denkt sie sich dabei, ich beobachte, wie sie etwas beobachtet, ich beobachte mich, wie ich etwas beobachte, wobei ich mich selber beobachte. Nein, das bin ich nicht, ich bin aber auch niemand anderer.

Der Bahndamm ist bis zu den Gleisen hinauf mit wilden Fliedersträuchern bewachsen. Die hellblauen Dolden werden von Jahr zu Jahr kleiner, die Büsche verwuchern. In diesem Gestrüch haben wir uns eine Höhle ausgeschlagen, die von keiner Seite her einsehbar ist. In dieser Höhle versteckt wartet Dolores, bis ich

nachmittags freikomme und rausdarf. Manchmal wird es drei Uhr, aber sie hockt in der Höhle und wartet.
Wir trafen uns jeden Tag, legten uns im Krönichen auf die Wiese und haben uns tränenüberströmt Ditte Menschenkind vorgelesen.

Und ich: Verdammt, ich will keinen Busen.
Dolores: Was soll ich denn sagen, ich hab schon viel mehr.
Wenn ich da weiter Fett ansetze, laß ich mich operieren.
Im Westen gibt es ne Creme, die schmiert man sich auf die Rippen, dann kriegt man keinen Busen.
Und die kostet?
Keine Ahnung, aber ich erkundige mich.
Wer hat dir das erzählt?
Eine aus meiner Klasse.
Frag sie, was das Zeug kostet, dann sparen wir darauf.
Und wenn sie gesponnen hat, und wenns gar nicht stimmt?
Es muß stimmen, leg schon mal Geld beiseite.

Westgeld haben ist verboten. Westzeitungen lesen ist verboten. In die Westzonen fahren ist verboten. Jetzt sitzen die Westberliner bei Stromsperre genauso im Dunkeln wie wir. Es gibt keine Kerzen und nicht genug zu essen, weil die Russen nichts rein und nichts durchlassen. Keine Eisenbahn, keine Lastwagen, keine Schiffe dürfen durch die Zone nach Westberlin fahren. Im Oderbruch treffen wir manchmal Westberliner, die bei den Bauern um Essen betteln wie wir. Aber Karl sagt: Die Amerikaner haben genug Flugzeuge, um Kleider und Essen nach Westberlin zu bringen. Sie haben gerade die ersten Maschinen eingesetzt. Karl fährt über Gesundbrunnen zu Tante Herta. Sie wohnt im Westen am Vinetaplatz und gibt Karl alte Westzeitungen mit. Karl steckt sich die Zeitungen unters Hemd und zieht den Gürtel fest an. Zu Hause liest er zuerst leise, dann liest er Kaltesophie vor, dann erklärt er ihr, was er eben vorgelesen hat, dann verbrennt er die Blätter in der Küche im Herd.

Am Gartentor läuft uns der alte Düring, unser Hausbesitzer, über den Weg. Er ist aufgeregt, seine Oberlippe zittert.
Wenn es so weitergeht, sagt er, haben wir im Handumdrehen den nächsten Krieg am Halse. Ich bin am Morgen in die Innenstadt gefahren, zwei Körbe Augustäpfel verkaufen, dort bin ich in einen Umzug geraten, lauter Partei mit roten Fahnen. Aus Neugierde bin ich mitgegangen. Die Demonstranten haben das Stadthaus umstellt und die westberliner Stadtverordneten festgehalten, dann ist westberliner Polizei gekommen, dann sind die Russen gekommen, dann haben die Russen die westberliner Polizisten verhaftet. Verstehen Sie das?
Die überrollen Westberlin, sagt Karl, und zwar bald.

Ein paar Tage später sind fast hunderttausend Westberliner in den Ostsektor gezogen und haben die russische Fahne vom Brandenburger Tor heruntergeholt. Die ostberliner Polizei hat geschossen. Katharina sagte: Einer tot, und vier Jugendliche nach Sibirien geschickt, fünfundzwanzig Jahre Zwangsarbeit.

Meine richtige Mutter lebt im Buffet, hinten links unten.
Meine richtige Mutter ist 1904 geboren.
Meine richtige Mutter war dreißig, als ich zur Welt kam.
Meine richtige Mutter wohnte 1935 in Stettin.
Meine richtige Mutter hat mich in Berlin entbunden.
Meine richtige Mutter ist Innenarchitektin.
Meine richtige Mutter ist ausführlich im Ahnenpaß enthalten.

Nachdem ich Gutenacht gerufen hatte, legte ich mich hin und wartete darauf, daß auch im Schlafzimmer das Licht ausging. Dann entfernte ich den Schirm von meiner Nachttischlampe und kroch mit der nackten Birne unter die Steppdecke. Ich zog einen der Schiller-Bände unter der Matratze hervor und knipste das Licht wieder an.
Ich las und paßte auf, daß die heiße Birne mir nicht die Schulter oder den Arm berührte. Der Schweiß lief mir übers Gesicht, sammelte sich zwischen Hals und Schlüsselbein und in den Achselhöhlen. Die rote, mit goldenem Muster durchwirkte Farbe auf dem Buchdeckel schmolz und hinterließ Schlieren auf Laken und Überschlaglaken. Eines Nachts beim Abfall der Niederlande schlief ich ein.
Kaltesophie weckt mich schreiend. Ich bin klatschnaß und friere. Das Fenster steht weit offen, trotzdem riecht mein Zimmer nach verbrannter Watte. Das Buch ist zu Brei, die Steppdecke raucht, Franz und Iphigenie haben dunkle Spuren hinterlassen.
Kaltesophie hatte die brennende Baumwolle meiner Decke gerochen und sich auf die Rauchsäule gestürzt. Karl steht wortlos ans Vertiko gelehnt. Zum Fenster fährt ein kalter Wind herein.

Da sie in Belgien aufgewachsen ist, überlege ich, ob ich sie nicht statt Kaltesophie einfach Herzog Alba nenne.
Nein, ich bleibe lieber bei den Eisheiligen, den Gestrengen Herren, den schrecklichen Frösten im Mai, weil ich mich selber dazurechne.

Kaum dämmerte es, warf ich den Rucksack über. Ich sollte zwei Taschen und einige Gürtel gegen Zuckerrüben eintauschen. Draußen war tiefe Stille, der Nebel hüllte mich in ein Netz aus

Wassertropfen. Ich hatte Holzpantinen an und klapperte zum Bahnhof.

Gegenüber der S-Bahn stand der Dampfzug nach Fürstenwalde und stieß Rauch und Funken aus. Ich suchte mir ein leeres Abteil, streckte mich trotz der Kälte auf die hölzerne Bank und schlief.

Als ich die Augen wieder aufschlug, war das Abteil überfüllt. Trotzdem hatten mich die Reisenden schlafen lassen.

Neben mir saß eine Dame, die fast neue Lederschuhe an den Füßen hatte. Sie trug einen wollenen Mantel und einen Hut mit Krempe und glänzendem Band. Nachdem sie meine schmutzigen Pantinen gemustert hatte, sagte sie: Ich besuche Verwandte, und du?

Die Dame gefiel mir, und ich erzählte ihr von uns zu Hause. Als ich bei unserem schwarzen Eichenbuffet angelangt war und den Aktendeckel über meine Vorfahren durch nicht existierende Fotoalben, Tagebücher, ja Zeitungsausschnitte erweiterte, stellte ich fest, daß auch andere Fahrgäste mir zuhörten. Ich blickte den Leuten offen ins Gesicht und behauptete, nicht etwa in einem normalen Bett geboren worden zu sein. Man hatte mich fast erfroren auf einer pommerschen Landstraße gefunden, um mich bei jenen Zieheltern unterzubringen, unter denen ich noch immer litt.

In meine Erzählungen spielte Afrika mit herein und mein Vater, dem es als Baumeister oblag, einen Gutshof nach dem anderen zu erstellen, keiner ohne Freitreppe. Roter Sandstein natürlich, und stets roch es nach Meerwasser, die Ostsee.

Auf einmal ergoß sich eine weiche, milchige Helligkeit über das flache, brandenburgische Land, durch das wir fuhren. Die leeren Weiden schimmerten gelb und hellgrün. Es war kein Horizont zu erkennen, nur daß die Farben weiter oben in mattes Hellblau übergingen.

Eine andere Frau, die einen schweren Rosenkranz gebetet hatte, holte ein zusammengeklapptes, mit Fett bestrichenes Brot hervor und teilte es mit mir.

Und mit vollem Mund sprach ich weiter und stellte ihnen jetzt den Großvater meines Vaters vor. Der hatte, aus Frankreich stammend, an der Küste gesiedelt und sich auf die Zucht von Kavalleriepferden verlegt. Sein Sohn wiederum, also der Vater meines Vaters, diente zuerst bei den Roten Husaren, stahl dann bei Nacht ein Pferd von der väterlichen Koppel und ritt in einem Zug bis nach Frankreich hinein. Dort führte Deutschland gerade einen Krieg, und er überlegte noch, auf welche Seite er sich schlagen sollte. Aus Versehen kämpfte er bei den Franzosen mit. Jahre später kehrte er reuevoll nach Hause zurück, wo er den Landsitz seines Vaters übernahm.

Die Dame neben mir fragte: Stimmt denn das alles?

Ich sagte: Selbstverständlich. Nein, warten Sie, der rote Husar war mütterlicherseits.

Sie beugte sich über ihre Tasche, kramte in einer Geldbörse und steckte mir einen gefalteten Geldschein in die Hand.

Sie sagte: Nimm es dafür, daß du mir die Zeit vertrieben hast.

Sie riß ein Blatt aus ihrem Notizbuch und schrieb mir ihre Adresse auf. Ich habe sie nie besucht. Die fünf Westmark übergab ich Dolores als Grundstock für unsere Anti-Brustkreme.

Volkspolizei sind Polizisten, die Kasernierte Volkspolizei sind Soldaten, genannt Vopos. Auf unserem Bahnhof, der letzten S-Bahn-Station im Osten von Großberlin und gleichzeitig der erste Bahnhof, der schon zur Zone gehört, patrouillieren Tag und Nacht russische Soldaten und neuerdings Volkspolizisten. Manche Unternehmer und Handwerker fahren ihren ganzen Besitz mit der S-Bahn nach Westberlin. Sie nehmen ihre Maschinen auseinander, packen die Einzelteile ein und tragen sie Koffer für Koffer nach Westberlin. Kontrolliert wird auch, wer aus Großberlin in die Zone fährt. Deshalb versteckt Karl alle Westzeitungen sorgfältig in seiner Kleidung und steckt sich die Briefe seiner alten Firma, die in Troisdorf im Rheinland weiterexistiert und ihm nach Westberlin schreibt, in die Schuhe zwischen Brand- und Einlegesohle.

halt den Mund sage ich dir
sprich zu niemandem darüber daß wir Westzeitungen lesen
es geht keinen was an wie wir zu Hause reden und denken
kein Wort darüber sage ich dir daß wir uns Westzeitungen holen
es ist strengstens verboten
und wenn das jemand erfährt kommen wir in Teufels Küche
also halt den Mund sage ich

So viele sind unterwegs. Und ich, warum zögere ich noch?
Jedes Jahr, sagt Karl, gehen hundertfünfzigtausend Leute hier weg und rüber. Unmöglich, sage ich, daß es hundertfünfzigtausend Gründe gibt, aber ich habe einen. Ich habe mehr als einen Grund abzuhauen. Warum die anderen unterwegs sind, weiß ich nicht. Ich weiß nur, daß ich es nicht mehr lange aushalte. Außerdem will ich nicht nach Westen, sondern nach Süden. Nach Osten oder Norden wäre mir ebenso recht.
Concordia sagt, ich soll Ruhe bewahren und Geduld üben und bleiben, wo ich bin. Und da, wo ich bin, soll ich zeigen, was in mir drinsteckt. Ich sage: Und warum bist du nach Afrika gegangen? Das ist eine lange Geschichte, sagt sie. Und ich sage: Meine Geschichte langt mir auch.

In der Oberschule gibt es in jeder Klasse schon zwei oder drei FDJler. Aus den Fenstern hängt eine Losung:
>»Erstürmt die Festung
der fortgeschrittensten Kultur
und Wissenschaft.«
Bei uns an der Schule ist die Kinderlandbewegung durch die Jungen Pioniere ersetzt worden. Nur wenige machen mit; ich habe sowieso keine Zeit, nachmittags nochmal in die Schule zu rennen. Außerdem haben sie die Schülerräte abgeschafft. Wir wählen keine Klassensprecher mehr. Unsere Interessen werden von den Jugendorganisationen vertreten.

Im vierten Winter nach dem Krieg gingen Dolores und ich in den ersten HO-Laden, der gerade in Ostberlin eröffnet worden war. Ich hatte für über zwanzig Mark Kaffeeuntersetzer verkauft und kriegte dafür eine flache runde Dose Bonbons zu acht Mark und zwei Stück Torte zu je fünf Mark.

Wenn ich mich einsegnen lasse, bekomme ich von Concordia eine goldene Uhr.
Wenn ich mich einsegnen lasse, bekomme ich vielleicht einen Fußball.
Wenn ich mich einsegnen lasse, bekomme ich ein neues Kleid.
Wenn ich mich einsegnen lasse, bekomme ich auf jeden Fall ein Paar Schuhe.
Wenn ich mich einsegnen lasse, muß ich am Religionsunterricht teilnehmen.

Karl und Kaltesophie bemühen sich um meinen Taufschein, können ihn aber nirgends auftreiben. Keiner da. Vielleicht ist versäumt worden, das Kind taufen zu lassen, als es noch im Heim war. Karl und Kaltesophie gehen zu einem Rechtsanwalt und geben eine eidesstattliche Erklärung ab, daß es früher meinen Taufschein gab. Leider ist er in den Kriegswirren verlorengegangen. Der Anwalt behauptet, jede Taufe sei in ein Register eingetragen. Die Kirchenbücher sind allerdings verbrannt. Karl und Kaltesophie lassen ihre Aussage notariell beglaubigen. Seitdem bin ich evangelisch.

Kaltesophie: Ich habe Tintenflecke auf dem Sofatisch gefunden, unter der Decke.
Reinhold hat einen Schreibtisch geschenkt gekriegt.
Kaltesophie: Du und ein Schreibtisch.
Mit Glasplatte.
Kaltesophie: Du und eine Glasplatte.
Die Glasplatte würde ich schon mal wegmachen.
Kaltesophie: Kommt überhaupt nicht in Frage. Du hast die Veranda belegt, der Eßzimmertisch ist voll Zeug, und auf dem Küchentisch liegen auch noch Hefte herum.
Reinholds Schreibtisch hat Fächer.
Kaltesophie: Dann sieh dir mal dein Vertiko an und die Kommode.

10

Oft überfällt mich eine solche Niedergeschlagenheit, daß ich kaum aufstehen kann und das Haus nicht verlasse. Ich fühle mich verletzt, durchlöchert, zerschlagen und denke immerfort im Kreis herum. Vielleicht wird alles so bleiben, wie es gerade ist, und nie werde ich etwas an meinem Zustand ändern, nie mich in andere Verhältnisse begeben können. Ich haue mir den Kopf ein an etwas, das ich nicht erkenne. Trotzdem ist es härter, kantiger, stabiler als unsere Kirchhofmauer. Nur wenn ich schlafe, hört der Schmerz auf, versiegen die Kränkungen, vergesse ich die Unzufriedenheit, aus lauter Ohnmacht reißen die brennenden Bilder ab.
Concordia sagt: Gegen Melancholie ist kein Kraut gewachsen.

Katharina geht im Wohnzimmer auf und ab und liest Gedichte von Mirza Schaffy vor. Einige seiner Weisheiten finde ich lächerlich, zum Beispiel:
>Des Auges Bläue verspricht mir Treue
>Auf schelmische Launen deuten die Braunen
>Ein graues Auge ist ein schlaues Auge.

Begeistert dagegen bin ich von dem Prolog, den der Übersetzer, Friedrich Bodenstedt, geschrieben hat.
>Wo nie der Schlachtendonner schweigt,
>wo Völker in Verzweiflung ringen
>und eines nicht dem andern weicht,
>wo alles klirrt in blanker Rüstung,
>wo jede Wohnung eine Feste,
>wo jeder Steinblock eine Brüstung,
>wo sichs in jedem Felsenneste

> von Waffen und von Kämpfern regt,
> wo selbst das Weib die Waffen trägt,
> wo jeder Knabe schon ein Krieger
> und wo in der Verzweiflung Muth
> die Mutter mit der eigenen Brut
> vom Felshang springt ins Todesbette,
> daß vor der Knechtschaft sie sich rette,
> da ist die Heimat dieser Lieder,
> da hab ich ihren Klang erlauscht.

Das Buch, aus dem Katharina vorliest, ist rot eingebunden mit goldenen Blumen darauf und sechzig Jahre alt, die hundertvierzigste Auflage.

Katharinas Nachbar besitzt eine Schäferhündin, die gleich nach Weihnachten Junge geworfen hat. Er wollte sie ertränken, aber Dolores hat ihm die Hunde abgebettelt. Wir fahren mit ihnen zum Bahnhof Zoo, zum Kudamm. Jede von uns hat einen Hund unter die Jacke gesteckt; einen Knopf lassen wir auf, damit der Kopf des Hundes zu sehen ist. Die anderen Hunde sitzen in einem Deckelkorb, den Lore am Arm trägt. Wir laufen den Kudamm auf und ab und schreien so laut wir können: Echte, reinrassige Schäferhunde, das Stück zu fünf Mark! Nach vier Stunden in der Kälte und Betteln und Brüllen haben wir fünfzehn Mark eingenommen und verschenken die letzten beiden Tiere. In einem Schaufenster hängt ein rotes Taftkleid mit Ausschnitt und Rüschen; es kostet über fünfzig Mark. Wir kaufen eine jaulende, summende Taschenlampe, Kerzen gegen die Stromsperre und für uns zwei Buletten. Den Rest nimmt Lore mit nach Hause.

Februar, und wir ziehen einfach unsere Schuhe aus. Wir laufen durch den Elsengrund nach Hirschgarten und über die Erpe-Wiesen. Überall eiskalte Wasserlachen; auch Lore, sie will absolut nicht mehr Dolores genannt werden, patscht in alle Pfützen.
Am Neuenhagener Fließ stecken die Kätzchen ihre hellgrauen Samtpfoten raus. Wir reißen Zweige ab. Wir lassen die Füße von der hölzernen Brücke ins Wasser hängen.
Wir gehen bis zu den Knien im fließenden Bach.
Kaum, daß wir unsere Strümpfe anziehen können. Sie kleben und rollen sich zusammen. Über die Schmausstraße rein in die Heidekrugstraße.
Wir lassen das Gestirgel aus Weidenruten hinter uns herschleifen.

Die Majorin von Wiechert mit ihrem Heimkehrer hängt mir zum Halse heraus. Ich will einen Liebesroman lesen, und Concordia bietet mir Hermann und Dorothea an.

Nachts stand ich auf und schrieb meine Gedichte bei Taschenlampenbeleuchtung in ein dickes Schreibheft, um sie bei Gelegenheit Reinhold zu zeigen. Schon beim Ansatz eines Schreibfehlers riß ich die Seite heraus, löste die Papierschnipsel vom Innenrand und begann von neuem.
Ich verbarg das Heft unter meiner Jacke. Bei Reinhold saßen Jungen und spielten Siebzehn und Vier. Ich saß auf dem Sofa und hielt mir die Jacke zu. Reinhold zog mich hoch und fing an, meine Jacke aufzuknöpfen. Das Heft rutschte herunter und fiel auf den Fußboden. Ich lief aus der Wohnung und die Treppe hinunter. Reinhold und seine Freunde hingen aus den Fenstern und lachten. Sie warfen mir das Heft hinterher. Es segelte, flatterte auf die Straße. Sie hatten nicht darin gelesen.

Seit Tagen läuft Kaltesophie morgens als Erste zum Briefkasten. Der Briefträger ist noch nicht am Grundstück vorbei, da steht sie schon vor dem großen, grüngestrichenen Holzkasten, der links neben dem Gartentor am schmiedeeisernen Zaun hängt. Der Kasten ist für das ganze Haus; jeder kramt darin herum, bis er seine Post gefunden hat. Endlich, kurz vor Ostern, stürzt sie in den Korridor, schwenkt einen Umschlag und ruft: Karl! Karl! Zu mir sagt sie: Du bleibst jetzt mal draußen, wir haben etwas zu besprechen. Beide verschwinden im Wohnzimmer. Ich höre sie flüstern und tuscheln und rascheln und kichern und verstehe kein Wort. Mit einem Gesicht wie ein Weihnachtsmann tritt Kaltesophie endlich aus dem Wohnzimmer, legt den Zeigefinger auf den Mund, mustert mich streng und sagt: Daß du mir zu keinem Menschen davon sprichst, aber auch zu niemandem! Verstanden? Karl kriegt endlich die Pension von seiner alten Firma im Westen. Dafür hat er vierzig Jahre lang gearbeitet, es ist schwer verdient und steht ihm zu. Trotzdem, wenn sie das hier erfahren, werden sie ihm den Hahn abdrehen und uns dazu. Die Leidtragende wärest auch du. Also halt den Mund, so hoch ist sie sowieso nicht, die Pension.

Gleich am Montag fuhren Kaltesophie und ich zum letzten Mal nach Köpenick und brachten die letzten Gürtel und Taschen zu Eitner. Kaltesophie kündigte auf der Stelle, wir gingen mit leeren Taschen davon. Dann fuhren wir nach Westberlin, wo uns Karl am Bahnhof Gesundbrunnen erwartete. Er hatte Geld von seinem neuen Konto abgehoben und sich ein Sparbuch zugelegt. Wir gingen die Brunnenstraße hinunter und in eine Markthalle, wo es frisch geröstete Blutwürstchen gab. Ich aß vier Stück, Kaltesophie zwei, danach kaufte sie mir in derselben Halle ein Paar lange Hosen, grau mit Bügelfalte, ein Paar Stiefel und Wolle. Daraus sollte mir Concordia einen Pullover und Strümpfe stricken. Ich trug noch immer die Socken aus Zuckerwolle.

Tante Mieze und Doktor Kenzig ziehen aus. Sie können sich jetzt eine eigene Wohnung leisten, weil er als Wissenschaftler gilt und mehr Lebensmittelmarken bekommt als andere Leute. Nachmittags besuche ich ihn und lasse mir in Russisch helfen. Sie wohnen in der Gerhart-Hauptmann-Straße neben dem Konfektionsgeschäft Lindner. Tante Mieze sagt: Herr Lindner ist verheiratet und geht viel mit seiner Frau spazieren, aber er hat einen Freund und schläft lieber mit dem Freund zusammen als mit seiner Frau. Ich schlafe auch lieber mit Dolores zusammen. Wenn ich bei der Russischnachhilfe neben dem Doktor auf dem Sofa sitze, rückt er mir so nahe, daß ich Kopfschmerzen kriege. Manchmal fährt er mir beim Vorlesen über den Rücken, daß mir ist, als hätte ich Luft im Bauch.

Aus dem Prolog zu Mirza Schaffy von Bodenstedt lerne ich ein Stück auswendig. Ich sage es immerzu auf, spreche es bei Wanderungen vor mich hin. Wenn ich weiß, daß niemand in der Nähe ist, schreie ich:
>	Wo vielgegipfelt, wildzerklüftet
>	der Kaukasus zum Himmel steigt,
>	das Haupt erstarrt und schneegebleicht,
>	wenn er den Wolkenturban lüftet,
>	in eisigem Panzer eingezwängt,
>	daran die blumenreiche Steppe
>	des Dornes gleich wie eine Schleppe
>	an einem Königsmantel hängt,
>	wo Simurgs riesiges Gefieder

vom Wolkenthrone niederrauscht,
da ist die Heimat dieser Lieder,
da hab ich ihren Klang erlauscht.

Ich muß wieder in die Veranda ziehen. Unsere neue Untermieterin heißt Fräulein Meienburg. Sie ist fünfundzwanzig Jahre alt und kommt aus Mecklenburg. Sie arbeitet als S-Bahnschaffnerin, mit Tag- und Nachtdienst. Die Nachtschicht fällt ihr sehr schwer, denn ihre Eltern sind Bauern. Um auch am Tage schlafen zu können, nimmt sie regelmäßig Schlaftabletten. Jetzt sammle ich wieder.
Kaltesophie sagt mir glatt ins Gesicht: Solche Tochter hätte ich mir gewünscht.

Ich sage: Den Zirkelkasten kannste behalten, ich wollte 'n Fußball.
Karl sagt: Wir haben lange überlegt und uns dann für den Zirkelkasten entschieden, weil vielleicht dort deine Fähigkeiten liegen später.
Kaltesophie sagt: Einen Fußball als Mädchen.
Ich sage: Ich hätte auch 'n Handball genommen.
Kaltesophie sagt: Was denn nun, entweder oder.
Ich sage: Wär mir egal, wenn ich bloß hätte Völkerball spielen können.
Karl sagt: Der Zirkelkasten hat dasselbe gekostet wie ein Fußball, in West, und irgendwann hattest du doch um einen Zirkelkasten gebeten.
Ich sage: Na, ich freu mich ja auch.
Karl sagt: Man kann nicht alles haben, nicht alles auf einmal, meine ich.
Ich sage: Wieso nich?

Kaltesophie sagt: Alles hübsch nacheinander.
Karl sagt: Sieh doch, wie schön die kleinen Geräte in ihrem Samtbett liegen. Wahrscheinlich hat keine in deiner Klasse solchen Zirkelkasten.
Ich sage: Manche haben beides.
Karl sagt: Aber du eben nicht, du wirst es schon noch lernen.
Kaltesophie sagt: Dich zu bescheiden, verdiene erst mal dein Brot selber.
Ich sage: Ich habe genug Taschen und Gürtel gehäkelt, die reichen für mein Brot.
Kaltesophie sagt: In West, betone ich nochmals.
Ich sage: Jedenfalls hätte ich lieber 'n Ball gehabt.
Kaltesophie sagt: Raus, raaauuuus jetzt!
Ich sage: Ich geh jetzt gleich. Wo is meine Uhr?
Kaltesophie sagt: Du meinst die Uhr von Concordia. Die paßt gar nicht zu dir.
Ich sage: Mir gefälltse un mir gehörtse un ich hängse mir um.
Kaltesophie sagt: Aber zum Kaffee bist du wieder drinnen.
Ich sage: Kannste dir selber reinwürgen, den Kuchen und den Kaffee und die Sahne – in West.
Karl sagt: Immer das letzte Wort, selbst heute an ihrem eigenen Festtag.
Kaltesophie sagt: Wir wurden damals mit vierzehn erwachsen und gleich in die Lehre gesteckt.
Ich sage: Jaaaajaaaa.
Kaltesophie sagt: Da hieß es früh raus.
Karl sagt: Achgott, lange schlafen tut sie ja nicht.
Kaltesophie sagt: Wär besser, sie schliefe länger. Dann stellt sie nichts an.

Auf dem Marktplatz sind Karussells und Buden aufgeschlagen. Wir lassen die Einsegnungsgesellschaft bei ihrem Kaffee sitzen und fahren Pferdekarussell und schreien wie Indianer.
Wir krauchen unter das hölzerne Gestell des Kettenkarussells, wir suchen nach verlorenem Geld, das den Kindern oft durch die Bretter rutscht.
Wir werfen mit Stoffbällen auf Konservendosen: ich gewinne ein großes Bild zum Aufhängen, die Jungfrau Maria mit dem Kind und ihr zu Füßen zwei Engel, die sich auf ihre Ellbogen stützen.
Wir fahren Kettenkarussell und drehen die Ketten, an denen die Sitze hängen, umeinander.
Wir schleichen uns in einen Wohnwagen, und da springt ein Schäferhund aus einer Ecke, stellt sich auf und beißt mir in die Schulter. Mich überfällt dieselbe rasende Wut wie damals in Güstrow, als mir Uz seine Vorderzähne in die Augenbraue gehauen hat. Reinhold wischt mir das Blut vom Arm und ist dagegen, daß ich den Hund vergifte.
An der Löcknitz lassen wir die Beine ins kalte Wasser hängen. Ich habe Concordias goldene Uhr um und klappe sie dauernd auf und zu. Die Uhr ist nicht größer als ein altes Fünfmarkstück, die Ziffern sind ganz verschnörkelt. Reinhold bringt mir die römischen Zahlen bei.

Ich unterschreibe meine Gedichte mit Pankracia. So nenne ich mich heimlich. Als ich einmal mit einem Strauß Fasanenaugen nach Hause kam, sagte Tante Mieze, das seien Dichternarzissen, auch Pankrazerln genannt. Natürlich sehe ich nicht gerade wie eine Narzisse aus. Ich wollte dem Pankracius ähnlich sein, »der mit allen Mitteln Kämpfende«, wie Tante Mieze übersetzt hat.

Ach ja, die Kaninchen müssen noch gefüttert werden, die Angorakaninchen und die belgischen Riesen in ihrem doppelstöckigen Reihenhaus mit Dachpappe und Türen aus feinem Maschendraht, und Concordia sagt: Ach ja, und geht den langen schmalen Garten entlang zu den Stachelbeeren, die nicht an Sträuchern, sondern an kleinen, sauber verschnittenen Bäumen wachsen, sie geht in des Nachbarn Garten, die Zäune sind niedergelegt, Onkel Egon bewirtschaftet im ganzen drei Gärten, die Besitzer sind ausgebombt und längst in die Westzonen gegangen, ach ja, und sie geht an dem großen, sandigen, viereckigen, von Steinen umlegten Beet entlang, auf dem sie Flaschenkürbisse zieht, die kennt sie aus Afrika, und weiter zu den Tomaten und dem großen Flecken, wo Petersilie wächst und Majoran und Thymian und daneben der üppige Strauch Maggikraut und daneben Wermuth und daneben Lavendel, und aus all dem brüht sie Tee gegen dies und für das und gegen jenes, ach ja, drei handtuchähnliche Gärten nebeneinander, das ergab ein ansehnliches Viereck, von dem Onkel Egon fast ein Viertel richtig versanden ließ, weil die Pfirsiche nicht genug Sonne auffangen, wenn unter den Bäumen Gras oder Unkraut wächst, selbst Dung verdunkelt den Boden, ach ja, sagt Concordia und bückt sich plötzlich, zieht eine Samentüte aus der Schürzentasche, zieht mit dem Zeigefinger eine tiefe Furche in ein leeres Beet und streut Körner hinein, die ein bißchen aussehen wie Rosinen, es sind aber Samen der roten Rübe, und schon geht sie weiter und rückt an den umgekehrten Eimern, die sie auf den Rhabarber gestülpt hat, und geht, sich die Hände an der Schürze abwischend, ins Haus, das kein Haus ist, vielmehr ihr früherer Schuppen, vom Haus stehen nur die ausgebrannten Wände, aber der Schuppen ist aus Stein, ein Anbau und unversehrt geblieben, ach ja, darin wohnen sie jetzt, drei Kammern sozusagen, in der ersten ein Doppelstockbett, Onkel Egon schläft oben, in der zweiten ein Küchenbuffet, ein kleiner Tisch mit zwei Stühlen, ein winziger Kohleherd, so klein so warm ist die Küche mit den Töpfen und Deckeln und Kellen und Pfannen, und alles hängt so an der Wand, wie ich mir vorstelle, daß die Küchengeräte in Afrika an der Wand hängen, und über dem Tischchen ist ein Wandbrett befestigt, auf dem steht das Radio, Concordia hört regelmäßig Nachrichten und verfolgt die Theaterkritiken von Friedrich Luft, wie sie früher die Theaterkritiken von einem Mann gehört hat, der hieß Kerr, und die dritte Kammer ist etwas größer und hat als einzige ein Fenster, ein Mittelding zwischen Veranda und Wohnzimmer, denn hier steckt das alte Buffet aus dem früheren Wohnzimmer, es sind überhaupt noch allerhand Möbel da aus der Zeit, in der sie in einem richtigen Haus gewohnt haben, und in den Rahmen ihrer Bilder und Spiegel stecken Postkarten, aus ihren Büchern fallen getrocknete Stiefmütterchen und Gräser, ach ja, ihre Augen lassen etwas nach, und ich lese ihr von Tieck Die Gemälde vor, die Tür zum Garten steht immer offen, ich kann beobachten, wie bei einfallender Dunkelheit die weißen Lilien sich blau verfärben.

Ich geh nicht raus, ich will keinen sehn.
Du bist doch nicht krank?
Naaaiin, laß mich in Ruhe.
Du verkriechst dich jetzt seit zwei Wochen in der Wohnung.
Na und, wem tuts denn weh, wenn ich drinbleibe.
Ich verstehe das nicht, du bist reineweg verrückt.
Dann laß mich verrückt sein.
Vierzehn Tage lang nicht an die frische Luft.
Wem schadet es denn, sind ja Ferien, wer merkt es überhaupt.
Sag mir wenigstens, warum du dich verkriechst.

Weiß ich nicht, weiß ich selber nicht.
Normal ist das nicht, du bist irgendwie meschugge.

Dann fing ich an, einen Roman zu schreiben nach dem Muster der Majorin. Bei sechsunddreißig Heftseiten hörte ich auf und las Dolores den Anfang vor. Bei mir war alles umgekehrt. Die Majorin war ein Gutsbesitzer, der Heimkehrer war ich. Der Gutsbesitzer, der zu Pferde mich besuchen kam und mir Lebensmittel in meine einsame Hütte im Wald brachte, wollte mich heiraten und zu sich ins Schloß nehmen. Ich hatte noch nicht zugesagt, als er enteignet wurde. Und nun sollte ich mich entscheiden. Entweder mit ihm in die Fremde oder mit allen Leuten zusammen ins Schloß.
Dolores erzählte alles ihrer Mutter. Katharina sagte: Die Majorin ist der schlimmste Kitsch. Ich brachte Concordia das Buch zurück und bat um eine andere Liebesgeschichte. Sie gab mir Menander und Glycera mit. Daraufhin plante ich einen Briefroman, aus dem nichts wurde, weil ich unter akutem Papiermangel litt. Ich schrieb wieder Gedichte. Die waren kürzer.

Reinhold sitzt am Küchentisch und versucht, meine Rechenaufgaben zu lösen. Er ist sehr in die Zahlen vertieft, ich klappe mein Taschenmesser auf. Vorsichtig und ihm den Rücken zuwendend ritze ich meine Anfangsbuchstaben in seinen nagelneuen Schreibtisch. Ich würde ihn auch anzünden, aber ich traue mich nicht. Als er die Kerben entdeckt hat, quellen ihm vor Zorn die Augen aus dem Kopf. Ich rutsche am Geländer die Treppe runter, er hinterher, unten bewirft er mich mit Holzscheiten. Ich bleibe stehen und sehe zu, wie er ein Stück Holz nach dem anderen vom Haufen nimmt. Dann drehe ich mich um und gehe nach Hause. Mein Kinn blutet, ein Ohr hat was abgekriegt.

Wenn mich Kaltesophie in den Keller schickt, um ein Glas Eingewecktes zu holen, setze ich mich auf eine Kiste und lese. Wenn ich im Badezimmer bin, setze ich mich auf den dicken Teppich, angeblich ein Stück Perserteppich, und lese. Es war ein wollener, farbkräftiger Teppich mit verschlungenen Mustern, aber wer von denen hätte sich je einen Perserteppich kaufen können: Karl nicht, sein polnischer Vater auch nicht, Kaltesophie nicht, und ihr Vater, der in Antwerpen einen Kolonialwarenladen besaß, hat nach dem ersten Krieg angeblich alles verloren. Vielleicht hat er alles außer einem Teppich verloren.

Im Keller hatte ich in jeder Nische Bücher versteckt: Gorkis Erzählungen, Märchen von Tieck, Hermann und Dorothea und Concordias Balladenbuch. Der Tod im Nadelöhr steckte hinter den abgelegten Zeitungen und Dominik Der Ritt auf dem Funken unter der Werkzeugkiste.

Im Badezimmer klemmte Die Mutter hinter dem Fuß der Wanne, Unter fremden Menschen und Meine Universitäten hatten Platz hinter der Toilette, und Iphigenie in Aulis, ein Reclamheft, lag unter der Decke des Frisiertischchens.

Das Hornunger Heimweh und ein paar Arena-Hefte sind in den Sprungfedern des Wohnzimmersofas verborgen. Don Carlos, Sammlung deutscher Schulausgaben, habe ich in vier Teile zerrissen und unter den Teppich gelegt.

Über Schiller lese ich, daß sie ihn nach seinem Tode seziert haben. Sein Herz sei nicht größer als eine Walnuß gewesen, so geschrumpft, ja vertrocknet. Ich möchte das nicht glauben. Ich stelle mir ein faltiges, dunkelrotes und zerknautschtes Hasenherz vor und träume von diesen zierlichen, puckernden Bällchen und weiß schon im Schlaf, das soll Schillers Herz sein. In dem Artikel heißt es, Schiller habe sich für die Menschheit ganz verblutet und ausgegeben, sein Herz sei buchstäblich verbrannt.

Meine eigenen Gedichte schreibe ich neuerdings mit russischen Buchstaben und verstecke die Seiten in meinem Vertiko zwischen Fach und Schrankpapier.

Rymski war kein Junglehrer. Er war knapp fünfzig Jahre alt und groß und ging etwas gebeugt. Als er am ersten Schultag unsere achte Klasse betrat, schurrten wir mit den Schuhsohlen auf achteckigen Bleistiften herum, klopften von unten an unsere Pultplatten, jagten halbe Sätze durch die Klasse, um uns Mut zu machen. Rymski sah sich von Anfang an einer zermürbenden Geräuschkulisse gegenüber.
Während der Ferien hatte sich herumgesprochen, daß die Schulreform zu Ende sei und wir von nun an Lernbereitschaft, mehr Ordnung und bessere Disziplin zeigen sollten. Da mußte Rymski sich nicht erst hinstellen und uns erzählen, die Lehrer hätten bisher eine anarchistische Auffassung vom Unterricht gehabt und ihre Erziehungspflicht uns Schülern gegenüber vernachlässigt. Wir verstanden nur so viel: jetzt werden die Zügel angezogen, strengere Zensuren, Maßnahmen, Strafen.
Mitten in Rymskis Rede rief Hans Meißner aus der vorletzten Reihe: Wat jehtn uns det an?
Wer etwas zu sagen hat, antwortete Rymski, steht auf und meldet sich.
Hans Meißner rief: Wozu denn uffstehn, wenn ick innem Jahr sowieso sitzen bleibe?
Ich kriegte einen Lachanfall und war nicht zu bremsen. Rymski sah mich an, seine Augen wirkten trübe; plötzlich schleuderte er mir seine Mappe an den Kopf. Die ganze Klasse sprang auf und brüllte. Ohne seine Tasche, ohne seine Papiere, die herausgefallen waren, lief Rymski aus der Klasse.
Eine Woche später ging die Hälfte der Klasse ab. Ich besuchte

mit fünf anderen Mädchen in Köpenick die Handelsschule.
Concordia war dagegen, weil ich nicht einmal die achte Klasse
der Grundschule hinter mich gebracht hatte.

Jeden Morgen in Stiefeln und Hosen zum Bahnhof
rein in die S-Bahn und in Köpenick wieder raus
die Bahnhofstraße runter rein in die Lindenstraße
über die Dammbrücke nach Altköpenick
jetzt die Kirchstraße lang rechts rum
in die Grünstraße und vor der Langebrücke
runter auf die Schloßinsel.
Ich möchte, daß man die Stiefel sieht
aber die Hosen passen nicht in die Schäfte.
Also abgeschnitten umsäumt und Gummiband rein
also jeden Morgen in Knickerbockern und Stiefeln
auf die Schloßinsel und rein ins Schloß
und die breiten Treppen rauf und in die Klasse
und so jeden Morgen nach Köpenick
wo die Handelsschule im Schloß stattfindet
und nur ein einziger Junge in der Klasse
und nur Mädchen und die Lehrerin lacht mich aus
und die Mädchen lachen mich aus.
So jeden Morgen angetreten, um eine versierte
Schreibkraft zu werden und verspottet
Stiefel mitten im schönsten September
und die Stiefel ausgezogen
und in den Pausen auf der Schloßinsel
herumgelaufen in Knickerbockern und barfuß
und jetzt lachen sie erst recht, und zu Hause
in meiner alten Schule ist alles gar nicht so schlimm.
Da war ich noch wer, da galt ich noch was,

und keiner hat die Prügelstrafe wieder eingeführt.
Und blindschreiben und Kürzel
und Buchhaltung und Soll und Haben
nach vier Wochen hatte ich die Nase voll.

Als ich zurück an meine Schule und wieder in die achte Klasse kam, hatten wir gleich schulfrei. Wir haben jetzt eine provisorische Regierung und singen:

> Es lebe, es lebe, es lebe Wilhelm Pieck
> und unsre, und unsre, und unsre Republik.

aus dir wird nie was
in deinem Alter mußte ich mir schon überlegen was ich werden soll
mit vierzehn sind wir früher in die Lehre gegangen
da war nichts mit dauernd Bücher lesen
da hieß es fleißig sein und dienen lernen
mit deinen Kritzeleien kommst du nicht weit
reine Papierverschwendung
wenn du dich nicht endlich für was Vernünftiges interessierst
wirst du eines Tages Straßenkehrer
oder endest überhaupt auf der Straße

Ich gehe unter ich gehe ein ich sterbe ich komme um ich kratze ab ich gebe den Geist auf ich falle dem Tode anheim ich krepiere ich beiße ins Gras ich verschwinde ich verrecke ich mache mich kalt ich schäme mich daß es mich gibt mich sollte es gar nicht geben ich gehe ein ich bin schon ganz außer mir.

Mein richtiger Vater ist im Jahr 1900 geboren.
Mein richtiger Vater lebte in Dessau.

Mein richtiger Vater war Architekt.
Mein richtiger Vater ist seit 1937 tot.
Mein richtiger Vater hat sich erschossen.

Weil Ihr immer wissen wollt, wie es in meinem Kopf aussieht und ich es auch wissen möchte, aber schon weiß, wieviel Schlechtigkeit in meinem Kopf ist, möchte ich lieber sterben, weil Ihr mich sowieso nicht haben wollt und keiner mich haben will, weil ich böse bin und hinterlistig und undankbar und besessen und verrückt, rein wahnsinnig und ins Irrenhaus gehöre, weil mit mir nichts anzufangen ist und nicht zu reden, weder im Guten noch im Bösen, will ich tot sein. Ich weiß ja, daß Eure Geduld mit mir zu Ende ist, und meine mit mir selber auch, weil ich nämlich nicht und nie mache, was Ihr sagt, weil ich nämlich schlecht bin und mir immer wieder was Schlechtes ausdenke, um Euch zu quälen, und weil ich mich selber quäle, will ich lieber tot sein, weil ich mich nicht ändern kann und nicht gehorchen kann, obwohl Ihr mich aufgenommen und genährt und gekleidet und mir laufen beigebracht habt, weil ich im Heim nämlich elend zugrunde gegangen wäre, weil meine Mutter mich beizeiten weggegeben hat, weil sie schon ahnte, daß ich schlecht bin und ein Teufelsbraten, deshalb will ich nicht mehr leben und lieber tot sein für immer. Weil ich nicht dankbar sein kann und nicht gehorche und nicht gut bin und nie was aus mir wird, will ich nicht mehr leben, weil mich sowieso niemand leiden kann, weil ich so schlecht bin und böse und häßlich und hinterlistig, weil ich selber wissen möchte, wie es in meinem Kopf aussieht, will ich ins Wasser gehen, weil ich sogar zu feige bin, schwimmen zu lernen. Wenn Ihr mich findet, könnt Ihr ja vom Arzt meinen Kopf aufmachen lassen, dann seht Ihr mal, wie es da drin aussieht, schade, daß ich es nicht selber sehen kann, weil ich dann schon tot bin und weg und überhaupt niemanden mehr ansehen muß und mich auch keiner mehr.

Es ist schon dunkel, und ich bringe Lydia ein Stück die Chaussee nach Fangschleuse. Sie schiebt ihr Rad neben sich her, der Mond spiegelt sich auf dem Asphalt. Vor der Autobahnunterführung kehren wir um und gehen den Weg zurück. Lydia erzählt Shakespeare. Wir gehen die zwei Kilometer einmal in ihre Richtung, einmal in meine. Es ist eine schöne Nacht, die Kiefern so schwarz. Es wird immer später, aber Lydia erzählt.

»Romeo hatte kaum sein Bündel niedergelegt und sich in der Verbannung noch nicht eingerichtet, sein Freund Balthasar war eben unterwegs, einige Lebensmittel einzukaufen, da hörte er im Laden, die reiche Tochter der Capulets von Verona habe sich vor Liebeskummer vergiftet und liege schon in ihren Sarg gebettet in der Familiengruft. Balthasar lief sofort nach Hause und berichtete seinem Freund die schmerzliche Neuigkeit, Romeo sprang auf, hungrig und ohne daran zu denken, daß er nach Verona gar nicht hineindurfte, und lief sofort auf den Friedhof und weinend in das Gewölbe, wo an der Gruft seiner heimlichen Frau ein anderer trauerte. Vor Wut und Eifersucht ersticht er den Mann, dann küßt er Julia auf die blassen Lippen und schluckt das Gift hinunter, das er sich extra bei einem Apotheker in Mantua gekauft hatte, bevor er an Julias Grab eilte. Er stirbt zu ihren Füßen, vollkommen ahnungslos, daß sie ja nur scheintot war. Als sie erwachte, stürzte sie sich auf den toten Romeo, ergriff sein Schwert und stieß es sich mit voller Kraft in die Brust, weil sie keinen Augenblick länger allein und ohne ihn leben wollte.«

hier erwische ich euch
mitten in der Nacht und mitten auf der Straße
das war es ja
was ich immer prophezeit habe
aus dir wird nichts Besseres
als eine Herumtreiberin
marsch nach Hause und du ebenfalls
um Mitternacht noch nicht daheim
ab und zwar ein bißchen dalli
einmal ein einziges Mal
möchte ich mal in deinen Kopf reinschauen
vergessen zu haben wie spät es ist
mir solchen Blödsinn zu servieren
ich wußte es ja immer wie es wird
wenn du mal größer bist

Im Laufe des letzten halben Jahres habe ich unserer Untermieterin zehn Schlaftabletten gestohlen. Die nehme ich jetzt ein, alle auf einmal; plötzlich komme ich in der Badewanne zu mir.
Ich lebe. War ich nicht glücklich mit allen fertig: trotzdem komme ich in der Badewanne zu mir.
Zitternd am ganzen Leibe, das Wasser eiskalt, und jemand klopft mir dauernd ins Gesicht. Dann taucht er mich wieder, holt mich hoch, dann verschwindet alles nochmal.
Ich werde wieder wach, liege im Bett, und Concordia sitzt neben mir auf einem Stuhl.
Sie sagt: Achje, gegen Schwermut ist kein Kraut gewachsen.

Ich sage: Stimmt es, daß es immer noch KaZets gibt?
Concordia: Gefängnisse und Lager hat es immer gegeben.
Ich sage: Ich meine richtige KaZets, wie im Krieg.

Concordia: Ich weiß es nicht, halte es aber für möglich. Die Erfinder der KaZets waren ja eigentlich die Engländer, als sie in Südafrika die Buren zusammengetrieben haben. Überhaupt die Engländer. Die sind nie besser gewesen als wir. In Indien haben die den Webern den rechten Daumen abgeschnitten, um sich die Konkurrenz vom Hals zu schaffen.
Ich sage: Ich wollte nicht wissen, was die Engländer gemacht haben, sondern ob wir jetzt hier in der russischen Zone KaZets haben.
Concordia: Wahrscheinlich.
Ich sage: Und für wen, wer sitzt da drin?
Concordia: Leute, die was anderes wollen als die Russen.
Ich sage: Die, die im Krieg die KaZets geleitet haben?
Concordia: Die auch.
Ich sage: Denen gönne ich es. Und wer sind die anderen?
Concordia: Alle möglichen Leute, aber frage mich nicht. Man hört heute das und morgen jenes.

An der Rathausbaracke hängt ein Transparent mit der Losung:
»Die Freundschaft mit der Sowjetunion
sichert den Frieden
und fördert die Einheit unseres Landes!«
Bei Regen läuft die Schrift über das rote Tuch.

Im späten Herbst hat Karl Besuch: ein großer Mann, ziemlich alt, er riecht nach Laub und spricht von nichts anderem als vom Wald. Hier ist die Grenze, sagt er, das Ende. Was jetzt kommt, kann ich nicht billigen. Enteignen, gut und schön, aber so nicht. Bis jetzt gehörte unser Wald der Gemeinde, mit anderen Worten, er gehörte allen. Und zwar seit über hundert Jahren. Wozu, frage ich Sie, wozu enteignen?

Weil sie eben alles enteignen, sagt Karl, alle Firmen und Fabriken. Die können den Hals nicht voll genug kriegen, die Halunken.
Von den Fabriken will ich gar nicht reden, sagt der Förster, auch nicht von den Rittergütern, ich rede von unserem Wald. Es handelt sich in diesem Fall nämlich nicht um Enteignung, enteignet ist er ja schon lange. Nein, er wird verstaatlicht.
Das ist doch dasselbe, sagt Karl.
Es ist ganz und gar nicht dasselbe, sagt der Förster. Der Wald gehört ab sofort nicht mehr den Bauern und Gemeindemitgliedern, also kann einer daherkommen und ihnen das Reisigsammeln und Pilzesuchen verbieten. Wissen Sie, das hatten wir schon, damals im Mittelalter. Was sollen wir machen?
Anstecken, sagt Karl.
Der Förster lacht böse und sagt: Und dann ab nach Sibirien? Dort hätte ich mehr Wald, als mir lieb ist.
Im Ernst, sagt Karl. Was wollen Sie tun?
Die Bauern können nichts tun, sagt der Förster, und ich gehe in Rente. Gewehre kriegen wir auch keine, und die Wildschweine fallen über die Kartoffeläcker her. Sie haben bei uns einige Morgen Land verwüstet. Zur Treibjagd mit Knüppeln bin ich zu alt.

Ich habe über die Enteignungen täglich eine andere Ansicht. Lehrer Bonhoff hat sie uns so einleuchtend erklärt, aber auch dem Förster glaube ich aufs Wort. Andererseits, wenn Karl und Kaltesophie dermaßen über die Enteignungen schimpfen, ist vielleicht doch was Gutes dran. Ich will nicht dieselbe Meinung vertreten wie Kaltesophie, egal, was richtig oder falsch ist. Neulich hat der Rias behauptet, in unserem Ort seien verdorbene Heringe auf den Markt gekommen. Das war eindeutig gelogen.

Es gab seit Monaten überhaupt keine Heringe bei uns zu kaufen, weder frische noch faule.

Im fünften Nachkriegswinter hat Karl das erste Mal wieder Koks für die Zentralheizung aufgetrieben. Wir können uns auch während der Wintermonate im Wohnzimmer aufhalten. Kaltesophie hat in Westberlin Farbe gekauft, einige der grauen Landkartenstoffe gefärbt und mir zwei Kleider nähen lassen, russischgrün, und Borten draufgestickt. Karl hat mir eine richtige Aktentasche geschenkt. Meine letzte Schultasche hatte ich mir selber genäht, aus einem Zuckersack.

Karin Becker kam aus Güstrow, aber ich konnte mich kaum noch an sie erinnern. Ihr Vater, ein Kollege aus Karls ehemaliger Firma, hatte uns 1944 das Zimmer in Güstrow besorgt. Karin war zwei Jahre älter als ich, hatte glatte, schwarze, kurzgeschnittene Haare und fand meine Zöpfe altmodisch und sowieso zu dünn. Die Knickerbocker dagegen, die ich trug, imponierten ihr. Hosen tragen, das sei für Mädchen ein Schritt zur Befreiung des Körpers: man könne überall und ohne zu zögern anpacken und mithelfen beim Aufbau. Seit einem halben Jahr war Karin in der FDJ.
Sie blieb eine Woche bei uns. Wir redeten Nacht für Nacht; bald hatte sie mich soweit, daß ich nicht mehr Rußland sagte, sondern Sowjetunion und Sowjetmenschen. Als ich von einem Vortrag erzählte, den ich in Westberlin im Amerikahaus gehört hatte, Die Freie Jugend in der Freien Welt, lachte sie mich aus. Die einzige Freiheit, die wir uns nehmen müssen, sagte sie, ist der Kampf für die Befreiung der mit den werktätigen Bauern verbündeten Arbeiterklasse. Oder willst du ewig so alleine rumhocken, über deinen alten bürgerlichen Schwarten brüten? Das ist sie ja,

die Sackgasse des Individualismus. Raus da, sagte sie, und sich organisieren. Einer für alle, alle für einen. Dann fühlst du dich nicht mehr einsam, unglücklich und verlassen.
Bevor sie abreiste, schleppte sie mich ins Haus der Deutsch-Sowjetischen Freundschaft, ließ mich in die Bibliothek einschreiben und lieh für mich Fadejews Junge Garde aus.
Karl sagte: Ich verstehe meinen Freund Werner nicht. Damals war er in der Partei, jetzt ist er wieder in der Partei, und seine Tochter ist schon richtig bolschewisiert.

Im fünften Nachkriegswinter bekam ich zu Weihnachten einen Rollkragenpullover und endlich Handschuhe, dazu sechs Küchenhandtücher für meine Aussteuer. Und am ersten Feiertag lag ein Paket vor unserer Wohnungstür, mein Name stand darauf, in dem Paket lag ein großes, dunkelrotes Halstuch mit persischen Mustern, darunter in Seidenpapier eingewickelt das Buch von Mirza Schaffy. Dolores hatte das Paket abgelegt und nicht einmal geklingelt, weil sie mich nicht besuchen durfte. Ich lief die Straße hinunter, habe sie aber nicht mehr gesehen. Das Umschlagtuch sah in Farbe und Muster dem Gedichtband ähnlich. Das hatte Katharina bestimmt im Westen gekauft.

Wie ich ihre Vorbereitungen hasse, das Herumstreuen von Papierröllchen und Pailletten; ich weiß schon, wer morgen saubermachen muß. Jetzt rührt sie den Kartoffelsalat zu Brei und spart mit der Majonäse; jetzt kostet sie den Heringssalat und merkt nicht, daß er versalzen ist; jetzt soll ich den Tisch decken und das Pokerbrett bereitlegen, dabei würde ich hundertmal lieber Siebzehn und Vier spielen; jetzt entkorkt Karl eine Flasche Eierlikör und hat ein winziges Hütchen auf, er macht doch sonst keine Witze, denn hier gibt es wahrlich nichts zu lachen. Plötzlich hat er ein Hütchen auf, mit einer klitzekleinen Bettfeder dran. Wenn es dann knallt und ballert, fallen mir die Nächte im Keller ein. Vielleicht ist der Abend noch zu retten, wenn Reinhold kommt und wir Blei gießen.

In meiner Bleifigur erkenne ich ein geflügeltes Segelboot, oder nein, ein Flugzeug mit gesetzten Segeln, mit dem fliege ich los, lasse mich auf Seen und Flüsse nieder, steige auf, wenn es mir paßt, der Tropfen unterhalb des Rumpfes, das bin ich, ich trage einen Fallschirm, den ich öffnen kann, der Fallschirm ist auch eine Strickleiter, an der ich wieder ins Flugzeug klettern kann, heute zieht es mich aber nicht nach Spanien oder ans Schwarze Meer, ich fliege nach Norden und halte auf Helgoland, dann weiter Dänemark, Norwegen, Hammerfest, nach Spitzbergen, ich nehme eine gewaltige Ladung Zitronen mit, Reinhold erkennt in seiner Bleifigur ein Pferd, dabei sieht es wie eine Brille aus, er soll jetzt mit mir zu den Löcknitzterrassen gehen, mehr Bier holen, ich trage den Syphon, denn es ist unser Syphon, ich lasse meine Jacke auf, weil ich ein neues Kleid anhabe, es ist wieder viel zu lang, auf Zuwachs geschneidert, die blöde Zicke, in den Löcknitzterrassen tanzen sie, wir holen erst Bier aus dem Schankraum, dann sehen wir lange durch die Saalfenster hinein, Reinhold sagt, tanzen ist doof, ich kann sowieso nicht tanzen, ich habe den Syphon auf die Erde gestellt und passe auf, daß wir ihn nicht umstoßen, wir lachen über einen Mann, der im Saal von Tisch zu Tisch geht und jeder Frau einen Kuß gibt, dann dreht sich Reinhold zu mir um und drückt seine zusammengepreßten Lippen auf meine zusammengepreßten Lippen, gut, daß er mal etwas unternimmt, wir kennen uns schon so lange: als wir nach Hause kamen, saßen sie über das Pokerbrett gebeugt. Die nächsten Runden spielten wir mit, ich gewann jede Partie, denn ich hatte mir im Sommer eine Methode ausgedacht, Reinhold sagte, obwohl er mir nichts nachweisen konnte: Du betrügst, du gemeines Aas, und damit hat er alles wieder verdorben. Ich fühle mich so verlassen wie die Braut von Messina.

11

Früher wurde regelmäßig von ihnen gesprochen, nach dem Krieg wurden sie nicht mehr erwähnt. Kartoffelschütze hatte einen Polen, zeitweise noch einen Ukrainer dazu; in dem Dorf an der Oder, wohin wir im letzten Kriegsjahr evakuiert waren, erledigten Polen und Ukrainer die Arbeiten, die für Frauen zu schwer waren. Ich hatte sie in Güterwagen bei uns über den Bahndamm ankommen sehen, hatte sie in Autos, auf Lastwagen, Pferdekarren und wieder in Waggons zurückfahren sehen. Die einen trugen ein großes P auf der Jacke, die anderen das Wort OST.

Allnächtlich überfallen mich die Bilder, ich träume davon, wie im Stadtpark von Krasnodon achtundfünfzig Menschen lebendig eingegraben werden, sie singen, während ihnen der Sand ins Gesicht fällt, und immer bleibt noch eine Öffnung, ein Spalt, durch den das Lied, die Internationale, herausdringt, leiser, lauter, schließlich gedämpft noch eine Strophe und noch eine Zeile und noch ein letztes Wort. Im Buch Die junge Garde steht, sie hätten noch gesungen, seien noch zu hören gewesen, als sie schon nicht mehr zu sehen waren, zugedeckt mit Sand. Und dann die Geschichte von Walja: empfindlich, beinahe ängstlich, alle Jugendlichen sollen sich beim deutschen Arbeitsamt melden, wer nicht kommt, gilt als illegal und kann verhaftet werden, und deshalb geht Walja hin und steht in einer endlosen Schlange, in der einer den anderen vorläßt, lieber stehen und warten und stehen, ich denke lange nach, was Walja alles hätte einfallen können, und vergesse, so lange Zeit hatte sie gar nicht, daß ihr noch etwas hätte einfallen können, also wickelt sie dann doch ihren Paß aus dem klatschnassen Taschentuch, sagt ihren Namen und ihre Adresse her und antwortet auf die Frage nach ihrer Gesundheit nicht etwa, sie sei unheilbar zum Beispiel von Tuberkulose befallen, sondern der Wahrheit entsprechend und überfallen von Angst und Fremdheit: Nein, nein, ich bin vollkommen gesund. Warum hatte sie niemand gewarnt, die anderen hatten nur gesagt, am besten gar nicht erst hingehen, jetzt steht sie da, verwirrt, denn kurz vorher hat sie eine Frau aus dem Nebenzimmer kommen sehen, verrutschte Frisur, halboffene Bluse, Tränen in den Augen, und noch blickt Walja der Frau nach und sagt wie nebenbei: Ja, vollkommen gesund, ganz gesund. Da wird sie schon in jenes Nebenzimmer geschickt und ausgezogen, fünfzehn Jahre alt, nur noch die Schuhe an und gemessen und abgeklopft und betastet und tauglich, alles eins, alles in Sekunden, und den Paß behalten sie gleich da, und ratlos raus und zu ihrer Freundin, und die Freundin sagt: Fliehen, abhauen, weg, und Walja sagt: Aber wohin denn, und was wird aus meiner Mutter, und die Freundin sagt: Du machst uns ja Schande mit deiner Heulerei, widerlich ist das, und Walja weiß überhaupt nicht weiter. Jetzt konnte ich mir die Fremdarbeiter vorstellen, alle, die ich gesehen hatte.

Sonnabend vor Pfingsten, ein warmer Tag und kein Unterricht. Ich stehe an der Kreuzung Gerhart-Hauptmann/Karl-Marx-Straße und höre vom Hof der Oberschule her lautes Rufen, Befehle, Getümmel. Ein paar Minuten später strömt eine große Gruppe Jugendlicher aus dem Tor, formiert sich und schlägt die Richtung zur Kanalbrücke ein. Die Oberschüler haben blaue Hemden an, tragen leichtes Gepäck und singen.
Ich gehe nebenher und frage. Sie fahren nach Berlin zum ersten Deutschlandtreffen. Einer sagt: Sturm auf Berlin, wir stürmen ganz Berlin.
Ich gehe weiter nebenher, gehe schneller, hole auf und sehe

Reinhold, der ebenfalls ein blaues Hemd anhat und mitsingt. Ich dränge mich in seine Reihe und frage, warum er mir nicht erzählt hat, daß er in der FDJ ist. Er stößt mich beiseite, ich frage ihn nochmal, er wird rot und schüttelt mich ab.
Ich gehe wieder nebenher und begleite die Gruppe zum Bahnhof.

> Mitschurin, der hat festgestellt,
> daß Marmelade Fett enthält.

Ich hatte einen Schlüssel zum Klassenschrank und mußte vor Beginn jeder Stunde das Klassenbuch herausholen und auf den Lehrertisch legen. Ebenso mußte ich Kreide organisieren, den Schwamm anfeuchten und die Tafel reinigen.
Im Frühjahr wurde unsere Schule von einer Ladung Schreibhefte überflutet. Im Klassenschrank lagerten stapelweise Hefte, die ich nach Bedarf für zehn Pfennig das Stück an meine Klassenkameraden verkaufen sollte. Die Hefte waren in einen weißgrau gesprenkelten Deckel gebunden mit dem Porträt des sowjetischen Biologen Mitschurin darauf. Er sah mit seinem Strohhut wie ein Gärtner aus, hatte durch die Züchtung widerstandsfähiger Sorten die Getreideanbaugrenze weit in den sibirischen Norden verlegt, und bald, sagte Lehrer Balk, wird das Brot in der Sowjetunion überhaupt keinen Pfennig mehr kosten.
Es verging kein Tag, an dem ich nicht heimlich einige Mitschurinhefte mit nach Hause nahm. Ich blieb nach dem Unterricht noch eine Weile in der Klasse, um Ordnung im Schrank zu machen, und packte ein. Manchmal kam ich morgens früher und verstaute beizeiten die Hefte in meiner Mappe.
Dann probierte ich meinen Schrankschlüssel auch in anderen Klassenräumen aus und hatte Glück. Am Ende des Schuljahrs

verfügte ich zu Hause über mehr als hundert Hefte. Ich schwamm in Papier.

Früher gab es am Ende der achten Klasse bloß ein Zeugnis wie sonst üblich. Neuerdings haben sie sich zum Abschluß der Grundschule umfangreiche Prüfungen ausgedacht. Uns stehen schriftliche und mündliche Prüfungen in allen Hauptfächern bevor, die sie »Volksschulabitur« nennen.
Die Lehrer kennen uns und unsere Leistungen in jedem Fach genau, wozu diesen Haufen Prüfungen? Das sogenannte Volksschulabitur wird von einer zehnköpfigen Prüfungskommission abgenommen. Neben unseren Lehrern sitzen vorne Lehrer aus der Kreisstadt. Der Prüfungsvorsitzende ist ein Mitarbeiter der Abteilung für Volksbildung.

Und dann hatte Katharina, Dolores' Mutter, meine Tante Käthe, die Nase voll und sagte: Ich verstehe dich und weiß, was sie für ein Biest ist, denn das ist sie immer gewesen, meine ältere Schwester Sophie, wen denn hat sie tyrannisiert, als ich noch ein Kind war, mich doch, also mir braucht keiner was über meine Schwester Sophie zu erzählen. Trotzdem kann ich nicht länger hören, wie du über sie herziehst, keinen guten Faden an ihr dranläßt. Vielleicht hast du nie daran gedacht, daß kein Mensch schlecht geboren wird, auch Sophie war mit Sicherheit ein Kind mit guten Anlagen, wenn sie auch von klein an gern befohlen und gestraft hat. Ich vergesse aber nicht, daß sie schon mit zehn Jahren hinterm Ladentisch helfen mußte. Was sie als Kind von Kindheit wußte, war wenig und hatte mit Fröhlichkeit nichts zu tun, unser Vater hatte weiß Gott eine lockere Hand, die hat Sophie als Älteste am meisten zu spüren gekriegt, und in der Schule war sie kein großes Licht, wirklich nicht, sie verstand von vornherein Bahnhof, und zu Hause gleich wieder in den Laden, mit Bücherlesen war bei unserem Vater nicht viel drin. Als sie endlich achtzehn war, meine große böse Schwester, hat sie sich verlobt. Wir waren herzlich froh, daß sie aus dem Hause gehen würde, und was passiert ihr, wo sie doch immer so gut auf sich und alle aufpassen konnte: der Verlobte haut ab und ward nicht mehr gesehen. Der Vater voll Spott, wir Geschwister konnten uns vor Lachen nicht halten, arme Sophie, kann ich da nur sagen. Denn nicht genug damit, daß der Bursche auf Nimmerwiedersehen davongeeilt ist, sie war in anderen Umständen, was tun. Wir Geschwister haben es später erst erfahren, aber der Mutter mußte sie es ja wohl oder übel anvertrauen, also haben die beiden gesucht und gesucht, bis sie eine Frau gefunden haben, die abgetrieben hat, für allerhand Geld, versteht sich, und ganz zu schweigen davon, daß meine Schwester Sophie fast abgekratzt wäre, und immer die Angst vor dem Vater, daß er ja nichts erfährt. Ich meine, wir können Sophie eine Menge vorwerfen, du vor allem, aber es war schon Strafe genug, daß sie keine eigenen Kinder mehr bekommen konnte, und was sie selber durchgemacht hat, na, ich möchte nicht tauschen. Deswegen erzähle ich dir jetzt ihre Geschichte. Sie ist meine Schwester, ich möchte sie nicht als Mutter haben, zugegeben, das weißt du, und sie meinen Kindern nicht als Mutter denken, aber so geht es nicht weiter.

Wo die Autobahn unsere Chaussee nach Fangschleuse überquert, steht ein kleiner russischer Friedhof mit einem Denkmal. Dort sitzen Lydia und ich, und ich lese ihr ein Gedicht von mir vor.
Warum ist von allen Müttern
gerade diese meine
wo wir doch wie zwei feindliche Soldaten

aufeinanderstoßen
und uns zerschmettern
und dann für immer auseinanderfliehen.
Wie Schlangen in der Grube
laufen mir meine Träume hinterher
und mein Gehirn ist voll
mit furchtbaren Plänen.
Lydia sagt: Das kenne ich doch irgendwoher.
Ich sage: Du willst wohl behaupten, ich hätte das nicht selber geschrieben.
Und Lydia: Geschrieben vielleicht, aber sowas Ähnliches habe ich schon mal gelesen.
Ich sage: Ich auch, aber da stand es ganz anders, wirklich.
Lydia schreit auf: Ich habs, ich habs: Schiller, Don Carlos!
Ich schwitze und sage: Klar, aber der hat doch seinen Vater gehaßt und die Mutter geliebt.
Lydia sagt: So geht das nicht. Wenn ein Gedicht so ähnlich ist, dann ist das Diebstahl.
Ich sage: Dann schreibe ich es eben nochmal um.
Lydia sagt: Zeige es mir aber sicherheitshalber, bevor du es woanders rumreichst.
Ich sage: Weißt du was, ich zeige es gar keinem, ich zeige dir nie mehr was, ab jetzt schreibe ich nur noch für mich selber.

Kaltesophie hat mir ganz nebenbei mein Geburtshaus gezeigt. Es steht gegenüber der Hegel-, früher Körnerschule in Köpenick.
In diesem Haus wurden nur Kinder entbunden, die zur Adoption freigegeben werden sollten. Die Mütter, meist unverheiratete Frauen, unterschrieben eine Verzichtserklärung. Sie verließen das Heim vierzehn Tage nach der Entbindung; dafür kamen täglich Ehepaare, die ein Kind adoptieren wollten.

Es war mir unangenehm, als Kaltesophie mir das Haus zeigte. Ich wollte in keinem Haus geboren sein, das es wirklich gab. Mir war, als würde mich Kaltesophie an diese Gegend, an diesen Ort fesseln. Der Anblick des grauen, dreistöckigen Hauses, das etwas in den Garten gerückt hinter Eiben stand, beleidigte mich.

Wer einen Henneckewitz erzählt, muß dreißig Marke Strafe zahlen. Ich erzähle nie Witze und erlaube es keinem, auch Reinhold nicht, mir Witze zu erzählen. Die wenigen Witze, die ich gehört habe, natürlich keine politischen Witze, fand ich beleidigend.

Wenn ich die Kristallsachen vom Buffet auf den Tisch stelle, sehe ich meinen Vater vor mir. Wenn ich die gehäkelten Deckchen ausschüttele, sehe ich meinen Vater vor mir. Wenn ich die leeren schwarzen Buffetflächen staubwische, sehe ich meinen Vater vor mir. Wenn ich den Staubsauger hinter mir herziehe, sehe ich meinen Vater vor mir. Wenn ich unter den Möbeln und dort, wo ich die Ränder des Teppichs hochgelegt habe, erst fege, dann wische, sehe ich meinen Vater vor mir. Wenn ich Kartoffeln schäle, stelle ich mir meinen Vater vor. Wenn ich Betten mache, stelle ich mir meinen Vater vor. Wenn ich Fenster putze, wenn ich Wäsche aufhänge, wenn ich die Brücken ausklopfe, stelle ich mir meinen Vater vor. In meinen Augen ist er weitgereist und belesen und großgewachsen und schöner und intelligenter als alle anderen zusammen. In meinen Augen hat er dunkle Haare und kennt alle Häuser der Welt. Deshalb bin ich auch bereit, in Kunsterziehung für immer und ewig die Grundrisse alter Basiliken und Säulen zu zeichnen, egal, ob dorisch oder ionisch, und Kapitelle zu malen, angefangen bei Mykonos und meinetwegen weiter so bis zum Kölner Dom.

In meinen Augen stand mein Vater ganz allein da und hat sich
bloß deshalb erschossen, weil er wußte, daß es bald Krieg gibt.

Warum finde ich nie eine Kreuzotter?
Alle sagen
am Kalksee gibt es Kreuzottern.
Was mir über den Weg läuft
sind höchstens Blindschleichen.
Warum stoße ich nie auf ein Nest voller Wildkaninchen?
Alle sagen
im Krönchen, hinter den Eisenbahngärten
liegt ein Kaninchenbau neben dem anderen.
Was ich sehe
sind ausgewachsene Hasen, und zwar auf der Flucht.
Warum entdecke ich keinen bewohnten Fuchsbau?
Alle sagen
man kann ihn ausnehmen
wenn die Alte nicht da ist.
Was ich finde
ist höchstens ein Haufen blauweißer Taubenfedern.
Warum kenne ich keine Stelle mit Rotkappen?
Alle reden von Rotkappen.
Was ich sammle
sind Maronen, Rehpilze und jede Menge Hallimasch.
Warum sehe ich nie eine Türkenbundlilie?
Alle behaupten
in dem Erlenwald unterhalb der Müllkippe
wachsen Türkenbundlilien.
Was mir zwischen die Finger gerät
sind Salomonsiegel, Maiglöckchen und Klatschmohn
der immer gleich abfällt.

Warum fange ich kein Eichhörnchen?
Alle meinen
die sind zutraulich und lassen sich anfassen.
Was ich auffange
ist höchstens ihr neugieriger Blick
hinter einem Baumstamm hervor.
Ich bin mehr draußen als die anderen.
Ich kann länger die Luft anhalten.
Ich kann leiser auftreten.
Warum läuft mir kein Reh nach?
Warum kippen meine Borkenschiffe um?
Warum werde ich nie von einem verwilderten Köter gebissen
und kriege die Tollwut
und Schaum vorm Mund
und siele mich auf der Erde
und zucke und erlahme und kriege Krämpfe
und fresse Gras
und bin nicht mehr zu retten?

Marmor ist eine gute Sache. Er nimmt Bleistift an, jedenfalls die rauhe Unterseite. Auf meinem Nachttisch die Platte ist vierzig mal vierzig Zentimeter groß; sie liegt schwer, aber lose auf. Ich hebe sie hoch, drehe sie um und schreibe meine Gedichte mit Bleistift auf die stumpfe Seite der Platte. Ich schreibe sehr klein, bis die Nachttischplatte voll ist.
Die Marmorplatte auf meiner Kommode ist viel schwerer. Es gelingt mir nicht, sie ganz umzudrehen. Ich hebe sie an und stelle sie auf und drehe sie um ihre eigene Achse. Ich lehne sie an die Wand und hocke mich davor. Meine Kniekehlen schmatzen, das rechte Handgelenk ist halbtot. Ich drehe die Platte und lasse sie vorsichtig herunter. Die Kommode stöhnt richtig.

Concordia sagt, meine Gedichte seien gar keine Gedichte, sondern Gelegenheitsgedichte. Sie behauptet, ich schriebe nur alles auf, was mich bedrückt, wie andere, die ein Tagebuch führen. Tagebücher kann ich nicht ausstehen. Concordia gibt mir ein Buch mit Gedichten von Claudius und Möricke und Eichendorff. Sie sagt: Das nennt man Gedichte.

Eine Schande, mit fünfzehn noch ins Bett zu machen. Wenn ich das jemandem erzählen würde.
Tust du ja oft genug, hast bis jetzt noch keine Gelegenheit ausgelassen.
Du wirst dich umsehen, wenn ich mal richtig den Mund aufmache und den Leuten erzähle, wie verrückt du wirklich bist.
Umgekehrt genauso.
Hätte ich doch ein kleines Mulattenkind adoptiert, was ich ursprünglich wollte.
Wärst du bloß dabei geblieben.
So ein schwarzes.
Schwarz geärgert hast du mich auch.
Kein Wort kann man sagen, ohne daß diese Dreckschleuder mir widerspricht.
Ich hab gar nicht widersprochen.
Du hast versucht, meine Gefühle in den Dreck zu ziehen, wie immer. Die reinste Maultrommel.
Die Maultrommel heißt in Wirklichkeit Mundharfe, und das ist immer noch ein schönes Wort.
Ich greife noch zum Strick. Wenn das nicht aufhört mit dir, greife ich zum Strick. Ich kann nicht mehr. Ich bin am Ende. Hier hänge ich mich auf, am Fensterkreuz vom Wohnzimmer, daß es die ganze Straße sieht.
Die werden sich freuen.

du
betrügerischer
scheinheiliger
hinterfotziger
maßlosfrecher
niederträchtiger
verräterischer
nachtragender
rachsüchtiger
aus dem Bauch einer Hure gekrochener
Wechselbalg du

So viel Blau ist auf der Karte aus Cuba
von meinem Vetter Bertholt
Concordias Sohn und längst entlassen und längst
wieder unterwegs, und jetzt
ein Himmelsband und unten das breite Wasser
hat er mir eine Karte aus Cuba geschickt:
die Küste mit blendend weißen Häusern besetzt, grüne
Punkte davor, das müssen Palmen sein
und die Schiffe auf dem Wasser ebenso blendend
eine blaue weiße blaue Stille
und er schreibt: Später
wirst du fahren und das alles selber sehen.
Rechts im Bild eine Art kleiner Hafen, ein Bootehafen
eins setzt winzige Segel, die höre ich
schlagen, denn es kommt Wind auf, eine Brise
und treibt den Kahn aus dem Gewühl heraus und weiter.
Ich überlege nicht länger und springe hinein
klar weiß ich von Haifischen und Quallen und Muscheln
deren Öffnungen so groß wie Stadttore sind

klar erreiche ich das Boot nicht, denn ich
kann immer noch nicht schwimmen
und gerate in eine Höhle
mit Perlmutt ausgeschlagen und durchsichtig
über mir bloß noch das blaue Wasser und über dem blauen
Wasser der blaue Himmel. Jetzt rauscht es in meinen Ohren
in meinem Kopf, und ich versinke in all dem Blau
bis ich gefunden werde und mein Gehäuse am Eingang durchbohrt.
Seitdem heiße ich Solander und hänge auf dem Bauch
eines Negers als Amulett gegen den bösen Blick.

Steh nicht rum, sagt sie, kannst du nicht wenigstens den Abendbrot-Tisch decken!
Jetzt schon um fünf?
Keine Widerrede, und wenn es hundertmal erst fünf ist. Und vergiß nicht, das Brot zuzudecken, nachdem es geschnitten ist, sonst wird es ja knochentrocken, bis wir es essen, und das Schmalz, und die Marmelade, und den Quark, und den Italienischen Salat, nein, den laß noch, der kommt erst auf den Tisch, wenn wir uns setzen. Und nimm die Finger aus dem Schmalztopf, so dick haben wir es denn doch nicht. Und der Pfefferminztee geht auch zur Neige, du mußt neuen sammeln, und hast du etwa die Brotmaschine umgestellt, die Scheiben sehen ziemlich dick aus, die du schneidest, drei pro Kopf sollten reichen, auf alles muß man aufpassen.
Wenn sie bloß die Luft anhalten würde ihren weißen mehligen schimmelfarbenen sauren suppigen Blasen schlagenden Italienischen Salat aus dem Westen hundert Gramm für drei Personen sich selber reinwürgen reinstopfen mästen mit ihren hundert Gramm saure Wurst in Mehlsoße den meilenweit nach Gesund-

brunnen stinkenden Italienischen Salat mitsamt Pappschachtel sich selber reinhauen da ist mir Concordias Brotsuppe lieber und ihr Karnickelragout.
Du warst wieder am Schmalztopf und hast die Grieben hervorgekratzt. Hätt ich mir doch denken können, als es plötzlich so still im Zimmer war.
Was macht es schon, ob ich jetzt esse oder mit euch.
Das macht eine Menge aus. Es ist einfach unsittlich, sich übers Essen herzumachen, bevor sich nicht alle zu Tisch gesetzt haben. Nur gut, daß die Russen damals deine silbernen Messerbänkchen geklaut haben.
Hiergeblieben!
Bin gleich zurück.
Jaajaaa, immer weg, immer auf und davon. Immer mit fliegenden Fahnen raus und ab und uns den Rücken gekehrt und rumgetrieben und hier nichts angefaßt und nicht aufzutreiben und immer weg.

Große Concordia. Sommerliche Concordia.
Concordia in einem Meer aus Leberblumen.
Concordia unter den süßen Kirschen.
Concordia im Quittenbaum.
Concordia in Zöpfen und Leinenhemd.
Concordia in der Koje.
Concordia zwischen Herd und Ballonflasche.
Concordia beim Annähen eines Jabots.
Concordia wird für immer in einer Ruine wohnen
tapeziert mit Lavendelbüschen
mit Postkarten und schwarzem Wein.

Im Sommer schickte Kaltesophie ein Stück Papier mit meiner Handschrift darauf an einen Graphologen in München. Sie wollte endlich wissen, wie es in meinem Kopf aussieht.
»München, den 27. August 1950. Ihre Tochter ist ein negativ eingestellter Mensch, der in schwierigen Lagen einer positiven Entscheidung gerne aus dem Wege geht. Sie verläßt sich lieber auf die Mitmenschen und läßt alles an sich herankommen, anstatt vorzubauen. In komplizierten Situationen verschmäht sie nicht die Lüge als Abwehrwaffe.
Im ersten Drittel 1951 werden durch impulsives Vorgehen Trennungen und neue Verbindungen eingegangen.
Später folgen behördliche Auseinandersetzungen, auch sind unangenehme Kritik und Zurechtweisungen von Vorgesetzten zu erwarten.
Es sind verschiedene Talente vorhanden, die genutzt werden könnten, und ihre guten Geistesgaben befähigen sie zu Erfindungen.
Sonst ist sie stark impulsiv, auch im Gefühlsleben, und wird einmal dessen Sklave.
Eine ihr angetane Beleidigung vergibt sie spät und mit großer List, abgesehen davon besitzt sie alle guten und schlechten Charaktereigenschaften.«
Kaltesophie hat den Brief allen vorgelesen, die es hören oder nicht hören wollten.

Karl sagt: Es paßt mir nicht, daß du nach den Ferien auf die Oberschule in der Smolkastraße gehen willst. Ich weiß, was sie euch dort beibringen.
Kaltesophie: Mehr Russisch als Deutsch.
Und Karl: Und was sie in Deutsch lernt, ist aus kommunistischer Sicht.

Und Kaltesophie: Geschichte und Gegenwartskunde dasselbe.

Und Karl: Thälmann, wenn ich das schon höre. Der hat doch mit Hitler zusammengearbeitet, gegen die Sozies.

Und ich: Was erzählst du denn da? Die Kommunisten sind ebenso verfolgt worden wie die Juden.

Und Karl: Daß die Kommunisten gegen Hitler nichts unternommen haben, das lernst du wohl nicht.

Und ich: Thälmann hat gesagt, Hitler, das bedeutet Krieg.

Und Karl: Bißchen spät hat er das gesagt.

Und ich: Seid ihr doch ruhig. Ihr habt die Fahne rausgehängt an Hitlers Geburtstag, und überm Radio hing ein Führerbild.

Und Kaltesophie: Du weißt genau, daß wir das tun mußten.

Und ich: Du gerade. Du bist ins Radio reingekrochen, wenn der Führer geredet hat, und hast geheult. Mußtest du das auch?

Und Karl: Es steht dir nicht zu, mit uns zu rechten.

Und ich: Ihr werft mir ja vor, was ich in der Schule lerne.

Und Karl: Dabei bleibe ich auch, daß dort nichts als Vaterlandsverräter erzogen werden. Vaterlandsverräter! Und deswegen will ich nicht, daß du auf die Oberschule gehst.

Und Kaltesophie: Wir haben dich lange genug ernährt und erzogen. Nun könntest du lernen, für dich selber zu sorgen.

Und ich: Meine Heimarbeit hast du wohl vergessen.

Und Kaltesophie: Das waren außerordentliche Notzeiten.

Und ich: Wenn es um Geld geht, ich kriege in der Oberschule ein bißchen Schulgeld. Viel mehr kriegt ein Lehrling auch nicht.

Und Kaltesophie: Wieviel?

Und ich: Fünfundvierzig Mark bestimmt.

Und Karl: Lächerlich. Du sollst nicht abgehen, weil wir Geld brauchen, sondern weil die Schule dich verdirbt bis dorthinaus.

Und ich: Ihr habt doch früher immer gesagt, ich soll eines Tages studieren.

Und Kaltesophie: Das waren noch andere Zeiten.
Und ich: Bessere wohl? Bessere Zeiten, als ihr an der Wolga rumgebuddelt habt, und hier haben die Zwangsarbeiter eure Felder bestellt, und in Auschwitz wurden massenweise Juden vergast. Waren das die Zeiten, in denen ich hätte studieren dürfen?
Und Karl: Ich gebs auf. Mach, was du willst. Ich könnte dir durchaus antworten und auf die Zwangsarbeiter in Sibirien hinweisen, aber es ist nutzlos.
Und Kaltesophie: Soll sie also gehen?
Und Karl: Laß sie solange auf der Schule bleiben, wie sie Schulgeld kriegt. Als Lehrling kommt sie ja mit denselben Schlagwörtern nach Hause.

In der Löcknitzstraße, links vor dem Fluß, war eine kleine, verlassene Villa als Pionierheim eingerichtet worden, das man anfangs auch gut als Kindergarten bezeichnen konnte. Ins Pionierheim kamen die Kinder, deren Mütter berufstätig waren. Die Pionierleiterin, Eva Güntzel, die Tochter unseres Schulleiters, übte mit den Kindern Lieder ein und Volkstänze. Ich las ihnen Galja, die Tänzerin vor.
Oft ging ich erst gegen fünf ins Heim hinüber, wenn die Kinder sich waschen und anziehen mußten.

Egon: Klar hätten auch wir einmal reich werden können. Fünftausend Mark standen auf seinem Kopf.
Ihr als Kopfjäger?
Concordia: Wir nicht, aber mein Mann.
Egon: Ein Verbrecher mehr hinter Schloß und Riegel, warum nicht. Einunddreißig waren fünftausend Goldmark eine Menge Geld.
Um wen ging es denn?

Egon: Na, um einen Russen gings. Einer, der in Rußland Revolution gemacht hat und dann abgehauen ist. Vielleicht war es genau der, den ich gefunden habe.

Concordia: War es nicht. Der Mann, den du gefunden hast, war so deutsch wie du und ich.

Egon: Ein Kommunist ist er gewesen, und Kommunisten sind vaterlandslos, nicht deutsch wie du und ich.

Concordia: So'n Quatsch.

Kommunisten nennen sich mit Recht Internationalisten. Ihr wirkliches Vaterland ist die Arbeiterklasse.

Egon: Ich hab mir nichts vormachen lassen, Nacht für Nacht das Geratter, und gleich auf eine geheime Druckerei getippt.

Concordia: Wir wohnten da noch in Schöneberg, das Haus hier war noch nicht fertig.

Egon: Also wachgelegen und nachgedacht, wie komme ich denen auf die Tour.

Concordia: Von geheim konnte gar keine Rede sein. Es war einfach eine Druckerei, eine normale Druckerei.

Egon: Normal nennst du das, wenn sie ihre Maschinen tief im Keller aufstellen und die Fenster verhängen und nachts herumfuhrwerken und das Tageslicht scheuen.

Concordia: Immerhin konntest du von draußen reinsehen.

Egon: Aber es waren Kommunisten.

Concordia: Woher weißt du das? Wir haben nie erfahren, von welcher Partei.

Egon: Sind aber Russen aus und ein gegangen. Deswegen war ich ja so hinterher, weil sie damals den Trotzki gesucht haben – für fünftausend Mark, ich bitte dich.

Concordia: Er war nicht zu halten, eines Nachts ist er runter in den Keller.

Egon: Und ich hab wen gefunden. Stimmts oder stimmts nicht?

Zuerst dachte ich, das ist sicher ein vollkommen betrunkener Russe.

Concordia: War es aber nicht.

Egon: Bis zu den Knöcheln in verschmiertem Papier, die Walze naß und glänzend, der Geruch nach Druckerschwärze noch frisch, und da lag er, eiskalt, richtig steif gefroren.

Concordia: Mein Mann spinnt wieder nach Herzenslust.

Egon: Warst du unten oder ich?

Concordia: Ich geb mich mit sowas nicht ab.

Egon: Mokier dich nicht immer. Der Mann war fünftausend Mark wert.

Concordia: Himmeldonnerwetter, er wars aber nicht.

Egon: Woher willst du das so genau wissen?

Concordia: Weil der Trotzki noch jahrelang gelebt hat.

Egon: Ich hab ihn also gerüttelt, gestoßen, umgedreht, Kopf hoch, nichts zu machen, der tut keinen Atemzug mehr, schlägt kein Auge mehr auf.

Hast du die Polizei geholt?

Egon: I wo, sie hat mich ja nicht gelassen.

Concordia: Ging dich ja auch nichts an.

Egon: Von wegen. Erst 'ne Revolution anzetteln, alles aus den Fugen, Krieg, Bruderkrieg, drunter und drüber und durcheinander, und dann sich absetzen und verstecken. Er soll sogar in Frauenkleidern herumgelaufen sein.

Concordia: Der hieß gar nicht Trotzki, sondern Bronstein.

Egon: Falschen Namen auch noch, da siehst du es. Jedenfalls hieß er Leon, daran erinnere ich mich.

Concordia: Vielleicht hat er sich Lea genannt, wegen der Frauenkleider.

Egal, wie er hieß oder sich nannte, feststeht, daß er keine Revolution angezettelt haben kann, jedenfalls nicht in Rußland. Le-

nin ja, Stalin ja, aber der doch nicht. Von dem habe ich nie gehört.
Concordia: Was du schon in der Schule lernst. Natürlich hat er die Revolution gemacht, später ist er dann von Stalin weggejagt worden.
Egon: Und da kam er nach Berlin und dachte, er könnte auch uns in einen Bruderkrieg stürzen, und deswegen haben ihn alle gesucht.
Concordia: Du hast ihn jedenfalls nicht gefunden, und darüber bin ich heute noch froh. Schließlich hätten wir geendet wie der Mann in der Druckerei unten.
Hat ihn denn jemand getötet?
Egon: Weiß ich nicht. Vielleicht hatte er bloß einen Herzschlag.
Und was passierte, als er gefunden wurde?
Concordia: Gar nichts, das hat mich ja so gewundert. Eines Tages wurde die Druckerei von der Polizei geräumt, aber keine Auskunft, keine Mitteilung, daß da überhaupt ein Toter gelegen hatte.
Egon: Den hatten seine Komplizen beseitigt.
Concordia: Wir wissen es nicht, und Bronstein war es nicht, sonst wäre etwas durchgesickert.
Egon: Ein Jude war er außerdem.

Bei Regen Unterschriften sammeln, den Rinnstein entlang durch das graue Laub schlurfen, gegen die Atombombe, das heißt, für ein weltweites Verbot: da zieht Tante Mieze ihren Handwagen quer über den Marktplatz, sie hat Kartoffeln geladen und schwitzt und lächelt, schon rede ich auf sie ein und finde, sie hört nicht richtig zu.
Japan? Was geht mich Japan an?

Eine Atombombe, sage ich, hat eine viel größere Wirkung als unsere Sprengbomben vor fünf Jahren noch.

Tante Mieze wischt sich den Schweiß mit ihrem Kopftuch ab, will weiter, nach Hause, will die Kartoffeln unter Dach und Fach bringen.

Doch nicht hier mitten auf dem Markt, da weicht dir ja deine Liste auf. Wer hat denn bis jetzt schon unterschrieben?

Niemand, sage ich und stürze über die Straße und zu Inderans hinein, damit ich mit den Papieren erstmal im Trocknen bin.

Meinen nächsten Vortrag halte ich in Inderans Küche. Tante Anna putzt Gemüse, Gisela ist nicht da, ihre Mutter rennt gerade raus in den Hühnerstall, dann setzt sie sich kurz, die Hände voller Eier.

Wenn Sie dafür sind, dann unterschreiben Sie hier bitte.

Dafür? Für die Atombombe?

Neinnein, dagegen, meine ich. Ich wollte sagen, wenn Sie dafür sind, daß die Bombe weltweit verboten wird.

Was denn nun, sagt sie und steht auf und kramt eine Pfanne hervor und setzt die Pfanne auf den Herd und bückt sich.

Ich habe auch was zu schreiben dabei, sage ich, während sie in der Glut stochert.

Sie sagt noch im Bücken: Sieh dir mal meine Hände an.

Die Atombombe muß verboten werden, sage ich, sind Sie nicht auch der Meinung?

Alle Bomben müßten verboten werden, sagt sie.

Dann stellt sie sich neben mich, schaut auf mein leeres Blatt, liest den Appell und sagt: Gib schon her.

Ich reiche ihr aufatmend meinen Füller, und raus und zu Kartoffelschützes. Rüdiger unterschreibt, ohne hinzusehen, und das gefällt mir nicht. Ich knüpfe ein überzeugendes Gespräch an, er drängt mich aus dem Zimmer und sagt: Ich weiß schon Bescheid,

ich hab das jetzt zum vierten Mal unterschrieben. Je mehr Unterschriften, sagt er, desto eher werden wir sie davon überzeugen, daß sie uns nicht so ohne weiteres Pilze auf die Häuser setzen dürfen.
Bei Karl und Kaltesophie darf ich mit meiner Liste nicht kommen. Ich schleiche an unserer Wohnungstür vorbei und rauf zu Dürings, unserem Hausbesitzer. Die Alte macht auf und bittet mich herein, ich fange gleich an und rede und rede, weil sie mich nicht unterbricht; dann blickt sie mich groß an und sagt: Warum sollen die in Japan nicht genauso eins auf den Hut kriegen wie wir? Erinnerst du dich noch an unsere armen Kaninchen, wie sie geschrien haben?
Ich möchte am liebsten meine Liste zerknüllen und ihr an den fast haarlosen Kopf werfen. Während ich aufstehe, sagt sie noch: Die Russen haben jetzt auch Bomben, und an der Tür einen ihrer blöden Sprüche: Lindenblüte – vor List und Verführung dein reines Herz hüte.

Ich beteiligte mich an der Kampagne zur Unterzeichnung des Stockholmer Appells zur Ächtung der Atombombe. Am zwanzigsten August fand dann das Treffen der italienischen, französischen und weniger deutscher Jugendlicher in Nizza statt, wo den Vertretern der Berliner FDJ, die mit 521 000 Unterschriften das beste Ergebnis erzielt hatte, die Siegesfahne des Wettbewerbs Berlin-Paris-Rom übergeben wurde.

Karl sagt: Von über zweihundert Richtern sind in der Zone keine fünfzig mehr im Amt.
Ich sage: Die fünfzig schmeißen wir auch noch raus.
Karl sagt: Und jetzt entlassen sie sogar die altbewährten Polizisten, die erfahrenen Lehrer, die studierten Agronomen.

Wer schon vor fünfundvierzig dabei war, ist sowieso ein Verbrecher.
Und wer soll euch in Zukunft noch was beibringen?
Wenn keine Lehrer da sind, lesen wir unsere Bücher selber.
Du würdest uns wohl am liebsten alle entlassen, Eltern, Großeltern, einfach alle?
Ja alle, denn ihr habt alle Schuld.
Und wer soll arbeiten, wenn die erfahrenen Kräfte nach Hause geschickt werden?
Wir. Wir werden arbeiten. Wir werden ein Land aufbauen, daß euch die Augen übergehen.
Und all die Entlassenen, wovon sollen die leben?
Die hauen ja sowieso nach dem Westen ab.
Gottlob ist ihnen diese Möglichkeit noch geblieben. Übrigens gehen auch sehr viele junge Leute rüber. Die hundertfünfzigtausend jedes Jahr, das sind beileibe nicht nur Alte.
Die sind von ihren Eltern aufgehetzt worden.
Aha. Aber du bist nicht aufgehetzt, du willst das alles von dir aus.
Mich verführt niemand. Was ich ab jetzt mache, will ich auch selber, und nicht allein, sondern mit anderen zusammen.
Karl sagt: Dir ist nicht mehr zu helfen, und mit einer Kommunistin rede ich nicht länger.

Die schwarzen Keilabsatzschuhe von Katharina haben Löcher. Ich darf gar nicht daran denken, damit auf die Bühne zu klettern. Vorn aus den Schuhen ragen die Strümpfe heraus und meine Zehen. Ich soll in der Schule auf der Weihnachtsfeier ein Gedicht aufsagen.
In Kaltesophies Kleiderschrank liegen neue flache Schuhe aus braunem Leder mit einer hellen, fast weißen Kreppsohle. Sie

sind verpackt und verschnürt, und Kaltesophie hat gesagt: Die neuen Schuhe werden vor Heiligabend nicht angezogen, du gehst bis dahin in den alten. Die neuen lege ich dir unter den Weihnachtsbaum.

Ich stehe vor dem Kleiderschrank, ich stehe vor dem Spiegel. Dann reiße ich mit einem Ruck das Paket aus dem Hutfach, wickle es aus, öffne den Schuhkarton. Die Schuhe liegen in Seidenpapier und riechen gut.

Das Gedicht, das ich aufsage, ist von einem sechzehnjährigen Mädchen geschrieben, Alena Syncova. Sie wurde 1942 nach Theresienstadt verschickt.

> An Olga.
> Hörst du
> schon tönt die Schiffssirene
> wir müssen fort
> in unbekannte Häfen
> hörst du
> es ist schon Zeit.
> Wir segeln fort
> weit in die Ferne
> der Traum wird dort zur Wirklichkeit
> o süßer Name du Marokko
> hörst du
> es ist schon Zeit.
> Die Winde wehn das Lied der Ferne
> ach könnt ich blicken nach den Sternen
> und nur an Veilchen denken.

Ich hatte meinen Auftritt hinter mir. Noch war die Aula voller Kinder und Eltern, ich sitze in der ersten Reihe, und plötzlich sieht Erwin Meißner sie in der Türe stehen. Er stößt mich an: Deine Mutter ist da. Ich sofort und geduckt um die Bühne herum und raus und nach Hause und die Schuhe gesäubert und sie wieder eingepackt und mich hingesetzt und gewartet.

Kaltesophie soll gesagt haben: Nicht, was sie getan hat, empört mich so, sondern daß sie es getan hat, gegen meine Anordnung nämlich.

Was hat sie denn angestellt? soll Lehrer Rymski gefragt haben.

Das tut hier nichts zur Sache, soll Kaltesophie geantwortet haben. Das kläre ich mit ihr zu Hause, und irgendwann muß sie nach Hause kommen, und wenns nach Mitternacht ist.

Warum wollen Sie sich mir nicht anvertrauen, soll Lehrer Rymski gefragt haben. Ich bin schließlich der Klassenlehrer ihrer Tochter.

Weil das eine häusliche und keine schulische Angelegenheit ist, soll Kaltesophie gesagt haben. Es geht auch nicht darum, was sie getan hat, sondern wie sie alles macht, immer gegen meine Anweisungen, immer heimlich. Also wo ist sie, wo steckt sie?

Es tut mir leid, soll Lehrer Rymski gesagt haben, daß ich Ihr Vertrauen nicht erringen kann. Es wäre doch vernünftig, was die Erziehung betrifft, ein wenig zusammenzuarbeiten.

Und Kaltesophie soll noch einmal, diesmal sehr laut und direkt in die Aula hinein gefragt haben: Wo sie sich versteckt hat, will ich wissen, sonst gar nichts. Aber Lehrer Rymski soll sie sachte zur Tür hinausgeschoben haben mit den Worten: Sie sehen selber, daß sie nicht da ist. Es hat wenig Sinn, deshalb die Feier zu stören und unsere Kinder aufzuscheuchen. Ich warte hier draußen, soll Kaltesophie gesagt haben, bis alle herausgekommen sind. Ich warte, wenn es sein muß, bis die Schule abgeschlossen wird. Sie wird mir schon in die Arme laufen.

Das eiserne Gartentor fällt ins Schloß, zehn Schritte bis zur Treppe, acht steinerne Stufen, die Haustür fliegt auf. Ich bleibe unter der Tischlampe sitzen und halte ein Buch. Mein Rücken

juckt, warum ist denn Karl nicht da, warum muß er gerade heute seinen Freund, den Förster, besuchen und ewig bei ihm sitzen und reden und den ganzen ersten Weltkrieg wieder ausgraben und die Fußmärsche über die Alpen hin und zurück. Jetzt knallt sie die Wohnungstür hinter sich zu, jetzt steht sie im Korridor, jetzt höre ich sie atmen. Sie rennt in die Küche, sie reißt irgend etwas an sich. Schon kommt sie ins Wohnzimmer gestürzt und schwingt den Teppichklopfer. Ich lache. Wir stehen einander gegenüber, zwischen uns der runde, schwarze Eßtisch, sie haut und haut und haut auf den Tisch, ich lache, sie brüllt, und mitten in den Lärm tönen Stimmen von der Straße herein, laut und im Chor. Draußen steht meine ganze Klasse. Alle winken mir zu und schreien: Laß dir nichts gefallen! Laß dir nichts gefallen! Meine Angst ist vorbei, der Lachkrampf ist vorbei. Ich reiße die Fenster auf, drehe mich um, gehe an ihr vorbei und schließe mich in meinem Zimmer ein.
Wenn wir den Adoptivvertrag lösen, weißt du, was dann ist?
Was soll schon sein?
Du hast keinen Namen mehr, du heißt einfach Nichts.
Suche ich mir selber einen.
Na, denn man los, unsern Namen behältst du jedenfalls nicht.
Paaah. Wer von euch beiden wollte eigentlich ein Kind adoptieren?
Ich nicht, da kannst du sicher sein.
Na, siehst du. Es ist also gar nicht dein Name, den du mir wegnehmen willst.

12

Draußen fällt dicker, nasser Schnee, der sofort zerrinnt, wenn er die Straße erreicht hat. Es ist nun schon über ein Jahr her, liebe Karin, daß Du uns besucht hast, und wie gerne würde ich mich heute mit Dir unterhalten.

Du hast vielleicht erwartet, daß ich mich viel früher entschließe, aber erst gestern konnte ich mich endgültig dazu durchringen, meinen Antrag für die FDJ zu stellen. Ich habe im vergangenen Jahr einiges gelesen, Zement zum Beispiel, und mir auch erklären lassen, was Expropriation der Expropriateure ist, trotzdem kam immer etwas dazwischen. Ein Mädchen aus meiner Klasse, Erika Brose, mußte vor ein paar Jahren mit ihren Eltern in die Sowjetunion ziehen, damit ihr Vater, er ist Ingenieur, am Wiederaufbau teilnimmt. Letzten Sommer kamen sie zurück. Es ist ihnen auch gutgegangen dort, aber, stell Dir vor, im Oktober haben die Russen sie plötzlich mitten in der Nacht aus den Betten geholt und alle wieder zurück in die Sowjetunion gebracht. Darüber wurde in unserem Ort natürlich viel geredet, und ich kann diese Maßnahme wirklich nicht verstehen und erklären.

Dann jetzt im Januar das Todesurteil, von dem Du bestimmt gehört hast, in Dresden. Flade heißt der Junge und ist Oberschüler wie Du und ich. Und den haben sie zum Tode verurteilt, weil er, als er festgenommen wurde, einen Polizisten mit seinem Taschenmesser verletzt hat. Das finde ich nicht richtig, und meine Tante Concordia hat gesagt, eine Regierung, die die Todesstrafe braucht, hat in ihren Augen schon verspielt. Wie sollen wir mit den Menschen diskutieren, wenn so etwas vorkommt.

Trotzdem habe ich gestern meinen Antrag gestellt, denn ich möchte nicht länger abseits stehen. Alle meine Freunde sind in der FDJ, und ich möchte auch mitreden, wenn sie sich treffen.

Zu Hause muß ich das leider verschweigen. Ich habe nicht den Mut, es Karl zu erzählen. In die FDJ zu gehen ist das Schlimmste, was ich ihm antun konnte. Er hört mir nicht zu, wenn ich ihm etwas erkläre. Für ihn ist die FDJ dasselbe wie früher der BdM. Vorigen Montag ist mir beim Staubwischen ein Kristallteller heruntergefallen, und da hat er mich Kommunistenschwein genannt und behauptet, wir Roten hätten keinen Respekt vor der Tradition und vor kulturellen Werten, schon gar nicht vor persönlichen Erinnerungsstücken.
Daß ich in der FDJ bin, werde ich ihm später oder gar nicht sagen. Ich möchte ihn nicht kränken, und ich weiß, daß er dann nicht mehr mit mir spricht und zwischen uns ewige Feindschaft herrschen wird. Bis jetzt habe ich mich aber immer noch ziemlich gut mit ihm verstanden.
In die Gesellschaft für Deutsch-Sowjetische Freundschaft bin ich ebenfalls eingetreten und leihe mir oft Bücher im Haus der Freundschaft aus. Im Augenblick lese ich Eugen Onegin und bewundere Tatjana, die so unerschrocken ist, einem Mann eine Liebeserklärung zu machen, wo es doch im allgemeinen umgekehrt ist.
Wenn Du zu den Weltfestspielen fährst, treffen wir uns in Berlin. Schreibe mir, was Du denkst, sie haben bis jetzt noch nie meine Post geöffnet.

Eva Güntzel, zwanzig Jahre alt, Pionierleiterin, der ich bei der Betreuung der Jungen Pioniere helfe, Tochter des Schulleiters der Einheitsschule, in der ich die neunte Klasse besuche, sagt auf dem Heimweg vom Pionierheim, ihr Vater werde mich morgen in der großen Pause zu sich ins Lehrerzimmer rufen. Dabei scharrt sie in einem Haufen zusammengekehrter Blätter und sagt, sie wisse aber nicht, warum. Güntzel ist nicht nur der

Schulleiter, sondern auch mein Lehrer für Gegenwartskunde. Ich kann an nichts anderes mehr denken als an morgen und stelle mir die ungeheuerlichsten Verfehlungen vor, die ich entweder nicht begangen oder, schlimmer noch, ganz und gar vergessen hatte.

Güntzel kommt gleich zur Sache.
Deine Eltern sind Rentner, doch jeder hier im Ort weiß, daß sie Geld haben.
Ich antworte vorsichtig: Ich kann das nicht so genau sagen, ob und wieviel sie haben.
Er daraufhin: Du brauchst dich nicht zu verstellen. Ich habe dich nicht um Zahlen gebeten, sondern um die Bestätigung, daß deine Eltern außer der üblichen Rente noch eine andere Geldquelle haben.
Ich weiß nicht, ob und woher sie noch Geld haben könnten.
Schulleiter Güntzel fährt fort: Es genügt ja, daß ich es weiß. Also: du holst dir hier jeden Monat fünfundvierzig Mark Schulgeld ab. Dein Vater war Angestellter, demnach Kleinbürger, deshalb sind es fünfundvierzig Mark. Und diese fünfundvierzig Mark sind als Unterstützung für Bedürftige gedacht. Ist das klar?
Ich nicke bloß.
Und Güntzel weiter: Dieses Schulgeld, das der Staat nur den wirklich bedürftigen Kindern zukommen lassen möchte, steht dir einfach nicht zu, wenn deine Eltern Geld noch aus anderen Quellen schöpfen. Oder bestehst du darauf, deine Eltern hätten die fünfundvierzig Mark unbedingt nötig?
Ich habe keine Ahnung, wie nötig meine Eltern dieses Geld haben, aber eins ist Tatsache: ich habe es nötig.
Güntzel blickt an mir rauf und runter und sagt: Wieso? Sorgen sie nicht für dich?

Ich antworte ruhiger: Sie sorgen wohl für mich, aber, wenn ich kein Schulgeld nach Hause bringe, muß ich runter von der Schule und eine Lehrstelle annehmen.
Er fragt ungläubig: Wer sagt das?
Na, meine Eltern.
Er fragt nochmal: Wer sagt, du mußt abgehen, wenn du kein Schulgeld kriegst?
Meine Eltern haben das schon vor Beginn des neunten Schuljahres entschieden, als noch nicht feststand, ob ich überhaupt Geld bekomme.
Und Güntzel: Mit welcher Begründung, denn sie sind mit Sicherheit nicht auf die fünfundvierzig Mark angewiesen?
Mit der Begründung, sie hätten lange genug für mich gesorgt, in meinem Alter müsse ich anfangen, selber für mich zu sorgen.
Und Güntzel: Würde es etwas nützen, wenn ich mit deinen Eltern spreche?
Nein.
Und er: Wieso nein?
Es würde nichts nützen.
Und er: An deinen schulischen Leistungen liegt es nicht.
Nein.
Und er: Warum sträubst du dich so dagegen, daß ich deine Eltern herbitte und mit ihnen rede?
Weil es umsonst ist. Es würde mir nichts einbringen als Ärger.
Und Güntzel wieder: Ich soll es also gar nicht erst versuchen?
Wenn Sie mit meinen Eltern über Geld und Schulgeld reden, dann machen die mir ein Theater, das können Sie bis hierher hören.
Und Güntzel: Sie denken dann, du hättest mir was erzählt?
Ja.
Und Güntzel weiter: Du hast eben gar nichts erzählt, obwohl

mich die Geldquelle deiner Eltern langsam interessieren würde. Das geht mich nichts an. Ich weiß nur, daß ich abgehen muß, wenn die fünfundvierzig Mark gestrichen werden.

Concordia: Vor einiger Zeit hast du gesagt: Wer andere gequält hat, gehört selbst ins KaZet. Das ist der Anfang. Auch du würdest also Leute ins KaZet stecken.
Ich antworte: Ich bin ganz und gar gegen KaZets, aber was soll man mit solchen Menschen machen?
Concordia: Das ist es eben. Immer fragen wir, was soll man mit den Gegnern von gestern machen, mit den Verbrechern zum Beispiel. Ich habe da keine Lösung, aber der Staat fragt nicht lange. Er weiß, was zu tun ist: einsperren.
Ich antworte: Es müssen doch nicht gleich KaZets sein.
Concordia: Zuchthaus oder KaZet, wo ist da die Grenze?
Ich antworte: Das ist aber ein großer Unterschied.
Concordia: Und was ist Sibirien?
Ich antworte: Eine Legende. Die Kommunisten, die genauso verfolgt worden sind wie die Juden, würden nie Lager einrichten und Leute reinsperren. Sie wissen ja, wie das ist. Die Kommunisten wollen Gerechtigkeit, für alle Menschen dasselbe Essen, dieselbe Arbeit, dasselbe Leben.
Concordia: Bleib bei deinem Idealismus.
Ich antworte: Ich bin Materialist.
Concordia: Was das ist, weiß ich nicht. Aber vor einem Jahr hast du noch ganz anders geredet.
Ich antworte: Inzwischen habe ich viel gelesen und sehr gut verstanden, daß die im Westen uns aufhetzen, damit die alten Fabrikherren alles zurückerhalten, was jetzt dem Volk gehört.

Ich treffe Reinhold auf der Straße.

Schraibste immernoch daine Jedichte?
Naaaiiiinnnnn!
Schrei doch nich so, blöde Kuh.
Wer schreit denn?
Na du. Also schreibste noch Jedichte?
Dia zaijichsenich mea.
Intressiat mia och nich.
Wat intressiat dirn denn?
Watn janzen Tach machst, a nu weeßicket.
Nischt weeßte. Ick denke nach.
For watn?
Ick übaleeje mia, ob ick nich ma nach Kepenick fahre zu dem Haus, wo ick jeborn bin, und nach maine richtje Mutta frare oder mit wem da rede.
Woher kennsten det Haus?
Hatse mia jezaicht.
In Kepenick, sachste? Ick fahre mit.
Ick muß aba alleene mit die Leute reden.
Denn wartick draußen, aba ick fahr mit.
Schwöre, daßde keenem wat sachst, ooch daine Mutta nich!
Willste mia beleidjen? Wenn fahrn wan?
Ick muß mia allet noch jenau übaleejen, un denn sarick dia Beschaid.

In der Aprilsonne mit der S-Bahn nach Köpenick: eine halbe Stunde Fahrt, dann die Bahnhofstreppe hinunter, links hinaus, rechts geht es zu Concordia und Katharina, links die Bahnhofstraße entlang, an der Seelenbinder vorbei, wo Karl und Kaltesophie gewohnt haben, als Christa noch lebte, weiter bei Kepa vorbei, links der Generalshof, rechts die Hegelschule, und bei der Hegelschule die Lindenstraße überqueren.

Da, in dem grauen Haus bin ich geboren.
Ist es immer noch ein Kinderheim? fragt Reinhold.
Ich sage: Ja, aber ich weiß nicht, ob es noch ein Heim für Adoptivkinder ist.
Im Heim spreche ich eine ältere Krankenschwester an. Sie erinnert sich, daß 1935 eine Frau Schwarz Heimleiterin war, die jetzt im Köpenicker Rathaus, im Jugendamt arbeitet.
Mager, sauber, freundlich, faltig: das ist Frau Schwarz. Ich sage meine Daten auf, sie schlägt im Register nach, es gibt mich wirklich, mit Geburtsurkunde sogar. An meine Mutter kann sich Frau Schwarz nicht erinnern. Zu viele Frauen, zu viele Neugeborene sind durch das Heim gegangen, sagt sie. Und wenn ich die Adresse deiner Mutter hätte, ich dürfte sie dir auf keinen Fall geben. Deine Mutter hat nach der Entbindung auf alle Rechte an dir verzichtet, du bist ordnungsgemäß adoptiert worden, und deine Mutter hat unterschrieben, daß sie später nicht versuchen wird, Kontakt zu ihrem Kind aufzunehmen. Du bist das Kind deiner Adoptiveltern, mit allen Rechten und Pflichten.
Ich sage: Auf diese Rechte und Pflichten pfeife ich.
Frau Schwarz sagt: Du weißt nicht zu schätzen, daß du überhaupt Eltern gefunden hast.
Ich sage: Ich muß weg von zu Hause, sonst gehe ich ein. Und ich will wissen, welchen Weg ich gehen kann. Ich möchte nicht blind abhauen und von der Polizei wieder nach Hause gebracht werden. Ich will wegziehen, und zwar für immer.
Frau Schwarz sagt: Weshalb willst du unbedingt weg?
Ich sage: Sie haßt mich.
Wer haßt dich?
Na, Kaltesophie.
Wer ist Kaltesophie?
Sie hat am 15. Mai Geburtstag.

Das verstehe ich nicht.
Kaltesophie ist die letzte Eisheilige, fünfzehnter Mai.
Frau Schwarz sagt: Ich weiß im Augenblick nicht, was ich in deiner Angelegenheit unternehmen könnte. Köpenick ist schon längst nicht mehr zuständig für dich. Du müßtest auf das Jugendamt in deinem Heimatort gehen. Aber wenn du willst, dann schreib deinen Fall auf, mit Begründung, warum du dein Elternhaus verlassen möchtest. Vielleicht kann ich dir dann helfen.
Ich sage: Gut, ich schreibe alles auf.
Frau Schwarz sagt: Was schwebt dir denn vor, eine andere Familie oder ein Heim?
Ein Heim. Alleine war ich lange genug.
In welche Klasse gehst du?
In die neunte.
Möchtest du von der Schule abgehen oder weitermachen?
Ich will weitergehen.
Dann brauchst du ein Internat mit Oberschule.
Wäre mir am liebsten.
Frau Schwarz sagt: Natürlich ist es unerläßlich, Kontakt zu deinen Eltern aufzunehmen. Du darfst noch nicht alleine entscheiden, du kannst nicht einfach von zu Hause wegziehen.
Ich sage: Meine Geduld ist bald zu Ende.
Anschließend sind Reinhold und ich in einen russischen Film gegangen: Kutusow.

Das blaue Hemd ist funkelnagelneu, gefaltet wie ein Oberhemd und trotzdem zerknautscht, weil es in einem Packen verschnürt war. Eva Güntzel hat es mir im FDJ-Zimmer unserer Schule überreicht. Ich habe es in eine Zeitung geschlagen und in meine Mappe gestopft. Zu Hause habe ich es vorsichtig ausgepackt und schnell in meine Kommode unter die Wäsche gelegt. In der

Nacht vorm ersten Mai bin ich leise aufgestanden und habe das blaue Hemd gebügelt. Ich habe es anprobiert, der Stoff ist weich, schlaff, ich hätte beim Bügeln Wäschestärke gebraucht. Die Ärmel sind einwandfrei zu lang, die werde ich hochkrempeln.
Um halb acht sollen wir antreten. Ich werde kein Transparent tragen, denn ich bin nicht lange genug Mitglied, aber bei den Fahnen wird oft gewechselt. Manche können eine Fahne nicht länger als zehn Minuten richtig aufrecht tragen. Wenn ich den Fahnenschaft mit der Hüfte stütze, gehe ich fast eine Stunde damit.
Ich hänge das Hemd unter eine Bluse auf den Bügel und in den Schrank.

Ich war schon draußen, da hörte ich Karl in meinem Zimmer.
Wo willst du denn hin? Kannst du nicht wie gewöhnliche Leute durch die Tür gehen?
Entschuldige, aber ich klettere so gern am Wein runter.
Da gibt es nichts zu entschuldigen. Sieh bitte ein, daß das in deinem Alter nicht mehr geht.
Ich verspreche dir, es war das letzte Mal.
Nein, komm sofort zurück!
Ich bin ja schon mehr draußen als drinnen.
Ich verlange, daß du zurückkommst und unsere Wohnung durch die Tür verläßt. Was hast du denn da an?
Ein Hemd, einfach ein blaues Hemd.
Das ist doch nicht einfach ein blaues Hemd. Das ist ein ganz bestimmtes blaues Hemd. Nun beweg dich, beweg dich, bleib nicht auf dem Fensterbrett sitzen.
Ich muß mich beeilen.
Mir egal. Ich sehe nur, daß das ein FDJ-Hemd ist, das sehe ich.
Und du wagst es, in diesem Hause, hier vor meinen Augen in einem FDJ-Hemd aufzukreuzen?

Karl schlug mich mit der Faust ins Gesicht und schlug und schlug. Gerade er hatte mich früher nie geschlagen. Jetzt schrie er dauernd Kommunistenschwein, und als mir das Blut aus der Nase aufs Hemd tropfte, lachte er und rief: Da siehst du, Rot steht dir noch besser als Blau.

Irgendwas läuft, was ich nicht verstehe, was die Leute kirre macht und dazu verleitet, durchzudrehen und verrückt zu spielen und auf dem Kopf zu tanzen. Meine Cousine Dolores, lange von mir Lore genannt, will jetzt bloß noch Dolly heißen und fährt jeden Tag nach der Schule in den Westen rüber, in einem Kiosk Buletten verkaufen, erst rührt sie den Teig ein, dann formt sie die Buletten mit den Händen, dann brät sie die Buletten auf einer winzigen Elektroplatte in dem winzigen Kiosk, daß ihr die Augen auslaufen und der Qualm dick über die Straße zieht und die Leute anlockt, Werbung nennt sie das, Dolly läßt sie sich rufen und wälzt einen Kaugummi hin und her, wir wollten doch nach Spanien, sie dagegen kaut und kaut und immer die Caprifischer auf den Lippen, und Sambaschuhe hat sie an und einen Bordürenrock, überhaupt sind alle so schnell so anders geworden: Weststrümpfe mit Ringeln, Westpullover quergestrickt, Chiffontuch ausm Westen, Kaltesophie hat eine Handtasche ausm Westen, einen Umhängefuchs ausm Westen, einen Schirm zum Ausziehen und Zusammenschieben ausm Westen, und neulich die Kokosnuß, erst hat sie sie nicht aufgekriegt, dann war sie innen grau und verschimmelt. Mit Lore-Dolly ist nichts mehr anzufangen, ich wollte ihr was erklären über Imperialismus, der international ist, weswegen die Arbeiter auch Internationalisten seien, und daß Westdeutschland ein Kettenhund der USA ist, der aufrüstet und am liebsten wieder Krieg anzetteln würde, jagenaugegenuns, gegenwendennsonst, Dolly ist nur ein Jahr älter als ich und sieht schon aus wie neunzehn, da sitze ich besser mit Lydia zusammen aufm Denkmal und streite mich über Cäsar und lese den Anteil der Arbeit an der Menschwerdung des Affen, wobei Lore-Dollys Buletten aus einem Menschen einen Affen machen, wie ich das sehe.

Nach Ostern erhielt ich kein Schulgeld mehr; zu Hause wurde von nichts anderem geredet als von Schlußmachen mit der Schule, raus ins feindliche Leben. Im Handumdrehen hatte Kaltesophie eine Lehrstelle für mich. Ich sollte Verkäuferin für Kurzwaren werden, Broderien verkaufen, und zwar genau in dem Laden, in dem ich 1947 meine Kaffeeuntersetzer für zweifünfzig in Kommission gegeben hatte: hinter dem grauen Fenster, zwischen den grauen Knopfschachteln, in den Bergen von Hosenträgern, zwischen den hohen dunklen Regalen, auf der Riesenleiter, hinter dem breiten überquellenden Glastisch, bei dem alten, blinden, zerknitterten Fräulein.
Ich nicht. Mit mir nicht. Mich zwischen Handarbeiten stellen und da stehenlassen, nee. Da habt ihr euch gewaltig geschnitten. Eher gehe ich ins Wasser.
Vergiß nicht, daß du noch immer nicht schwimmen kannst. Fuffzehn und Nichtschwimmerin.
Um so besser. Gehe ich wenigstens unter.

Anfang Mai, eine Woche nach der Volksbefragung »Sind Sie gegen die Remilitarisierung Deutschlands und für einen Friedensvertrag mit Deutschland im Jahre 1951?« wurde ich von meiner FDJ-Grundeinheit für einen Lehrgang vorgeschlagen. Er sollte von Ende Mai bis Ende Juni stattfinden, uns auf unsere Aufgabe als Gruppenleiter bei den Weltfestspielen im Sommer und als Zirkelleiter für das nächste FDJ-Schuljahr vorbereiten. Mitte Mai wurde dann eine Betriebsbesichtigung bei den Rütgerswerken organisiert, um uns mit dem Lehrstellenangebot bekanntzumachen. Einige Schüler wollten nach der Neunten abgehen, und die jetzt volkseigenen Chemiebetriebe suchten Lehrlinge. Die Schule hatte unsere Eltern durch ein Rundschreiben von der Betriebsbesichtigung informiert. Kaltesophie sagte: Wenn du unter gar keinen Umständen Verkäuferin werden willst, dann versuche es als Chemielaborantin. Das ist ein Beruf mit Zukunft.

Weder vor noch nach dem Besuch der Rütgerswerke hatte ich die Absicht, von der Schule abzugehen.
Ein paar Tage später sagte ich dann beim Abendbrot, daß ich auf den FDJ-Lehrgang fahren werde. Karl und Kaltesophie stimmten zu unter der Bedingung, daß ich im Herbst eine Lehrstelle annehme.

Also was noch ach ich nehme einfach alles mit was ich habe aber den Shakespeare doch nicht den kriege ich überall wieder einen der Röcke aus Rolltuch packe ich ein den anderen ziehe ich an das blaue Hemd ziehe ich an die Schuhe das dicke blaue Kleid mitten im Sommer wird eingepackt dreimal Unterwäsche immer noch aus diesem ausgekochten und gefärbten Landkartenstoff Turnhemd Turnhose jetzt die Bücher von Gorki alles die Junge Garde zwei Schreibhefte voller Gedichte Lohnarbeit und Kapital Anteil der Arbeit über den Staat die Medea von Euripides das Balladenbuch nochmal Balladen von Goethe und Schiller Egmont den Shakespeare packe ich doch noch ein obwohl das Buch schon zerfällt das wäre alles es sei denn ich stehle Karl ein zwei Bände aus seiner Schillerausgabe er liest sowieso nie drin Mirza Schaffy habe ich vergessen das Zigarettenbilderbuch Deutsche Kolonien lasse ich zurück ab jetzt wird für die Befreiung der Völker vom Kolonialjoch gekämpft besonders in Afrika.

Wir sind fünfzig Lehrgangsteilnehmer in einem alten, jetzt enteigneten Jagdschloß. Das Haus steht in einem großen Park; früher gehörte es einem Grubenbesitzer. Es hat nur zwei Etagen, ist aber weitläufig durch die Seitenflügel. Unten links liegen die Seminarräume, darüber ein großer Vorlesungssaal. Unten rechts ist unser Schlafsaal, darüber liegt der Schlafsaal der Jungen. Von unserem Schlafsaal führt eine große Doppeltür direkt in den Park.

Sechs Uhr dreißig Wecken.
Sechs Uhr fünfundvierzig Frühsport.
Sieben Uhr fünfzehn Frühstück.
Sieben Uhr fünfundvierzig Morgenappell.
Acht bis zehn Uhr Vorlesung.
Zehn Uhr fünfzehn bis zwölf Uhr fünfzehn Vorlesung.
Zwölf Uhr fünfzehn bis zwölf Uhr dreißig Schlafsaal reinigen.
Zwölf Uhr dreißig Mittagessen.
Dreizehn bis fünfzehn Uhr Freizeit.
Fünfzehn bis achtzehn Uhr Seminar oder Selbststudium.
Achtzehn Uhr fünfzehn Abendappell.
Achtzehn Uhr dreißig Abendessen.
Neunzehn Uhr Versammlung.
Zwanzig Uhr Kulturarbeit und frohes Jugendleben.
Zweiundzwanzig Uhr dreißig Nachtruhe.

Sogar an die Pflanzen erinnere ich mich, die in unserem verwilderten Park geblüht haben. Je weiter ich mich vom Haus entfernte, um so ähnlicher wurde er einem Laubwald, wie ich ihn mir in südlichen Ländern vorstellte: Rippenfarne, die aussahen wie ein Bündel Aalgräten, die Akelei, violett, fast schwarz, fast verblüht, Wolfsmilch und der wölfische Eisenhut, bärtige Glockenblumen und manchmal ein roter Fingerhut, größer als ich. Rechts und links der Birkenallee, die bei einer Familiengruft endete, zogen sich hellgrüne Moosflächen hin, die in der Sonne schimmerten wie Samt. Und hier wuchs auch die Türkenbundlilie, von der ich so viel gehört, die ich so lange gesucht hatte und die ganz anders aussah, als ich dachte. Sie erinnerte mich eher an eine Orchidee: ein blasses Rot, beinahe Rosa und weit herausragende, nach unten hängende Staubbeutel in gleichmäßigem dunklen Karminrot. Sonst stand der Wald voller Immenblatt und Hundezunge.

In Dreierreihen auf dem breiten Kiesweg, streng ausgerichtet und stolz und Kopf hoch und vorwärts und die Augen geradeaus und die Augen links und links zwei drei: eine zwanzig Minuten lange, entschlossene Runde um das Jagdschloß.

> Dem Morgenrot entgegen,
> Ihr Kampfgenossen all!
> Des Kampfes ist kein Ende,
> Eh nicht im weiten Rund
> Der Arbeit freies Volk gesiegt
> Und jeder Feind am Boden liegt.
> Wir sind die Junge Garde
> Des Proletariats!
> Wir sind die Junge Garde
> Des Proletariats!

Mit uns haben sie noch zu rechnen, die Faschisten, die Kriegstreiber, die Wiederaufrüster, die Reaktionäre, die enteigneten Saboteure, die ehemaligen Großkapitalisten, die Hitler erst das Geld gegeben haben. Wir werden dieses ganze Land umstülpen, bis es richtig Spaß macht zu leben. Allen, die arbeiten, wird es erst richtig Spaß machen zu leben. An uns werden sich die Feinde unserer Republik noch die Zähne ausbeißen. Uns kriegen

sie nicht mehr klein. Wir geben von diesem unserem Land keinen Meter zurück.
Jeden Morgen, jeden Abend Fahnenappell.

Hier fühle ich mich wohl. Hier brauchen sie mich. Hier werde ich anerkannt. Hier ist Aussicht auf Leben. Hier werde ich nicht unterworfen, hier bin ich nicht unterwürfig. Hier sind wir freundlich zueinander. Hier ist nicht alles umsonst. Hier ist Hoffnung. Hier lerne ich für den Sozialismus. Hier wird auf jeden von uns gebaut. Hier hat die Finsternis ein Ende. Hier wird gemeinsam gegessen. Hier wird auf das Leben losgegangen. Hier haben alle Schläge ein Ende. Hier bin ich nicht einsam. Hier hat die Angst ein Ende. Hier komme ich zu mir. Hier fange ich bei mir selber an. Hier wird nicht vorgeworfen und gedroht und erpreßt und bestraft. Hier ist Zuversicht. Hier bin ich richtig.

Links
und links
und links zwei drei
was ist denn mit der los
die kann ja den Stechschritt aus dem Effeff
komm her du
stell dich mal vor die Hundertschaft
nein so nicht
einmal rechts um
erst machst du es ihnen vor
dann übernimmst du das Kommando
links
links
links zwei drei vier
nee

wir sagen besser
links
und links
und links zwei drei.

Wecken gefällt mir nicht. Die Glocke, die aus dem Lautsprecher über der Flügeltür durch den Schlafsaal dröhnt, erschreckt mich. Ich stehe früher auf. Um fünf bin ich auf den Beinen, damit ich nicht mit allen zugleich in den Waschraum muß, mit allen zugleich auf die Toiletten, mit allen zugleich in die Turnhosen und Turnhemden. Ich bin schon fertig, wenn alle zugleich herausstolpern und sich aufstellen zum Frühsport: Laufen, Einatmen, Füße spreizen, Springen, Arme hoch und Ausatmen. Bis dahin habe ich noch Zeit. Ich treibe mich im Park herum, sehe nach, ob die Akelei und die Lilien schon verblüht sind, gehe runter zur Quelle und denke darüber nach, wie ich es anstelle, nicht mehr nach Hause zurück zu müssen. Langsam, gründlich, Schritt für Schritt muß ich vorgehen. Grete Neubert, ein Mädchen aus meinem Lehrgang, hat mich nach Potsdam eingeladen, ihr Mann ist hauptamtlicher Funktionär und auf einem Lehrgang; ich könnte bis zu den Weltfestspielen in Potsdam bleiben, hätte den ganzen Sommer vor mir, um ein Internat zu suchen.

Der historische Materialismus.
Der dialektische Materialismus.
Geschichte der internationalen Arbeiterbewegung.
Geschichte der deutschen Arbeiterbewegung.
Das Wiedererstehen des aggressiven westdeutschen Imperialismus.
Die Antifaschistisch-Demokratische Grundordnung.
Die Kurze Geschichte der KPdSU(b).

Der Große Vaterländische Krieg.
Die Rolle des Sozialdemokratismus und des Sektierertums.
Die Rolle der Partei neuen Typs als Avantgarde der Arbeiterklasse.

Vor Beendigung des Lehrgangs finden laufend Kaderbesprechungen statt. Vier Leute von der Lehrgangsleitung und ein Genosse von der Kreisleitung der Partei sitzen im großen Saal an einem langen Tisch und fragen jeden Lehrgangsteilnehmer, wo und wie er nach dem Lehrgang politisch arbeiten werde. Es sind allgemeine Einsatzbesprechungen, nicht nur die Weltfestspiele betreffend, sondern auf den jeweiligen Arbeits- oder Lernplatz zugeschnitten. Der Selbsteinschätzung folgt eine Einschätzung der Lehrgangsleitung über das Verhalten während des Lehrgangs. Diese Beurteilung wird an die Grundorganisation weitergeleitet.
Beruf?
Ich gehe noch zur Schule.
Grundeinheit?
Oberschule.
Lehrgang bestanden?
Ja.
Jetzt sind Ferien. Da kommt ein konkreter Einsatzplan für dich kaum in Frage.
Ihr könnt mich einsetzen, wo ihr wollt.
Du könntest bei euch an den Vorbereitungen zu den Weltfestspielen teilnehmen.
Von meinen Mitschülern ist den Sommer über fast niemand zu erreichen.
Sie werden nicht alle verreist sein. Nimm trotzdem mit ihnen Verbindung auf.

Ich möchte lieber woanders eingesetzt werden.
Wohnst du nicht bei deinen Eltern?
Ich möchte nicht nach Hause zurück.
Und im September, wenn die Schule wieder anfängt?
Ich bin gerade dabei, mir eine Oberschule mit Internat zu suchen und war deshalb schon beim Jugendamt. Die wollen mich unterstützen.
Darauf kommen wir noch zurück. Erstmal: in welchem Kreis möchtest du eingesetzt werden?
Am liebsten in Potsdam, weil ich dort bei Grete Neubert wohnen könnte. Ihr Mann ist selber auf einem Lehrgang.
Potsdam, warum nicht. Ist Grete Neubert bereit, für dich zu bürgen?
Ja.
Andere Frage: warum willst du dein Elternhaus verlassen?
Es sind meine Adoptiveltern. Ich ertrage es nicht länger, bei ihnen zu leben.
Die Gründe?
Sie zwingen mich, von der Schule abzugehen. Ich soll eine Lehre annehmen.
Es ist schließlich keine Schande, als Lehrling in einem volkseigenen Betrieb die Arbeiterklasse kennenzulernen, gemeinsam mit ihr für ein besseres Leben zu kämpfen.
Ich bin bereit, später in einen Betrieb zu gehen. Erst möchte ich die Schule fertigmachen.
Warum sollst du abgehen? Haben deine Eltern kein Geld? Sind sie auf das Geld angewiesen, das du als Lehrling nach Hause bringen würdest?
Sie haben genug Geld, nicht viel, aber genug. Es geht um die Schule. Mein Vater sagt, dort würden nur noch Vaterlandsverräter erzogen.

Mit anderen Worten, dein Vater ist reaktionär.
Ja.
Und deine Mutter?
Dasselbe.
Als ich am ersten Mai ein blaues Hemd angezogen habe, hat mein Vater mich blutig geschlagen.
Wir könnten dich den Sommer über als hauptamtliche Instrukteurin einsetzen, andererseits bist du noch lange nicht mündig. Wir werden überprüfen müssen, was du uns erzählt hast.
Wieso? Glaubt ihr mir nicht?
Wir glauben dir, aber du willst mehr von uns als Glauben. Du sagst, daß du dir ein Internat suchen willst. Also brauchst du Hilfe. Erstens: wenn du einen Schulwechsel vornehmen möchtest, wendest du dich in Potsdam an die Landesregierung, Abteilung Volksbildung. Es gibt in jedem unserer fünf Länder eine Landesoberschule, stelle den Antrag, in eine solche Schule mit Internat eingewiesen zu werden. Zweitens: wenn sich herausstellt, daß deine Eltern dich mit Gewalt an deiner gesellschaftlichen Entwicklung hindern wollen, dann kann niemand dich zwingen, in dein Elternhaus zurückzukehren.
Können sie mich nicht durch die Polizei nach Hause holen lassen?
Nein. Seitdem wir das Jugendförderungsgesetz haben, hat jeder Jugendliche das Recht, aktiv am politischen und wirtschaftlichen Aufbau unseres Landes teilzunehmen. Das Gesetz sichert dir weiterhin das Recht auf Schulbildung, deinen Fähigkeiten entsprechend. Darauf berufst du dich bei der Abteilung Volksbildung. Wir werden dich nach Abschluß des Lehrgangs als hauptamtliche Instrukteurin einsetzen und dir mit Beginn des neuen Schuljahres eine Beurteilung mitgeben. Außerdem haben wir beschlossen, dich nicht in einem Privathaushalt wohnen zu las-

sen, sondern dir ein Zimmer im Erholungsheim des Zentralrats der FDJ in Caputh zuzuweisen.
Was passiert, wenn meine Eltern den Adoptivvertrag lösen?
Gar nichts. Dann übernimmt das Jugendamt die Vormundschaft für die restlichen drei Jahre.

An dem Tag, an dem der Lehrgang zu Ende war, wurde die FDJ in Westdeutschland verboten.

Ich habe den Garten in Caputh sehr früh unter Tau und in der Nacht wieder gesehen.
Die Äpfel wurden reifer
und die haarigen Brennesseln überragten mich schon
achtzig Meter zum Seeufer
unsere Boote schlagen an
unser Steg durchschneidet die Umrandung aus Schilf.
So viel Wasser, maßlos viel Wasser in den Havelseen.
Der Pflaumenbaum
und ein Haus in Caputh.
Morgens abends versammeln sich
Mücken Falter Fliegen Weberknechte
um meine Lampe, sie übernachten an der Decke, nisten sich ein:
die Freiheit, für immer das Fenster offen zu lassen.
Im Garten singen sie noch
im August blühn die Rosen
ein Haus in Caputh und ein See neben dem andern.

Im Flur des Erholungsheims spricht mich einer an.
Ich hätte mal eine Bitte an dich.
Tut mir leid, ich kann nicht nähen.
Du sollst nicht nähen, sondern bügeln.

Ich kann auch nicht bügeln.
Kannst du nicht oder willst du nicht?
Beides.
Versuche es doch mal, bloß zwei Hemden.
Hemden schon gar nicht. Wie alt bist du?
Zweiunddreißig.
Das habe ich mir gedacht. Was machst du?
Ich studiere, Politische Ökonomie in Karlshorst.
Und was machst du hier?
Ferien.
Dann kannst du dir auch die Hemden selber bügeln.
Was machst du denn?
Ich arbeite als Instrukteurin.
Ich heiße Herbert, wenn du mal jemanden brauchst.

Und agitiert und propagiert und durch die Brandenburger Vorstadt und alle Straßen rauf und runter und in jede Schule, in jedes Büro, in jeden Betrieb, durch die Jäger Vorstadt über den Großen Schragen, die Sonne hört nicht auf zu brennen, und wieder einen Stapel Broschüren losgeworden, Das Leben Stalins und sein Werk, Die Grundfragen des Marxismus Leninismus Stalinismus, Um den Kampf für die Schaffung der bolschewistischen Partei, und rein in die Nauener Vorstadt und für den Erwerb des Abzeichens für gutes Wissen geworben, mindestens in Bronze, und das FDJ-Schuljahr vorbereitet, und wer eignet sich als Zirkelleiter, wer geht erstmal auf den Zirkelleiterlehrgang, weiter bis nach Nedlitz und zurück in die Innenstadt, ich hatte euch die Literaturliste versprochen, Ashajew, Fern von Moskau, Babajewski, Ritter des Goldenen Sterns, Weinert, Memento Stalingrad, Kurze Lebensbeschreibung J. W. Stalin, und treppauf treppab und mitten hinein in eine Werkskantine, Mittagessen und ich mit der Bodenreform und dem US-Imperialismus und weiter, letzte Anweisungen zu den Treffpunkten, Sammeln, um nach Berlin zu fahren, und hier noch ein Stapel Liedertexte und weiter und nach Hause, der Pförtner hat eine Karte übrig für ein Konzert im Schloß Sanssouci, her damit, und wieder los.

Wir malen ein großes Wandplakat für die Eingangshalle.
»Das Teuerste, was der Mensch besitzt, ist das Leben. Er erhält es nur einmal und muß so leben, daß es ihm nicht quälend leid tut um ziellos verbrachte Jahre, daß ihm nicht die Schande wegen einer niedrigen und kleinlichen Vergangenheit auf der Seele brennt.« Nikolai Ostrowski.

Spät abends, auf dem langen Heimweg nach Caputh, knicken mir in der Bahn die Beine ein vor Müdigkeit. Ich schlafe im Stehen, ich schlafe im Sitzen, ich fahre bis zur Endstation. Auf der Straße habe ich Halluzinationen, mir fallen die Augen zu, ich falle lang hin.

Für die Weltfestspiele in Berlin wurde mir eine Fünfzigergruppe anvertraut. Wir fahren in Güterwaggons von Potsdam aus nördlich um ganz Berlin herum bis Weißensee, sitzen in den offenen Waggontüren und lassen die Beine raushängen. Wir singen Jugendlieder, Volkslieder, Arbeiterlieder, Spanienlieder, Weltfestspiellieder. Der Güterzug, ein langer Chor, fährt sehr langsam, bleibt oft stehen; wir fahren durch die märkische Heide, an Kiefern und Birken entlang.
Neben mir sitzt eine junge Frau, die bei der Landesregierung, Abteilung Volksbildung arbeitet. Sie heißt Regine und ist fünfundzwanzig Jahre alt. Sie verspricht, mir gleich nach den Festspielen einen Termin zu geben und mit mir durch die ver-

schiedenen Abteilungen zu gehen, damit ich bis Anfang September ein Internat finde.
Regine sagt: Du denkst wirklich, die Russen bringen uns nur den Sozialismus?
Den brauchen sie uns nicht zu bringen, sage ich, machen wir selber. Aber sie haben den Faschismus besiegt und die KaZets aufgemacht und die Kapitalisten weggejagt.
Dagegen ist nichts zu sagen. Aber warum verhaften sie Leute von uns und bringen sie wochen-, manchmal jahrelang nicht zurück?
Das sind doch Gerüchte.
So einfach ist es nicht, wies in deinem Kopf aussieht.
In meinem Kopf siehts nicht einfach aus. Die politische Wirklichkeit ist ziemlich einfach.
Und ich sage dir, die haben 'ne Geheimpolizei, die GPU, und verhaften und schlagen. Gleich bei euch um die Ecke, in der Puschkinallee, steht ein Haus, wo die Kellerfenster und die Fenster im ersten Stock vernagelt sind. Da halten sie Verhaftete fest. Da kannst du dich nachts hinstellen und mal hinhören.
Es laufen noch genug Nazis rum und Saboteure.
Die nehmen, was sie kriegen.
Hör auf, mich zu beackern. Warum fährst du mit uns zu den Weltfestspielen, wenn du dagegen bist?
Ich bin nicht dagegen. Ich bin schon seit über einem Jahr in der FDJ und hab immer gern mitgearbeitet. Aber jetzt bin ich wütend.
Wenn du es unbedingt loswerden mußt, erzähl es mir.
Wenn ich nur wüßte, was eigentlich los war.
Siehst du, ein Riesendurcheinander und nichts Genaues. Aber schimpfen.

Nach der Ankunft in Weißensee, wir waren fünf Stunden unterwegs, hatte ich die Aufgabe, für Nachtlager und Verpflegung zu sorgen, meiner Gruppe unsere Termine und das Veranstaltungsprogramm mitzuteilen; ich erhielt einen Hausschlüssel und sollte darauf achten, daß wir alle abends um elf im Haus sind. Daraus wurde nichts, es hat uns auch niemand überprüft. Wir waren auf dem Dachboden eines Wohnhauses untergebracht, der mit Stroh ausgelegt war. Es war eher Häcksel und flog uns dauernd um die Ohren.

Was sagst du, wenn ich dir erzähle, daß sie meinen Mann abgeholt haben. Was sagst du, wenn ich dir erzähle, daß mein Mann, dreißig Jahre alt, immer ein aufrechter Genosse war. Was sagst du, wenn ich dir erzähle, daß er plötzlich verschwand. Was sagst du, wenn ich dir erzähle, daß er im gleichen Haus gearbeitet hat wie ich, einen Stock über mir, Abteilung Landwirtschaft, und die haben mir kein Sterbenswörtchen gesagt. Was sagst du, wenn ich dir erzähle, daß sie ihn die Treppe runtergebracht haben und an meiner Abteilung vorbeigegangen sind und haben mich nicht benachrichtigt. Was sagst du, wenn ich dir erzähle, daß er drei Wochen lang nicht nach Hause kam, und ich bin von Pontius zu Pilatus gelaufen und habe nur Achselzucken geerntet. Was sagst du, wenn ich dir erzähle, selbst die, die was gewußt haben, haben mir glatt ins Gesicht gesagt, vielleicht ist er abgehauen. Was sagst du, wenn ich dir erzähle, daß sie, als ich ihnen antwortete, mein Mann haut nicht ab, der ist Kommunist, daß sie gesagt haben, da solle ich man nicht so sicher sein, sie hätten schon Pferde kotzen gesehen. Was sagst du, wenn ich dir erzähle, wie er aussah, als er nach drei Wochen plötzlich wieder vor der Tür stand: zerschlagen, kahlgeschoren, abgerissen, kein Knopf mehr am Jacket, kein Knopf mehr an der Hose, am Hemd. Zerschunden, halb verhungert, stinkend vor Dreck, so ist er nach Hause gekommen. Was sagst du, wenn ich dir erzähle, daß er mir nichts erzählt, bloß gesagt hat, daß er nichts erzählen dürfe und das auch niemals tun werde. Was sagst du, wenn ich dir erzähle, daß einer aus seiner Abteilung nachm Westen ist und hat Pläne von MTS-Gründungen mitgenommen, einer, der unter ihm gearbeitet hat, und mein Mann sollte verantwortlich dafür sein. Was sagst du, wenn ich dir erzähle, mein Mann ist noch immer Kommunist, obwohl sie ihn unschuldig eingesperrt und gequält haben. Was sagst du, wenn ich dir erzähle, daß seine Genossen zu mir gesagt haben: Wo gehobelt wird, fallen Späne.

Am 5. August 1951 eröffnet der Präsident des Weltbundes der Demokratischen Jugend, Enrico Berlinguer, in Berlin die dritten Weltfestspiele der Jugend und Studenten für den Frieden. Wir sind zwei Millionen aus mehr als fünfzig Ländern. Zu unseren Gästen gehören Nazim Hikmet, Pablo Neruda, Martin Andersen Nexö und Jorge Amado.

Und von Festwiese zu Festwiese getaumelt, auf den Freilichtbühnen gehen die Lichter nicht aus, immer umarmt und in Kreisen und Reihen getanzt, gejubelt. Die ganze Welt ist da, aus all der Herren Länder, in denen wir die Herren beiseitefegen werden. So viel Musik, so viel Gewißheit. Alles macht Spaß bis zum Wahnsinnigwerden.

Eines Sonntags Morgens um acht flog meine Zimmertür auf, und Kaltesophie stand vor meinem Bett. Pfui Teufel, was stinkt denn hier so, was hast du denn da auf dem Kopf?
Läuse.
Wo hast du denn die aufgegabelt?

Bei den Weltfestspielen.
Die einen haben sich Babys, du hast dir Läuse andrehen lassen.
Scheint ja für jeden etwas gegeben zu haben.
Was willst du hier?
Deinen Brief haben wir erhalten und uns gefreut, daß du überhaupt noch Bescheid gegeben hast. Wir wollten schon zur Polizei gehen und dich suchen lassen. Du wohnst ja recht herrschaftlich.
Ist das alles?
Nein, meinen Koffer möchte ich abholen.
Den Koffer? Und wie soll ich meine Sachen transportieren?
Geht mich nichts mehr an, du stehst ja nun auf deinen eigenen Füßen. Wir haben beschlossen, dich ziehen zu lassen, wohin du willst. Aber von uns kriegst du keinen Pfennig mehr, und wenn du auf dem Zahnfleisch gehst.
Ich habe weder Geld erwartet noch verlangt.
Und nun den Koffer.
Moment, ich mache ihn erstmal leer.
Komm mir nicht zu nahe mit deinem verlausten Schädel.
Sie stand an der Tür und sah zu, wie ich einen Rest Sachen in den Schrank gepackt habe, dann warf ich ihr den Koffer an den Bauch.

Und rein ins Wasser und weg und runter damit, ganz Potsdam ist auf den Beinen und feiert, wirklich ein Volksfest, in Potsdam wird der Preußische Geist versenkt, über die Lange Brücke und rechts runter zur Alten Havel, eine riesige Puppe, angezogen wie Friedrich der Große, und weg damit und rein in die Alte Havel, und ein Sarg wird getragen, in dem steckt der Preußische Geist, unter Jubel wird er versenkt, für immer hinein ins nasse Grab, für alle Zukunft liegen da auf dem Grunde der Alten Havel die Prügelstrafe, das Spießrutenlaufen, der Militarismus, der Feudalismus, die Aushebung, der Drill, das und nichts anderes wird versenkt und begraben in Potsdam in der Alten Havel.

Einer unserer Instrukteure sagt, ich solle morgen nachmittag um drei hinüber in die Landesleitung der Gesellschaft für Deutsch-Sowjetische Freundschaft kommen. Sie wollten dort ein Gespräch mit mir führen über meine Zukunft. Ich frage, wieso die DSF mit mir etwas zu beraten hätte. Er weiß es nicht und sagt, ich würde doch ein Internat suchen, vielleicht geht es darum.
Ja, antworte ich, aber das Internat besorgt mir doch die Abteilung für Volksbildung.
Der Mann, der mich in der Landesleitung der DSF befragt hat, war klein, sehr breit und saß hinter einem schweren Schreibtisch. Auf der dunkel polierten Platte lagen nur ein paar leere Seiten Papier. Der Mann hatte glatte Haare, ziemlich dicht und gerade nach hinten gekämmt, kein Scheitel, etwas strähnig, glänzend schwarz, aber nicht fettig, bloß glänzend. Sein Gesicht war rund, die Augen schmal und dunkel, dichte Wimpern, dichte Augenbrauen. Seine Blicke waren beweglich, dann wieder starrend, bohrend. Er trug ein FDJ-Hemd, obwohl er kein Jugendlicher mehr war. Ich schätzte ihn auf über vierzig.
Das wirklich Auffallende an ihm war nicht sein Aussehen, es war die Sprache. Er sprach ein hartes, gerolltes, nicht falsches und trotzdem gebrochenes Deutsch.
Du hast bis Ende Juni einen FDJ-Lehrgang besucht?
Ja.
Du bist von der Lehrgangsleitung als Instrukteurin für die hiesigen FDJ-Betriebsgruppen empfohlen worden?
Ja, vorübergehend, bis das nächste Schuljahr beginnt.
Du arbeitest hauptamtlich, obwohl du noch nicht mündig bist. Du bist Schülerin?

Oberschülerin.
Du bist nach Abschluß des Lehrgangs nicht in dein Elternhaus zurückgekehrt?
Nein.
Du hast deine Eltern von diesem Schritt nicht informiert?
Doch, im nachhinein.
Dir ist klar, daß wir dich jederzeit nach Hause zurückbringen können?
Nein.
Natürlich weißt du ganz genau, daß deine Eltern auch weiterhin die Erziehungsberechtigung über dich haben.
Nein. Die Lehrgangsleitung hat mich auf das Jugendförderungsgesetz hingewiesen. Ich muß nicht nach Hause, wenn meine Eltern mich an meiner gesellschaftlichen Entwicklung hindern.
Und das versuchen sie?
Nein, jetzt nicht mehr. Meine Mutter hat gesagt, sie bestehen nicht darauf, daß ich nach Hause komme. Ich darf in ein Internat ziehen.
Aber sie haben dich an deiner gesellschaftlichen Entwicklung gehindert?
Eigentlich doch nicht, sonst wäre ich ja nicht hier.
Sie haben es also versucht. Wie haben sie es versucht?
Sie wollten mich nicht mehr zur Schule gehen lassen.
Kann man nicht in einem Betrieb arbeiten oder ein Handwerk lernen?
Ich will zur Schule gehen!
Hochmut oder Trotz?
Warum fragen Sie mich das alles?
Weil es noch lange nicht genügt als Behinderung deiner gesellschaftlichen Entwicklung. Ich will mehr hören, Genaueres!

Ich durfte nicht zu Versammlungen gehen, ich durfte lange nicht in die FDJ eintreten. Meine Eltern sind eben reaktionär, erzreaktionär. Mein Vater hat mich Kommunistenschwein genannt.

Jetzt kommen wir der Sache schon näher. Kommunistenschwein, so. Mit anderen Worten: Antikommunist. Beweise!

Was soll ich da beweisen? Mein Vater denkt eben so. Er ist ja schon alt, und alle Leute in seinem Alter denken so.

Beweise, habe ich gesagt!

Er macht ja nichts. Ich meine, er betätigt sich nicht. Ich rede nur von seiner Meinung.

NSDAP?

Nein.

Soldat? Wehrmachtsangehöriger?

Nein.

Warum nicht?

Er war zu alt, außerdem schwer herzkrank.

Mitglied anderer faschistischer Organisationen?

Nein.

Wieso nicht, wenn er erzreaktionär ist?

Er war schon vorher gegen Hitler, so mehr von rechts.

Wie alt?

Er ist einundneunzig geboren, jetzt also sechzig Jahre genau.

Volkssturm?

Ja, ganz zum Schluß.

Eingesetzt?

Nein.

Was ist er denn nun, wenn er überhaupt nichts ist? Erzähle uns doch keine Märchen!

Er ist für den Kaiser.

Und vor dem hast du Angst? Vor einem Monarchisten?

Er hat mich geschlagen.
Hör mal, du bist hier nicht zum Spaß. Liest er Westzeitungen?
Ja.
Hat er Freunde in Westberlin?
Ja, einen.
Name!
Weiß ich nicht.
Name!
Der Mann war im ersten Weltkrieg mit ihm zusammen bei den Gebirgsjägern, daher kennen sie sich.
Name!
Georg.
Georg, und weiter? Wirds bald!
Keunler oder so.
Siehst du, kommt alles wieder zu Vorschein, was einmal im Kopf drin war. Wo wohnt er? Seine Adresse!
Ich war sieben oder acht, als wir die Leute zuletzt besucht haben.
Denk nach! Wir warten. Denke nach, denke an nichts anderes.
Tut mir leid.
Dein Vater fährt regelmäßig nach Westberlin.
Naja, jede Woche mal.
Und bringt politische Schriften und Broschüren mit.
Nein, nein.
Er kauft drüben Zeitungen, so viel wissen wir.
Bloß eine Rundfunkzeitung und eine Fußballzeitung. Er schwärmt für Hertha BSC.
Woher willst du so genau wissen, daß er nicht auch andere Materialien mitbringt?
Ich weiß es. Er zeigt ja, was er in der Tasche hat.
Und heimlich?

Der doch nicht.
Du bist von zu Hause weggegangen und entschlossen, nicht mehr zurückzukehren?
Ja.
Deine Eltern haben dich adoptiert?
Ja.
Hast du außer diesen Adoptiveltern noch andere Verwandte, Blutsverwandte, gekannt oder weißt du von ihnen?
Nein.
Fang jetzt nicht an zu heulen!
Ich dachte, Sie hätten mich hergerufen, weil es um eine Schule für mich geht.
Später. Zuerst muß mal deine Herkunft geklärt werden, dein Klassenstandpunkt.
Ich brauch keine Herkunft mehr.
Du wirst nicht leugnen, daß auch dir ein gewisser Klassenstandpunkt anerzogen worden ist. Hör auf zu heulen! Bring ihr ein Glas Wasser, Genosse!
Ich verstehe das alles nicht.
Sabotage, nie gehört? Bezahlte Agenten des Imperialismus, nie gehört? Wo wirst du dich in der nächsten Zeit aufhalten?
Ich wohne noch im Haus des Zentralrats der FDJ. Ich weiß, mir fehlen noch das Wissen und die Erfahrung, aber ich werde bestimmt eine gute Kommunistin werden. Ich will mein ganzes Leben dem proletarischen Internationalismus und der Befreiung des Menschen von der Unterdrückung durch den Menschen widmen.
Gut, gut, gut, das interessiert im Augenblick nicht. Ich habe gefragt, wo du in Zukunft zu erreichen bist.
Ich bemühe mich um Aufnahme in eine Landesoberschule, und dort werde ich sofort beantragen, mich als Kandidatin der Partei –

Das reicht für heute. Folgendes: über dieses Gespräch mit uns wirst du zu niemandem reden, kein Wort, verstanden? Kein Wort über unsere heutige Aussprache, zu niemandem!
Der Mann, der mich hergebracht hatte und hinter mir saß, stand auf, öffnete mir die Tür, ging mir voran bis zum Portal und schloß hinter mir die große, verzierte, hölzerne Eingangstür der Villa, in der die Landesleitung der Gesellschaft für Deutsch-Sowjetische Freundschaft ihren Sitz hatte.

Ich liege im Garten, zehn Meter vom Seeufer entfernt, unterm Pflaumenbaum, der ein Mirabellenbaum ist, und weiß nicht mehr, wie ich hierhergekommen bin und ob ich je wieder aufstehe oder gleich für immer unter dem Mirabellenbaum liegenbleibe, warum erntet denn niemand die Mirabellen ab, die Erde ist bedeckt damit, und dauernd fallen mir nasse, überreife Früchte ins Gesicht und auf den Bauch, aber ich stehe nicht auf, ich liege hier und weiß nicht weiter, und wenn ich aufstehen würde, wüßte ich auch nicht weiter. Der hat doch viel mehr nach Karl gefragt als nach mir, und warum wollte Herbert mich begleiten, als ich ihm erzählt hatte, daß ich mich bei der DSF melden sollte, warum habe ich Herbert dann doch nicht mitgenommen, und wenn er unbedingt hat mitkommen wollen, warum hat er mir dann nicht gesagt, weshalb ihm das so wichtig ist, vielleicht hat er gewußt, was mich erwartet. Ich bleibe jetzt hier liegen, bis mich jemand findet, aber mich findet keiner mehr, die Mirabellen haben mich schon zugedeckt, ihnen werden die Wespen folgen, die Maden und Ameisen, alle zusammen werden mich auffressen. Vor allen Dingen weiß ich nicht, warum ich von dem Gespräch niemandem erzählen soll, was ist daran Geheimnisvolles, ich habe doch nur die Wahrheit gesagt, bloß wozu, es war, als hätten noch andere Bedeutungen in allen Sätzen, allen

Fragen gesteckt, ich muß dahinterkommen, ich müßte aufstehen und Herbert suchen und ihm erzählen, was die alles wissen wollten. Ich denke nicht daran, das Gespräch zu verschweigen, wenn es auch ein Befehl war, zu niemandem über unser Gespräch zu reden, was denkt der sich denn, schließlich gehen die zu Karl und Kaltesophie und halten ihnen die Rundfunkzeitung vor, außerdem hat sie ja Broschüren mitgebracht, Die rote Flut, wenn die das finden, die Geschichte mit dem Westgeld habe ich ja nicht erwähnt, aber wenn die wirklich hingehen, kriegen sie auch das raus, das erzählt ihnen die ganze Straße, und zwar freiwillig, aber warum das alles: so langweilige, untätige, nichtssagende Leute, nicht mal Faschisten sind sie gewesen, außer, daß sie nichts verhindert haben. Wieso haben die mich bei der DSF ausgequetscht, feindlich behandelt, ich fühle mich betrogen irgendwie und weiß nicht weiter.

Anfang September bestellte mich Regine zur Landesregierung. In der Eingangshalle erhielt ich vom Pförtner einen Laufzettel für ihre Abteilung. Sie hatte Himmel und Hölle in Bewegung gesetzt und überreichte mir nun einen geschlossenen Brief, adressiert an den Schulleiter der Landesoberschule mit Internat in Waldsieversdorf bei Buckow, Märkische Schweiz. Sie sagte: Du erhältst monatlich sechzig Mark Schulgeld, dazu hast du alles frei, Schlafen, Essen, Bücher, alles umsonst.

An meinem sechzehnten Geburtstag zog ich dann ins Internat. Unsere Köchin in Caputh hatte mir zwei Mehlsäcke ausgewaschen, in die ich meine Sachen packte. Im Laufe des Sommers waren eine Menge Bücher und Broschüren hinzugekommen. Morgens um sechs ging ich los, erst zum S-Bahnhof Potsdam, dann mit der S-Bahnlinie Potsdam-Erkner bis Ostkreuz. Funktionäre durften nicht durch Westberlin fahren, aber ich war im Augenblick kein Funktionär: also bis Ostkreuz, dort umsteigen und mit der S-Bahn nach Strausberg, in Strausberg warten auf den Küstriner Dampfzug, durch das Rote Luch nach Müncheberg, in Müncheberg umsteigen in die Buckower Kleinbahn und eine Station weiter bis Waldsieversdorf. Der Bahnhof bestand aus einem verödeten Holzhaus, nirgends war ein Mensch zu sehen. Ich schlug die Straße zum Dorf ein, links sah ich zwei Seen liegen, dann ein eingezäuntes Stück Wald, dann eine hohe weiße Mauer. Die Internatshäuser waren ehemalige Villen, sie lagen über zwei Hügel verteilt. Jedes Haus hatte einen Terrassengarten, der zu einem der Seen hinunterführte. Auf der Mauer waren Glasscherben einzementiert.

Helga M. Novak, geboren 1935 in Berlin-Köpenick.
Zahlreiche Preise und Auszeichnungen, u.a. *Bremer Literaturpreis* 1968, *Stadtschreiberin von Bergen-Enkheim* 1979, *Kranichsteiner Literaturpreis* 1985, *Roswitha-Gedenkmedaille der Stadt Bad Gandersheim* 1989, *Gerrit-Engelke-Preis der Stadt Hannover* 1994, *Brandenburgischer Literaturpreis* 1997.

Die Bücher von Helga M. Novak:

Die Ballade von der reisenden Anna. Gedichte (1965)

Colloquium mit vier Häuten.
Gedichte und Balladen (1967)

Geselliges Beisammensein. Prosa (1968)

Wohnhaft im Westend. Dokumente, Berichte, Konversation.
Zusammen mit Horst Karasek (1970)

Aufenthalt in einem irren Haus. Erzählungen (1971)

Balladen vom kurzen Prozeß. (1975)

Die Landnahme von Torre Bela.
Prosa (1976)

Margarete mit dem Schrank.
Gedichte (1978)

Die Eisheiligen. (1979)

Palisaden. Erzählungen (1980)

Vogel federlos. (1982)

Grünheide Grünheide. Gedichte (1983)

Legende Transsib. Gedichte (1985)

Märkische Feemorgana. Gedichte (1989)

Aufenthalt in einem irren Haus.
Gesammelte Prosa
Schöffling & Co. (1995)

Silvatica. Gedichte
Schöffling & Co. (1997)

Helga M. Novak
Aufenthalt in einem irren Haus

Gesammelte Prosa
342 Seiten. Gebunden
ISBN 3-89561-111-5

»Helga M. Novak verrät sich in ihrer Splitterprosa immer wieder als neuzeitliche Vagantin, die genußvoll und risikofreudig durch Europa streift. Wie ein Chronist registriert sie bohrend und unnachgiebig, was vorfällt. Eben diese nüchterne Strenge und Härte fasziniert den Leser von Seite zu Seite mehr.«
Ulf Heise
Mitteldeutscher Rundfunk

»Helga M. Novak erzeugt Spannung durch Verkürzung: statt Haßtiraden gegen die Herrschenden knappe Beschreibungen von Alltäglichem. Und mit jedem Detail legt sie ein Stück Menschenverachtung bloß.«
Christan Buhl
Hamburger Morgenpost

»Zum ersten Mal wird so das Erzählwerk einer eigenwiligen und ›zärtlich-schroffen‹ Dichterin überschaubar, das Werk einer Erzählerin, der nichts ferner liegt als Anpassung, Zeitgeist oder Verbindlichkeiten.«
Neue Osnabrücker Zeitung

Schöffling & Co.

Helga M. Novak
Silvatica

Gedichte
96 Seiten. Gebunden
ISBN 3-89561-112-3

»Eine Lese-Freude, nein: über die Dauer des Lesens hinaus ein sinnlicher Genuß an Sprach-Kunst, an Denk- und Nachdenk-Vergnügen.«
Rolf Michaelis
Die Zeit

»Einer ihrer schönsten Gedichtbände ist der jüngste: *Silvatica*.«
Kerstin Hensel
die tageszeitung

»Mit dem Gedichtband *Silvatica* hat Helga M. Novak sich auf einen Schlag in die erste Reihe geschrieben...«
Dorothea von Törne
Der Tagesspiegel

»Buchstäblich ›trunken und beflügelt‹ vom Wort, fließen der Autorin grandiose Metaphern und betörend schöne Wendungen aus der Feder. Gebannt pirscht man durch den prachtvoll-üppigen Kosmos ihrer Dichtungen, mit denen sie nach langem Schweigen reifes Künstlertum unter Beweis stellt.«
Ulf Heise
Märkische Allgemeine

Schöffling & Co.